Nachhaltigkeit heißt für uns Verantwortung

AF091283

Anabel Ternès von Hattburg ·
Wolfgang Grenke
(Hrsg.)

Nachhaltigkeit heißt für uns Verantwortung

Tipps und Mut machende Erzählungen von erfolgreichen Unternehmer:innen und Gründer:innen

Hrsg.
Anabel Ternès von Hattburg
SRH Institut für Nachhaltiges Managemen
Berlin, Berlin, Deutschland

Wolfgang Grenke
Baden-Baden, Deutschland

ISBN 978-3-658-40021-7   ISBN 978-3-658-40022-4 (eBook)
https://doi.org/10.1007/978-3-658-40022-4

Die Deutsche Nationalbibliothek verzeichnet diese Publikation in der Deutschen Nationalbibliografie; detaillierte bibliografische Daten sind im Internet über http://dnb.d-nb.de abrufbar.

© Der/die Herausgeber bzw. der/die Autor(en), exklusiv lizenziert an Springer Fachmedien Wiesbaden GmbH, ein Teil von Springer Nature 2023
Das Werk einschließlich aller seiner Teile ist urheberrechtlich geschützt. Jede Verwertung, die nicht ausdrücklich vom Urheberrechtsgesetz zugelassen ist, bedarf der vorherigen Zustimmung des Verlags. Das gilt insbesondere für Vervielfältigungen, Bearbeitungen, Übersetzungen, Mikroverfilmungen und die Einspeicherung und Verarbeitung in elektronischen Systemen.
Die Wiedergabe von allgemein beschreibenden Bezeichnungen, Marken, Unternehmensnamen etc. in diesem Werk bedeutet nicht, dass diese frei durch jedermann benutzt werden dürfen. Die Berechtigung zur Benutzung unterliegt, auch ohne gesonderten Hinweis hierzu, den Regeln des Markenrechts. Die Rechte des jeweiligen Zeicheninhabers sind zu beachten.
Der Verlag, die Autoren und die Herausgeber gehen davon aus, dass die Angaben und Informationen in diesem Werk zum Zeitpunkt der Veröffentlichung vollständig und korrekt sind. Weder der Verlag, noch die Autoren oder die Herausgeber übernehmen, ausdrücklich oder implizit, Gewähr für den Inhalt des Werkes, etwaige Fehler oder Äußerungen. Der Verlag bleibt im Hinblick auf geografische Zuordnungen und Gebietsbezeichnungen in veröffentlichten Karten und Institutionsadressen neutral.

Planung/Lektorat: Ann-Kristin Wiegmann
Springer ist ein Imprint der eingetragenen Gesellschaft Springer Fachmedien Wiesbaden GmbH und ist ein Teil von Springer Nature.
Die Anschrift der Gesellschaft ist: Abraham-Lincoln-Str. 46, 65189 Wiesbaden, Germany

Als ich für die Herausgabe eines Buchs über spannende Unternehmer:innen angefragt wurde, wusste ich noch nicht, zu welchen spannenden Ergebnissen das Buch führen würde. Mit der Schwerpunktsetzung auf persönliche Erfahrungen in Verbindung mit den 17 Nachhaltigen Entwicklungszielen, den Sustainable Development Goals der Vereinten Nationen, kurz SDGs, hat das Buch eine starke Aussagekraft und Bedeutung bekommen, vor allem dank der großartigen Unternehmerpersönlichkeiten, die dabei sind und dank der Unterstützung und Mitarbeit vieler, darunter Sarah Pfaff.

Der Austausch mit Wolfgang Grenke dazu war sehr inspirierend. Ich hoffe, dass wir mit diesem Buch einen Anstoß geben und Mut machen, das private und berufliche Leben anhand der 17 SDGs auszurichten. Ich wünsche mir das für eine enkeltaugliche Welt und ich wünsche mir das für mein Kind, dass es in einer Welt aufwächst, in der alle Unternehmerinnen und Unternehmer die Ausrichtung der 17 SDGs als grundlegend verstehen.

Geleitwort von Silke Stremlau

Wir stehen aktuell vor gewaltigen Herausforderungen. Die nächsten Jahre und Jahrzehnte werden von massiven Umwälzungen geprägt sein, um unsere Lebensgrundlagen zu erhalten und die fortschreitende Zerstörung unseres Klimas, der Biodiversität, der Meere und der natürlichen Ressourcen aufzuhalten. Transformationen in allen Bereichen der Gesellschaft und Wirtschaft stehen an, um die Pariser Klimaziele noch annähernd zu erreichen und Fortschritte bei den Sustainable Development Goals zu erzielen. Radikale Änderungen wird es in den Bereichen Energie, Verkehr, Bauen, Konsum und Landwirtschaft geben. Ein „Weiter so" mit bekannten Strategien funktioniert nicht mehr, sei es im Hinblick auf den Erhalt unseres Planeten oder im Hinblick auf unser Finanzsystem.

Die Finanzwirtschaft ist über Kredite und Investitionen mit allen Sektoren verknüpft und entscheidet jeden Tag aufs Neue, ob Gelder in zukunftsfähige Bereiche fließen oder eher in Bereiche, die die planetaren Grenzen missachten. Daher kommt der Finanzwirtschaft eine entscheidende Lenkungs- und Gestaltungsfunktion zu. Diese kann sie aber natürlich nur einnehmen, wenn es in der Realwirtschaft visionäre und verantwortungsvolle Unternehmer:innen gibt, die mit ihren Produkten und Dienstleistungen an der Lösung unserer gesellschaftlichen Probleme arbeiten.

Das vorliegende Buch porträtiert Gründer:innen, die sich an dieser entscheidenden Schnittstelle mit ihrem ganzen Einsatz und ihrer Kreativität einsetzen. Sie haben verstanden, dass wir die althergebrachten Pfade und Konsummuster verlassen und auch bereit sein müssen, mutiger als bisher, Neuland zu betreten. Sie machen mit ihren Lebensgeschichten deutlich: Es ist möglich, wir müssen es nur wagen und auch bereit sein, umzukehren, Fehler zu machen und uns zusammenzuschließen. Diese Pioniere des Wandels verdeutlichen die Kunst, eine andere Wirklichkeit zu denken und in reale Veränderungen zu übersetzen. Mit einer ganz besonderen Mischung aus Wissen, aus Haltung und konkreten Fähigkeiten zur Umsetzung.

Denn letztlich bewegt sich nur durch Menschen etwas in die richtige Richtung.

Viel Freude und Inspiration beim Lesen!

September 2023

Silke Stremlau
Vorständin Hannoversche Kassen
und Vorsitzende des Sustainable
Finance-Beirates der
Bundesregierung

Geleitwort von Christof Hettich

Siebzehn Ziele für eine nachhaltige Entwicklung haben die Vereinten Nationen definiert, um weltweit Frieden und Wohlstand zu fördern und unseren Planeten zu schützen.

Nun bedeutet Nachhaltigkeit viel mehr als lediglich Maßnahmen zum Klimaschutz. Wie es der Buchtitel bereits ausdrückt, bedeutet sie in der Tat Verantwortung, weil sie den Bezugspunkt nicht nur ins Morgen oder in die Bilanz legt, sondern in einen gesamtgesellschaftlichen Kontext, in dem gutes Wirtschaften so wichtig ist.

Gutes Gründertum, gutes Unternehmertum heißt, gut zu wirtschaften. Und gut zu wirtschaften heißt nichts anderes als verantwortungsvoll mit Ressourcen umzugehen.

Als Gründern und als Unternehmern obliegt uns eine besondere Verantwortung; denn wir tragen sie nicht nur gegenüber unseren Mitarbeitenden, Teilhabern oder Investoren, sondern ebenso gegenüber unserer Gesellschaft und der Umwelt.

In dem Ihnen vorliegenden Buch berichten zahlreiche Gründer:innen und Unternehmer:innen davon, wie sie diese Aspekte der Nachhaltigkeit vereinen.

Bei der Lektüre wünsche ich Ihnen viel Spaß!

Heidelberg   Prof. Dr. Christof Hettich
im Juni 2022

Inhaltsverzeichnis

1	**Einleitungskapitel** Anabel Ternès von Hattburg	1
2	**„Wenn die Kunden echten Nutzen von meinen Produkten haben, ist das die nachhaltigste Strategie für mein Unternehmen."** Wolfgang Grenke	7
	2.1 Biografie	7
	2.2 Statement zum Thema nachhaltig Unternehmen führen und/oder nachhaltig leben	25
	2.3 Statement zu ausgewählten SDGs	26
	2.3.1 SDG 1 – Keine Armut	26
	2.3.2 SDG 2 – Kein Hunger	27
	2.3.3 SDG 3 – Gesundheit und Wohlergehen	27
	2.3.4 SDG 4 – Hochwertige Bildung	28
	2.3.5 SDG 5 – Geschlechtergleichheit	29
	2.3.6 SDG 6 – Sauberes Wasser und Sanitäreinrichtungen	29
	2.3.7 SDG 7 – Bezahlbare und saubere Energie	30
	2.3.8 SDG 8 – Menschenwürdige Arbeit und Wirtschaftswachstum	30
	2.3.9 SDG 9 – Industrie, Innovation und Infrastruktur	31
	2.3.10 SDG 10 – Weniger Ungleichheiten	31

	2.3.11	SDG 11 – Nachhaltige Städte und Gemeinden	32
	2.3.12	SDG 12 – Nachhaltige/r Konsum und Produktion	32
	2.3.13	SDG 13 – Maßnahmen zum Klimaschutz	33
	2.3.14	SDG 14 – Leben unter Wasser	33
	2.3.15	SDG 15 – Leben an Land	33
	2.3.16	SDG 16 – Frieden, Gerechtigkeit und starke Institutionen	34
	2.3.17	SDG 17 – Partnerschaften zur Erreichung der Ziele	34

3 So gelingt die Transformation zum nachhaltigen Unternehmen — 37
Anabel Ternès von Hattburg und Daniel Obst

3.1	Biografie Anabel Ternès		37
3.2	Statement zum Thema nachhaltig Unternehmen führen und/oder nachhaltig leben		44
3.3	Biografie Daniel Obst		45
3.4	Statement zum Thema nachhaltig Unternehmen führen und/oder nachhaltig leben		50
3.5	Statement zu ausgewählten SDGs		50
	3.5.1	SDG 1 – Keine Armut	50
	3.5.2	SDG 2 – Kein Hunger	51
	3.5.3	SDG 3 – Gesundheit und Wohlergehen	52
	3.5.4	SDG 4 – Hochwertige Bildung	53
	3.5.5	SDG 5 – Geschlechtergleichheit	54
	3.5.6	SDG 6 – Sauberes Wasser und Sanitäreinrichtungen	55
	3.5.7	SDG 7 – Bezahlbare und saubere Energie	55
	3.5.8	SDG 8 – Menschenwürdige Arbeit und Wirtschaftswachstum	56
	3.5.9	SDG 9 – Industrie, Innovation und Infrastruktur	57
	3.5.10	SDG 10 – Weniger Ungleichheiten	58
	3.5.11	SDG 11 – Nachhaltige Städte und Gemeinden	59
	3.5.12	SDG 12 – Nachhaltige/r Konsum und Produktion	59
	3.5.13	SDG 13 – Maßnahmen zum Klimaschutz	60

	3.5.14	SDG 14 – Leben unter Wasser	61
	3.5.15	SDG 15 – Leben an Land	62
	3.5.16	SDG 16 – Frieden, Gerechtigkeit und starke Institutionen	64
	3.5.17	SDG 17 – Partnerschaften zur Erreichung der Ziele	64

4 Gründer der INGLOSUS Stiftung – Nachhaltigkeit ist Familiensache! ... 67
Darius Maleki

4.1	Biografie		67
4.2	Statement zum Thema nachhaltig Unternehmen führen und/oder nachhaltig leben		72
4.3	Statement zu ausgewählten SDGs		72
	4.3.1	SDG 1 – Keine Armut	72
	4.3.2	SDG 2 – Kein Hunger	73
	4.3.3	SDG 3 – Gesundheit und Wohlergehen	73
	4.3.4	SDG 4 – Hochwertige Bildung	75
	4.3.5	SDG 5 – Geschlechtergleichheit	75
	4.3.6	SDG 8 – Menschenwürdige Arbeit und Wirtschaftswachstum	76
	4.3.7	SDG 9 – Industrie, Innovation und Infrastruktur	77
	4.3.8	SDG 11 – Nachhaltige Städte und Gemeinden	79
	4.3.9	SDG 12 – Nachhaltige/r Konsum und Produktion	80
	4.3.10	SDG 13 – Maßnahmen zum Klimaschutz	81
	4.3.11	SDG 17 – Partnerschaften zur Erreichung der Ziele	82

5 Perspektiven aus Gesundheit und Bildung einer Sozialunternehmerin ... 85
Farina Schurzfeld

5.1	Biografie		85
5.2	Statement zum Thema nachhaltig Unternehmen führen und/oder nachhaltig leben		87
5.3	Statement zu ausgewählten SDGs		87
	5.3.1	SDG 3 – Gesundheit und Wohlergehen	87
	5.3.2	SDG 4 – Hochwertige Bildung	90

	5.3.3	SDG 5 – Geschlechtergleichheit	91
	5.3.4	SDG 9 – Industrie, Innovation und Infrastruktur	93

6 Genossenschaftsbankerin auf der Langstrecke 95
Miriam Stareprawo-Hofmann
- 6.1 Biografie 95
- 6.2 Statement zum Thema nachhaltig Unternehmen führen und/oder nachhaltig leben 99
- 6.3 Statement zu ausgewählten SDGs 100
  - 6.3.1 SDG 4 – Hochwertige Bildung 100
  - 6.3.2 SDG 7 – Bezahlbare und saubere Energie 101
  - 6.3.3 SDG 12 – Nachhaltige/r Konsum und Produktion 103
  - 6.3.4 SDG 16 – Frieden, Gerechtigkeit und starke Institutionen 104
  - 6.3.5 SDG 17 – Partnerschaften zur Erreichung der Ziele 106

7 Meine Story of a New World 109
Carl-A. Fechner
- 7.1 Biografie 109
- 7.2 Statement zum Thema nachhaltig Unternehmen führen und/oder nachhaltig leben 127
- 7.3 Statement zu ausgewählten SDGs 130
  - 7.3.1 SDG 1 – Keine Armut 131
  - 7.3.2 SDG 2 – Kein Hunger 132
  - 7.3.3 SDG 3 – Gesundheit und Wohlergehen 134
  - 7.3.4 SDG 4 – Hochwertige Bildung 136
  - 7.3.5 SDG 5 – Geschlechtergleichheit 138
  - 7.3.6 SDG 6 – Sauberes Wasser und Sanitäreinrichtungen 139
  - 7.3.7 SDG 7 – Bezahlbare und saubere Energie 141
  - 7.3.8 SDG 8 – Menschenwürdige Arbeit und Wirtschaftswachstum 143
  - 7.3.9 SDG 9 – Industrie, Innovation und Infrastruktur 145
  - 7.3.10 SDG 10 – Weniger Ungleichheiten 147
  - 7.3.11 SDG 11 – Nachhaltige Städte und Gemeinden 148

	7.3.12	SDG 12 – Nachhaltige/r Konsum und Produktion	150
	7.3.13	SDG 13 – Maßnahmen zum Klimaschutz	151
	7.3.14	SDG 14 – Leben unter Wasser	154
	7.3.15	SDG 15 – Leben an Land	155
	7.3.16	SDG 16 – Frieden, Gerechtigkeit und starke Institutionen	157
	7.3.17	SDG 17 – Partnerschaften zur Erreichung der Ziele	159
8	**Passion für die Erde und Vision für die Medienbranche**		**161**
	Korina Gutsche		
8.1	Biografie		161
8.2	Statement zum Thema nachhaltig Unternehmen führen und/oder nachhaltig leben		170
8.3	Statement zu ausgewählten SDGs		170
	8.3.1	SDG 1 – Keine Armut	170
	8.3.2	SDG 2 – Kein Hunger	171
	8.3.3	SDG 3 – Gesundheit und Wohlergehen	173
	8.3.4	SDG 4 – Hochwertige Bildung	173
	8.3.5	SDG 5 – Geschlechtergleichheit	174
	8.3.6	SDG 6 – Sauberes Wasser und Sanitäreinrichtungen	176
	8.3.7	SDG 7 – Bezahlbare und saubere Energie	176
	8.3.8	SDG 8 – Menschenwürdige Arbeit und Wirtschaftswachstum	176
	8.3.9	SDG 9 – Industrie, Innovation und Infrastruktur	177
	8.3.10	SDG 10 – Weniger Ungleichheiten	178
	8.3.11	SDG 11 – Nachhaltige Städte und Gemeinden	181
	8.3.12	SDG 12 – Nachhaltige/r Konsum und Produktion	181
	8.3.13	SDG 13 – Maßnahmen zum Klimaschutz	183
	8.3.14	SDG 14 – Leben unter Wasser	187
	8.3.15	SDG 15 – Leben an Land	187
	8.3.16	SDG 16 – Frieden, Gerechtigkeit und starke Institutionen	188
	8.3.17	SDG 17 – Partnerschaften zur Erreichung der Ziele	188

9 Nachhaltig aus Leidenschaft — 191
Julia Becker
- 9.1 Biografie — 191
- 9.2 Statement zum Thema nachhaltig Unternehmen führen und/oder nachhaltig leben — 192
- 9.3 Statement zu ausgewählten SDGs — 193
  - 9.3.1 SDG 5 – Geschlechtergleichheit — 193
  - 9.3.2 SDG 7 – Bezahlbare und saubere Energie — 194
  - 9.3.3 SDG 8 – Menschenwürdige Arbeit und Wirtschaftswachstum — 195
  - 9.3.4 SDG 9 – Industrie, Innovation und Infrastruktur — 195
  - 9.3.5 SDG 12 – Nachhaltige/r Konsum und Produktion — 196
  - 9.3.6 SDG 13 – Maßnahmen zum Klimaschutz — 197
  - 9.3.7 SDG 17 – Partnerschaften zur Erreichung der Ziele — 198

10 Mit Empathie und Netzwerk-Power zu nachhaltigen Messen und Events — 199
Gabriele Sorg
- 10.1 Biographie — 199
- 10.2 Statement zum Thema nachhaltig Unternehmen führen und/oder nachhaltig leben — 214
- 10.3 Zu jedem der 17 SDGs — 215
  - 10.3.1 Welche der 17 SDGs sind mir besonders wichtig? — 215
  - 10.3.2 Wie kann man Messen und Veranstaltungen nachhaltiger planen und durchführen? — 217
  - 10.3.3 Ausgewählte Best Practices — 219

11 Creating Over Consuming — 223
Amber Riedl
- 11.1 Biografie — 223
- 11.2 Leading a Sustainable Company and Living Sustainably — 229
- 11.3 Statement to Selected SDGs — 229
  - 11.3.1 SDG 1 – No Poverty — 229
  - 11.3.2 SDG 2 – Zero Hunger — 232
  - 11.3.3 SDG 3 – Good Health and Well-Being — 233

	11.3.4	SDG 4 – Quality Education	234
	11.3.5	SDG 5 – Gender Equality	235
	11.3.6	SDG 6 – Clean Water and Sanitation	237
	11.3.7	SDG 7 – Affordable and Clean Energy	238
	11.3.8	SDG 8 – Decent Work and Economic Growth	238
	11.3.9	SDG 11 – Sustainable Cities and Communities	240
	11.3.10	SDG 12 – Nachhaltige/r Konsum und Produktion	241
	11.3.11	SDG 13 – Climate Action	243
	11.3.12	SDG 14 – Life Below Water	245
	11.3.13	SDG 15 – Life On Land	247
	11.3.14	SDG 16 – Peace, Justice and Strong Institutions	248
	11.3.15	SDG 17 – Partnerships for the Goals	249

12 Keine Zeit für „Business as usual" 251
Katja Nettesheim
 12.1 Biografie 251
 12.2 Statement zum Thema nachhaltig Unternehmen führen und/oder nachhaltig leben 252
 12.3 Statement zu ausgewählten SDGs 252
  12.3.1 SDG 3 – Gesundheit und Wohlergehen 252
  12.3.2 SDG 4 – Hochwertige Bildung 254
  12.3.3 SDG 5 – Geschlechtergleichheit 255
  12.3.4 SDG 9 – Industrie, Innovation und Infrastruktur 257

13 Kommunikationsexpertin, Wortzauberin und Buchkonstrukteurin 261
Susanne Bachmann
 13.1 Biografie 261
 13.2 Statement zum Thema nachhaltig Unternehmen führen und/oder nachhaltig leben 264
 13.3 Statement zu ausgewählten SDGs 265
  13.3.1 SDG 1 – Keine Armut 265
  13.3.2 SDG 2 – Kein Hunger 266
  13.3.3 SDG 3 – Gesundheit und Wohlergehen 266
  13.3.4 SDG 4 – Hochwertige Bildung 267
  13.3.5 SDG 5 – Geschlechtergleichheit 267

		13.3.6	SDG 6 – Sauberes Wasser und Sanitäreinrichtungen	267
		13.3.7	SDG 7 – Bezahlbare und saubere Energie	268
		13.3.8	SDG 8 – Menschenwürdige Arbeit und Wirtschaftswachstum	268
		13.3.9	SDG 9 – Industrie, Innovation und Infrastruktur	269
		13.3.10	SDG 10 – Weniger Ungleichheiten	269
		13.3.11	SDG 11 – Nachhaltige Städte und Gemeinden	269
		13.3.12	SDG 12 – Nachhaltige/r Konsum und Produktion	270
		13.3.13	SDG 13 – Maßnahmen zum Klimaschutz	270
		13.3.14	SDG 14 – Leben unter Wasser und SDG 15 – Leben an Land	270
		13.3.15	SDG 16 – Frieden, Gerechtigkeit und starke Institutionen	271
		13.3.16	SDG 17 – Partnerschaften zur Erreichung der Ziele	271
14	**Family Officer aus Leidenschaft**			**273**
	Thomas A. Zenner			
	14.1	Biografie		273
	14.2	Statement zum Thema nachhaltig Unternehmen führen und/oder nachhaltig leben		275
	14.3	Statement zu ausgewählten SDGs		275
		14.3.1	SDG 1 – Keine Armut	275
		14.3.2	SDG 2 – Kein Hunger	276
		14.3.3	SDG 3 – Gesundheit und Wohlergehen	277
		14.3.4	SDG 4 – Hochwertige Bildung	277
		14.3.5	SDG 5 – Geschlechtergleichheit	278
		14.3.6	SDG 6 – Sauberes Wasser und Sanitäreinrichtungen	278
		14.3.7	SDG 7 – Bezahlbare und saubere Energie	279
		14.3.8	SDG 8 – Menschenwürdige Arbeit und Wirtschaftswachstum	279
		14.3.9	SDG 9 – Industrie, Innovation und Infrastruktur	279
		14.3.10	SDG 10 – Weniger Ungleichheiten	280

	14.3.11	SDG 11 – Nachhaltige Städte und Gemeinden	280
	14.3.12	SDG 12 – Nachhaltige/r Konsum und Produktion	280
	14.3.13	SDG 13 – Maßnahmen zum Klimaschutz	281
	14.3.14	SDG 14 – Leben unter Wasser	281
	14.3.15	SDG 15 – Leben an Land	281
	14.3.16	SDG 16 – Frieden, Gerechtigkeit und starke Institutionen	282
	14.3.17	SDG 17 – Partnerschaften zur Erreichung der Ziele	282

15 brainLight entspannt und bewegt Menschen   283
Ursula Sauer

15.1	Biografie		283
15.2	Statement zum Thema nachhaltig Unternehmen führen und/oder nachhaltig leben		287
15.3	Statement zu ausgewählten SDGs		288
	15.3.1	SDG 3 – Gesundheit und Wohlergehen	288
	15.3.2	SDG 5 – Geschlechtergleichheit	288
	15.3.3	SDG 8 – Menschenwürdige Arbeit und Wirtschaftswachstum	289
	15.3.4	SDG 16 – Frieden, Gerechtigkeit und starke Institutionen	290

16 Wie ein Schüler die Klimakrise von der Wurzel an bekämpft   291
Felix Finkbeiner

16.1	Biografie		291
16.2	Statement zum Thema nachhaltig Unternehmen führen und/oder nachhaltig leben		294
16.3	Statement zu ausgewählten SDGs		295
	16.3.1	SDG 1 – Keine Armut	295
	16.3.2	SDG 2 – Kein Hunger	295
	16.3.3	SDG 3 – Gesundheit und Wohlergehen	296
	16.3.4	SDG 4 – Hochwertige Bildung	296
	16.3.5	SDG 5 – Geschlechtergleichheit	296
	16.3.6	SDG 6 – Sauberes Wasser und Sanitäreinrichtungen	297
	16.3.7	SDG 7 – Bezahlbare und saubere Energie	297

		16.3.8	SDG 8 – Menschenwürdige Arbeit und Wirtschaftswachstum	298
		16.3.9	SDG 9 – Industrie, Innovation und Infrastruktur	298
		16.3.10	SDG 10 – Weniger Ungleichheiten	299
		16.3.11	SDG 11 – Nachhaltige Städte und Gemeinden	300
		16.3.12	SDG 12 – Nachhaltige/r Konsum und Produktion	300
		16.3.13	SDG 13 – Maßnahmen zum Klimaschutz	301
		16.3.14	SDG 14 – Leben unter Wasser	301
		16.3.15	SDG 15 – Leben an Land	301
		16.3.16	SDG 16 – Frieden, Gerechtigkeit und starke Institutionen	302
		16.3.17	SDG 17 – Partnerschaften zur Erreichung der Ziele	303
17	**Hack the world a better place!**			**305**
	Julia Freudenberg			
	17.1	Biografie		305
	17.2	Statement zum Thema nachhaltig Unternehmen führen und/oder nachhaltig leben		315
	17.3	Statement zu ausgewählten SDGs		315
		17.3.1	SDG 4 – Hochwertige Bildung	316
		17.3.2	SDG 5 – Geschlechtergleichheit	317
		17.3.3	SDG 8 – Menschenwürdige Arbeit und Wirtschaftswachstum	318
18	**Paradigmenwechsel für mehr Nachhaltigkeit**			**321**
	Michael Beier			
	18.1	Biografie		321
	18.2	Statement zum Thema nachhaltig Unternehmen führen und/oder nachhaltig leben		325
	18.3	Statement zu ausgewählten SDGs		325
		18.3.1	SDG 2 – Kein Hunger	325
		18.3.2	SDG 4 – Hochwertige Bildung	326
		18.3.3	SDG 6 – Sauberes Wasser und Sanitäreinrichtungen	328
		18.3.4	SDG 8 – Menschenwürdige Arbeit und Wirtschaftswachstum	328
		18.3.5	SDG 10 – Weniger Ungleichheiten	328

	18.3.6	SDG 11 – Nachhaltige Städte und Gemeinden	329
	18.3.7	SDG 12 – Nachhaltige/r Konsum und Produktion	330
	18.3.8	SDG 13 – Maßnahmen zum Klimaschutz	331
	18.3.9	SDG 15 – Leben an Land	332
	18.3.10	SDG 17 – Partnerschaften zur Erreichung der Ziele	334

19 Schule und Wirtschaft neu denken – und dann #einfachmachen 337
Anna Kaiser

19.1	Biografie		337
19.2	Statement zum Thema nachhaltig Unternehmen führen und/oder nachhaltig leben		338
19.3	Statement zu ausgewählten SDGs		341
	19.3.1	SDG 4 – Hochwertige Bildung	341
	19.3.2	SDG 8 – Menschenwürdige Arbeit und Wirtschaftswachstum	344

20 Mit Freiraum Schule transformieren 349
Tobias Feitkenhauer

20.1	Biografie		349
20.2	Statement zum Thema nachhaltig Unternehmen führen und/oder nachhaltig leben		355
20.3	Statement zu ausgewählten SDGs		355
	20.3.1	SDG 4 – Hochwertige Bildung	355
	20.3.2	SDG 12 – Nachhaltige/r Konsum und Produktion	356
	20.3.3	SDG 13 – Maßnahmen zum Klimaschutz	356
	20.3.4	SDG 17 – Partnerschaften zur Erreichung der Ziele	357

21 Gründung des Start-ups Expatino während des Studiums 359
Fabian Schmid-Lossberg

21.1	Biografie		359
21.2	Statement zum Thema nachhaltig Unternehmen führen und/oder nachhaltig leben		362
21.3	Zu jedem der 17 SDGs		363
	21.3.1	SDG 1 – Keine Armut	363
	21.3.2	SDG 8 – Menschenwürdige Arbeit und Wirtschaftswachstum	364

	21.3.3	SDG 10 – Weniger Ungleichheiten	365
	21.3.4	SDG 17 – Partnerschaften zur Erreichung der Ziele	366

22 Eine traditionsreiche Jungunternehmerin setzt Meilensteine in der Mobilitätswende — 367
Christina Diem-Puello
22.1 Biografie — 367
22.2 Statement zum Thema nachhaltig Unternehmen führen und/oder nachhaltig leben — 368
22.3 Zu jedem der 17 SDGs — 369
    22.3.1 SDG 3 – Gesundheit und Wohlergehen — 370
    22.3.2 SDG 5 – Geschlechtergleichheit — 371
    22.3.3 SDG 9 – Industrie, Innovation und Infrastruktur — 372
    22.3.4 SDG 11 – Nachhaltige Städte und Gemeinden — 374
    22.3.5 SDG 13 – Maßnahmen zum Klimaschutz — 375
    22.3.6 SDG 17 – Partnerschaften zur Erreichung der Ziele — 376

23 See the beauty of/in/from waste — 379
Astrid Claudia Haury
23.1 Biografie — 379
23.2 Statement zum Thema nachhaltig Unternehmen führen und/oder nachhaltig leben — 381
23.3 Statement zu ausgewählten SDGs — 383
    23.3.1 SDG 1 – Keine Armut — 383
    23.3.2 SDG 2 – Kein Hunger — 383
    23.3.3 SDG 3 – Gesundheit und Wohlergehen — 383
    23.3.4 SDG 4 – Hochwertige Bildung — 384
    23.3.5 SDG 5 – Geschlechtergleichheit — 384
    23.3.6 SDG 6 – Sauberes Wasser und Sanitäreinrichtungen — 384
    23.3.7 SDG 7 – Bezahlbare und saubere Energie — 384
    23.3.8 SDG 8 – Menschenwürdige Arbeit und Wirtschaftswachstum — 385
    23.3.9 SDG 9 – Industrie, Innovation und Infrastruktur — 385
    23.3.10 SDG 11 – Nachhaltige Städte und Gemeinden — 385

	23.3.11	SDG 12 – Nachhaltige/r Konsum und Produktion	386
	23.3.12	SDG 13 – Maßnahmen zum Klimaschutz	386
	23.3.13	SDG 14 – Leben unter Wasser	386
	23.3.14	SDG 15 – Leben an Land	386
	23.3.15	SDG 16 – Frieden, Gerechtigkeit und starke Institutionen	387
	23.3.16	SDG 17 – Partnerschaften zur Erreichung der Ziele	387

24 Aroma Face Mask for Healthcare — 389
Fahimeh Irandoust und Salome Dini

24.1	Biografie	389
24.2	Statement zum Thema nachhaltig Unternehmen führen und/oder nachhaltig leben	391
24.3	Statement to the 17 SGDs	393
	24.3.1 SDG 3 – Gesundheit und Wohlergehen	393
	24.3.2 SDG 13 – Climate Action	393
	24.3.3 SDG 17 – Partnerships for the Goals	394

1
Einleitungskapitel

Anabel Ternès von Hattburg

> **Übersicht**
>
> Die 17 nachhaltigen Ziele der UN, auch bekannt als 17 SDGs, Leitlinien für ein nachhaltiges Leben und Arbeiten auf diesem Planeten, sind umfassend und sprengen für viele das, was sie privat oder beruflich umsetzen können. Sie bieten jedoch gute Anregungen, das eigene private Leben und den beruflichen Alltag neu zu gestalten und damit einen wichtigen Beitrag für eine enkeltaugliche Welt zu leisten.
>
> Dieses Buch soll Ihnen als Leser:innen einen Einblick in die Arbeit von erfolgreichen Unternehmer:innen und Gründer:innen geben und aufzeigen, was sie geprägt hat, wie sie nachhaltig im Alltag und Beruf leben und dabei bewusst oder ganz intuitiv viele der 17 SDGs umsetzen und wie sie sich damit auseinandersetzen.
>
> So vielseitig wie das Thema Nachhaltigkeit ist – genauso vielfältig ist dieses Buch. Es gibt Einblicke in unterschiedliche Branchen, zeigt unterschiedliche Ansätze auf und inspiriert mit unterschiedlichen Geschichten aus verschiedenen Perspektiven. Die Geschichten erzählen von Mut, vom Probieren, Gestalten, Bewegen, Tun, Integrieren, Optimieren – denn nachhaltiges Handeln gewinnt und entwickelt sich mit Erfahrung.
>
> Nicht jeder kann zu jedem SDG etwas sagen, dieses in sein Leben integrieren. Jedoch haben viele der 17 SDGs mit unserem privaten und beruflichen Leben zu tun, überlappen sich, verweisen aufeinander und gehen ineinander über.

A. T. von Hattburg (✉)
Institut für Nachhaltiges Management, SRH Hochschule Berlin, Berlin, Deutschland
E-Mail: anabel.ternes@srh.de

SDG 1 – Keine Armut
Das Ziel des ersten SDG ist es, die Armut in all ihren Formen und überall auf der Welt zu beenden. Denn die Folgen von Armut haben auch Auswirkungen auf den Gesundheitszustand, die Bildungs- und Zukunftschancen aller betroffenen Personen weltweit, letztendlich auf die Welt an sich. Die Bekämpfung der Armut gilt somit als Voraussetzung für nachhaltige und zukunftsfähige Entwicklung auf unserem Planeten.

SDG 2 – Kein Hunger
Den Hunger beenden, Ernährungssicherheit und eine bessere Ernährung erreichen und eine nachhaltige Landwirtschaft fördern, ist das zweite Ziel der SDGs. Stand 2015 sind knapp 800 Mio. Menschen chronisch unterernährt. Das Ziel ist, dies bis 2030 komplett zu beenden und sicherzustellen, dass alle Menschen Zugang haben zu nährstoffreichen und zu ausreichend Lebensmitteln.

SDG 3 – Gesundheit und Wohlergehen
Das SDG 3 steht für die Gewährleistung eines gesunden Lebens für alle Menschen jeden Alters und damit verbunden die Förderung ihres Wohlergehens. Hierbei sind die Probleme unterschiedlich. Während unterentwickelte Länder an verschmutztem Trinkwasser, Mangelernährung, fehlenden sanitären Einrichtungen, Umweltverschmutzung und einem fehlenden Angebot an Gesundheitsversorgung leiden, spielen bei Menschen aus Industrieländern vor allem Gesundheitsprobleme aus stressbedingten Folgeerkrankungen und Suchtmittelmissbrauch eine vorrangige Rolle im Alltag.

SDG 4 – Hochwertige Bildung
Es ist wichtig, für alle Menschen eine inklusive, gleichberechtigte und hochwertige Bildung zu gewährleisten und die Möglichkeiten lebenslangen Lernens zu fördern. Hochwertige Bildung bildet die Basis für Innovationen und führt dazu, dass die Menschen weltweit offener für Verhaltensänderungen sind, die eine lebenswerte Welt erhalten, zu der Klimaschutz und Frieden gehören. Daher ist es wichtig, Bildung für alle zu gewährleisten, unabhängig von der politischen, sozialen, kulturellen und wirtschaftlichen Situation des Landes.

SDG 5 – Geschlechtergleichheit

Die Geschlechterstereotypisierung muss überwunden werden, um die Geschlechtergleichheit zu erreichen. Dieses SDG bedeutet auch, alle Frauen und Mädchen zur Selbstbestimmung zu befähigen. Weltweite Probleme, die es bis 2030 zu unterbinden gibt, sind Frauenhandel, häusliche Gewalt und sonstige Beeinträchtigungen der körperlichen, geistigen und sexuellen Gesundheit ausgehend von Geschlechterungleichbehandlung, -missbrauch und kriminellen Aktivitäten in diesem Bereich.

SDG 6 – Sauberes Wasser und Sanitäreinrichtungen

Mehr als eine Milliarde Menschen haben keinen Zugang zu sauberem Trinkwasser. Daher gilt es, die Verfügbarkeit und nachhaltige Bewirtschaftung von Wasser und Sanitärversorgung für alle Menschen weltweit bis 2030 zu gewährleisten. Dafür muss der Zugang zu sauberem Trinkwasser für alle ermöglicht werden und die Verschmutzung des Wassers durch Chemikalien gestoppt werden. Dies bedarf klarer Regelungen und der Nachhaltung durch alle Länder weltweit.

SDG 7 – Bezahlbare und saubere Energie

Es ist wichtig, den Zugang zu bezahlbarer, verlässlicher, nachhaltiger Energie für alle Menschen zu sichern.

SDG 8 – Menschenwürdige Arbeit und Wirtschaftswachstum

Dauerhaftes, breitenwirksames und nachhaltiges Wirtschaftswachstum, produktive Vollbeschäftigung und menschenwürdige Arbeit für alle fördern, das steht hinter SDG 8. Zwangsarbeit, moderne Sklaverei, Kinderarbeit und unmenschliche Arbeitsbedingungen sind in einigen Ländern immer noch gang und gäbe. Es müssen sichere nachhaltige Arbeitsplätze durch Innovation, kreative Prozesse, gesamtsystemisches Denken, kollaboratives Handeln und technologische Modernisierung geschaffen werden.

SDG 9 – Industrie, Innovation und Infrastruktur

Das Ziel von SDG 9 ist es, eine widerstandsfähige Infrastruktur aufzubauen, breitenwirksame und nachhaltige Industrialisierung zu fördern und Innovationen zu unterstützen. Der Fokus hierbei liegt auf der Gewährleistung eines weltweiten und bezahlbaren Zugangs zum Internet vor allem in weniger entwickelten Ländern.

SDG 10 – Weniger Ungleichheiten
Ungleichheit in und zwischen Ländern verringern, dafür steht SDG 10. Die Kluft zwischen Arm und Reich nimmt stetig zu, so verdient beispielsweise das reichste Prozent der Menschen über ein Drittel des weltweiten Vermögens. Dies sollte sich bis 2030 ändern, ebenso muss ein Mitspracherecht von Entwicklungsländern bei Entscheidungen in globalen Wirtschafts- und Finanzsituationen verstärkt eingefordert und realisiert werden.

SDG 11 – Nachhaltige Städte und Gemeinden
Städte und Kommunen inklusiv, sicher, widerstandsfähig und nachhaltig gestalten. Slums, hohe Kriminalität, die Folgen des Klimawandels und Flüchtlingscamps sind alles Faktoren, die wir bei der Planung unserer Städte und ländlichen Räume berücksichtigen müssen. Das Ziel bis 2030 muss es sein, dass alle Menschen Zugang zu angemessenem Wohnraum bekommen, besonders Benachteiligte, darunter Kinder und Frauen, ältere Menschen und Menschen mit Behinderungen.

SDG 12 – Nachhaltige/r Konsum und Produktion
Ziel von SDG 12 ist es, nachhaltige Konsum- und Produktionsmuster sicherzustellen. Wir müssen aufhören, eine Wegwerfgesellschaft zu sein, und sollten uns immer weiter in Richtung Kreislaufwirtschaft entwickeln. Wir brauchen einheitliche Gesetze, vor allem was die Abholzung des Regenwaldes, die Verschmutzung des Grundwassers und die Verschmutzung der Luft angeht.

SDG 13 – Maßnahmen zum Klimaschutz
Es müssen umgehend Maßnahmen zur Bekämpfung des Klimawandels und seiner Auswirkungen ergriffen werden. Der Ausstoß von Treibhausgasen durch den Menschen ist seit der industriellen Revolution stark gestiegen. Dies führt dazu, dass der Meeresspiegel ansteigt, Pflanzen- und Tierarten aussterben und sich extreme Wetterereignisse häufen. Es bedarf der niedrigschwelligen nachhaltigen Aufklärung und Sensibilisierung aller Menschen im Hinblick auf den Klimawandel, auch integriert in die schulische Bildung.

SDG 14 – Leben unter Wasser
Es ist wichtig, Ozeane, Meere und Meeresressourcen im Sinne nachhaltiger Entwicklung zu erhalten und nachhaltig zu nutzen. Überfischung, Erdölkatastrophen und die Verschmutzung durch die Schifffahrt und Plastik sind Bedrohungen für die Ozeane. Es muss dafür gesorgt werden, dass ein

nachhaltiges Management der Fischerei, der Aquakultur und des Tourismus umgesetzt wird, denn das Meeresklima muss wieder gesund und sauber sein für das Leben unter Wasser und auf dem Land.

SDG 15 – Leben an Land

Die Landökosysteme müssen geschützt, wiederhergestellt und in ihrer nachhaltigen Nutzung gefördert werden. Aktuell sind diese von der Rodung der Urwälder, der Trockenlegung von Feuchtgebieten und Wilderei bedroht. Der Schutz des Ökosystems bedarf ganzheitlicher Planungen, Strategien und Prozesse in Zusammenarbeit mit allen Ländern weltweit.

SDG 16 – Frieden, Gerechtigkeit und starke Institutionen

Friedliche und inklusive Gesellschaften für eine nachhaltige Entwicklung fördern, das ist das Ziel von SDG 16. Einige wenige Länder sind so machtvoll, dass sie die Geschicke der Weltwirtschaft weitgehend bestimmen und somit Entwicklungs- und Schwellenländer noch immer nicht gleichberechtigt teilhaben können. Es ist wichtig, dass alle Formen von Gewalt deutlich verringert werden und eine weltweit friedliche und gerechte Gesellschaft gefördert wird.

SDG 17 – Partnerschaften zur Erreichung der Ziele

Umsetzungsmittel stärken und die globale Partnerschaft für nachhaltige Entwicklung mit neuem Leben erfüllen, darum geht es bei SDG 17. Hier braucht es viel Kommunikation und Zusammenhalt, um die Vorstellungen und Ansätze zu verstehen und gemeinsam vor allem die ärmeren Länder zu unterstützen und diese somit weniger abhängig von den reichen Ländern zu machen.

2

„Wenn die Kunden echten Nutzen von meinen Produkten haben, ist das die nachhaltigste Strategie für mein Unternehmen."

Wolfgang Grenke

2.1 Biografie

„Grenke Story"

Als ich dies schrieb, war Frühling, und ich blickte aus meinem Fenster in Baden-Baden über die neu blühenden Streuobstwiesen in der Rheinebene. Ich habe innegehalten und mal wieder staunend dem Wachstum in der Natur zugeschaut. Wie sich aus unscheinbaren, winzigen Knöspchen an kargem Geäst und Gestrüpp die Blätter und Blüten entrollen, die Farbenpracht explodiert. Wie man sich jedes Jahr aufs Neue darauf verlassen kann.

Das Entstehen und Wachsen aus kleinsten Einheiten und Anfängen – es fasziniert wohl jeden, der sich die Zeit nimmt, einmal genauer hinzuschauen.

Ich lade Sie jetzt dazu ein, sich vor Ihrem geistigen Auge einen anderen Wachstumsprozess entrollen zu lassen, ebenfalls aus kleinen Anfängen, aus einer bescheidenen Urzelle. Die Analogie zur Natur stößt natürlich an Grenzen und ist nicht in jedem Punkt durchzuhalten, aber die Entfaltung zu einem blühenden und größeren Ganzen – nicht aus dem Nichts – aber aus sehr wenig heraus, kann auch hier sehr spannend sein. Jedenfalls war es das

---

W. Grenke (✉)
Baden-Baden, Deutschland
E-Mail: wgrenke@office-la8.de

für mich und ist es immer noch, und darauf möchte ich Sie jetzt neugierig machen: Auf die Entwicklung der GRENKE AG unter dem Motto „Vom Start-up zum Global Player".

Dass Sie mir durch Ihr Leseinteresse dazu die Gelegenheit geben – dafür danke ich Ihnen ausdrücklich! Natürlich gilt es dabei am Ende, auch den Blick auf einige andere Analogien zu richten – oder auf Unterschiede – zu den Bedingungen von heute, wenn es darum geht, ein Unternehmen zu gründen.

In welchem Stadium des Zellwachstums setzen wir an?

Vielleicht beim acht- bis zehnjährigen Wolfgang Grenke, der im elterlichen Lebensmittel-Einzelhandelsgeschäft in der Baden-Badener Schwarzwaldstraße Mutter und Vater gelegentlich ein bisschen zur Hand ging und auf jeden Fall schon vieles lernte (Abb. 2.1).

Die Dankbarkeit älterer Damen, wenn ich ihnen half, den Einkaufskorb zu füllen oder ihn zur Kasse zu tragen, weckte in mir frühzeitig ein Gefühl für den Wert von Dienstleistung und von Kundennutzen. Vor allem lernte ich zu beobachten, was die Kunden wirklich brauchten, worin sie den eigentlichen Wert sahen!

Eigentlich lief das elterliche EDEKA Geschäft recht gut, aber dann erlebte ich unmittelbar die zunehmenden Schwierigkeiten, den kleinen Einzelhandel gegen den wachsenden Druck der Supermärkte zu behaupten. Die Einsicht – schon des Schülers am Markgraf-Ludwig Gymnasium –, den Eltern in ihrer Situation recht bald nicht mehr auf der Tasche liegen zu können und zu wollen, ließ mich Nachhilfeunterricht geben und zwang nach dem Abitur den Studenten des Wirtschaftsingenieurwesens in Karlsruhe wesentliche Teile seines Unterhalts selbst zu verdienen. Stipendium nach Honnefer Modell? Fehlanzeige! Dafür wurde der Gewinn zu Hause amtlicherseits schlicht überschätzt. Industriewäsche im LKW ausfahren, Taxifahren – davon konnte ich leben. Das Studium verlangsamte sich notgedrungen… es gab ja noch keinen „Bologna-Prozess".

Aber eine Chance reifte heran: Der Lebensgefährte meiner älteren Schwester, mein künftiger Schwager also, war zunächst Direktor einer Baden-Badener Bank und hatte dann eine Leasingfirma gegründet. Er vermietete Maschinen aller Art. Als Teilzeitbeschäftigter durfte ich bei ihm einsteigen.

Ich kümmerte mich ziemlich erfolgreich um einen Teil des Vertriebs und lernte das Geschäft gründlich kennen: Das Händler- und Kundennetz, die Preiskalkulationen, die für das Funding – die Refinanzierung – nötigen Bankbeziehungen – und vor allem das arbeitsteilige Grundprinzip im Leasinggeschäft: Ich kaufe als Leasingunternehmer dem Lieferanten

Abb. 2.1 Wo alles begann: Das elterliche Lebensmittelgeschäft

die Geräte ab, wenn einer seiner Kunden den Liquiditätsabfluss bei einer Investition scheut und ein Miet- oder Finanzierungsangebot erwartet. So erspare ich ihm damit einen großen Teil des finanziellen, logistischen und bürokratischen Aufwands, einschließlich der Risiken eines eigenen Vermietungsgeschäftes. Zudem kann der Händler schon am Folgetag nach dem Kaufabschluss für ein Gerät über den Verkaufspreis verfügen.

Der Leasingnehmer hat keinen Liquiditätsabfluss für die Geräte, muss sich nicht selbst um die Finanzierung der Investition sorgen, braucht auch keine Sicherheiten zu stellen, ist technisch immer auf dem neuesten Stand, muss sich in vielen Fällen nicht um Wartung und Reparaturen kümmern und bekommt den Kopf frei für sein ureigenes Geschäft, neue Ideen und Projekte.

Ich meinerseits habe für die Finanzierung der Investition zu sorgen, und erziele aus der Differenz von Leasingraten, Finanzierungsaufwand und Abschreibung einen auskömmlichen Überschuss. Auf diese Weise entsteht zwischen Händler, Kunden und mir eine ökonomische Win-win-Situation mit attraktivem Kundennutzen und damit eine solide Geschäftsbasis für alle Beteiligten – die Leitplanke für mein gesamtes Unternehmerleben.

Nun beschloss der Schwager aber irgendwann, keine Leasingverträge unter fünfzigtausend D-Mark mehr abzuschließen. Auslöser für diesen

Entschluss war die überbordende Arbeitsbelastung für die Sekretärin, die sich darüber beschwerte, an jedem Monatsende viele Lastschriftkarten für Kleingeräte mit entsprechend kleinen Beträgen auf der Schreibmaschine tippen zu müssen.

Für dieses Problem wusste ich eine Lösung und beschloss, es auf eigene Faust zu versuchen – zunächst eigentlich nur mit dem Ziel, mein Studium zu finanzieren. Dass es einen Markt für das Leasing von Kleingeräten gab, wusste ich ja! Er wurde durch den Umstand befeuert, dass bei der Firma Rank-Xerox, die für den Vertrieb ihrer Kopierer ein eigenes Vermietungssystem nutzte, Patente ausliefen und damit die Japaner mit ihren Geräten auf den Markt drängten. Sie hatten zunächst keine Vertriebsnetze und suchten dringend Partner und Händler – und ein Gegengewicht zum Mietangebot von Rank-Xerox. Gute Startbedingungen für meine Pläne, erkannte ich.

Zurück zu den Formularen, die der Sekretärin zu viel geworden waren. Ich hatte in meinem Studium das Programmieren gelernt: ALGOL und die kaufmännische Programmiersprache COBOL. Auch mit Basic war ich vertraut. Mit dem „stolzen" Startkapital von 1800 D-Mark auf dem Konto erwarb ich einen Microcomputer von Olivetti, den man selbst programmieren konnte – PCs in der heutigen Form gab es bekanntlich noch nicht – dazu den passenden Nadeldrucker. Aus zwei Tapezierböcken und der dazugehörigen Platte in meinem Schlafraum unterm Dach des Elternhauses baute ich einen „Schreibtisch" und programmierte den automatischen Ausdruck von Lastschriftkarten. Das funktionierte prima. Ich konnte einen Teil der Arbeitsabläufe also bereits automatisieren und standardisieren; heute sagt man: digitalisieren.

Der nächste Weg führte mich zur Sparkasse. Dort konnte ich mit meiner Geschäftsidee überzeugen, deren Plausibilität ich mit Musterrechnungen untermauerte. Die Banken arbeiteten damals mit der Zinsstaffelrechnung. Ich verringerte den Rechenaufwand mit der Rentenbarwertformel und bestimmte so den Deckungsbeitrag des einzelnen Geschäfts in kürzester Zeit mithilfe eines programmierbaren Taschenrechners. Ich wusste also genau, welchen Deckungsbeitrag man mit den einzelnen Leasingverträgen erzielen musste, um die laufenden Kosten des Vertrags decken zu können.

Außerdem sicherte ich meine Forderungen gegenüber den Leasingnehmern durch eine Kreditversicherung ab, die zwar die Hälfte meines Deckungsbeitrags „auffraß" – aber für die Sparkasse und für mich Sicherheit bedeutete.

Ich bekam von der Sparkasse die erhofften Refinanzierungszusagen und konnte mich auf den Weg zur anvisierten Kundschaft machen. Mit siebenundzwanzig Jahren, am 28. Mai 1978, gründete ich ein Leasingunternehmen, das ich nach kurzer Zeit in „Grenkeleasing KG" umfirmierte. Betriebswirtschaftliches und rechtliches Know-how hatte ich mir bereits im Studium erworben und fortlaufend durch einschlägige Literatur ergänzt.

Zu den ersten Geräten, die zu verleasen mir gelungen war, gehörten – Sie werden es kaum erraten – Autotelefone! Sie waren heiß begehrt – auch ältere Geräte, weil die Frequenzlizenzen dafür stark beschränkt waren. Das erste Telefon, gebraucht und fünf Jahre alt, hatte einen Wert von 11.000 D-Mark!

Im weiteren Verlauf generierte ich Leasingverträge für Kopierer, Drucker und andere Geräte der Büroausstattung und erzielte im ersten Jahr ein Neugeschäft mit dem Anschaffungswert der Leasinggegenstände von 500.000 D-Mark!

Im zweiten Jahr waren es schon 1,2 Mio., und im dritten Jahr betrug das Neugeschäft bereits 4,3 Mio. D-Mark.

Meine Eltern hatten sich inzwischen zur Ruhe gesetzt, und ich konnte die Räume des Ladengeschäfts als Büroräume nutzen. Ein Buchhalter, ein Vertriebsmitarbeiter und ein Programmierer waren die ersten Mitarbeiter. Der Moment war gekommen, dass ich mein Studium aus Zeitmangel aufgeben musste. Der Jungunternehmer Grenke war also ohne Abschluss geblieben – ehrlich gesagt: etwas riskant und normalerweise keinesfalls zu empfehlen. Was bei mir gut gegangen ist, kann in anderen Fällen auch schiefgehen. Daher mein Rat an dieser Stelle: Zunächst das Studium ordnungsgemäß abschließen!

Wenn Sie von diesem schnellen Wachstum hören, mögen Sie sich fragen, was in mir vorging. War ich dabei abzuheben? Ist mir schwindelig geworden? Nein. Gerade jetzt galt es, auf dem Boden zu bleiben, Eigenkapital zu bilden. Ich habe nie mehr als dreißig Prozent vom Gewinn für private Zwecke entnommen. Noch eine ganze Weile verdienten meine ehemaligen Kommilitonen in ihren Jobs mehr Geld als ich. Die Vermehrung des Eigenkapitals gefiel natürlich auch der Bank, und die Refinanzierung lief wie geschmiert – bis es zur ersten, größeren Herausforderung kam!

Durch ein höchstrichterliches Urteil wurde die Ausweitung des sogenannten Gewerbesteuerprivilegs der Banken auf Leasinggesellschaften nicht zugelassen. Dadurch war die Refinanzierung des Leasinggeschäfts durch Darlehen faktisch unterbunden. Eine Lösung, auf die der Bundesfinanzhof in seinem Urteil auch hingewiesen hatte, war der Verkauf der künftigen Leasingforderungen an ein Kreditinstitut. Das war zwar kein großer Unterschied zu einer Darlehensfinanzierung. Aber in den Satzungen der Sparkassen – meiner Haupt-Finanzierungspartner – war dieses Bankgeschäft damals nicht vorgesehen.

Ich musste ein Geldinstitut suchen, das zu dieser Form der Refinanzierung bereit und in der Lage war. Ich stieß auf das Bankhaus Fischer in Hamburg. Auch die örtliche Volksbank stieg wenig später mit ein.

Jetzt hatte ich neue Finanzierungspartner. Ein Nebeneffekt war, dass ich nun keine Kreditversicherung mehr benötigte, da beim Forderungsverkauf das Ausfallrisiko auf den Forderungskäufer übergeht, der dann andererseits einen höheren Zins berechnet. Per Saldo konnte ich sogar etwas Aufwand einsparen.

In den 80er Jahren wuchs das Geschäft stetig an. 1989 trat ein Ereignis ein, das der Grenkeleasing KG einen ganz neuen Schub verlieh: Die Wiedervereinigung. Wir fanden schnell einen Weg, diese Situation zu nutzen: Mitarbeiterinnen und Mitarbeiter der Ostberliner Industrie-Anlagen-Importgesellschaft (IAI), einer der großen volkseigenen Betriebe der in den letzten Zügen liegenden DDR, interessierten sich für eine Zusammenarbeit. Wir fassten den Plan, dort eine Niederlassung zu gründen, besonders dadurch begünstigt, dass es für solche Einstiege vonseiten des Bundes eine Investitionszulage gab, mit der wir die Geschäfte absichern konnten. Hinzu kamen weitere Absicherungen durch die Lieferanten der Güter, und so gründete die Grenkeleasing KG im Sommer 1990 ihre erste Niederlassung – in Ostberlin! Von meinem Büro aus hatte ich direkten Blick auf die Rückseite der noch stehenden Mauer.

Der Platz meines Baden-Badener Vertriebsleiters, der den Aufbau in Berlin vor Ort erfolgreich geleitet hatte, war nach zehn Monaten natürlich anderweitig besetzt. Und so riefen wir eine weitere GRENKE-Niederlassung in Düsseldorf ins Leben – ebenfalls mit Erfolg! Bald fanden sich weitere Mitarbeiter, die „GRENKE" in Hamburg, München und Stuttgart etablierten und sich auch persönlich beteiligten. Wir setzten einfach auf Partner, die gründen wollten.

Aus dem zarten Pflänzchen unterm Dach des Elternhauses war jetzt ein Baum mit weiter ausladenden Ästen geworden!

Dann kam ein Jahr mit wahrlich dramatischen Momenten. Es war 1995; unser Neugeschäft war inzwischen auf 110 Mio. D-Mark angewachsen. Aber auf Refinanzierungsquellen bleibt man angewiesen. Und die brachen plötzlich weg!

Die örtliche Volksbank war durch eine Spekulation in Schieflage geraten und musste aussteigen. Und am 31. Oktober meldete das Bankhaus Fischer in Hamburg Konkurs an.

In einer Besprechung mit meinen wichtigsten Mitarbeitern und Mitarbeiterinnen am 1. November 1995, hielt ich – hier in Kurzfassung – etwa folgende Ansprache:

„Leute, wir haben keine Refinanzierung mehr – also auch kein Neugeschäft. In Konkurs werden wir nicht gehen, aber in unserer Entwicklung weit zurückfallen."

Kurzfristig hatten wir Glück: In den zurückliegenden, höchst erfolgreichen Monaten waren IBM und Hewlett Packard auf uns aufmerksam geworden. Während die Beziehungen zu IBM nicht richtig in Gang kamen, war HP – ich darf heute sagen: einer unserer „Fans" – bereit, uns mit einer Überbrückungsmaßnahme zu helfen, indem sie unsere Forderungen ankauften. Und vom konkursgegangenen Bankhaus Fischer kauften wir andererseits mithilfe von HP alle unsere zuvor abgetretenen Forderungen mit einem Abschlag von 10 % zu unseren Gunsten zurück. Das verschaffte uns vorübergehend Luft, konnte aber keine Dauerlösung sein. Wer konnte schon wissen, was längerfristig mit HP passiert? Nein, wir brauchten jetzt zusätzlich eine nachhaltige Lösung, denn, so sagte ich mir, eine solch böse Überraschung wie die Geschichte mit dem Bankhaus Fischer sollte uns nicht nochmal passieren.

Wir wollten trotz der Schwierigkeiten weiterwachsen und jetzt auch im Ausland Niederlassungen gründen. Wir brauchten zusätzliche Refinanzierungsmöglichkeiten und dachten auch über ABS-Finanzierungen nach: Asset Bank Securities. Dabei kauft eine Zweckgesellschaft, die von einer Bank organisiert wird, Forderungen an, bündelt sie und refinanziert sich am Kapitalmarkt.

Dazu mussten wir aber zunächst unsere Hausaufgaben machen. Traditionell hatten wir an jedem Standort eine Besitz- und eine Betriebsgesellschaft. Das war nicht wirklich übersichtlich. Daher fassten wir die Gesellschaften zusammen und wählten auch gleich eine zukunftsorientierte Rechtsform: die Aktiengesellschaft Grenkeleasing AG, mit einem Grundkapital von 10 Mio. D-Mark.

Durch die Handelsregistereintragung wurde die Deutsche Bank auf uns aufmerksam, die uns fragte, ob wir an einen Börsengang dächten. Wir wiesen darauf hin, dass dies erst sinnvoll sei, wenn wir eine unabhängige Finanzierung über den Kapitalmarkt sicherstellen könnten. Und so realisierten wir mit der Deutschen Bank 1999 unser erstes ABS-Programm und bereiteten dann den Börsengang vor, den wir am 4. April 2000 am Neuen Markt (Ehemaliges Handelssegment für Wachstumswerte an der FWB® Frankfurter Wertpapierbörse) in Frankfurt vollzogen.

Auch wenn der Ausgabekurs von 19 € durch den kurz darauf erfolgten Niedergang des Neuen Marktes auf 8 € herunterbrach, flossen uns rund 60 Mio. € zu. Wir waren im Kern stabil geblieben, hatten also auch diese Krise überstanden. Die neue Orientierung auf die Zukunft wurde nach außen auch durch die Adresse des heutigen Firmensitzes sichtbar: „Neuer Markt 2".

Die Kapitalzuflüsse benötigten wir für den weiteren Ausbau unseres Geschäfts.

2003 haben wir Standard & Poors beauftragt, für uns ein Rating zu stellen. Mit BBB+ erzielten wir ein über unseren Erwartungen positives Ergebnis – deutlich im sogenannten „Investment Grade" Bereich. Das konnten wir sofort gut nutzen.

Unser Geschäfts- und Refinanzierungspartner HP hatte inzwischen mit Compaq fusioniert. Die Finanzabteilung der neuen HP wurde vollständig von der bisherigen Finanzabteilung von Compaq gebildet.

Sie brachten eigene Finanzierungslösungen in ihr Geschäft ein. Die neue HP war an einer weiteren Zusammenarbeit somit nicht mehr interessiert und bot uns den Rückkauf unserer Forderungen mit einem Abschlag von 10 % zu unseren Gunsten an.

Durch das S&P-Rating waren wir in der Lage, eine erste große Anleihe über 300 Mio. € zu platzieren und das Angebot von HP vorteilhaft anzunehmen: Neben dem Abschlag war auch der Anleihezins deutlich geringer als der Zins, den wir in der Vergangenheit an HP zahlen mussten.

Also, die Geschäfte liefen erstaunlich gut, und ab dem Jahr 2003 waren wir im Prime Standard der Frankfurter Wertpapierbörse notiert und gehörten von nun an dem SDAX an. Im Jahre 2005 erweiterten wir unser Geschäft um die Sparte Factoring – eine wirkungsmächtige Finanzdienstleistung: Wir erwarben fällige Forderungen, die Unternehmen gegenüber Schuldnern haben und verdienen an den Gebühren. Auch dieses Geschäft wuchs und wächst verlässlich, wobei die Rentabilität eher gering ist – aber es werden aussichtsreiche Kontakte zu neuen potenziellen Kunden generiert: sogenannte „Leads".

Die nächste Herausforderung stand bereits vor der Tür und zwang uns wieder zu kreativem Denken: die Finanzmarktkrise im Jahre 2008! Die Liquidität der Banken war eingeschränkt, ABS- und Anleihemärkte trockneten aus. Wir waren zwar ein Finanzdienstleister, hatten aber keine Banklizenz, konnten also kein Einlagengeschäft betreiben, wie etwa die Sparkassen, Volksbanken und Geschäftsbanken. Wir versuchten, kühl zu rechnen. Das Ergebnis: Bei einer Reduzierung des Neugeschäfts um 75 % auf nur noch 25 % des bisherigen Neugeschäfts pro Jahr, konnten wir immer noch die Hälfte unseres bisherigen Gewinns erzielen. Eine beruhigende Rechnung und Grund genug, mit Freunden auch einmal erleichtert anzustoßen.

Wir wollten stufenweise vorgehen, um flexibel auf die weitere Entwicklung der Kapitalmärkte zu reagieren. Wir reduzierten das Neugeschäft zunächst nur um 20 % auf ein immer noch beachtliches Volumen von rund 600 Mio. €.

Dann kam die neue Chance: Ende 2008 erhielten wir das Angebot, die 1779 gegründete Hamburger Privatbank Hesse, Newman & Co. AG zu übernehmen. Sie war von der schwierigen Situation an den Kapitalmärkten betroffen. Der Aufwand überstieg die Erträge, und der bisherige Eigentümer musste ständig Kapital nachschießen. Für unsere Zwecke der Refinanzierung und der Erweiterung unserer Tätigkeiten war sie aber gut geeignet. Wir erwarben alle Aktien der Bank und firmierten sie in Grenke Bank AG um. Der Einlagensicherungsfonds der deutschen Banken sicherte ihre Einlagen ab, und sie verfügte auch über keine schlechte Liquidität.

Von nun an standen wir auf drei Säulen: Leasing, Factoring und Bank. Mit unserer Palette an Finanzdienstleistungen erhöhten wir den Kundennutzen für unsere Geschäftspartner beträchtlich. Finanztransaktionen konnten nun über unsere eigene Bank laufen, und bis Ende der 2010er Jahre refinanzierten wir 20 % unserer Leasinggeschäfte über Privateinlagen bei der GRENKE-Bank. Außerdem unterstützt die GRENKE-Bank Jungunternehmer mit günstigen Förderkrediten der KfW Mittelstandsbank und der L-Bank Baden-Württemberg. Darüber hinaus sind wir Partner des Bundesarbeitsministeriums bei der Vergabe von Mikrokrediten und haben Förderprogramme für kleine und mittlere Unternehmen – sogenannte KMUs – umgesetzt und damit weiter Leads generiert.

Im Jahre 2010, also ein Jahr nach dem Bankenkauf, war unser Neugeschäft um 40 % gewachsen. Die Rücknahme des Neugeschäfts um 20 % im Vorjahr wurde also weit überkompensiert und bedeutete letztlich nur eine kleine Delle in unserer Geschäftsentwicklung.

Aus dem Baum mit bundesweit ausladenden Ästen war inzwischen ein mittelständischer Wald geworden: Niederlassungen in zwanzig deutschen Städten, neun Niederlassungen in Frankreich, drei in der Schweiz und in Italien. Zusammenarbeit mit Tochtergesellschaften in Österreich, wo wir 1997 unsere erste Auslandsniederlassung überhaupt gegründet hatten, Tschechien, Spanien, den Niederlanden, Dänemark, Schweden, Irland, Großbritannien, Polen und Belgien.

In Norwegen, Ungarn, Rumänien, Spanien, Portugal, der Slowakei und Finnland war GRENKELEASING 2009 bereits mit einem Franchise-

System präsent, das wir immer für die Erschließung neuer Märkte in den ersten vier bis sechs Jahren einsetzten.

Wenn wir die Entstehung eines Unternehmens aus einer Urzelle mit der Natur vergleichen, so ist an dieser Stelle meiner Erzählung bereits ein komplexer Organismus aus vielen Zellteilungen herangewachsen. Das ist bei uns im Unternehmen sogar der offizielle Sprachgebrauch für neue Niederlassungen im jeweiligen Markt – sowohl im In- wie im Ausland: Zellteilungen.

Natürlich ist die Ausbildung innerer Strukturen ebenfalls eine Form von Zellwachstum: Das erste Büro mit einem Tapezierbrett als Schreibtisch, der erste richtige Firmensitz im Hause meiner Eltern, die Anmietung zusätzlicher Büroräume in der Ooser Bahnhofstraße 1989, Verlegung der Firmenzentrale 1992 in die Baden-Badener Rheinstraße und schließlich, nachdem wir Aktiengesellschaft geworden, an die Börse gegangen und ein richtiger Konzern geworden waren, Umzug in die heutige Zentrale im Gewerbegebiet Oos-West, mit zunächst einem und dann drei großen Bürogebäuden im Jahre 2002.

Dann das „Zellwachstum" Personalbestand. Der Bedarf an versierten weiblichen und männlichen Fachkräften wächst rasch, vor allem IT-Spezialisten, Experten für Rechnungswesen und Finanzmärkte, Vertriebsmitarbeiter, Organisationsfachleute, Führungspersönlichkeiten und andere. Noch im Jahr 2000 managten 154 Mitarbeiterinnen und Mitarbeiter den ganzen Betrieb, heute sind es rund 1700 Menschen, die weltweit für GRENKE arbeiten. Abteilungen werden eingerichtet und wachsen heran, eine nach der anderen. Bei einer Aktiengesellschaft müssen geeignete Aufsichtsräte gewählt werden, die eine wichtige Kontrollfunktion wahrnehmen.

„Zellwachstum" – Kerngeschäft Leasingverträge: Angefangen hat es vor 40 Jahren mit rund 200 Kontrakten, heute sind es über eine Million Leasingverträge.

Dabei haben wir uns konsequent auf das sogenannte Small-Ticket-Leasing fokussiert, also die Vermietung von Kleingeräten.

Wir wildern üblicherweise auch nicht in fremden Gärten, aber Ende 2016 haben wir doch noch ein schönes Gewächs eingepflanzt: Die „Europa Leasing GmbH", spezialisiert auf medizinische Geräte. Wir haben die Anteile der Firma übernommen, weil wir der Meinung waren, dass sie gut zu uns passt. Allerdings, das muss man zugeben, die Ebene des reinen Small-Ticket-Leasing haben wir in diesem Teilbereich ein klein wenig verlassen, denn in der Medizintechnik gibt es nun mal Geräte, die nicht einfach nur in ein Büro passen.

Dass dieser Stammkörper „GRENKE LEASING" sozusagen einem evolutionären Prozess unterworfen war und ihm noch zusätzliche Organe wuchsen, hatte ich schon erwähnt: GRENKE-Bank und GRENKE-Factoring, die beide kräftig zum weiteren Wachstum beitragen. Die „GRENKE AG", wie sie seit 2016 heißt, ist die lenkende Konzernmutter mit vielen Tochterunternehmen in ganz Europa, die ihrerseits viele Standorte gegründet, also Zellteilungen vollzogen haben. Mit der ersten Gründung außerhalb Europas, nämlich in Brasilien im Jahr 2012, haben wir den Weg zum Global Player eingeschlagen. Kanada, Dubai, Chile, Singapur, Australien und USA sind inzwischen hinzugekommen. Die global agierende Mannschaft heißt „GRENKE-Gruppe" und betreut weltweit Franchisegesellschaften und Niederlassungen, die Leasing- und Finanzdienstleistungen unter dem Namen GRENKE in die lokalen Märkte hinein gründen und nach vier bis sieben Jahren, unter zuvor vertraglich festgelegten Bedingungen, von der Grenke AG übernommen werden können.

Globale Expansion des Konzerns war zum strategischen Ziel des ehemaligen Studenten mit Tapeziertischbüro im Schlafzimmer unter dem Dach geworden.

Vom Menschen angelegte Plantagen mit Nutzpflanzen bedürfen immer wieder der Düngung, und parallel dazu müssen Schädlinge bekämpft werden. Nicht anders ist es bei der GRENKE AG. Insbesondere das Leasinggeschäft ist sehr kapitalintensiv. Ständig muss das Portfolio der Leasinggegenstände erneuert, erhalten, ausgeweitet oder verwertet werden. Sie haben es gleich zu Beginn meiner Erzählung bemerkt: Der Dünger ist die Mittelbeschaffung – das wachsende Eigen- und Fremdkapital. Die Schädlingsbekämpfung ist die Risikominimierung.

Zunächst zum Dünger: Als Finanzdienstleister mit integrierter Bank muss der Grenke-Konzern ein hinreichendes regulatorisches Eigenkapital ausweisen. Mit einer bilanziellen Quote zwischen 16 und 20 % übertrafen wir diese Anforderungen jederzeit. Allerdings ist es auch sinnvoll, eine solche, relativ hohe Eigenkapitalquote beizubehalten: Bei einem geringeren Eigenkapital würde sich das Rating von Standard & Poors verschlechtern – mit der Folge, dass wir für unsere Anleihen einen höheren Zins zahlen müssten. Wenn wir also weiterwachsen wollten, musste auch das Eigenkapital mitwachsen. Das konnten wir in erster Linie dadurch erreichen, dass wir rentabel waren und sodann einen Teil des Gewinns nicht als Dividende ausschütteten, sondern als Eigenkapital einbehielten – thesaurierten. Bei einem starken Wachstum von über 15 % reicht das aber nicht aus. Dann müssen wir den Kapitalmarkt nutzen: entweder durch Hybridanleihen oder durch die Ausgabe neuer Aktien. Hybridanleihen werden – wie Aktien – auf Dauer ausgegeben und haben daher Eigenkapitalcharakter. Der Unterschied liegt darin, dass für Hybridanleihen ein fester Zins anstelle einer Dividende gezahlt wird, und die Anleihe zudem nicht an der Wertsteigerung des Unternehmens teilnimmt. Beide Verfahren haben zudem Nachteile – für Hybridanleihen muss man einen deutlich höheren Zins als für normale Anleihen zahlen – neue Aktien verwässern die Anlage der Altaktionäre. Dennoch übersteigt der Zugewinn bei steigendem Neugeschäft die Nachteile zumeist deutlich.

Mit einem Anteil von über 80 % liegt der Schwerpunkt der Finanzierungen logischerweise beim Fremdkapital. Daher bedienen wir uns fast der kompletten Klaviatur der Kapitalmarktinstrumente zur Refinanzierung: Von Bonds über Schuldscheine, Commercial Papers, ABS, Fördermittel oder das Einlagengeschäft der GRENKE-Bank ist nahezu alles dabei.

Das bedeutet auch: Risikostreuung bei der Mittelbeschaffung – und damit sind wir schon nahe an der „Schädlingsbekämpfung", wobei ich sagen muss, dass sich der Befall, genauer: der Ausfall von Zahlungen bei der Kundschaft, bislang immer sehr eng an den bei Vertragsbeginn prognostizierten Werten hielt – den Expected Losses – also kein wirkliches Problem für den Konzern darstellte.

Aber die Vermeidung oder Reduzierung von Risiken, anders ausgedrückt, ein wachsames Auge für potenzielle Gefahren, gehört stets dazu.

Diversifizierung, genaue Bonitätsprüfungen, Beobachtungen des Marktes, besonders der Konkurrenz im Fin-Tech-Bereich, IT-Sicherheit und vieles mehr sind unabdingbar und mit der zunehmenden Digitalisierung immer wichtiger für den Erfolg des Unternehmens.

Unsere „Plantagen" haben von Anfang an das geleistet, was sie sollten: reichlich Früchte tragen.

Ich möchte Sie nicht mit Zahlen erschlagen, aber ein paar müssen sein: Wir standen Ende der 2010er Jahre bei einem Börsenwert von knapp fünf Milliarden Euro, gegenüber 281 Mio. € beim Börsenstart im Jahr 2000. Unser Neugeschäft, also die Summe erworbener Leasinggegenstände, des Factoringvolumens und der Finanzierungsaktivitäten der GRENKE-Bank, hat sich in 20 Jahren mehr als vervierfacht, auf über zweieinhalb Milliarden Euro, kurz, wir blicken seit dem Jahr 2000 in Summe auf ein durchschnittliches jährliches Wachstum mit zweistelligen Raten zurück.

Aus einer Handvoll Kunden bei Firmengründung im Jahr 1978 wurden inzwischen rund eine Million. Der Konzerngewinn lag Ende der 2010er Jahre bei 125 Mio. € nach Steuern.

Auch wenn sich die Pandemie, Lieferkettenprobleme, Angriffe von Shortseller und die weltpolitische Lage in den beginnenden 2020er Jahren auf die Zahlen des Unternehmens ausgewirkt haben, die Stabilität war immer gesichert.

Und als mich mein Freund Frank Elstner einmal in einem Interview nach unserer voraussichtlichen Mitarbeiterzahl in 10 Jahren fragte, habe ich mit der Antwort nicht gezögert: „Wir werden uns wohl verdoppeln". Dies ist mehrfach eingetreten. Es gibt also viele Menschen, die die Früchte ernten dürfen: Aktionäre, Kunden, Mitarbeiterinnen und Mitarbeiter, die Familie Grenke und ein Teil der Gesellschaft insgesamt, weil ich auch soziale Projekte unterstütze.

Wir haben neben unseren Hauptplantagen – außer dem Dahliengarten in der Baden-Badener Lichtentaler Allee – noch ein paar andere „Ziergärten" angelegt oder unterstützt, die zwar auch mit Geld gedüngt werden, deren Früchte aber nicht unbedingt immer nur in Geldwert aufgewogen werden können.

Die „Gärtner" sind die Grenke Stiftung und auch meine Familie direkt. Im Jahr 2004 habe ich ein Gebäude in der Lichtentaler Allee 8 in Baden-Baden von der landeseigenen Bäder- und Kurverwaltung erworben, umgebaut und der neugegründeten Grenke Stiftung zur Verfügung gestellt. 2009 wurde der Komplex als Kulturhaus LA8 eröffnet. Es beherbergt ein Museum, das Terrassenrestaurant Rive Gauche, große Gesellschaftsräume, mehrere Büros und das Schachzentrum sowie die Ooser Schachgesellschaft Baden-Baden 1922 e. V., beide von der Grenkestiftung gesponsert. Die Bundesligamannschaft meines Schachvereins ist mehrfach Deutscher Meister geworden – mittlerweile deutscher Rekordmeister. Das Frauenbundesligateam hat diese Trophäe auch schon 11-mal gewonnen. In Karlsruhe tragen wir das derzeit größte offene Schachturnier Europas aus, die GRENKE Chess Open, parallel dazu ein prominent besetztes Großmeisterturnier mit Schachgrößen wie Weltmeister Carlsen, seinem Vorgänger Viswanathan Anand oder Fabiano Caruana am Start, die GRENKE Chess Classic.

Auch im Stiftungsrat des Baden-Badener Festspielhauses sind wir fast von Anfang an mit beträchtlichen Zuwendungen dabei. Wir unterstützen dort auch das Projekt „Kolumbus – Klassik entdecken", mit dem wir Kindern und Jugendlichen den Besuch des Festspielhauses ermöglichen, indem wir für erschwingliche Eintrittspreise – aber auch für die tiefere Beschäftigung mit der Musik, z. B. durch Künstlergespräche und Besuch der Proben – sorgen. Die Jazz-Musik unterstützen wir im „Mr. M's Jazz Club" im Baden-Badener Kurhaus und auch bei dessen Veranstaltungen in vielen Städten Deutschlands. Wir helfen bei der Suchtprävention, wir fördern die Integration von Flüchtlingen, indem wir Mittel für Sprachkurse an der Volkshochschule bereitstellen. Und es gibt noch einige andere Stiftungs-, Sponsoring- und Förderaktivitäten, mit denen wir uns für die Region engagieren und uns damit in eine Reihe anderer Stifter, Mäzene und Sponsoren einordnen. Es gibt einige Motive, die allen mehr oder weniger gemeinsam sind: Der Wunsch, einiges von dem, was man als erfolgreicher Unternehmer aus der Gesellschaft gewonnen hat, zurückzugeben und in unsere gesellschaftliche Zukunft zu investieren – oder die Einsicht, dass eine innige Verzahnung von Wirtschaft und Kultur eine Region nachhaltig bereichert, unter anderem mit dem Effekt, dass Standortfaktoren gestärkt werden. Das Festspielhaus in Baden-Baden zum Beispiel sorgt nach einer Studie für einen jährlichen Kaufkraftzufluss von ca. 50 Mio. € in der Region. Zusammengefasst: Es geht mir, wie vielen anderen Unternehmern, nicht darum, Geld für Luxusanschaffungen oder Statussymbol anzuhäufen, sondern gesellschaftliche Verantwortung wahrzunehmen, bleibende Werte zu schaffen, die möglichst vielen Menschen zugutekommen. Bei mir persönlich spielt auch eine Portion Heimatverbundenheit eine große Rolle – allerdings nicht als Ausdruck von Provinzialität, sondern als eine Basis, von der aus ich möglichst weit über den Tellerrand hinausschauen kann und möchte – und nicht nur schauen, sondern auch handeln.

Und damit bin ich bei einem weiteren Thema:

Ich verfasse meine Gedanken gar nicht mehr nur als Unternehmer. Erstens bin ich als Vorstandsvorsitzender der GRENKE AG im Februar 2018 aus dem Unternehmen ausgeschieden. Zweitens haben mir die Erfahrung und die Freiheit, die ich als Unternehmer gesammelt und gewonnen habe, die Möglichkeit gegeben, neue Aufgaben wahrzunehmen und mit viel Freude an der Sache in neue Rollen zu schlüpfen.

In der Industrie- und Handelskammer Karlsruhe hatte ich seit 2005 eine Möglichkeit erkannt, mich in geeigneter Form zu engagieren – in einem Netzwerk, in dem ich wirtschaftliche Rahmenbedingungen mitgestalten und mich für den Erfolg der regionalen Wirtschaft mit meinen Erfahrungen einbringen konnte. Sehr schnell war klar, dass mich mein Werdegang und meine internationalen Beziehungen in die Lage versetzten, Impulse für die international ausgerichtete Wirtschaft in der TechnologieRegion Karlsruhe geben zu können. Und so bin ich – nach zwei Jahren in der Vollversammlung – 2007 als Vize-Präsident ins Präsidium gewählt worden. Hier ist mir die Bedeutung der IHK in ihren wichtigsten Funktionen bewußt geworden: als Berater für Politik und Behörden, als Dienstleister für ihre Mitgliedsunternehmen und als Garant für hoheitliche Aufgaben – zum Beispiel das Prüfungswesen und die duale Berufsausbildung oder die Prüfung und Vereidigung von Sachverständigen. Es liegt mir viel daran, den Dienstleistungsgedanken innerhalb der Organisation weiter voranzubringen. Immer wieder habe ich auch hier den Kundennutzen zum Thema gemacht, in diesem Fall den Nutzen für die Mitgliedsunternehmen der IHK.

Selbst fordernd, wurde ich gefordert und habe 2013 das Amt des Präsidenten der IHK Karlsruhe übernommen. Und von 2015 bis 2022 war ich Präsident des Baden-Württembergischen Industrie- und Handelskammertages – alles ehrenamtlich! Von 2018 bis 2022 hatte ich auch das Glück, als Vize-Präsident von Eurochambres, der europäischen IHK-Dachorganisation, die Interessen der deutschen Wirtschaft gegenüber der EU in Brüssel zu vertreten (Abb. 2.2, 2.3, 2.4 und 2.5).

Oft werde ich gefragt: „Herr Grenke, wie bekommen Sie das eigentlich hin bei all Ihren Terminen?". Und ich antworte: „Mithilfe der Digitalisierung. Ich bin immer und überall mobil erreichbar und habe ein exzellentes Back Office. Und nebenbei gesagt. Ich spiele halt kein Golf – womit ich Golfspielern natürlich nicht zu nahetreten will."

Dass die duale Ausbildung ein zentrales Thema der IHK ist, soll hier nicht untergehen. Aber auch mit einem Studium liegen junge Menschen heute goldrichtig! Es eröffnet ihnen alle Chancen, ob als Mitarbeiterin, als Mitarbeiter in einem Betrieb oder als Gründerinnen und Gründer. Gerade sie können dazu beitragen, den chronischen Fachkräftemangel abzubauen – ein Dauerthema in der Wirtschaft und damit in den IHKs.

Ich habe am Beginn meiner Ausführungen von Analogien zwischen damals und heute, aber auch von Unterschieden gesprochen, wenn es ums Gründen geht.

Wenn ich mein damaliges Start-up und heutige Start-ups vergleiche, gibt es sicher Dinge, die geblieben sind: Man braucht eine Idee, Mut und Optimismus. Man fängt klein an. Man muss Chancen erkennen, Lücken finden. Man muss es wollen, einschließlich einer gewissen Risikobereitschaft. Man darf nicht nur an Profit denken, sondern an Investitionen und Innovationen, die Kundennutzen generieren. Shareholder Value als Selbstzweck ist sicher kein nachhaltiges Motiv für eine Firmengründung. Das kreative Denken ist ein freies Denken: Natürlich hatte ich gute Voraussetzungen und Glück mit dem Job im Betrieb meines Schwagers. Aber ich musste mich lösen, völlig neue Ansätze entwickeln, kurz, mich durch freies Denken befreien. Das gilt heute sicher gleichermaßen.

„What, if...? Was wäre, wenn...?" so denkt man im Silicon Valley, wie uns ein hochrangiger Mitarbeiter von Google auf dem Neujahrsempfang der IHK 2017 dargelegt hat. Optimistisches und freies Phantasieren in die

Abb. 2.2 Engagierter Botschafter: Im Europäischen Parlament der Unternehmer in Brüssel

Zukunft ist gemeint – ob sich nicht mal eine ganz verrückt erscheinende Idee verwirklichen lässt.

„Klar," werden Sie jetzt vielleicht einwenden, „dass sich Google das leisten kann".

Ich denke aber, dass man sich solch schöpferisches Phantasieren, natürlich der jeweiligen Entwicklungsstufe angepasst, grundsätzlich erlauben darf. Es sollte aber nicht in chronische Selbstüberschätzung münden. Ein Schachgroßmeister hat mir einmal gesagt, man solle Stellungen anstreben, die einem liegen. Dem kann ich hinzufügen: Innerhalb einer solchen Position, in der man sich wohl fühlt, ist visionäre Phantasie, möglichst gepaart mit genauer Berechnung der nächsten Züge, zwingend notwendig. Man fühlt sich wohl bei dem, was man kann, auch, wenn es nicht immer der pure Spaß ist, was gerade auf der Tagesordnung steht. Dazu gehört auch, sich von Rückschlägen nicht demotivieren, sondern, im Gegenteil, antreiben

Abb. 2.3 Unterwegs auf der Messe Karlsruhe: IHK-Erfolgsmodell „Einstieg Beruf"

zu lassen. Der Erfolg motiviert von ganz allein, aber sich selbst und andere nicht zu demotivieren, ist eine Kunst für sich.

Einen wesentlichen Unterschied zwischen 1978 und heute kann man ganz klar benennen: die Digitalisierung, die totale, globale Vernetzung. Sie verfügen heute online über alle erdenklichen Informationen, die Sie brauchen, Sie sind von Anfang an keine Einzelkämpfer, sondern vernetzt. Sie können Ihre Ideen sofort mit anderen teilen. Sie können Start-ups aus bestehenden Firmen heraus gründen, die dringend der Innovationen bedürfen, aber die entsprechenden Abteilungen, die sich darum kümmern müssten, nicht zur Verfügung haben. Sie sind in vielen Fällen ortsunabhängig, können sich Ihre Zeit ganz anders einteilen. Sie können diverse Förderprogramme in Anspruch nehmen, es gibt in ganz anderem Ausmaß als früher Risiko- oder anderes, zweckgebundenes Kapital auf dem Markt ja, ich könnte die Liste noch lange fortsetzen.

Lassen Sie mich zum Schluss ein Fazit ziehen mit Blick auf den Titel dieses Buches „Nachhaltig erfolgreich": Aus meiner Sicht gibt es fünf Dinge, die wichtig sind, um nachhaltig erfolgreich zu sein.

Abb. 2.4 Gemeinsam für Europa auf der AHK-Unternehmerkonferenz Athen: Wolfgang Grenke mit Robert W. Huber, Vorsitzender des IHK-Außenwirtschaftsausschusses und Dietmar Persch, Leiter des International Board der IHK Karlsruhe

1. Die Bereitschaft aufbringen, lebenslang zu lernen und mutig Verantwortung zu übernehmen. Sich aus Unwissenheit oder Angst vor Entscheidungen zu drücken, bringt niemanden weiter. Das ist eine innere Haltung als Grundlage für unternehmerisches Handeln.
2. Baut hierauf gleich der Kundennutzen auf, der die Kunden wirklich weiterbringt. Ein Produkt marketingtechnisch „aufzupimpen", damit es die Leute kaufen, obwohl sie es nicht brauchen, ist völliger Quatsch und führt, wenn überhaupt, nur zu kurzfristigem Erfolg.
3. Wettbewerbsvorteile erkennen und nutzen.
4. Das Wissen um und Vertrauen in die eigenen Fähigkeiten.
5. Sich seiner gesellschaftlichen Verantwortung stellen und sie wahrnehmen.

Das sind fünf Punkte, die mir immer besonders wichtig waren und nach meiner festen Überzeugung ihre Gültigkeit behalten werden.

In diesem Sinne danke ich Ihnen für Ihr Interesse und wünsche Ihnen auf Ihrem Weg immer das richtige Wachstum!

Abb. 2.5 Grenzüberschreitende Auszeichnung: Bürgermeister Jean-Lucien Netzer verleiht Wolfgang Grenke Ehrenbürgerwürde der Gemeinde Bischwiller

2.2 Statement zum Thema nachhaltig Unternehmen führen und/oder nachhaltig leben

Nachhaltig ein Unternehmen zu führen, bedeutet für mich, es so auszurichten, dass es – in den Grenzen der sozialen, ökologischen und ökonomischen Rahmenbedingungen langfristig wirtschaftlich erfolgreich handeln kann. Dies gilt im übertragenen Sinne gleichermaßen für mein Privatleben. Handeln setzt Entscheidungen voraus. Wer gut gebildet und ausgebildet ist, trifft nach meiner Erfahrung eher gute, abgewogene und damit nachhaltige Entscheidungen.

2.3 Statement zu ausgewählten SDGs

2.3.1 SDG 1 – Keine Armut

Gott sei Dank war ich völliger Armut nie ausgesetzt. Ich komme aus bescheidenen Verhältnissen. Meine Eltern hatten einen kleinen Lebensmittelladen in Baden-Baden, der nicht zu Reichtum führte, aber arm waren wir eben auch nicht. Ich bin meinen Eltern dankbar, für eine Kindheit und Jugend nicht reich an Geld, aber reich an Chancen, die sie mir ermöglichten. Als Student fing ich an mit 1.800 D-Mark auf dem Konto. Das war auch nicht viel. Herausforderungen gab es da schon einige, z. B. den eigenen Lebensunterhalt zu finanzieren, ohne den Eltern auf der Tasche zu liegen. Aber mit langfristig orientierten und damit nachhaltigen Planungen im Unternehmen und auch im Privatleben ist es mir gelungen, nie mehr auszugeben als einzunehmen. Das ist bei aller Disziplin die Grundlage dafür, niemals ärmer zu werden.

Keine Armut ist mir wichtig, weil ein Mindestmaß an finanzieller Sicherheit es erst möglich macht, sein Leben selbst zu gestalten und zwischen Alternativen zu wählen.

Es gibt unterschiedliche Ausprägungen von Armut. Während in einigen Regionen der Welt große Bevölkerungsteile eines Landes als arm gelten (absolute Armut), ist dies in entwickelten Ländern zumeist aufgrund besonderer persönlicher Umstände der Fall (relative Armut).

In den unterentwickelten Ländern erscheint es mir als besonders wichtig, mit Bildung und Ausbildung die Voraussetzungen für ein eigenbestimmtes Leben zu schaffen.

Ich selbst unterstütze finanziell eine spanische Hilfsorganisation, die Schulen in Sierra Leone baut.

In den entwickelten Ländern werden viele Aufgaben durch staatliche und wohltätige Organisationen wahrgenommen. Es bleiben aber Lücken.

Die Grenke Bank AG führt für die Bundesrepublik Deutschland das Mikrokreditprogramm durch, wodurch eine selbständige Tätigkeit aufgebaut werden und das Abgleiten in eine relative Armut verhindert werden kann.

Bei der Definition von Armut halte ich allerdings den Vergleich mit dem mittleren Einkommen der Gesamtbevölkerung für problematisch, da sich dahinter ein Gleichheitsanspruch verbergen kann, der historisch nicht nachhaltig wirkt.

2.3.2 SDG 2 – Kein Hunger

Ich bin sehr dankbar, dass ich nie wirklich Hunger hatte. Auch wenn es anfangs nicht immer leicht war, aber ich möchte mir nicht herausnehmen, mich mit Menschen zu vergleichen, die wirklich Hunger litten und leiden.

In Zentraleuropa sehe ich allerdings eher das Risiko der falschen Ernährung.

In meinem Unternehmen war es mir immer wichtig, dass meine Mitarbeiterinnen und Mitarbeiter gut versorgt sind und für einen angemessenen Preis ein gutes Mittagessen erhalten. Somit habe ich ein Betriebsrestaurant eingeführt, in dem es günstig ein gesundes Mittagessen für alle gibt.

Keinen Hunger zu haben, ist für mich wichtig, weil eine ausreichende und gesunde Ernährung es erst ermöglicht, ein freies und selbstbestimmtes Leben zu führen.

Konkrete Herausforderungen im Privaten oder im Unternehmen habe ich diesbezüglich keine. Hierfür bin ich sehr dankbar. In der Welt denke ich aber an Hungersnöte in von Dürre- oder Flutkatastrophen geplagten Regionen oder auch drängende Notlagen, die beispielsweise durch den schrecklichen Angriffskrieg Russlands auf die Ukraine Anfang 2022 herbeigeführt werden. Es wäre schön, wenn es einfache Lösungsvorschläge hierfür gäbe. Aber ich denke, die Welt mit ihren sieben Milliarden Einwohnern ist zu komplex und interessengesteuert, um einfache Lösungen zu finden. Am Ende ist für mich die beste Form des Zusammenlebens die Demokratie und die Rechtsstaatlichkeit, weil sie immer den Kompromiss, also die für alle Beteiligten quasi pareto-optimale Lösung als Ziel hat.

2.3.3 SDG 3 – Gesundheit und Wohlergehen

Gesundheit und Wohlergehen sind die Grundlagen für alles Handeln – unternehmerisch wie privat. Die Wissenschaft belegt auch, dass Gesundheit der wichtigste Glücksfaktor ist.

Daher beglückwünsche ich auch Menschen bei entsprechenden Anlässen nicht nur, sondern ich wünsche Ihnen Gesundheit.

Gesundheit und Wohlergehen sind mir wichtig, weil sie für mich die Grundlage jeden Handelns sind. Als Unternehmer sehe ich es als meine Pflicht an, auf eine gesunde Lebensweise zu achten, weil ich verantwortlich bin für die Menschen, die in meinem Unternehmen arbeiten. Sie vertrauen auf mich.

Gesundheit zu fördern, ist eine Managementaufgabe. In Zeiten des Fachkräftemangels wäre es gerade töricht, nicht nach Kräften die Gesundheit der Mitarbeiterinnen und Mitarbeiter zu fördern. Das gilt für das Arbeitsumfeld, die Ernährung, bis hin zur Unterstützung von betrieblichen Sportaktivitäten.

Wenngleich der Datenschutz dem Grenzen setzt, sollten Maßnahmen aber auch hierbei überprüft werden, ob und wie erfolgreich sie sind, um letztlich ständige Verbesserungen zu ermöglichen.

In einem modernen Betrieb wird man dazu statistische Methoden anwenden.

Wie es nicht geht, haben wir bei der Covid-Pandemie gesehen. Daten wurden per Bleistift und Fax übermittelt. Zuverlässige Rückschlüsse waren kaum möglich. Die Politik musste so fortgesetzt Entscheidungen treffen, die offensichtlich nicht angemessen waren. In der Schweiz wurden die Daten gründlicher erhoben, aggregiert und schnell publiziert. Die wirtschaftlichen Einschränkungen waren geringer, da bei Unternehmen mit Hygienekonzepten eine deutlich geringere Ansteckungszahl ermittelt werden konnte. Die höchsten Ansteckungszahlen wurden fast ausnahmslos im privaten Umfeld festgestellt.

2.3.4 SDG 4 – Hochwertige Bildung

Hochwertige Bildung ist ganz entscheidend für ein erfolgreiches Berufsleben. Wer eine gute Bildung und Ausbildung erhält, hat immer bessere Chancen, selbstbestimmt sein Leben zu gestalten. Gute Bildung muss sich aber auch fortsetzen: in lebenslangem Lernen.

Hochwertige Bildung ist mir wichtig, weil sie es uns ermöglicht, durch Erkenntnisse und Wissenstransfer besser zu werden als wir es sind. Dies gilt für jede und jeden von uns individuell, es gilt aber auch für uns als Gesellschaft insgesamt. Dabei blicke ich auf technologische Entwicklungen, die die Welt besser machen. Ich blicke aber auch auf die Erkenntnisse im Zusammenleben. Wer in der heutigen Zeit noch Kriege führt, kann nicht von hoher Bildung geprägt sein.

Die Herausforderung in der Bildungslandschaft liegt für mich im System. Es ist nicht mehr zeitgemäß, enzyklopädisch Wissen zu erlernen, zu organisieren und es gegebenenfalls nie wieder abrufen zu müssen. Bulimisches Lernen hat unser Bildungssystem zu lange geprägt. Für mich liegt die Herausforderung darin, aus dem statischen System ein wirklich intelligentes und vernetztes Lernen zu machen, in dem durch Verknüpfungen untereinander Wissen geteilt wird – ein gutes Vorbild ist unser Gehirn selbst. Ein solch synapsenbildendes Bildungssystem wäre wohl sehr effektiv.

2.3.5 SDG 5 – Geschlechtergleichheit

Meine eigenen Erfahrungen damit waren bislang sehr positiv. Das von mir gegründete Unternehmen hat schon seit langer Zeit einen weitgehend ausgeglichenen Anteil von Frauen und Männern. Geschlechtergleichheit ist mir wichtig, weil es auf die Kompetenz ankommt.

Rein statistisch ist die größte Herausforderung, dass sich für qualifizierte Aufgaben immer noch weniger geeignete Kandidatinnen bewerben. Das zeichnet sich früh bei der Wahl der Ausbildung bzw. des Studiengangs ab. So hat sich der Anteil von Studentinnen bei technischen Studiengängen noch nicht nennenswert erhöht.

Es bedarf somit einer weiteren gezielten Förderung – aber auch weiterer Verbesserungen, die Familie und Beruf vereinbar machen.

Beim viel diskutierten Sprachgebrauch ziehe ich es vor, von „Mitarbeiterinnen und Mitarbeitern" zu sprechen und die Reihenfolge immer wieder umzukehren. Das ist zwar etwas länger, erscheint mir aber angemessener als sprachlich alles „durchzugendern".

2.3.6 SDG 6 – Sauberes Wasser und Sanitäreinrichtungen

Ich bin sehr dankbar dafür, dass wir in Mitteleuropa sauberes Wasser und hygienisch zumeist einwandfreie Sanitäreinrichtungen haben. Dadurch bleiben uns viele Erkrankungen durch Keimbelastungen erspart.

Sauberes Wasser und gute sanitäre Einrichtungen sind mir wichtig, weil sie eine wichtige Voraussetzung für ein gesundes Zusammenleben sind.

Herausforderungen sehe ich in der Wasserknappheit einiger Weltregionen wie etwa der Sahelzone. Aber auch bei uns in Deutschland sinkt der Grundwasserspiegel, was zu Problemen bei der Wasserversorgung führen kann. Ein Lösungsansatz wäre für mich, konsequent auf die Einhaltung der UN-Klimaziele hinzuwirken, um den Klimawandel – so noch möglich – abzuwenden, ihn zumindest aber abzumildern.

2.3.7 SDG 7 – Bezahlbare und saubere Energie

Bezahlbare und saubere Energie sind das wichtigste Potenzial für ein gutes Leben der Menschheit in der Zukunft. Ich selbst setze inzwischen auf Erdwärme in Verbindung mit einer durch ein Solarpanel betriebenen Stromerzeugung. Damit bin ich autark von konventionellen Energieträgern, emissionsfrei und speise sogar überschüssigen Strom ins kommunale Netz ein. Insofern ist es nicht nur bezahlbar, sondern im besten Falle erhalte ich noch etwas dafür.

Saubere und bezahlbare Energie sind mir wichtig, weil wir schon viel zu lange mit konventionellen Energieträgern gearbeitet haben. Sie sind nicht nur schmutzig, sondern inzwischen auch teuer. Daher liegt die Zukunft in Innovationen, die saubere Energie zu bezahlbaren Preisen liefern.

Herausforderungen sind die technologische Entwicklung und die kurzfristige Verfügbarkeit. In der Innovationsgeschwindigkeit müssen wir uns dringend steigern, was meines Erachtens durch viel zu viel Bürokratie ausgebremst wird. Daher werden energieintensive Unternehmen, aber auch Privathaushalte, noch zu lange von konventionellen Energieträgern Gebrauch machen müssen.

2.3.8 SDG 8 – Menschenwürdige Arbeit und Wirtschaftswachstum

Menschenwürdige Arbeit ist die Grundlage für Wirtschaftswachstum. Wenn Arbeit würdig und sinnvoll und für die Ausführenden selbst sinnstiftend ist, besteht eine hohe Motivation. Diese zu fördern und Menschen nicht zu demotivieren, ist aus meiner Sicht die höchste Kunst zu führen.

Menschenwürdige Arbeit ist mir wichtig, weil sie erfüllend ist. Es geht oft nicht darum, Dinge richtig zu tun, sondern die richtigen Dinge zu tun.

Der Gründer von dm-drogeriemarkt und leider schon verstorbene Unternehmerfreund Götz Werner hat mir in Anlehnung an die britische Eisenbahnreform einmal gesagt, man müsse immer aufpassen, nicht der Heizer auf der E-Lok zu werden. Wenn Arbeitgeber und Arbeitnehmer diese schlichte, aber sehr treffende Feststellung immer beherzigten, wären wir wohl bei der Entwicklung unserer New Work Kultur schon wesentlich weiter.

2.3.9 SDG 9 – Industrie, Innovation und Infrastruktur

Industrielle Abläufe, innovative Produkte und eine gute Infrastruktur haben das von mir gegründete Unternehmen von einer One-Man-Show zu einem Konzern mit 1700 Mitarbeiterinnen und Mitarbeitern gemacht. Das zeigt, dass sie grundlegend sind für eine wirtschaftlich gute und nachhaltige Entwicklung.

Industrielle Abläufe, innovative Produkte und eine gute Infrastruktur sind mir wichtig, weil sie Arbeitsteilung und Wertschöpfung ermöglichen. Sie sind Voraussetzung für den Wohlstand einer modernen Gesellschaft.

Industrie, Innovation und Infrastruktur ermöglichen den Fokus auf Kundennutzen und Wettbewerbsvorteile. Im gut verstandenen Sinne sollten wir dies als Wettbewerbsfähigkeit in der sozialen Marktwirtschaft verstehen. Die größte Herausforderung dabei ist der Neid derjenigen, die sich nicht am Wettbewerb beteiligen.

2.3.10 SDG 10 – Weniger Ungleichheiten

Die Menschen sind unterschiedlich. Unterschiedlich in ihrer Lebensweise, in ihrer Lebenseinstellung und in ihrer Lebensleistung. Daher kann man nicht alle über einen Kamm scheren. Ich habe Menschen in meinem Umfeld entsprechend gefordert und gefördert, wurde aber selbst auch immer gefordert und vor allem als junger Mensch auch gefördert. Es kommt auch ein wenig darauf an, was man aus seinen Möglichkeiten macht.

Ungleichheiten kommen vor, sie sollten aber nicht zu Diskriminierung, Respektlosigkeit und Neid führen.

Wir müssen zwei Dinge gleichzeitig tun: Zum einen aufmerksam Ungleichheiten erkennen, bewerten und erforderlichenfalls Abhilfe schaffen. Zum anderen die Toleranzschwelle erhöhen, wenn nicht gewichtige Gründe dagegensprechen.

Unterschiedliche Begabungen, unterschiedliche Einstellungen – aber auch schieres Glück oder Unglück führen zu Vor- oder Nachteilen. Insbesondere auch in unserer insgesamt gesehen sehr erfolgreichen Wettbewerbswirtschaft. Alle gesellschaftlichen oder staatlichen Versuche, dies auszugleichen, sind bislang gescheitert. Ich kann mir nicht vorstellen, dass dies in Zukunft anders sein wird.

2.3.11 SDG 11 – Nachhaltige Städte und Gemeinden

Städte und Gemeinden gestalten wichtige Bereiche unseres Zusammenlebens. So, wie ein Unternehmen erfolgreich und nachhaltig sein muss und kann, sollte sich auch die öffentliche Hand nicht nur in ihren proklamierten Zielen, sondern ganz konkret in ihrem Handeln – und insbesondere im wirtschaftlichen Sinne – an Nachhaltigkeit ausrichten.

Nachhaltiges Wirtschaften der öffentlichen Hand ist mir wichtig, weil es deren Handlungsspielraum erweitert. Die öffentliche Hand ist nur Sachwalter der Bürger. Sie muss effizient mit dem Geld der Steuerzahler umgehen.

Da hätte ich ganz einfach drei Lösungsvorschläge: weniger Bürokratie, schnellere Genehmigungsverfahren und Mut zum Handeln. Im Badischen würde man sagen „Ja, schaff halt!"

2.3.12 SDG 12 – Nachhaltige/r Konsum und Produktion

Konsum im Überfluss tut unserem Planeten nicht gut. Wir können es uns gut gehen lassen. Dies darf aber nicht zulasten unserer Umwelt und damit der nächsten Generationen geschehen.

Nachhaltiger Konsum und Produktion sind mir wichtig, weil wir mit unseren Ressourcen behutsam umgehen müssen. Wenn wir mehr Ressourcen verbrauchen als wiederkehrend verfügbar sind, kippt die Bilanz. Das ist eine ganz einfache Rechnung.

In dem von mir gegründeten Unternehmen werden Produkte verleast und am Ende der Laufzeit zurückgenommen und in einen Recycling-Prozess geleitet. Wir haben schon immer Wert darauf gelegt, die Dinge nicht zu verschwenden. Die Herausforderung sehe ich daher in der sinnvollen Wiederverwertung vieler Ressourcen – im Aufbau einer wirksamen Kreislaufwirtschaft. Hier haben wir weltweit noch großes Potenzial, das wir stärker nutzen sollten.

Nach Untersuchungen am Karlsruher Institut für Technologie (KIT) werden bei Baumaßnahme bis zu 50 % unseres Energiebedarfs verbraucht. Die Wiederverwendung der Materialien scheitert bislang, weil häufig chemische Produkte zur Herstellung eingesetzt werden, die das Recyceln verhindern.

2.3.13 SDG 13 – Maßnahmen zum Klimaschutz

Klimaschutz deckt sich mit einigen Punkten, die ich bereits erläutert hatte. Dazu gehören etwa Energie, Ressourcenschonung, Kreislaufwirtschaft und Konsum. Klimaschutz ist die zentrale Herausforderung unserer Zeit.

Klimaschutz ist mir wichtig, weil sich diesem Ziel am Ende alles unterordnet. Was sich nicht unterordnet, wird ansonsten bald am Ende sein.

Als Herausforderung sehe ich hierbei natürlich die bereits auf den Weg gebrachten Maßnahmen der UN-Klimaziele. Vieles ist auf den Weg gebracht und vieles wird noch kommen. Da müssen wir noch schneller und besser in der Umsetzung werden. All diese Ziele werden jedoch konterkariert, etwa durch Kriege. Nicht nur, dass sie zu politischer Instabilität und damit mangelnder Umsetzung der Ziele selbst führen. Kriege sind an sich eine enorme Umweltbelastung, die Jahrzehnte andauert. Daher ist Klimaschutz für mich auch immer die Fähigkeit zu Diplomatie und Kompromissen.

2.3.14 SDG 14 – Leben unter Wasser

Mit Leben unter Wasser habe ich persönlich und im Alltag wenig Erfahrung. Als Segler bin ich aber auf dem Wasser unterwegs. Auch die Nutzung der Meere muss nachhaltig sein. Das großartige Leben der Tiere und Pflanzen unter Wasser sollte geschützt und gefördert werden. Beim Fischfang darf kein Raubbau betrieben werden.

Das Leben unter Wasser zu schützen ist mir wichtig, weil es zur Biodiversität unseres Planeten gehört.

Sensible Ökosysteme regulieren sich ungestört gegenseitig. Ein zu großer Eingriff durch den Menschen bringt diese Systeme in ein Ungleichgewicht. Daher gehören auch hier nachhaltige Unterwasserwirtschaft und saubere Ozeane, Seen und Flüsse zu den zentralen Aufgaben unserer Zeit.

2.3.15 SDG 15 – Leben an Land

Leben an Land ist das Zusammenleben der rund sieben Milliarden Menschen auf der Erde, sowie die gesamte Flora und Fauna. Persönlich habe ich gute Erfahrungen hiermit gemacht. Es kommt aber auch darauf an, wie man in der Gemeinschaft miteinander umgeht.

Leben an Land ist mir wichtig, weil es zur Biodiversität unseres Planeten gehört.

Die größte Herausforderung für das Leben an Land liegt für mich in der Zukunftsorientierung der Menschen. Die Frage lautet, wie wir in Zukunft zusammenleben können und uns den Planeten Erde mit Flora und Fauna teilen wollen.

2.3.16 SDG 16 – Frieden, Gerechtigkeit und starke Institutionen

Mit Frieden verbinde ich in meinem Leben immer positive Erfahrungen. Ich bin als kleiner Junge in einer Region groß geworden, die über Jahrhunderte vom Krieg geprägt war. Erst nach dem Zweiten Weltkrieg haben die Menschen auf beiden Seiten des Rheins gelernt, dass man in Frieden und über eine partnerschaftliche Zusammenarbeit auch zu Wohlstand und einem guten Leben gelangt. Diese Maxime hat mich als Nachkriegskind sehr geprägt.

Was Gerechtigkeit betrifft, so gilt für mich der Grundsatz: „Die größte Ungerechtigkeit ist die Gleichbehandlung von Ungleichen." Dabei blicke ich auf meine Ausführungen unter Punkt 10.

Frieden ist mir wichtig, weil er die Voraussetzung für ein nachhaltiges Leben ist. Wenn wir nicht in Frieden leben und uns gegenseitig bekriegen, werden wir uns selbst zerstören.

Um Frieden in der Welt zu sichern, ist für mich auch immer die Fähigkeit zu Diplomatie und Kompromissen die zentrale Frage. Krieg entstand in der Geschichte immer dann, wenn die Interessen unterschiedlicher Seiten nicht mehr abgewogen werden konnten, weil die eine oder die andere Seite sich zu stark benachteiligt sah.

2.3.17 SDG 17 – Partnerschaften zur Erreichung der Ziele

Das ganze Leben ist geprägt von Partnerschaften zur Erreichung unserer Ziele. Ansonsten wären wir als Weltgemeinschaft nicht lebensfähig. Auch als Unternehmer hat mich partnerschaftliches Handeln einer Zielerreichung immer nähergebracht als mögliche Alleingänge.

Partnerschaften zur Erreichung von Zielen sind mir wichtig, weil sie zu Lösungen führen.

Die größte Herausforderung für Partnerschaften ist die Kompromissfähigkeit. Ich muss immer bereit sein, der anderen Seite im Interessenausgleich etwas zuzugestehen, damit sie eine Partnerschaft eingeht. Nur so komme ich am Ende zu einer Win-win-Situation, also dem Ziel, dass beide Seiten etwas von der Partnerschaft haben.

Wolfgang Grenke

3

So gelingt die Transformation zum nachhaltigen Unternehmen

Anabel Ternès von Hattburg und Daniel Obst

3.1 Biografie Anabel Ternès

Seit meiner Kindheit stehe ich für Nachhaltigkeit – und soziale Verantwortung. Aus der engagierten jungen Pianistin, Leichtathletin und Umweltschützerin wurde eine internationale Führungskraft, die in der Konsumgüterbranche Märkte aufbaute und sich nebenbei mit sozialen Initiativen für Umwelt und Kinderrechte verdient machte. Nach einem Unfall konzentrierte ich mich auf die Bereiche Nachhaltigkeit, Gesundheit und Digitalisierung und leite seitdem als Professorin das SRH Institut für Nachhaltiges Management, gründete ressourcenorientierte Start-ups mit Impact und habe mir einen Namen gemacht als Autorin und Keynote-Speakerin.

Warum kannst Du nicht sein wie andere Mädchen?
Immer wenn ich barfuß am Strand von Norddeich-Mole stehe und der Wind durch mein Haar weht, dann fühlt sich das einen Moment lang, als

---

A. T. von Hattburg (✉)
Institut für Nachhaltiges Management, SRH Hochschule Berlin,
Berlin, Deutschland
E-Mail: anabel.ternes@srh.de

D. Obst
Agentur 2020 GmbH, Schwerin, Deutschland
E-Mail: do@2020.de

wenn ich da als kleines Mädchen stehe, weniger als halb so groß wie heute, dafür ein ganzes Kraftpaket und wild entschlossen. Es muss eines der ersten Male gewesen sein, dass ich damals als 6-jährige mit meiner Tante am Strand entlangging. Fassungslos war ich. Die Möwen saßen auf den kleinen Müllbergen aus Plastik, nicht mehr erkennbaren Resten von Gegenständen und Treibholz, das an den Strand gespült worden war. Es war noch die Zeit am Morgen, bevor der Müll abgeräumt und der Strand gesäubert wurde (Abb. 3.1).

Dieses Bild hat sich tief in mein Gedächtnis eingegraben. Dieser Moment war der Beginn meines Engagements für Umweltschutz und dafür, nichts einfach als gegeben zu nehmen. Es ging einher mit einer Art Dankbarkeit für all das, was unser Planet für uns bereithält und einem Gefühl der Verantwortung, damit sorgsam umzugehen.

Ich rief bei der Stadtverwaltung an, bei den Grundschulen in der Stadt und machte auf den Müll aufmerksam, schlug vor, dass Schulkinder regelmäßig an den Strand gehen und lernen, wie man an dem Beispiel sieht, dass man Verpackung einsparen und versuchen muss, weniger

Abb. 3.1 Am Strand von Norddeich-Mole bei meiner Umweltinitiative beim Sammeln von Plastik

Müll zu produzieren. Die Initiative war geboren. Ich kam kaum nach, die engagierten Kinder zu organisieren, denn in der Gegend waren öffentliche Verkehrsmittel schwach eingesetzt – außer dem Zug konnte man nur auf einen Bus ausweichen, der zwischen 10:00 und 16:00 Uhr zweimal fuhr.

Meine Eltern waren leicht genervt: Kannst Du nicht einfach spielen? Wie andere Mädchen?

Ja, konnte ich, aber ich wollte mehr. Mir war allein das zu langweilig.

Woher kommst Du? Aus Booooonn??
Ich wurde in Bonn geboren – das erste Kind eines Paares, das sich gefunden hatte – die auf der Flucht geborene Katholikin mit ungarisch-französischen Wurzeln und der deutsch-holländische Kommunist. Beide hatten erst in Berufen gearbeitet und studierten über den zweiten Bildungsweg. Bildung bedeutet bei uns deshalb immer viel: eine Chance und Verantwortung. Als ich in die Schule kam, zogen wir ins Emsland. Für mich war klar: Da muss ich raus, sobald ich kann. Denn die Annehmlichkeiten von schneller Erreichbarkeit und einer Vielzahl kultureller Angebote wich der Natur und einer Landjugend, die gegen Langeweile vor allem Alkohol setzte.

Mit meinen dunklen Haaren und der anderen Aussprache galt ich als die Fremde: Woher kommst Du, wurde ich gefragt? Bonn war so weit weg und meine klare Aussprache stempelte mich zur Ausländerin ab. Was trägst Du? Einen Hosenrock? Was ist das denn? Das war das wenigste, was mich von vielen der Kinder trennte. Ich sehnte mich nach großer weiter Welt, nach meiner Bücherei, die in Bonn nur wenige Meter vom Haus entfernt gewesen war, nach Theater und Sportmöglichkeiten. In den Folgejahren waren es vor allem Konzerte, die ich gab (Klavier und Gesang), Veranstaltungen wie Jugend musiziert und Meisterkurse, und Veranstaltungen auf Landesebene im Sport (Leichtathletik), durch die ich mich regelmäßig auch außerhalb des Emslands aufhielt.

Und die Natur, die ich täglich im Emsland sah – das lernte ich schnell –, war nur auf den ersten Blick eine unberührte, gesunde Natur. Auf den zweiten Blick war der Boden vieler Ländereien durch die Gülle, die aufgebracht wurde, zu nitrathaltig, verschwanden immer mehr Tiere durch die fehlenden Böschungen und bewaldeten Schneisen zwischen den Feldern, aber auch durch die schnellen leisen Maschinen, durch die Geräusche der Windkraftanlagen. Die Zusammenhänge waren nur wenigen klar und andere, die diese sahen, nahmen sie in Kauf.

Mädchen machen das nicht
Sobald ich konnte, ging es für mich raus aus dem 300-Einwohner-Dorf im Emsland in die weite Welt: Ich wollte die Kulturen kennenlernen, die ich bis dahin nur aus Büchern kannte. Und ich wollte in der Wirtschaft etwas bewegen.

Mein Vater wünschte sich, dass ich Medizin studiere, um ein Mittel gegen sein Krebsleiden zu entwickeln. Ich hatte einen Studienplatz in Münster, dem Ort, den ich mir für das Studium gewünscht hatte, aber die Verantwortung war mir zu groß, als ich sah, wie weit der Weg war von der Anatomie-Vorlesung bis zur Entwicklung eines bahnbrechenden Mittels gegen Krebs. Lehramt war das, was mein Vater sich als Alternative wünschte: einen sicheren Job für eine Frau, mit der sie viele Kinder und Haushalt kombinieren konnte. Ich fand keinen Gefallen an der Gesamtidee, fühlte mich aber verantwortlich. Da mein Vater todkrank war, studierte ich Lehramt. Damit ich dies anderweitig nutzen konnte, schloss ich die Studien ebenfalls auf Diplom-Pädagogik und Magister ab und da meine Noten herausragend waren, promovierte ich gleichzeitig. Ich hatte meine Abschlüsse in der Hand und merkte, dass das in der Wirtschaft wenig wert war: Ich fühlte mich nicht ernst genommen und hatte das Gefühl, von Wirtschaft nichts zu verstehen. So studierte ich neben dem Job Betriebswirtschaftslehre und lernte Englisch, denn in der Schule hatte ich alles abgewählt, was möglich war, darunter Englisch. Meine Familie stand dem mit Unverständnis gegenüber: warum noch BWL, wenn ich doch mit Lehramt einen sicheren Job haben könnte, und das mit Verbeamtung auch noch. Verbeamtung hatte für mich nie einen eigenen Wert gehabt. Ich sah mich mehr in der Wirtschaft, im Aufbauen von Märkten, Marken, Produkten. Hier konnte ich mein Interesse an Kulturen und Soziokulturen, meinen Spaß am Kreieren von Produkten und Lösungen für die Bedürfnisse von Kund:innen entfalten. Aufbauende Studien in Design und Trendmanagement halfen mir, darin noch besser zu werden. Ich fand eine Zeitlang meinen Entfaltungs- und Gestaltungsraum in der Konsumgüterbranche: Es ging immer um das Gestalten eigener Räume, vom Reisen bis zum Zuhause. Und es machte mir große Freude, Menschen nicht nur Produkte zu verkaufen, sondern mit dem Kauf eines Produktes ein Stück Welt, die Freude und Komfort bereitete, den Alltag bereicherte, ihn einfacher, fröhlicher, schöner machte.

Im Job machte es mir Spaß, Teams aufzubauen, Umsätze zu vergrößern, Märkte einzunehmen. Vor allem die Arbeit mit den Mitarbeitenden, aber auch die Kontakte zu den Kund:innen waren für mich immer der Ansporn, noch bessere Lösungen mit ihnen zusammen zu entwickeln, um die

3 So gelingt die Transformation zum nachhaltigen Unternehmen

Produkte, Tools, Service noch mehr zu ihren eigenen zu machen, sie mitgestalten zu lassen. Meine Gebiete waren immer die umsatzstärksten, meine Teams die engagiertesten. Wir hatten Spaß in der Arbeit miteinander für die Kund:innen und waren dabei unglaublich erfolgreich. Bis ein Skiunfall meine Karriere abrupt beendete.

Vom internationalen Parkett in die Intensivstation
Bis dahin war ich sportlich, ambitioniert, nicht exzessiv, aber Sport gehörte zu meinem Tag wie Wasser trinken – ob Joggen oder Wandern, Walking, Schwimmen, Radfahren, Tanzen, Gymnastik oder Yoga – Sport war mein täglicher Begleiter und tut mir noch heute unglaublich gut, um Abstand zu bekommen, aufzutanken, neue Gedanken zu finden. Am liebsten in der Natur, im Wald oder am Wasser.

Die Jahre im Krankenhaus, bis ich wieder laufen konnte, gaben mir Zeit, mir Gedanken zu machen über das, was mich ausmacht. Ja, ich hatte Erfolge in der Wirtschaft gefeiert. Ja, das machte mir Spaß, ich war gut. Aber füllte es mich aus? Gab es mir Zeit für mich und für Familie? Nein. Meine sozialen Engagements hatte ich quasi nebenbei gemacht, hatte mich in den Ländern, in denen ich zu tun hatte, eingebracht an Unis mit Vorlesungen, an Schulen oder Kitas oder in der Jugendhilfe mit Initiativen und Unterstützung für Future Skills mit besonderem Augenmerk auf Medienkompetenz und nachhaltige Bildung.

Ich hatte Karriere gemacht, aber viel kämpfen müssen – vor allem gegen den Vorbehalt, dass Frauen mit einer zierlichen Figur, langen Haaren und „Dr." anpacken und umsetzen können, und zwar gut.

Mein Ziel war auch, es mir und meiner Familie zu beweisen: Es geht! Frauen können das! Lasst das zu, lasst mir den Freiraum zur Entfaltung, und zwängt mir und uns keine Rollenmodelle auf.

Ich sah nun die Zeit gekommen eigenes zu bewegen. Aus den 6 Tagen Restleben, das mir die Schulmediziner des Krankenhauses prognostiziert hatten, wollte ich mindestens 60 Jahre machen! Und mich endlich dem widmen, was mich ausmachte: ein ressourcenorientiertes Leben mit Impact leben. So bewarb ich mich auf zwei Professuren, die mit Nachhaltigkeit zu tun hatten und ein Jahr später war es so weit: Ich wurde zur Professorin berufen und zur Geschäftsführerin des Instituts für Nachhaltiges Management in der SRH Gruppe. Eine große Aufgabe und Verantwortung. In den folgenden Jahren war ich dabei, mit meinem Team zusammen unseren Visionen umzusetzen – lokal, regional, aber auch global. Von Pro Flüchtling, der Berliner Initiative für Geflüchtete, um diese in das

Erwerbsleben zu integrieren, bis hin zu Projekten in Ägypten zusammen mit der Regierung und der German University in Cairo (Abb. 3.2).

Start new mit nachhaltigen Start-ups und den Visionen aus der Kindheit
Parallel hatte ich mit Freunden zusammen die Vision, Start-ups zu fördern, deren Geschäftsmodell ressourcenorientiert ist und mit Impact für die Welt. Wir gründeten ein Seed Venture Unternehmen. Aber alle Start-ups, die wir prüften, schafften es nicht, die Kriterien zu erfüllen, die wir als Maßstab für die Förderung anlegten. In der Zwischenzeit hatten mein Co-CEO und ich eigene Ideen – und wollten loslegen. Gesagt, getan. Wir stiegen aus dem Venture Unternehmen aus und gründeten zusammen die Health Medo mit internationalen Service-Plattformen für verschiedene Gesundheitsanwendungen und CoCarrier, den weltweiten Crowd Shipping Service. Beide entwickelten sich gut. Psychologio, die Plattform für Psychotherapie wurde zur erfolgreichsten Plattform dieser Art und bei CoCarrier standen schon nach wenigen Wochen Betriebstätigkeit ARD, ZDF und die Höhle der Löwen vor der Tür. Und dann die Nachricht: Schwanger – seine Frau und ich, etwa gleichzeitig. Zusammen mit GetYourWings, die alle sozialen

Abb. 3.2 Wüstentrip in Ägypten mit Studierenden der German University in Kairo

3 So gelingt die Transformation zum nachhaltigen Unternehmen

Aktivitäten von mir im Bereich Bildung, Medienkompetenzentwicklung und Nachhaltigkeit bündelte, hatte ich drei Beteiligungen, in denen ich aktiv war, dazu die Leitung des Instituts. Ich wusste, einiges davon musste weichen, wenn ich neben meinen beruflichen Engagements der Aufgabe als Mutter gerecht werden wollte – und das wollte ich.

Meinem Co-CEO ging es ebenso – er stand kurz vor der Heirat, wollte unbedingt Zeit als Vater haben und sich eine kleine Auszeit nehmen.

So verkauften wir Health Medo und CoCarrier schweren Herzens, ich behielt GetYourWings und kümmerte mich die nächsten zwei Jahren nur um GetYourWings und mein Kind (Abb. 3.3).

Zurück im Institut war klar – ich möchte Nachhaltiges nicht nur erforschen, sondern bewegen. Und schon war ich wieder mittendrin.

Es folgten Berufungen in diverse Gremien: Verwaltungsrätin der Britischen Handelskammer, AK Arbeit 4.0 Vorständin der Bitkom, Vorständin der Hanse Stiftung, Aufsichtsrätin der Inglosus Stiftung, Stiftungsrätin der Peter-Ustinov-Stiftung, um nur einige der Mandate zu nennen.

Abb. 3.3 Shooting mit dem Wirtschaftswoche-Team zu unserem Crowdshipping Startup CoCarrier zusammen mit Julian Maar

Mit der Auszeichnung für das Spiel Code and Safe the Planet mit der Google Impact Challenge entwickelten wir weitere Materialien für die spielerische Entwicklung von Nachhaltigkeits- und Medienkompetenz von Schüler:innen. Mit der Auszeichnung unserer Projekt-Reihe Kick & Cook mit dem Beyond Crisis Award von Deutschland – Land der Ideen und der WeKickCorona-Förderung war es kein weiterer Schritt zu meiner Auszeichnung als CEO E-Learning of the Year.

Beruflich war klar, dass ich nach gesamtsystemischen Lösungen strebe und dem Arbeiten in starken Teams, um sich mit guten Sparring-Partnern auszutauschen und mehr zu bewegen, als es ein Einzelner vermag.

So bin ich aktuell in Bildungs-, Beratungs- und Gesundheitsgründungen eingebunden, die innovative Lösungen mit Ressourcenorientierung und Impact verbinden. Eine glückliche Fügung, die mich mit Daniel Obst zusammenbrachte. Als ich eines Tages durch Empfehlung einer befreundeten Journalistin Daniels Beitrag auf LinkedIn las, spürte ich Verbundenheit, Engagement, Leidenschaft für das Gleiche, was mich antreibt – und die Neugier, den Menschen dahinter kennenzulernen. Ein paar Monate später freue ich mich, mit Daniel einen sehr wertvollen, werteorientierten klasse Menschen kennengelernt zu haben, einen Geschäftspartner mittlerweile, mit dem ich sicher noch einiges auf die Beine stellen werde, zusammen mit Alexander Balow, der uns wunderbar ergänzt, mit seinen Kompetenzen, mit seiner Art, mit seiner Herzlichkeit und gleichzeitigen Professionalität. Für mich ist das mehr als gelebte SDG 17 – für mich ist das eine Verbindung, aus der heraus wir Zukunft gestalten, für uns, für andere, für die Welt, skalierbar, schnell, ressourcenorientiert und mit Spaß dabei.

3.2 Statement zum Thema nachhaltig Unternehmen führen und/oder nachhaltig leben

Ich wurde in den letzten 10 Jahren oft gefragt, warum ich mich für Nachhaltigkeit einsetze. Meine Antwort ist: Nachhaltigkeit ist meine Leidenschaft und unsere Zukunft. Wenn wir uns, unseren Kindern und Enkelkindern eine lebenswerte Welt wünschen, muss unser Denken und Handeln konsequent nachhaltig ausgerichtet sein. Nachhaltig heißt für mich in erster Linie ressourcenorientiert, gesamtsystemisch, ganzheitlich. Wer danach selbst lebt, wird langfristig gesund und glücklich leben. Wer sein Unternehmen danach führt, wird langfristig erfolgreich sein.

3.3 Biografie Daniel Obst

Nach fast zwei Jahrzehnten Erfahrung im digitalen Wandel großer Konzerne gestalte ich seit 2021 nun die wirksame Transformation von Organisationen hin zu nachhaltigem Wirtschaften. Als Blogger für meine Beiträge ausgezeichnet, sind meine Vorträge als Speaker ebenfalls gefragt. Mit einem klaren Fokus auf Strategie, Kultur und Kommunikation berate ich Unternehmen in Sachen Nachhaltigkeit, immer den *Impact* im Blick. Darüber hinaus engagiere ich mich aktiv an Schulen und anderen Einrichtungen für Bildung für Nachhaltige Entwicklung.

„Papa, was hast du eigentlich gegen die Klimakrise getan?"
Das werden mich meine heute noch jungen Kinder ganz sicher fragen, wenn sie etwa im Jahr 2030 im ‚Fridays for Future'-Alter angekommen sein werden. Diese Erkenntnis traf mich vor einigen Jahren wie ein Schlag. Mir wurde klar, dass es mir nicht reichen würde, dann zu entgegnen: *„Aber wir beziehen doch seit zwei Jahrzehnten Ökostrom und sind Kunden einer nachhaltigen Bank!"* Das ist zwar gut und schön. Aber es wird nicht reichen. Mir nicht. Meinen Kindern nicht. Und erst recht nicht für ein gutes, menschenfreundliches Klima auf einer gesunden Erde. Ich habe mir vorgenommen, eine gute Antwort für meine Kinder zu haben – eine, die nicht nur eine billige Rechtfertigung ist, sondern eine, die ehrlich und verantwortungsvoll ist. *„Ja, ich habe alles in meiner Macht Stehende getan, um eine gute Zukunft für euch zu erhalten!"*

Mit diesen Gedanken begann auf meinem ersten Klimastreik mit ‚Fridays for Future' im Jahr 2019 ein Prozess mit zahlreichen persönlichen Veränderungen im Verlauf der letzten Jahre. Davor war ich eher ‚passiv nachhaltig', wie ich es heute nenne. Mir war das alles nicht unbekannt und nicht unwichtig. Nicht umsonst hatte ich im Zuge der Finanzkrise 2008 begonnen, das eine oder andere zu hinterfragen. Und durch dieses damalige Ereignis war ich dann nicht mehr nur Ökostromkunde, sondern auch Kunde und Mitglied der ersten Ökobank Deutschlands, die seit vielen Jahren in großen Umfragen von Kund:innen zur ‚Bank des Jahres' gewählt wird: die GLS Bank.

Doch das Leben hielt in der Folge zahlreiche Ablenkungen für mich bereit
Karriere. Konsum. Sport. Kinder. Und damit fühlte ich mich gut aufgehoben in der Mitte der Gesellschaft. So erging es vielen und ergeht es

noch heute. Wobei unsere Welt seit ‚damals' schon eine andere geworden ist, aus vielerlei Gründen. Aber zurück zum Start: Nach meinem Abitur im Jahr 2001 habe ich leider erfolgreich mein Studium der Wirtschaftsinformatik vor die Wand gefahren. Leider? Vielleicht sollte es so sein. Wer weiß das schon. Eigentlich wusste ich seit meiner späten Schulzeit, dass ich nicht studieren wollte. Dass ich für das rein theoretische Lernen nicht geschaffen bin. Und das gescheiterte Studium schien mir Recht zu geben. Oder war es andersherum? Jedenfalls hatte ich mich ursprünglich nur auf eine Ausbildungsstelle als Fachinformatiker mit entsprechendem Praxisanteil beworben. Die wurde dann kurzfristig um ein Studium erweitert. Das Ergebnis kennen wir. Die Ausbildung hingegen habe ich erfolgreich abgeschlossen.

Und vielleicht lag es auch genau daran, dass ich damals umso energischer für mich die These aufgemacht habe: *„Ich möchte zeigen, dass man auch ohne Studium erfolgreich sein und Karriere machen kann."* Jedenfalls war mir wichtig, meine dann folgende etwa 18-jährige Laufbahn als Projektleiter und Führungskraft in großen Konzernen zu pflegen. Interessanterweise gar nicht mal wegen des sonst häufig zu findenden Machtmotivs, Einfluss auf andere Menschen zu haben. Das hat mich nie getrieben. Sondern maßgeblich wegen des ansteigenden Gestaltungsspielraums, der meist mit einem Aufstieg in der Hierarchie verbunden ist.

Tatsächlich wechselte ich etwa alle zwei Jahre meinen Job (nicht den Arbeitgeber!), verstand jedoch erst spät warum. Ich bin nicht nur Typ Generalist, sondern auch noch eine sogenannte „Scanner-Persönlichkeit". Das bedeutet vor allem eins: Ich habe ein breites und vielfältiges Spektrum an Interessen und Fähigkeiten – und ich möchte mich nicht spezialisieren und auf eine Tätigkeit festlegen. Auch deshalb wechselten sich Phasen mit disziplinarischer Führung von teils über 80 Menschen mit jenen ab, in denen ich nur fachlich Projekte leitete, dann jedoch meist mit Millionen-Budgets.

Digitalisierung nennen wir das heute, was ich beinahe zwei Jahrzehnte lang in unterschiedlichen Rollen und Bereichen verantwortete. Dabei habe ich rückblickend vor allem eins gelernt: wie Transformation funktioniert. Aber eben auch, was nicht gut gelingt und warum. Ganz viel des Erfolges hängt dabei an uns Menschen und nicht etwa an der Technik, auch wenn letztere nicht immer so will, wie wir das gerne hätten. Doch auch dann lag es an uns Menschen und der Frage, wie wir Veränderungen gestalten und erfolgreich machen. Dazu gehören meiner Erfahrung nach drei ganz wichtige Bausteine: Strategie, Kultur und Kommunikation. „So geht Transformation!" – könnte man es auf den Punkt bringen.

Warum? In aller Kürze: Nur eine gute **Strategie** gibt wirkliche Orientierung bei der Auswahl der wirksamsten Aktivitäten und Maßnahmen – und beantwortet gleichzeitig die so wichtige Frage für Menschen, *warum* sie das tun was sie tun. Damit der Veränderungswunsch jedoch nicht nur im Elfenbeinturm der Strategen verbleibt (und damit zum Scheitern verurteilt wäre), braucht es einen kulturellen Wandel in der gesamten Organisation. Denn Veränderung findet im täglichen Handeln von Menschen (= **Kultur**) statt, oder eben auch nicht. Es gilt also die Menschen mitzunehmen, sie für die Mitgestaltung zu begeistern. Natürlich, das gelingt nicht bei allen. Muss es aber auch nicht. Doch damit es überhaupt gelingen kann, braucht es eine gehörige Portion zielgruppengerechter **Kommunikation** – nach innen wie nach außen. Schließlich gilt es in einer Transformation nicht nur die Menschen im eigenen Unternehmen zu überzeugen, sondern eben auch im Umfeld und darüber hinaus: Kund:innen, Partner:innen, Kooperationen, Dienstleister:innen, Lieferant:innen u.v.m.

Was hat all das nun mit Nachhaltigkeit zu tun?
Genau so geht eben Transformation, auch für mein und unser Herzensthema Nachhaltigkeit. Es braucht all diese Zutaten (und noch mehr!) von Menschen, die es ehrlich meinen und deshalb ganz authentisch und vor allem wirksam den so dringend nötigen Wandel hin zu nachhaltigem Wirtschaften gestalten können. Und was hat das nun mit mir zu tun? Über die vergangenen Jahre wurde für mich, ausgehend von den Erkenntnissen zur Klimakrise, Nachhaltigkeit ein immer wichtigeres Thema. Im intensiven, jahrelangen Selbststudium und untermauert durch verschiedene Fortbildungen habe ich nicht nur meine Familie auf diese Reise hin zu einem nachhaltigen Lebensstil mitgenommen. Denn machen wir uns nichts vor: Das ist ein Reifeprozess, für jeden von uns. Ein wirklich nachhaltiger Lebensstil ist gänzlich anders als das, was mit mir die meisten Menschen in den vergangenen Jahrzehnten gepflegt haben. Es gab und gibt so viel zu lernen. Und dann Erkenntnisse in Taten umzusetzen.

Irgendwann habe ich inmitten des winterlichen Corona-Lockdowns zu Beginn des Jahres 2021 begonnen, über all das zu schreiben. In einer Art „Nacht und Nebel"-Aktion habe ich einen amateurhaften Blog aufgesetzt und mein dringendes Bedürfnis ausgelebt, meine Erkenntnisse mit anderen Menschen zu teilen. Genau das war in dieser kontaktarmen Zeit bekanntermaßen besonders schwierig. Ich wollte jedoch unbedingt wenigstens meinen Familienkreis, Freund:innen und Bekannte erreichen – sie anstupsen und ihnen Denkanstöße geben. Und vor allem: Ihnen

Lösungen aufzeigen, gute Lösungen: raus aus dem nicht so nachhaltigen Lebensstil. Denn wenn ich eins bei all meinen Recherchen gelernt habe: Es gibt schon (fast) alle Lösungen, die wir brauchen. Es geht nicht immer nur um Verbote und Verzicht. Nachhaltig leben bedeutet vor allem eins: Es ist anders. Aber es ist nicht weniger gut. Ganz im Gegenteil.

Das jedenfalls wurde meine Mission. Menschen erreichen und ihnen von genau diesen so wichtigen Erkenntnissen berichten. Mein damaliges Ziel, so steht es noch heute in meinem Blog: *„Wenn ich durch meine Impulse zum Thema Nachhaltigkeit auch nur 100 Menschen erreiche, bin ich schon total zufrieden."* Zu diesem Zeitpunkt war ich nach wie vor Angestellter in einem großen Konzern, leitete erfolgreich Digitalisierungsprojekte und hatte sogar Spaß dabei. Aber erfüllte es mich? Stand ich deshalb morgens auf? Eher nein.

Nachdem mein Hobby-Blog schnell die ersten 50 Abonnenten gewonnen hatte, wagte ich mich in die Social-Media-Welt, von der ich mich bis dahin weitestgehend ferngehalten hatte – von einem ziemlich verstaubten Facebook-Account aus Schulzeiten abgesehen. Den Mut dazu habe ich übrigens durch eine tolle Methode namens „Working Out Loud" (WOL) von John Stepper gewonnen. Eine wirklich empfehlenswerte Erfahrung. Danke an die 3 Wegbegleiter:innen in meinem WOL-Circle! Tatsächlich kamen meine Themen und Inhalte besonders auf LinkedIn gut an – bis heute ist das so. Die Menschen interessieren sich für Nachhaltigkeit. Im November 2021 wurde ich wohl auch deshalb als eine von 10 Personen in Deutschland für meine Beiträge als „LinkedIn Top Voice Nachhaltigkeit" ausgezeichnet.

Eines Tages im Frühjahr 2021 fiel es mir wie Schuppen von den Augen: *„Warum mache ich eigentlich von montags bis freitags von früh bis spät einen Job, der mit meinem längst allergrößten Faible und Interessengebiet – Nachhaltigkeit – nichts zu tun hat? Der mir zwar Spaß macht und gelingt, aber mein Herz nicht berührt? Und vor allem nicht einzahlt auf mein Versprechen an meine Kinder, mich aktiv für eine gute, generationengerechte Zukunft einzusetzen?"*

80.000 h umfasst unser Arbeitsleben
Ein guter Teil, knapp die Hälfte, ist bei mir schon rum. Einen größeren Hebel jedoch gibt es kaum. Selbst wenn nur noch gut 40.000 h verbleiben, ist es unfassbar viel mehr das ich darin bewegen kann als mit einem Hobby. Und so fiel recht schnell meine Entscheidung: *„Ich werde Nachhaltigkeit zum Job machen!"* Doch ganz so einfach war das gar nicht. Gründen in

Deutschland bedeutet vor allem eins: Viel Administration und (digitaler) Papierkram. Dazu kamen auch noch Zweifel verschiedenster Art. Ich war mein Leben lang angestellt. Selbstständig sein? Wie geht das? Schaffen wir das als Familie? Doch wenn nicht wir, in Deutschland, mit einem der besten sozialen Sicherungssysteme der Welt? Doch wenn nicht ich, der im schlimmsten aller Fälle zurück in den alten Job der Digitalisierung könnte – sollte alles total schiefgehen? Wenn nicht einmal ich diesen Mut aufbringe, ja wer denn dann? Also raus aus der Komfortzone und mutig sein! Ja, es braucht Mut. Und Selbstvertrauen. Doch es lohnt sich! Für unsere eigene Zukunft und die unserer Kinder.

Was also tue ich heute? Ich berate und begleite Unternehmen bei ihrer Transformation zu einer nachhaltigen Organisation. Und so sind bei mir zwei Dinge zusammengewachsen, die zusammengehören: Transformationskompetenz und Nachhaltigkeit. Untrennbar miteinander verbunden. Kein anderes Thema wird dieses Jahrzehnt mehr prägen als diese!

Auch deshalb hatte ich irgendwann auf meinem Weg begonnen, die 17 SDGs, die UN Ziele für Nachhaltige Entwicklung, auf Unternehmen zu übertragen. Was können Unternehmen tun, um nachhaltiger zu handeln? Und wie nachhaltig sind sie schon? Wie kann man das messen und Nachhaltigkeit konsequent weiterentwickeln? So entstand mein Reifegradmodell für Unternehmerische Nachhaltigkeit als wichtiges Werkzeug für die Transformation. Das nutzen wir bis heute. Wir?

An dieser Stelle möchte ich mein Lieblings-SDG hervorheben: **SDG 17 – Partnerschaften zur Erreichung der Ziele.**

Nicht nur, dass es ohne Partnerschaften nicht geht. Nur gemeinsam werden wir Menschen die Komplexität und die Herausforderungen der Nachhaltigkeit erfolgreich bewältigen können. Wichtiger noch für mich persönlich: Ich habe auf meiner Reise über mehrere glückliche Zufälle und ehrenamtliches Engagement bei GermanZero einen ganz wichtigen Menschen kennengelernt. Alexander Balow. Längst mehr als ein Wegbegleiter in Sachen Nachhaltigkeit, sondern Geschäftspartner, Kollege und guter Freund. Zusammen sind wir **2020 – Agentur für Nachhaltigkeit und Kommunikation** (https://2020.de). Wir beraten und begleiten Organisationen auf ihrer Transformation hin zur Nachhaltigkeit durch die drei wichtigen Bausteine: Strategie, Kultur und Kommunikation. Und durch die richtigen Partnerschaften.

Doch auch aus einem anderen Grund ist das SDG 17 für mich besonders bedeutungsvoll: Die Welt ist voller Lösungen. Es gibt so viele Menschen, die mit Wissen, Fähigkeiten, Technologie und Innovationen sehr wichtige Beiträge zur erfolgreichen Bewältigung der Nachhaltigkeitsherausforderungen leisten – intrinsisch motiviert und durch *Impact* getrieben. Diese Expert:innen gilt es, mit Unternehmen und Organisation zusammenzubringen. Möglichst effizient und individuell passend. Deshalb bin ich besonders froh, mit Anabel Ternès von Hattburg einen wunderbaren Menschen getroffen zu haben, mit dem wir gemeinsam die Lösung dafür geschaffen haben: Die Plattform **SustainExperts** (https://www.sustainexperts.de). Dort bringen wir die verschiedensten Expert:innen für Nachhaltigkeit zusammen mit Unternehmen, die nachhaltiger wirtschaften und handeln wollen (oder müssen). Aber nicht irgendwie und irgendwen, sondern eben genau die richtigen Menschen für die ganz individuellen Anforderungen der jeweiligen Organisation.

So gelingt die Transformation zum nachhaltigen Unternehmen!

3.4 Statement zum Thema nachhaltig Unternehmen führen und/oder nachhaltig leben

Mit nahezu jeder (Kauf-)Entscheidung beantworten wir die Frage: In welcher Welt wollen wir leben? Für uns und für unsere Kinder. Ob wir wollen oder nicht. Es gibt für fast jedes Produkt eine nachhaltigere Alternative. Durch unser tägliches Handeln können wir alle die Zukunft klimafreundlich, nachhaltig und fair gestalten!

„*Eigentum verpflichtet*" – so steht es im Grundgesetz – „*und soll dem Wohle der Allgemeinheit dienen*". Das betrifft auch Unternehmer:innen. Deshalb wird zukünftig als Maxime nicht mehr länger nur die monetäre Rendite gelten, sondern eben auch die gesellschaftliche und ökologische. Wie trägt das Unternehmen zu einer generationengerechten Zukunft bei? Wie können Geschäftsbetrieb, Produktwelt und Geschäftsmodell nachhaltig und zukunftsfähig aufgestellt werden? An guten Antworten hierauf wird man in der Zukunft erfolgreiche Unternehmen erkennen!

3.5 Statement zu ausgewählten SDGs

3.5.1 SDG 1 – Keine Armut

Anabel Ternès:
Schon als Kind habe ich als ungerecht empfunden, dass nicht jedes Kind auf dieser Welt mit den gleichen Chancen geboren wird. Ich fand es nur

fair, dass jedes Kind genug zu essen, ein Zuhause und die gleichen Chancen auf Bildung haben sollte. Als Schirmherrin der Initiative Mollys Dream in Südafrika unterstütze ich die Arbeit meiner Freundin Regina Wagner, die dort Waisenkindern ein Zuhause vermittelt, Essen und Bildung. Bildung ist aus meiner Sicht der langfristige Schlüssel gegen Armut. Menschen unterstützen, damit sie in ihrem Land selbst Verantwortung übernehmen können: Deshalb unterstütze ich als Kuratorin Don Bosco Mondo und PLAN International. Mit einem nachhaltigen Ansatz für Entwicklungsarbeit vermitteln sie vor Ort Bildung im Sinne von Potenziale fördern und starkmachen, um selbstständig und verantwortungsvoll Dinge selbst bewegen zu können. Sie unterstützen Menschen, v. a. Mädchen und Frauen damit, für sich sorgen zu können, und für andere, etwas aufzubauen und so ihrem Dorf, ihrer Region, ihrem Land nachhaltig helfen zu können (Abb. 3.4).

3.5.2 SDG 2 – Kein Hunger

Anabel Ternès:
Wir müssen den Zugang zu guter Ernährung weltweit sichern. Ich halte das Ziel: eine Welt ohne Hunger, für absolut zentral. Die Situation in vielen Entwicklungs- und Schwellenländern, aber auch Kriege, wie der

Abb. 3.4 Botschafterin der Deutschen Umwelthilfe mit GetYourWings für Verschwendungsfasten

Krieg in der Ukraine zeigen uns, wie ernst dieses Thema ist und wie nah. Die Produktion von Landwirtschaft wurde in den letzten Jahrzehnten mehr und mehr spezialisiert und technisiert. Ernährung müssen wir nicht nur global denken und verstehen, sondern auch regional. Es muss möglich sein, dass Ernährung vor Ort möglich ist ohne große Transportwege, die einen nachhaltigen Footprint zerstören. Es muss gesichert sein, dass wir für Grundnahrungsmittel keine langen, anfälligen und/oder intransparenten Lieferketten haben. Eine Grundversorgung muss weltweit deutlich stärker auch regional ermöglicht werden. Ökologischer Landbau ist hier extrem wichtig. Das zieht nach sich, Anreizsysteme für Landwirtschaft zu ändern. Es darf nicht sein, dass die Technisierung der Landwirtschaft zulasten des ökologischen Landbaus subventioniert wird. Die Zusammenhänge von Lieferketten, regionaler Versorgung, der Nutzen ökologischer Landwirtschaft und gesunder Ernährung sollten fester Bestandteil in der schulischen Bildung sein.

Daniel Obst:
Über 800 Mio. Menschen weltweit hungern. Für mich ist das unerträglich. Privat können wir durch unsere Konsumentscheidungen durch ‚Fairtrade' kleine Zeichen setzen. Viele Unternehmen haben durch Einkauf und Lieferketten einen großen Hebel und tun gut daran, ihrer Verantwortung gerecht zu werden und genau hinzuschauen, statt wegzuschauen.

3.5.3 SDG 3 – Gesundheit und Wohlergehen

Anabel Ternès:
Das SDG 3 steht für mich bei den Entwicklungszielen ganz weit oben. Es geht hier nicht nur darum, Gesundheit stärker auf individuelle Bedarfe abzustimmen. Gesundheit darf als lebenslanges Ziel und als ein Weg verstanden werden, der die Selbstverantwortung jedes Einzelnen umfasst. Wichtige Themen sind hier Aufklärung, gute medizinische Versorgung, die Entwicklung lebensrettender Medikamente und Technologie, gesunde Ernährung, sauberes Wasser, gute Luft. Viel stärker sollte jeder von klein auf präventiv informiert und behandelt werden. Hier muss noch viel passieren – von der Bildung in Schulen bis hin zum Verständnis der Rolle medizinischer Behandlung. Das führt nicht nur zu einer Entlastung der Gesundheitssysteme – es führt zu einer besseren Selbstwahrnehmung, verlängerten Zeiten der Gesundheit und zu einem gesünderen Leben im Alter. Weitere wichtige SDG 3-Ziele sollten die Gewährleistung guter Pflege

für jeden Bedürftigen, die Entwicklung zur besseren Behandlung von Infektionskrankheiten und Zivilisationskrankheiten, wie Krebs, Herz-Kreislauf-Erkrankungen, Diabetes oder Demenz sein, wo wir dringend bessere Forschung und bessere Behandlungsstandards benötigen. Eine grundlegende Krankenversicherung für alle Menschen sollte ebenfalls ein Ziel sein, die Verbesserung und Stärkung von Gesundheitssystemen und ganzheitliche Behandlungsmethoden, die ein Neben- und Miteinander von alternativer Medizin und Schulmedizin ermöglichen.

3.5.4 SDG 4 – Hochwertige Bildung

Anabel Ternès:
Gute Bildung darf nichts sein, was sich nur wenige leisten können. Gute Bildung für alle sollte das Ziel sein, ein Leben lang, denn nur das schafft die Grundlage für jeden, über den Tellerrand schauen zu können, Zusammenhänge und Hintergründe zu verstehen, in letzter Konsequenz auch, Kriege zu vermeiden. Bildung sehe ich als Schlüssel für Chancen, Potenzialentfaltung, für eine enkeltaugliche Welt. Bildung sollte wieder stärker mit allen Sinnen geschehen und – wie Pestalozzi es sagte, mit Kopf, Herz und Hand. Hier sind duale Bildungssysteme erprobt, die Menschen ganzheitlich aus- und weiterbilden. Handwerk, insgesamt Handarbeit sollte seinen Stellenwert nicht verlieren – die Akademisierung hat den Wert handwerklicher Arbeit gesenkt, aber diejenigen, deren Fähigkeiten mehr im Praktischen liegen, sollten diese Art von Arbeit nicht als Mangel empfinden. An Schulen sollte Wirtschafts-, Nachhaltigkeits- und Medienkompetenz, gepaart mit digitaler Souveränität grundlegend in den Unterricht integriert werden. Schon junge Menschen verstehen die Zusammenhänge, Hintergründe und Inhalte schnell und lernen diese Kompetenzen sehr schnell, das erleben wir bei Get Your Wings, dem Lernraum für Zukunftsgestalter, bei Workshops zu Nachhaltigkeits- und Medienkompetenz-Bildung, aber auch mit unserem Spiel CODE AND SAFE THE PLANET (Abb. 3.5).

Daniel Obst:
Wir erleben in diesem Jahrzehnt die Renaissance der Nachhaltigkeit, wie es mein guter Freund und engagierter Klimaschützer Gabriel A. Baunach einmal nannte. Es gibt noch sehr viel, was die Menschen über das ganze Thema lernen müssen. Das fängt in der Erwachsenenbildung an, reicht jedoch auch bis in die Schulen und Kindergärten – wir brauchen viel mehr Bildung für Nachhaltige Entwicklung. Ich werde nie vergessen, wie mich die Kinder

Abb. 3.5 Mit einem traumatisierten geflüchteten Kind bei der Maltherapie in Berlin

einer Grundschule bei einem Vortrag zur Klimakrise fragten: *„Warum zerstören Menschen eigentlich ihre Zukunft?"* Die ganz Kleinen haben uns durchschaut. Doch wenn wir lernen und wirklich verstehen, was wir verursachen und wie wir besser handeln können, dann hat unser aller Zukunft noch eine Chance. Diese Chance beginnt mit Bildung.

3.5.5 SDG 5 – Geschlechtergleichheit

Anabel Ternès:
Die Gleichberechtigung von Frauen und Männern sollte eigentlich keine Frage sein. Aber sie ist es leider immer noch, je nach Land unterschiedlich ausgeprägt. In Deutschland gibt es noch viele Barrieren, angefangen von fehlenden Kita-Plätzen. Wichtig ist hier an erster Stelle ein Umdenken in der Gesellschaft. Frauen sind immer noch diejenigen, die bei ihrer Karriere zugunsten der Kinderbetreuung häufig zurückstecken. Frauen sind auch öfter als Männer von Armut betroffen, verdienen im internationalen Durchschnitt prozentual immer noch weniger und sind häufig Opfer sexueller Gewalt. Die Prozentzahl an Todesfällen wegen schlechter Versorgung vor oder während einer Geburt ist international immer noch erschreckend hoch. 50 % mehr Mädchen als gleichaltrige Jungen erhalten nie die Chance,

lesen und schreiben zu können. Es gibt zwar in vielen Ländern gesetzliche Regelungen gegen Diskriminierung, aber häufig fehlt es an der Umsetzung, was auch häufig mit Traditionen und Rollenmustern zu tun hat.

3.5.6 SDG 6 – Sauberes Wasser und Sanitäreinrichtungen

Anabel Ternès:
Ich bin Young Water Leader und setze mich unter der Leitung von Robert Brears aus Neuseeland für sauberes Wasser ein. Wasser ist eine der Grundlagen für unser Leben. Das Recht auf intakte Gewässer und sauberes Trinkwasser sollten alle Menschen weltweit haben.

3.5.7 SDG 7 – Bezahlbare und saubere Energie

Anabel Ternès:
Energie verbraucht viel Ressourcen. Wir leben in einer Welt des digitalen Wandels, die immer mehr von dieser Ressource braucht. Es ist an der Zeit, Alternativen mit weniger Verbrauch zu finden. Batterie betriebene Autos sind hier sicherlich eine Möglichkeit auf dem Weg, aber wir sind noch weit weg von guten nachhaltigen Lösungen. Die Forschung auf diesem Gebiet sollte noch mehr gefördert werden. Wir brauchen Lösungen, die im gesamten Kreislauf nachhaltig sind. Saubere Energiequellen sind ein Schlüsselfaktor für den Umwelt- und Klimaschutz – wir erzeugen weltweit aktuell immer noch einen Großteil aus fossilen Energieträgern. Das muss sich dringend ändern. Ein nationales Leuchtturmprojekt ist hier der Nationale Aktionsplan Energieeffizienz. Aber der Weg geht über jeden Einzelnen – das Verständnis, dass jeder in seinem Alltag etwas ändern kann, und zwar ganz einfach im Alltag, z. B. Stichwort Wärme: Wir verzichten zu Hause auf eine Klimaanlage und Ventilatoren, kühlen stattdessen mit entsprechenden Vorhängen und Luftdurchzug zu Randzeiten. Sonnenenergie nutzen wir als Solarenergie für Lampen (Abb. 3.6).

Daniel Obst:
Nachhaltigkeit ist hochkomplex und besteht aus vielen kleinen Teilen und kleinen Lösungen. Doch wenn es einen größeren Hebel darunter gibt, dann ist es die Energiewende: endlich loskommen von fossilen Energien. Das müssen wir schaffen, sonst wird die Menschheit an der Klimakrise scheitern.

Abb. 3.6 Leitung eines Workshops der Deutschen Initiative für Gesunde Nachhaltige Digitalisierung an der FOM Berlin

Nicht weniger als das. Auch deshalb haben wir uns entschlossen – obwohl es ökonomisch durchaus fragwürdig ist, was die Amortisationsdauer angeht – dennoch ein Zeichen zu setzen: Wir bauen unsere nur gut 10 Jahre junge Gasheizung aus und setzen zukünftig auf Wärmepumpe und Photovoltaikdach mit Speicher. Fossile Energien adé! Und was wir können, das können noch viel mehr Menschen. Deshalb rede ich mit Nachbarn darüber. Aber besonders Unternehmen haben mit ihren Verbräuchen und oftmals großen Dachflächen die besten Bedingungen für saubere Energie. Übrigens: Erneuerbare Energie sind in ihren Gestehungskosten längst konkurrenzlos günstig!

3.5.8 SDG 8 – Menschenwürdige Arbeit und Wirtschaftswachstum

Anabel Ternès:
Nachhaltiges Wirtschaften sollten wir alle als Chance begreifen. Höher, schneller, weiter ist längst überholt. Langfristiges und gesamtsystemisches Denken ist gefragt, das nachhaltiges Wachstum ermöglicht. Das verlangt einen Paradigmenwechsel, auch und gerade in den Finanzabteilungen.

Hier sieht man in einigen Unternehmen Initiativen, aber der Weg ist noch weit. Es fehlt oft im Unternehmen an Expertise und Erfahrung, alternative Modelle umzusetzen, in alternative Produkte zu investieren und langfristig zu planen. Die Globalisierung hat uns Wohlstand gebracht, und gerade Deutschland profitiert als großes Exportland sehr stark davon. Allerdings ist es wichtig, dass soziale Mindeststandards und adäquate Löhne eingehalten werden, und zwar nicht nur in den Industrieländern, sondern auch in den Drittweltländern. Wir haben immer noch eine hohe Diskrepanz zwischen Niedriglohnländern und Hochlohnländern.

Daniel Obst:
Ein Paradigmenwechsel in unserer Bewertung von wirtschaftlichem Wachstum und Erfolg ist längst überfällig. Wir brauchen für die Steuerung von Unternehmen und unsere privaten wie gewerblichen Investitionsentscheidungen weit mehr als eine reine Betrachtung der monetären Rendite. Gleichberechtigt daneben sollte die soziale und ökologische Rendite stehen: Welchen Nutzen hat meine Entscheidung für die Gesellschaft, die Menschen, die Umwelt und die Natur? Welchen (negativen) Fußabdruck verursache ich damit und wie kann ich diesen vermindern? Oder besser noch: Wie kann ich wirtschaftlichen Erfolg verbinden mit regenerativen Aktivitäten an Land, im Wasser oder Klima und gleichzeitig Menschen in meiner Lieferkette eine faire Zukunft ermöglichen? Die Antworten mögen auf den ersten Blick nicht leicht zu finden sein. Das liegt jedoch nur daran, dass wir es nicht gewohnt und somit nicht geübt sind, diese Fragen zu beantworten. Denn im Gegensatz zur klassischen BWL werden diese Themen leider noch nicht jahrzehntelang an den Hochschulen gelehrt.

3.5.9 SDG 9 – Industrie, Innovation und Infrastruktur

Anabel Ternès:
Nachhaltiges Wirtschaftswachstum, nachhaltige Produktion, das ist extrem wichtig und braucht intelligente Innovationen, moderne Infrastrukturen und eine leistungsfähige Industrie. Wir können dabei nicht einfach bei höher – schneller – weiter bleiben. Wir müssen ressourcenorientiert umdenken, ein unlimitiertes Wachstum ist damit nicht vereinbar.

Beim Blick auf Smart Cities dürfen die ländlichen Gebiete nicht vergessen werden. Der Fokus bei Überlegungen zur Mobilität bleibt häufig in den Innenstädten. Hier kann die Benutzung öffentlicher Verkehrsmittel oft eine echte Alternative zum eigenen Auto darstellen. Was aber ist mit den

Menschen, die im ländlichen Raum leben und aktuell auf ein Auto nicht verzichten können, weil es in der Nähe ihres Wohnortes weder Bus- noch Bahnverbindungen gibt? Wir müssen hier schnell Lösungen finden, die Menschen in ländlichen Gebieten in ihrer Mobilität – und Konnektivität unterstützen und gleichzeitig nachhaltig sind.

Dann ein weiterer Punkt: Wir brauchen bei Hardware ein stärkeres Umdenken hin zu Wiederverwendung, Aufrüstung, Erweiterung. Es ist absolut nicht sinnvoll, dass wir alle zwei Jahre ein neues Handy oder einen neuen Computer kaufen. Im Bereich Hardware gibt es schon einige großartige Beispiele, wie AfB im Re-Use-Markt, aber wir stehen hier noch ganz am Anfang.

Daniel Obst:
Mein Appell an alle Unternehmen, sich die Frage zu stellen: „Wie kann Nachhaltigkeit zur Chance für Innovation in der Produktentwicklung werden?" Denn Fakt ist, an dem Thema kommt niemand mehr vorbei. Weil sich die Gesellschaft wandelt und längst mehr als die Hälfte der Menschen sowohl als Konsument:in ihre Marke als auch als Arbeitnehmer:in ihren Arbeitgeber wechseln würden, wenn die Konkurrenz sich ernsthafter für Nachhaltigkeit engagiert. Oder weil intrinsische Motivation und unternehmerische Verantwortung es gebieten. Oder eben, weil die Regulatorik zu dem Thema in den nächsten Jahren massiv zunehmen wird. Doch darauf zu warten, heißt vor allem eins: Wettbewerbsvorteile verschenken, denn in den nächsten 3–4 Jahren wird Nachhaltigkeit zum Hygienefaktor werden. Eine Differenzierung und damit die Chance, sich über das ernsthafte Engagement von der Konkurrenz abzuheben, gibt es nur noch für kurze Zeit. Dazu gilt es, drei Kompetenzen miteinander zu verbinden: 1) Know-how über Geschäftsmodell und Produktwelt des Unternehmens, 2) Innovationskompetenz und -methoden, 3) Fundierte und gleichzeitig breite Kenntnisse über Nachhaltigkeit und Transformation.

3.5.10 SDG 10 – Weniger Ungleichheiten

Anabel Ternès:
Der neue Weltbildungsbericht zeigt, wie groß Ungleichheiten aktuell sind. Initiativen müssen gefördert werden, die Bildung für alle ermöglichen – am besten virtuell. Freie Angebote von Eliteunis weltweit und auch Lernplattformen wie die ausgezeichnete Khan-Academy bieten großartige Beispiele dafür, wie jeder auf gute Bildung zugreifen kann.

Bild: AT Deutschlandstiftung Integration

BU: Als Deutschlandstiftung Integration – Mentorin mit meinen Mentees der SRH Hochschule Berlin bei Abschlussevent in der Deutschen Bank

3.5.11 SDG 11 – Nachhaltige Städte und Gemeinden

Anabel Ternès:
Nachhaltige Städte und nachhaltige ländliche Räume sind ein großes Ziel. Wir sind aktuell noch weit davon entfernt, denn dazu gehört viel: gute Arbeit, nachhaltige Infrastruktur, Mobilitätssicherung etc. In der Initiative Nationale Plattform Zukunftsstadt haben wir mit vielen Expert:innen zusammen projektorientiert über Jahre an Grundlagen gearbeitet, die zeigen, was es braucht, wie Wege aussehen können, um Städte und ländliche Gemeinden nachhaltig werden zu lassen. Neben Fördermitteln sind Netzwerke und Beispiele aus der Praxis sehr wichtig, die zeigen, wie etwas realisiert werden kann.

Daniel Obst:
Die Gestaltungsmöglichkeiten für Nachhaltigkeit sind gerade in Städten und Gemeinden gefühlt endlos. Ob es die Sanierung öffentlicher Gebäude mit Photovoltaik, Wärmepumpe, Dach- und Fassadenbegrünung ist, oder die Berücksichtigung von Nachhaltigkeit als wesentlicher Bewertungsfaktor bei öffentlichen Ausschreibungen, bis zur Gestaltung öffentlicher Grünflächen und der lokalen Verkehrsinfrastruktur für Fahrräder, Elektromobilität oder CarSharing-Angebote. All das ist möglich und nötig. Erfolgreiche Vorbilder gibt es bereits zahlreiche, bspw. im europäischen Ausland (Kopenhagen), in einzelnen Facetten jedoch auch hierzulande. Fakt ist: Hier wird sich einiges bewegen müssen und wir als Bürger:innen unserer Heimat können den nötigen Druck dafür herstellen, indem wir uns in lokalen Vereinen engagieren oder Ideen und Verbesserungsvorschläge an die Verwaltung herantragen. Steter Tropfen höhlt den Stein.

3.5.12 SDG 12 – Nachhaltige/r Konsum und Produktion

Anabel Ternès:
Nachhaltige Produktion und nachhaltiges Konsumieren sollten ein Teil der schulischen Bildung sein: Wie integriere ich nachhaltiges Leben im Alltag, wie spare ich Wasser, warum kaufe ich unverpackt ein – und wo. All das

sind Fragen, die in der Schule diskutiert werden sollten und am besten auch in der Familie. Nachhaltige Produktion bedeutet auch, dass ich Dinge möglichst wiederverwende, möglichst mit Cradle-to-Cradle und nicht Cradle-to-Grave und so dafür sorge, dass ich den Planeten nicht weiter belaste. Der Umgang mit begrenzten Ressourcen für den Arbeits-, Gesundheits- und Umweltschutz muss verstanden werden. Das heißt auch: Der eigene Lebensstil und das private Konsumverhalten sollten nachhaltiger gestaltet werden. Wichtig ist es, Tipps zu geben, aber auch Beispiele, die zeigen, wie man etwas nachhaltig umsetzen kann. Wir müssen uns unbedingt von einer linearen Wirtschaft zu einer Kreislaufwirtschaft bewegen. Deswegen bin ich ein Gründungsmitglied des Zukunftsrates Circular Economy Konsumgüterwirtschaft, indem wir im Schulterschluss von Wirtschaft, Wissenschaft und Politik dafür sorgen wollen, dass Konsumgüterwirtschaft nachhaltiger wird. Wichtig ist hier zu informieren, wichtig ist aber auch mit Fördermitteln zu unterstützen und zu sagen, wie man den Ressourcenverbrauch drosseln kann, wie man die Umweltbelastung mindern kann und wie man auch das ökonomische und technologische Potenzial nutzen kann, um Innovationen voranzutreiben und Nachhaltigkeitsmanagementsysteme zu etablieren. Kaufentscheidungen haben hier einen großen Einfluss und so geht es auch darum, Produkte und Produktionen für Verbraucher:innen transparenter zu machen, um das Einkaufsverhalten auch damit steuern zu können und Produzenten zu zeigen, worauf sie achten müssen: Produktionsbedingungen zum Beispiel zu optimieren, Verantwortung für die Wertschöpfungskette zu tragen, in ihrem Angebot und ihrer Preisgestaltung dieses zu zeigen und nachhaltig produzierte Güter herzustellen. Bildung ist hier wieder relevant, genauso wie Produktion und Lieferketten. Hier gibt es verschiedene Zertifikate, wie der Blaue Engel als Staatliches Umweltzeichen, aber auch das EMAS Logo, das als anspruchsvolles internes Umweltmanagement System zeigt, worauf man achten muss, um bestimmte Nachhaltigkeitsaspekte einzuhalten. Mit dem Nachhaltigkeitsbericht können Unternehmen freiwillig eine stärkere Transparenz bieten.

3.5.13 SDG 13 – Maßnahmen zum Klimaschutz

Anabel Ternès:
Klimaschutz ist keine Ländersache – das Thema sollte global behandelt werden. Der Klimawandel führt zu extremen Wetterereignissen, wie Wirbelstürmen, Dürren, Überschwemmungen, steigendem Meeresspiegel, unbewohnbaren Flächen. Das sind Folgen des Klimawandels, und wir

Menschen müssen uns dessen bewusst sein. Insofern ist nachhaltige Bildung ein zentraler Faktor, um entsprechendes Wissen zu vermitteln.

Das Pariser Klimaschutzabkommen verpflichtet alle Staaten weltweit dazu, die 1,5 Grad Klimaerwärmung im Blick zu behalten. Wir als Zukunftsrat Circular Economy Konsumgüterwirtschaft arbeiten an diesem Ziel interdisziplinär. Es ist wichtiger denn je, dass sich alle Staaten auf seiner Grundlage daran halten, grüne Standards einzuhalten, darüber Bericht zu erstatten und Best Case Practice auszutauschen. Denn nur so kann eine beschleunigte globale Energiewende vorangetrieben werden. Weg von Kohle, weg von Subventionen für fossile Energien und Begrenzung der Erderwärmung auf 1,5 Grad.

Daniel Obst:
Was wir in den nächsten Jahren im Klimaschutz tun (oder lassen), entscheidet über die Zukunft der Menschheit. Klingt gewichtig – und so ist es auch. Nicht mehr und nicht weniger. Die Erderwärmung ist bereits so stark vorangeschritten, dass wir uns mit großen Schritten den so genannten Kipppunkten nähern. Diese Kipppunkte sind nicht nur irreversibel, d. h. unumkehrbar, sondern vor allem wären sie gewissermaßen ‚Brandbeschleuniger' für die Klimakrise. Ein Teufelskreis, der kaum noch aufzuhalten wäre. Deshalb spielen die nächsten Jahre eine entscheidende Rolle im Kampf gegen die Klimakrise. Deshalb helfen Klimaziele von Organisationen für 2040–2050 dabei nur sehr bedingt, wenn nicht gleichzeitig ganz konkrete und ambitionierte Maßnahmen für die kommenden Jahre beschlossen und tatsächlich umgesetzt werden. An dieser Stelle gilt: Jetzt helfen nur Taten!

3.5.14 SDG 14 – Leben unter Wasser

Anabel Ternès:
Wenn ich mich an meine Kindheit erinnere, dann erinnere ich mich an einen Strand in Norddeich Mole, wo Plastik an den Strand geschwemmt wurde. Das hat mich damals entsetzt und bewegt, etwas dagegen zu unternehmen. Leben unter Wasser muss geschützt werden. Es darf nicht sein, dass in Ozeanen so viel Plastikmüll und Abfall schwimmt, wie aktuell. Die Meere sind akut gefährdet durch die steigenden Wassertemperaturen und die zunehmende Wasserverschmutzung. Weltmeere bedecken mehr als 70 % unseres Planeten und sind für das globale Ökosystem entscheidend. Es ist den meisten Menschen nicht bewusst, aber die Meere beherbergen

eine unglaublich große Biodiversität und leisten einen wichtigen Beitrag zur Ernährungssicherung. 3,2 Mrd. Menschen decken mehr als 20 % ihres Nahrungsbedarfs an tierischem Eiweiß durch Fisch. Der Fischereisektor bildet die Existenzgrundlage für 10 % der Weltbevölkerung, aber Verschmutzung, Überfischung und der Klimawandel belasten aktuell das Ökosystem Meer und bedrohen die Lebensgrundlage nicht nur vieler Menschen, die direkt damit zu tun haben, sondern aller zukünftigen Generationen. Wir müssen hier dringend darauf hinwirken, dass die Meere geschützt werden.

3.5.15 SDG 15 – Leben an Land

Anabel Ternès:
Unsere Biodiversität ist bereits stark reduziert. Es gibt viele Tierarten, die gefährdet oder bereits ausgestorben sind. Dabei sprechen wir nicht nur von Tieren in Entwicklungsländern, die in Naturparks leben, gefährdet sind und außerhalb in Zoos weltweit leben. Wir sprechen auch von Tieren in unseren Breitengraden, die vom Aussterben bedroht sind, u. a. Insekten. Gesunde Wälder, Moore, Böden, Flüsse, Seen und Berge sind Lebensraum und Grundlage für die Sicherung einer vielfältigen Ernährung und Lebensgrundlagen für viele Tiere. Wir müssen Tierschutz gewährleisten und die Vernichtung der Lebensräume vermeiden, sodass wir die Artenvielfalt wieder stärken und dem Entgegenwirken. Durch den Klimawandel erschließen sich Pflanzen und Tiere neue Lebensräume, in denen sie bisher unbekannt sind und verdrängen so in vielen Regionen die einheimische Flora und Fauna. Bodenflächen sollten wieder fruchtbarer werden und Tieren wieder die Möglichkeit geben, sich natürlich dort auszubreiten. Dieses Prinzip der Nachhaltigkeit geht auf Hans Carl von Carlowitz zurück, der sich 1713 mit nachhaltiger Waldwirtschaft auseinandersetzte. Wir müssen darauf achten, dass die Zerstörung der Wälder aufhört, und sollten naturnahe Ökosysteme fördern. Wichtig sind der Artenschutz, der Lebensraumschutz sowie die nachhaltige Bewirtschaftung von Naturressourcen (Abb. 3.7 und 3.8).

Daniel Obst:
In der öffentlichen Wahrnehmung leider viel missachtet ist das sechste Massensterben auf der Erde, das gerade stattfindet und von uns Menschen verursacht wird. Das letzte waren die Dinosaurier. Noch sind die Opfer vor allem Insekten und viele andere Arten. Vielleicht hilft uns folgendes Beispiel, die Dramaturgie der sinkenden Biodiversität auf unserem Planeten zu verstehen: „Was hat die Mücke je für uns getan?" lautet die Frage von

3 So gelingt die Transformation zum nachhaltigen Unternehmen 63

Abb. 3.7 Plant for the Planet – Sprecherin bei der Plant Ahead-Auftaktveranstaltung in Monaco

Abb. 3.8 Bei einem Urban Gardening Projekt in Amsterdam

Frauke Fischer im gleichnamigen Buchtitel. Wären wir nicht alle froh, wenn diese leidigen Biester endlich verschwinden würden? Nein, wären wir nicht. Genauer gesagt: All jene wären ziemlich unglücklich, die Schokolade mögen. Denn ohne Mücke keine Schokolade. Es gibt nämlich genau zwei Mückenarten, die die Kakaopflanze bestäuben und damit die Basis legen für eines der beliebtesten Kulturgüter. Wollten wir darauf verzichten? Nicht freiwillig. Natürlich könnte man meinen, Schokolade wäre tatsächlich verzichtbar in Anbetracht der Krisen dieser Welt. Vielleicht ist sie das. Doch das Beispiel zeigt eins: Wir wissen viel zu wenig über die komplexen und faszinierenden ökologischen Zusammenhänge auf dieser Erde und sollten deshalb dringend damit aufhören, dieses Gleichgewicht weiter zu (zer) stören. Regeneration ist vonnöten. Keine weitere Flächenversiegelung.

3.5.16 SDG 16 – Frieden, Gerechtigkeit und starke Institutionen

Anabel Ternès:
Transparente Institutionen sollten gefördert werden. Das ist wichtig, um Frieden, Gerechtigkeit und Rechtsstaatlichkeit zu sichern und Korruption im öffentlichen Sektor zu verfolgen und letztlich auch zu verhindern. Hierfür brauchen wir bilaterale Beziehungen in internationalen Organisationen, Frieden und Gerechtigkeit. Wir müssen durch Krisenprävention unsere Verteidigung stärken.

3.5.17 SDG 17 – Partnerschaften zur Erreichung der Ziele

Anabel Ternès:
Allein können wir viel, zusammen noch viel mehr. Es ist wichtig, dass sich jeder Einzelne auf seine Stärken konzentriert und sich im Verbund mit anderen zusammenschließt. Partnerschaftliche Umsetzung der 17 SDGs schafft die Bedingungen für Nachhaltigkeit. Lokal, national, regional und global. Die Idee von LNOB – Leave No One Behind steht für die gesellschaftliche Verantwortung, jeden mitzunehmen. Wir können die Bewältigung der globalen Herausforderungen nur zusammen durchsetzen, wenn wir alle Menschen mitnehmen. Wir müssen Chancengleichheit innerhalb der Gesellschaft fördern. Wir brauchen nachhaltigen Frieden und

3 So gelingt die Transformation zum nachhaltigen Unternehmen

nachhaltige Entwicklung. Es ist wichtig, dass wir gemeinschaftlich Verantwortung tragen, Transparenz stärken und uns alle als Teil des Teams sehen. Deshalb gibt es in Deutschland die Nachhaltigkeitsstrategie für fairen Handel, Wissens- und Technologietransfer, welche sich in der partnerschaftlichen internationalen Zusammenarbeit einsetzt. Um unser Engagement und unsere Leidenschaft für Nachhaltigkeit noch wirksamer zu machen, haben wir – Daniel Obst, Alexander Balow und ich – uns zusammengetan. Wir haben das große Ziel, mit Sustain Experts Menschen zusammenzubringen über Grenzen und Talente hinweg, um bei dem anzusetzen, was sie am besten können und sie unter dem Dach der Nachhaltigkeit zusammenzuschließen.

Anabel Ternès von Hattburg

Daniel Obst

4

Gründer der INGLOSUS Stiftung – Nachhaltigkeit ist Familiensache!

Darius Maleki

4.1 Biografie

„Seltsam ist es. Beherrscht dich ein Gedanke, so findest du ihn überall ausgedrückt, du r i e c h s t ihn sogar im Winde". Diese Worte meines Lieblingsautors Thomas Mann in seiner Novelle Tonio Kröger prägen mein Leben seit dem Tag, an dem ich diese Worte las. Tatendrang, Gedanken, Ideen und – wie mein Vater sie immer nennt – „Melodien" sind die Elemente, die mich vorantreiben. Wenn ich hier und jetzt eine erste Zwischenbilanz meiner 25 Jahre auf dieser Welt ziehen würde, blicke ich auf ein Leben voller verschiedenster Erfahrungen und Erlebnisse zurück, die mich heute zu dem Menschen machten, der ich heute bin. Sich über eine Sache Gedanken zu machen, zu reflektieren, sich selbst zu hinterfragen und die eigene Ansicht zu hinterfragen, erfordert ein Bewusstsein für die Gegenwart, in der wir uns befinden. Aus Gedanken werden Ideen, aus Ideen neue Innovationen – eine Bereicherung für unsere sich immer wandelnde Gesellschaft.

Ich wurde am 22. Dezember 1996 als Sohn eines Unternehmers in der Finanzbranche und einer Unternehmerin in der klassischen Klaviermusik in Frankfurt am Main geboren. Zusammen mit meiner drei Jahre älteren Schwester Samira wuchs ich in einem Vorort auf, ca. 15 Autominuten von

---

D. Maleki (✉)
INGLOSUS Stiftung, Frankfurt am Main, Deutschland
E-Mail: d.maleki@inglosus.org

der Innenstadt entfernt. Mein Vater Nader Maleki machte sich mit unserem Familienunternehmen, der Maleki Group, einen bekannten Namen im Bank- und Finanzgeschäft. Seit bereits 36 Jahren leitet er die Geschäfte der Firma, die führende internationale Konferenzen etablierte, wie die Euro Finance Week, der European Banking Congress, die Group 20 + 1 oder Frankfurt meets Davos. Dazu zählten auch zahlreiche Konzerte, Sportveranstaltungen oder der Banken- und Börsenball, zu dem meine Eltern alljährlich, 25 Jahre lang, in die Alte Oper Frankfurt Gäste aus aller Welt einluden. Ein Leben geprägt von viel Arbeit, Ideenreichtum und Begeisterung für die eine Sache – unsere Heimatstadt Frankfurt am Main. Ich freue mich, nun als nächste Generation zusammen mit meiner Schwester diese Aufgaben weiterzuführen mit neuen, innovativen und nachhaltigen Ideen.

Ich verbrachte die ersten Jahre meines Lebens aufgrund einer Lungenfehlfunktion sehr oft bei Ärzten in verschiedenen Krankenhäusern. Umgeben von der dringenden Notwendigkeit, die Gesundheit zu schützen, um das Leben in vollen Zügen genießen zu können, wurde ich schon früh und unfreiwillig mit SDG 3, Guter Gesundheit, konfrontiert. Ich hatte das Glück in einem Land und einer Gesellschaft aufzuwachsen, in der ich Hilfe und gute ärztliche Versorgung erhalten konnte. Ich stelle mir oft die Frage, wie es wohl in anderen Ländern wäre und wie dort die ärztlichen Gegebenheiten wohl seien, ob es dort auch sauberes Trinkwasser gäbe (SDG 6) oder auch gute Bildung (SDG 4), wo mir ein System der zielgerichteten Ausbildung den Horizont des Verständnisses für unsere Umwelt näherbringen würde. Heute zeigt sich die schlimme Wahrheit mehr denn je, dass die meisten Menschen der Welt keinen direkten Zugang zu guter Bildung haben.

Im Jahre 2001 erfuhr ich das erste Mal, dass die Welt nicht so war, wie ich sie mir vorstellte. Meine Vorstellung und die Realität der Welt korrelierten gar nicht so, wie ich zunächst annahm. Der 11. September 2001 war für meine Familie ein schlimmer Tag. Mein Vater war sich der internationalen Auswirkungen des Terroranschlages nicht gleich bewusst. Es folgten zwei Jahre schwerster Krise in unserem Familienunternehmen, welches ich nur von Ferne kannte. Meine Eltern versuchten, die negativen Auswirkungen auf unser Geschäft von uns fernzuhalten. Es ließ mich jedoch nicht unberührt.

Ich spürte das erste Mal das Gefühl von Aufregung, Unsicherheit und den Mangel an Frieden und Recht (SDG 16). Die darauffolgenden Jahre der Kriege im Irak und der Unsicherheiten im Heimatland meiner Eltern, dem Iran, lehrten mich schon in frühesten Jahren, dass Friede und Recht keine Selbstverständlichkeiten sind. Da meine Mutter in jungen Jahren den Iran fluchtartig verlassen musste, da ihr Vater als kaiserlicher Gesandter in China als Botschafter tätig war, brach ein großer Teil meiner Familiengeschichte plötzlich weg, der über mehrere hundert Jahre aufgebaut worden war. Mit einem Mal wurde meinen Großeltern das Recht auf Leben in der Heimat verwehrt – somit wurde ich früh mit dem Wert von Frieden und Recht konfrontiert. Diese Erfahrungen formten meine Weltanschauung in vielen Nuancen.

Durch die Arbeit meiner Eltern wurde ich in die Welt der Finanzindustrie hineingeboren. Dadurch wuchs ich schon sehr früh in einem Umfeld mit führenden Persönlichkeiten auf und hatte das Privileg, namhafte Führungskräfte kennenzulernen.

Eine besondere Begegnung war die mit dem damaligen Präsidenten der Europäischen Zentralbank, Herr Jean-Claude Trichet, der mich im Hause meiner Eltern Klavier spielen hörte. Er nahm mich daraufhin zur Seite und fragte mich, woher ich den Komponisten Johann Sebastian Bach so gut kannte, da ihm meine Interpretation einer Fuge gefiel. Ich ging auf mein Zimmer und brachte ihm eine CD, die ich sehr gern hörte und sagte ihm, dass ich zuhöre, denn nur durch Zuhören und Fühlen könne man die Musik verinnerlichen. Er sah mich an und sagte, dass nicht viele Menschen zuhören und ich diese Eigenschaft nicht verlieren sollte. Ich schenkte ihm die CD und bat ihn, wenn er diese höre, an mich zu denken. Bis heute steht die CD in seinem Arbeitszimmer. Es war für mich ein besonderer Moment, da mir zum ersten Mal ein „Fremder", der nicht aus dem nächsten Familienkreis stammt, eine positive Rückmeldung zu meinen Bemühungen gab.

Wenn ich heute an seine Worte denke, merke ich, dass Wandel und Fortschritt nur geschehen können, wenn man die Umwelt im Blick und im Sinn hat. Das Zuhören hilft mir bis heute, und ich bin froh, dass ich seinen Rat annahm. Die Begegnung prägte mich, da damals nicht alle der vielen Persönlichkeiten, die bei uns ein und ausgingen, Interesse für die Belange eines Kindes hatten (es war auch eine andere Zeit). Ich war voller Freude, dass er mich sah und mir eine Chance gab, meine Meinung mit ihm zu teilen, was mir auch ein Gefühl des Selbstbewusstseins gab.

Meine Schulzeit verlief zweigeteilt: auf der einen Seite war da die Schule, und andererseits erhielt ich eine professionelle Ausbildung im Fach Klaviermusik, welche ich als Jungstudent mit 14 Jahren an der Hochschule in Frankfurt am Main absolvierte. Meine Lehrerinnen und Lehrer, die mich in dieser Zeit begleiteten, waren gleichzeitig Bezugspersonen, die erheblichen Einfluss auf meine Entwicklung hatten. Es kamen viele, lange Stunden der harten Arbeit auf mich zu, die ich aber mit einem festen Glauben an den Erfolg überwinden konnte. Der Zugang zu einer guten Ausbildung wurde mir durch meine Eltern ermöglicht, wofür ich ihnen bis heute dankbar bin. Denn nur durch den Zugang zu einer guten Ausbildung hatte ich auch die Möglichkeit, mein Leben in verschiedenen Weisen zu gestalten – und das auf eigener Basis. Das Klavier bildet einen großen Teil meines Lebens – bis heute, neben meiner Begeisterung für den Reitsport. Ich hatte sogar das Ziel, Konzertpianist zu werden, verfolgte es aber irgendwann nicht mehr weiter. Heute spiele ich zum eigenen Vergnügen, doch ich erinnere mich immer noch sehr gern zurück an die vielen Wettbewerbe und Konzerte, die ich gab. Ich setze mich nun für junge Nachwuchstalente ein und arbeite mit meiner Mutter zusammen jedes Jahr am Internationalen Deutschen Pianistenpreis, den sie seit 10 Jahren einmal im Jahr in der Alten Oper jungen Virtuosen aus aller Welt verleiht.

In der Schule begeisterte ich mich schon sehr früh für das Fach Geographie, welches ich beim Abitur als Leistungskurs absolvierte. Da ich eine englischsprachige Schule besuchte, bekam ich auch früh einen Zugang zu globalen Problemen und erweiterte damit meinen Horizont. Schnell erkannte ich, dass für dieses Fach mein Herz schlug, daher absolvierte ich es mit großer Begeisterung und sehr guten Noten – ganz anders als in den Naturwissenschaften. Zu der Zeit wuchs auch mein erstes Interesse für unsere Umwelt und auch Nachhaltigkeit, ein Begriff, der jedoch noch nicht wirklich in aller Munde war. Mein Lehrer, ein amerikanischer Veteran des Irakkrieges, begeisterte uns jeden Tag mit seinen Anekdoten und seinem unglaublichen Allgemeinwissen, was sicherlich maßgeblich zu meiner Neigung für das Fach beitrug. Meine Begeisterung wuchs und ich behielt mein Ziel, mit unserer Umwelt zu arbeiten, immer vor Augen.

Mein Studium absolvierte ich an der Henley Business School in Reading und dem Imperial College London. Während meines Erststudiums in der Betriebswirtschaft arbeitete ich in den Sommermonaten im Bankenbereich mit dem Fokus auf Kommunikation, u. a. bei der Banco Santander in Madrid. Im Masterstudium im Fach Climate Change, Management and Finance verantwortete ich den Bereich Sponsoring von Student Energy und ging für einige Monate nach Abgabe meiner Thesis nach Washington D.C., wo ich im Bereich Climate Business in der International Finance Corporation, Weltbank Gruppe arbeitete. Ein weiterer Moment, der mich prägen würde. Als Praktikant wurde ich in verschiedene Bereiche eingearbeitet und blieb im Bereich Nachhaltiges Bauen. Mit Ende meiner Zeit in den USA begann die Corona-Pandemie und mein Eintritt in das Familienunternehmen. Ich kam in einer Zeit, in der unser Kerngeschäft massiv angegriffen war: das Zusammenbringen von Menschen. Unser Geschäftsmodell musste sich drastisch ändern – gar neu gedacht werden.

Es war eine Zeit der Ungewissheit und auch Angst, den digitalen Anschluss zu verpassen. Doch es packte uns der Mut – und der Ideenreichtum, digitale Wege zu gehen. Da ich zeitgleich ohnehin eine große, globale Sustainable Finance Konferenz im Rahmen unserer Nachhaltigkeitsstrategie verantworten sollte, überlegte ich, wie man eine globale Community derer herstellen könnte, die die Transformation im Finanzbereich anstreben und Instrumente bauen, die die Industrie für einen nachhaltigen Wandel nutzen kann. Ich bemühte mich, global die nachhaltige Finanzwirtschaft zu bewerben und brauchte dafür eine globale Plattform. Geboren war unsere FUTURE EUROPE Konferenzreihe, die die mit der ersten, virtuellen und global etablierten Konferenz begann. In kürzester Zeit schlossen sich uns und unseren Konferenzpartnern über 100 führende Persönlichkeiten aus aller Welt an. Die 1. Konferenz war ein voller Erfolg – mit über 2500 Teilnehmern über 2 Tage wurde mir bewusst, dass die Welt keine Grenzen hat – wie das Thema Nachhaltigkeit. Die Konferenzreihe wurde über die Jahre ausgeweitet, in die Bereiche Immobilien, Digitalisierung, Sport und Fashion. Es war mein Anspruch, breit aufgestellt zu sein und die wichtigsten Themen und Stakeholder der globalen Nachhaltigkeits-Community eine Plattform des Austausches zu bieten, um den Antrieb in Richtung einer sauberen Transformation mitzugestalten.

Im Jahr 2022 ging ich noch einen Schritt weiter, um für zukünftige Generationen eine industrieübergreifende Begegnungsstätte zu formen, zu bilden, zu informieren und zu investieren. Gemeinsam mit meinem Vater habe ich die INGLOSUS Stiftung, kurz für Institute for Global Sustainability gegründet, um meinen persönlichen Beitrag zu leisten, der Gesellschaft eine sichere, nachhaltige Zukunft zu sichern und Wissen zu generieren. Menschen sollten sich ihre eigenen Instrumente schaffen, fernab von jeglicher Regulatorik, um Wandel zu schaffen. Ich hoffe, dass sich noch viel mehr Menschen Gedanken machen, die Gesellschaft in die Zukunft zu begleiten und auch an diesen Gedanken festhalten. Sie sollen Begeisterung für die Sache zeigen, bis sie ihren Gedanken förmlich „riechen" können.

Ich freue mich sehr auf das, was in meinem Leben noch kommen wird und hoffe, dass ich noch weitere Begeisterte für den Zweck des Klima-, Umwelt-, Naturschutzes und der Bildung mitnehmen kann, damit noch viele Generationen etwas davon haben. Vielen Dank an Frau Anabel Ternès, Mitglied des Aufsichtsrates der Stiftung dafür, dass ich meine Geschichte erzählen durfte. Es ist spannend, nun auf einige SDG's einzugehen.

4.2 Statement zum Thema nachhaltig Unternehmen führen und/oder nachhaltig leben

Man kann sein Unternehmen oder die Organisation, für die man arbeitet, mit einigen Schritten nachhaltiger gestalten. Bewusstseinsschaffung und Weiterbildung der Mitarbeiter, einen Blick für die wichtigsten Trends und Entwicklungen am Markt, sowie eine klare, zukunftsorientierte Vision für den Erfolg der Unternehmung bilden die Grundpfeiler für eine Transformation. Hierfür braucht man aber Mut und die Fähigkeit, sich selbst und sein „altes" Tun und Handeln kritisch zu betrachten. Reflektieren, innehalten und an neuen Strukturen arbeiten sollten die ersten Schritte auf dem Weg zur nachhaltigen Unternehmung und auch Lebensweise sein. Hierfür sollten Bund, Länder und die Industrie an hochkarätigem, wissenschaftlich fundiertem Informationsmaterial für die breite Bevölkerung arbeiten, um das Thema nicht nur greifbar, sondern auch umsetzbar zu machen und um nachhaltiges Schaffen und Leben effizient möglich zu machen.

4.3 Statement zu ausgewählten SDGs

4.3.1 SDG 1 – Keine Armut

836 Mio. Menschen leben in absoluter Armut, davon eine von 5 Personen mit gerade einmal 1,25 $ am Tag. Unvorstellbare Zahlen, die aber leider Realität sind. Doch egal ob fern oder nah, Armut begleitet unsere Gesellschaft, seitdem es die Zivilisation gibt, daher sind eigene Erfahrungen oft nicht ausgeschlossen. Mir ist dieses SDG wichtig, weil es den Finger genau auf die Wunde unseres Versagens legt. Dass Menschen in solch einer Armut leben müssen, liegt an der nicht ausgeglichenen Verteilung des Wohlstandes. Es gilt meines Erachtens, dass die Gesellschaft immer wieder über den Tellerrand hinaus auf andere Länder und Regionen schauen müsste, in denen von „selbstverständlich" nie die Rede ist. Nach einigen Reisen in Südostasien und Ostafrika, wurde mir die Schwere der Verantwortung, die wir als globalisierte Gesellschaft des Wohlstandes tragen, immer bewusster. Durch Bildung, guter Infrastruktur und zielgerichtetem Aufbrechen alter Gesellschaftsstrukturen kann die Welt gemeinsam Armut bekämpfen und Wandel treiben.

4.3.2 SDG 2 – Kein Hunger

Fast 800 Mio. Menschen sind unterernährt. Eine Zahl, die einen erschrecken lässt. Wann musste ich je Hunger oder Durst leiden oder wusste nicht, wie ich meine Familie ernähren sollte. Eine erschreckende Bilanz, wenn man sich die Effekte des Klimawandels ansieht und die Auswirkungen auf die Ernten. Dürren, Hitzewellen und Unruhen treiben den Hunger der Menschen, was man als Zyklus des Leidens betiteln kann. Meine Eltern haben in den letzten Jahrzehnten Millionen über ihren gemeinnützigen Verein „Große helfen Kleinen e. V." für Hunger gesammelt. Privat, im Unternehmen und über Länder hinweg sollten alle, die eine Stimme und ein Netzwerk haben, für Kapital werben, um Hunger zu vertreiben. Darüber hinaus sollten alle involvierten Stakeholder nicht nur für den klimaneutralen Verbrauch von Nahrungsmitteln werben, sondern auch mit Programmen gegen den verschwenderischen Massenverbrauch – oder wie ich sage – gegen das „Über den Hunger hinaus essen und trinken". Mir ist dieses SDG besonders wichtig, da der Hunger Gesellschaften gegeneinander aufbringen und für globale Konflikte sorgen kann. Auch hier gilt eine nicht ausbalancierte Situation. Europa und die Welt sollten an innovativen Modellen, neuen Frachtrouten und Handelspartnerschaften arbeiten, von denen die unterernährte Bevölkerung profitieren kann. Dazu kommt, dass Microfinance und schnelles Impact Investing in den betroffenen Regionen als begleitende Stärke berücksichtigt werden sollten.

4.3.3 SDG 3 – Gesundheit und Wohlergehen

Da ich selbst in meiner Kindheit an einer schlechten Gesundheit litt, kann ich dieses SDG nur mit voller Kraft unterstützen. Nach meiner Erkrankung als Säugling veranstaltete meine Familie einen großen Marathon, dem sich mehr als 10.000 Kinder und Erwachsene für den Zweck „Gesundheit in Afrika" anschlossen. Heute planen wir in der Zukunft einige Konferenzen, die sich mit dem Thema nachhaltige Gesundheit beschäftigen. Doch auch hier zeigt es sich, dass wir nicht nur von „Unglück" in der Gesundheit sprechen, für die wir in unseren Heimatländern innovative Lösungen finden könnten: Mehr als 6 Mio. Kinder sterben global vor ihrem fünften Geburtstag, was für mich eine unglaublich traurige Bilanz ist. Systematische Faktoren spielen hierbei eine große Rolle, wo Bildungs- und Innovationsangebote fehlen, wie zum Beispiel zur richtigen Ernährung von Säuglingen und Kindern, einem hygienischen Umfeld und Übungen für eine medizinische Grundversorgung. Darüber hinaus sollten internationale Standards der einzelnen Länder beworben werden, und das auf Staatsebene, damit die Abhängigkeit nicht nur bei den Hilfsorganisationen liegt. Reichere Länder wie Deutschland oder die USA und Entwicklungsländer unterscheiden sich massiv in den Gründen und Ursachen für schlechte Gesundheit. Wo auf der einen Seite die schlechte Gesundheit oft auf Überfluss und Überkonsum basiert, stehen auf der anderen Seite nicht einmal die Grundvoraussetzungen der Versorgung zur Verfügung. Auch hier fehlt eine Balance, um ein einheitliches Problem zu definieren. Es gilt aber, dass die Gesellschaft und die Unternehmen Gesundheit leben und ein Verständnis für den Begriff „Wohlergehen" bekommen sollten, damit sie dieses UN Ziel erreichen können. Mir ist dieses SDG wichtig, weil es die Basis für ein gesundes, zukunftsreiches Leben bildet. Der Spruch „ein gesunder Geist lebt in einem gesunden Körper" passt hier gut hin, denn Wohlergehen und Gesundheit gehen oft Hand in Hand (Abb. 4.1).

Abb. 4.1 Auf einer Impact-Reise nach Äthiopien gab es auch tierisches Vergnügen mit den über 100 Jahre alten „Schildis" wie ich sie immer gerne nenne

4.3.4 SDG 4 – Hochwertige Bildung

Eine gute Bildung ist der Schlüssel zur Welt. Auch wenn die Einschulungsquote in die Grundschule in Entwicklungsländern einen Wert von 91 % erreicht hat, sind fast 60 Mio. Kinder nicht beschult. Dies hat viele Ursachen, und jedes Land hat andere Ursachen für den Stand der Bildung. Wo in Deutschland das Ziel besteht, bis 2030 sicherzustellen, dass alle Mädchen und Jungen gleichberechtigt eine kostenlose und hochwertige Grund- und Sekundarschulbildung abschließen, wo sie eine Ausbildung erhalten, mit denen sie später Leistung erbringen können, sieht es in Afrika anders aus. Hier gilt es, ein Bewusstsein und eine Begeisterung für die Wichtigkeit von Bildung zu bilden, für beide Geschlechter. Es gilt ebenfalls, veraltete, traditionelle Familienkonstellationen zu durchbrechen, die vor allem junge Mädchen davon abhalten, eine Schulbildung zu absolvieren. Mir ist dieses SDG wichtig, weil es die Grundlage allen Wissens bildet. Es ist fantastisch zu sehen, dass sich das Bewusstsein gesteigert hat und die Zahl der Schüler dramatisch gestiegen ist. Eine Bilanz, auf die die internationale Welt stolz sein kann. Hier haben auch technologische Innovationen einen großen Beitrag geleistet und hat der Welt einen Zugang zu Bildung verschafft. Durch digitale Schulung entstehen neue Talente, auf die die Welt global zugreifen kann. Nun sollte man eigene digitale Souveränität schaffen und Bildung mit Innovation verknüpfen, wodurch eine zukunftsträchtige Entwicklung entstehen kann (Abb. 4.5).

4.3.5 SDG 5 – Geschlechtergleichheit

Die Frage der Geschlechtergleichheit schlägt in allen Teilen der Welt Wellen. Es ist jedoch erschreckend zu sehen, wie rückschrittlich und schlicht ungerecht dieses Thema in vielen Gebieten dieser Erde behandelt wird. Durch die Afrika-Aktivitäten meines Vaters und die, die wir gemeinsam in der neuen Stiftung angehen, stießen wir auf unglaubliche Fakten, u. a. dass in Nordafrika gerade einmal eine von fünf Frauen einen Beruf ausübt, der nicht im Agrarsektor liegt. Hierbei unterstützen wir aktiv ambitionierte Unternehmungen wie Mikrofinanzierungen und allgemeines Bankwesen, speziell für weibliche Kunden, die sonst abhängig von ihren Ehemännern sind und durch mangelnder Gesetzeslage ohne diese keine eigenen Entscheidungen treffen können/dürfen – ein Armutszeugnis in unserer modernen Welt. Darüber hinaus befinden sich jedoch auch ähnliche Verstrickungen im modernen Finanzwesen, wie zum Beispiel in der Finanzbranche. Hier zeigen sich ähnliche, veraltete Strukturen, in denen Frauen oftmals benachteiligt werden, bei gleicher Arbeit wie ihre männlichen Kollegen. Es ist aber zu begrüßen, dass hier gerade ein radikaler Wandel entsteht.

In meiner Familie wurden beide Geschlechter immer gleich behandelt. Da meine Eltern beide immer berufstätig waren und sind und uns ein modernes Verhältnis vorgelebt hatten, in denen beide Geschlechter gleichwertig wichtige Entscheidungen trafen, ist für mich die Gleichheit des Geschlechts immer selbstverständlich gewesen. Die Welt sollte weiterhin dafür werben, bilden und informieren, dass Geschlechtergleichheit die Norm unserer Gesellschaft sein muss, um Wandel und Transformation zu generieren. Deswegen bedeutet mir dieses SDG viel, da ich aus eigener Erfahrung sehen kann, dass eine Gleichheit die Welt mit neuen Eindrücken, Innovation und Talent füllen wird und wir maßgeblich davon profitieren werden.

4.3.6 SDG 8 – Menschenwürdige Arbeit und Wirtschaftswachstum

Global sind ungefähr 202 Mio. Menschen ohne Arbeit. Eine dramatische Zahl, die in Korrelation mit steigender Geburtenrate und mit dem ständigem Druck neue Arbeitsplätze schaffen zu müssen, womöglich steigen wird.

Blickt man nicht nur auf das Wachstum, sondern auch auf die damit einhergehenden Umstände innerhalb der Institutionen, erschrecken oftmals die unwürdigen Bedingungen, unter denen Arbeiter, vor allem in Entwicklungsländern, leiden müssen. Während einer Delegationsreise nach Äthiopien und einem damit verbundenen Besuch in einer Fabrik, in der Kleidung für Großkonzerne im günstigen Preissegment produziert wird, änderte sich mein Bild schlagartig. Obwohl ich vorher während meiner Zeit bei der IFC und der Zusammenarbeit mit verschiedenen NGO's und Entwicklungsbanken in dem Bereich Arbeitsrecht ein erstes Verständnis für die schlechten Arbeitsbedingungen hatte, wurde dieses Verständnis durch den Besuch in Äthiopien zur bitteren Realität. Sehr schlechte bis komplett unwürdige hygienische Versorgung, gar nicht vorhandene Sicherheitsvorkehrungen, schlechte Durchlüftung und Arbeiten auf engstem Raume beherrschen das Tagesgeschäft dieser Fabrik. Die Dunkelziffer der Anzahl solcher Fabriken ist uns nicht bekannt, wo Deutschland, Europa und die Welt dringend entgegensteuern müssten. Auch hier gilt es, Bewusstsein und Respekt für das Produkt zu schaffen, das man trägt. Blickt man auf den Technologiesektor, findet man ähnliche Fälle. Der Technologiehersteller Foxconn im Industriepark Shenzen, der u. a. auch führende Marken wie Apple und Hewlett-Packard beliefert, verzeichnet sogar über 20 Suizidfälle, aufgrund kaum beachteter Maßnahmen für das Wohlbefinden der Arbeiter – oder wie ich sie bezeichnen würde, Häftlinge der Konzerne. Anstatt Arbeitszeiten auf ein menschliches Niveau zu senken oder Seelsorge zu implementieren, hing Foxconn Auffangnetze über den Boden der Schlafbaracken, damit die Arbeiter sich nicht herunterstürzen konnten. So sieht für mich kein menschenwürdiges Arbeiten und keine wachsende Wirtschaft aus. Mir wäre es wichtig, auf globaler Ebene immer mehr Content zur Offenlegung von Menschenrechtsverletzung in der Wirtschaft zu thematisieren, um die schockierenden Wahrheiten und die Herkunft unserer gängigen Produkte des alltäglichen Gebrauchs ans Tageslicht zu bringen (Abb. 4.2).

4.3.7 SDG 9 – Industrie, Innovation und Infrastruktur

Innovation der Industrie und Entwicklung einer globalen Infrastruktur zur Bewusstseinsschaffung, lösungsorientiertem Wandel und Schritte in eine moderne Gesellschaft, bilden die Grundpfeiler für unsere Zukunft. Da wir als Stiftung die Verstrickungen zwischen Menschen und der Industrie sehen, die vor allem durch die massive Globalisierung vorangetrieben wurde, nehmen wir dieses SDG besonders ernst. Durch die Forschung im Bereich sicherer Energieversorgung stießen wir immer weiter auf die Masse derer, die keine sichere Energiequelle haben. Über 2,6 Mrd. Menschen auf dieser Welt haben Schwierigkeiten, auf sicheren Zugang von Strom zurückzugreifen. In Zeiten des digitalen Wandels lässt sich erkennen, dass digitales Verständnis, Entwicklung und damit einhergehend moderne Bildung und Innovation in unserer europäischen Gesellschaft heute fast wie selbstverständlich erscheinen. Es zeigt sich dann noch mehr, dass wir hier immer noch von Gewinnern – und auch Verlieren des Wandels sprechen. Sollten Milliarden von Menschen von einer sicheren Energiequelle abgeschnitten bleiben, werden die Möglichkeiten für eine langfristige, wettbewerbsfähige Gesellschaft immer schwerer. Langfristig werden sie den Anschluss verlieren. Innovation und die Schaffung einer nachhaltigen Infrastruktur können nur entstehen, wenn die Mittel für eine sichere Energiezufuhr gesichert sind. Ich gehe davon aus, dass sich fast alle Menschen eine sichere, nachhaltige Zukunft wünschen, auf der viele folgende Generationen bauen können. Die Länder sollten enger mit der Industrie zusammenarbeiten

Abb. 4.2 Die imposante Eingangshalle der IFC in Washington D.C., 2019 Darius Maleki

und Töpfe zur Verfügung stellen ohne große bürokratische Hürden, um Wandel voranzutreiben. Blicken wir auf Deutschland und die Landschaft im Bereich Industrie und Innovation, so stellt man fest, dass über 75 % der Unternehmen Familienunternehmen sind, unabhängig von regulatorischen Konzernstrukturen. Darüber hinaus bilden diese den größten Teil des Arbeitsmarktes, ergo die Wiege unserer Zukunft. Wenn Transformation durch Innovation, Industrie und Infrastruktur als Ziel gelten soll, dann müssen die Unternehmen in der Verantwortung gezielte Weiterbildungsangebote, zukunftsfähige, angepasste Geschäftsmodelle, neue Investmentstrategien und Informationen generieren. Als Stiftung sehen wir im Umgang mit unseren Partnern, dass noch Unmengen an den aufgezählten, wichtigen Elementen fehlen. Daher ist es mir wichtiger denn je, dass die Politik direkt mit den Firmen zusammenarbeitet, damit diese Innovationen in den verschiedenen Industriesektoren auch wirken können.

4.3.8 SDG 11 – Nachhaltige Städte und Gemeinden

In meiner Zeit bei der IFC Weltbankgruppe arbeitete ich an dem globalen Green Buildings Investment Report, der sich u. a. mit genau diesem Thema beschäftigte. Wir fanden heraus, dass das Investmentvolumen für eine vollkommen nachhaltige Transformation von Städten und Gemeinden unglaubliche 1,5 Billionen Dollar beträgt. Ambitionierte Pläne, wie Inklusion, Grüne Gebäude und bessere Vernetzung sind zwar nötig, aber nur langfristig umsetzbar. Nach unseren Recherchen leben aufgrund der immer ansteigenden Urbanisierung über 3,5 Mrd. Menschen, also 50 % der gesamten Weltbevölkerung der Welt, in Städten. Im Jahre 2030, wird diese Zahl auf 60 % ansteigen, somit werden die ambitionierten Pläne immer mehr zu Notfallplänen. Was hier oft vergessen wird, sind die dramatisch unterschiedlichen geographischen und demographischen Verhältnisse auf dieser Welt. Wo in Teilen Südostasiens ein massives Problem der nachhaltigen Kühlung herrscht, um nur ein Problem zu nennen, herrscht in Europa ein Mangel an nachhaltigen Heizungsmöglichkeiten. Zwar reichen die Möglichkeiten von einfachen, wie der Albedo-Modifikation durch den Gebrauch heller Materialien, um die Sonnenrückstrahlung zu steigern (oder umgekehrt, um Sonne zu speichern) bis hin zur kompletten Neuausrichtung der Städte- und Bauplanung. Dazu kommt noch die dringende Notwendigkeit, öffentliche Verkehrsmittel weiter auszubauen, um den Gebrauch des Autos zu minimieren, und die fußläufige Erreichbarkeit aller lebensnotwendigen Grundmittel wie Nahrung oder Medizin zu planen. Als Stiftung beschäftigen wir uns aktiv mit der Frage, wie die Politik in Deutschland dieses Thema angeht. Wir gehen davon aus, dass dieses SDG lokal angegangen werden muss, jedoch mit international ausgerichteten, wissenschaftlich begleitenden Standards. Es ist jedoch wichtig, auf die Stimme und die Bedürfnisse der Einwohner einzugehen, daher sollte hier eine stringente Inklusion stattfinden, um alle Stakeholder im nachhaltigen Wandel mit einzubinden. Hiermit können Städte auch Souveränität üben, um sich in der Zukunft von übermäßiger Abhängigkeit der einzelnen Industriesektoren zu befreien.

4.3.9 SDG 12 – Nachhaltige/r Konsum und Produktion

Recycling, nachhaltiger Konsum und Zirkularwirtschaft sind in aller Munde. Der Wert eines Produktes und die damit verbundene, lange Liefer- und Wertschöpfungskette, die dahintersteht, ist heutzutage nicht transparent gestaltet. Findet man zwar den Ort der Herstellung eines Produktes, vergessen die meisten, wie das Produkt entstand. Darüber hinaus fehlt vielen Stakeholdergruppen ein transparentes Konzept, welches auf Verständnis trifft. Da die Wahrheiten, wie Al Gore schon richtig sagte, oft „unbequem" sind, blicken die meisten weg. Hier möchten wir als Stiftung klar eine Bewusstseinsschaffung herausarbeiten, um dem Menschen ein rational fundiertes, persönliches Bild zu vermitteln. Es werden beispielsweise über 1,3 Mrd. t Nahrung weggeworden, jedes Jahr. Sollten durch Globalisierung, immer weiterwachsenden Angeboten und auch mangelnder Informationslage die Zahl steigen, wird der Tipping Point zur absoluten Umweltkatastrophe immer näher rücken. Obwohl man Konsumenten nicht verbieten kann, ihr Verhalten auszuüben, sollten sie persönlich abgeholt werden. Mir ist es wichtig, dass Konsumenten, vor allem in der jüngeren Generation gut aufbereiteten Content erhalten, der sie auf die Machenschaften der Unternehmen seitens der Produktion aufmerksam macht und auf der anderen Seite Angebote geschaffen werden, die sie verstehen und annehmen können.

Die dramatischen Auswirkungen eines Mangels an Transparenz zeigt sich vor allem in der Modebranche. Ich freue mich, gemeinsam mit der Hochschule Reutlingen, School of Textiles, der IFC Weltbankgruppe und der INGLOSUS Stiftung an einem Format zu arbeiten, welches die inakzeptablen CO_2-Bilanzen und nicht nachhaltigen Produktionen in der Modebranche offenlegt. Bei unserer Arbeit stießen wir auf ein gigantisches Netz an Produzenten, die die internationalen Marken beliefern. Es zeigt sich, dass die Marken im Vordergrund stehen und nicht die Produzenten! Daher fordere ich die Regierungen auf, Modebranchen zu verpflichten, die Produktionsstätten, sowie die Lieferketten auf jedem Produkt offenzulegen, um eine schnelle, breit verteilte Sichtbarkeit zu schaffen und die Konsumenten direkt zu informieren. Momentan herrschen wenig bis kaum vergleichbare Konzepte, die eine solche Strategie verfolgen. Der Konsument muss erst ein Interesse zum Ausdruck bringen und Recherche betreiben, wobei die umgekehrte Strategie schneller den gewünschten Effekt erzielen würde. Hier ist noch ein langer, steiniger Weg vor uns, den es nun gilt, zu meistern. Durch die Transparenz können Recycling und Zirkularwirtschaft weiter angetrieben werden, da wir vermuten, dass die Konsumenten im

Umkehrschluss bei starkem Bewusstsein dies von den Marken direkt verlangen werden.

4.3.10 SDG 13 – Maßnahmen zum Klimaschutz

2015 schlossen sich fast 200 Vertragsparteien am Tag der Klimarahmenkonvention der Vereinten Nationen zusammen, um ein stringentes Klimaziel als Nachfolge des Kyoto-Protokolls zu unterzeichnen. Damals wurde vereinbart, dass die Begrenzung der globalen Erwärmung auf deutlich unter 2 Grad Celsius liegen sollte. Heute, im Jahre 2022, wurde dieses Ziel verkürzt und mit 1,5 Grad Celsius beziffert. Obwohl eine globale Einigung stattgefunden hat, zeigt sich die Wahrheit, dass die Ziele der letzten 7 Jahre nicht erarbeitet wurden und sogar noch weiter in die Ferne rücken. Extreme Hitze, Dürren und Fluten sind nur einige Indikatoren dafür, dass die Maßnahmen zum Klimaschutz kaum ausreichen werden. Globale CO_2-Emissionen sind seit 1990 um 50 % gestiegen, der Trend geht weiter. Seit 2018 beschäftige ich mich aktiv mit dem Thema und muss gestehen, dass weder auf Staats- noch Bürgerebene ein ausreichend ambitioniertes Ziel definiert wurde, welches auch erreichbar ist. Ohne eine radikale Umwandlung und einer strengen Regelung der Nationally Determined Contributions (NDCs, länderspezifischer Beitrag zur Klimakrise), welche nach aktuellen Schätzungen bei einer Umsetzungswahrscheinlichkeit von gerade einmal 5 % liegen, werden die Maßnahmen unmöglich erreichbar sein. Ich würde mir von den involvierten Verantwortlichen und Staaten wünschen, die Verbindung der einzelnen SDGs untereinander offenzulegen. Es zeigt sich, dass die Umsetzung direkter Nachhaltigkeitsziele auch eine positive Auswirkung auf Maßnahmen zum Klimaschutz hat. Da dieses SDG meines Erachtens nicht bis zum Jahr 2030 erreicht werden kann, werden Deutschland, Europa und die Welt vor massiven Herausforderungen stehen, die sie heute schon durch Verpflichtungen der einzelnen Länder und Auferlegung einer CO_2-Steuer für Länder mit einem NDC über den Medianwert hinaus, meistern könnten. Mir wäre es wichtig zu sehen, dass Menschen aller Altersklassen die dramatischen Anstiege in Naturkatastrophen mit einer einhergehenden Klimakatastrophe verstehen und die Zusammenhänge zwischen den Ländern sehen. Auch hier ist viel mehr Informationsmaterial notwendig, welches vor allem der jüngeren Stakeholdergruppe in Schulen und Ausbildungen mit auf den Weg gegeben werden sollte. Leider sind bis heute keinerlei vergleichbare Konzepte in der Tiefe sichtbar und werden eher oberflächlich auf der Gefühlsebene gehalten.

4.3.11 SDG 17 – Partnerschaften zur Erreichung der Ziele

„Gemeinsam sind wir stark". Diesen Satz kennt eigentlich jeder. Doch wie sieht die Wahrheit hinter der Ambition, gemeinsam stark zu sein aus? Obwohl der Anstieg der Kapitalgewinnung für Entwicklungshilfe im Jahr 2021 auf einen Rekord von rund 180 Mrd. $ stieg, stieg die einzelne Positionierung der NDC's nicht an. Darüber hinaus finden zu industrieübergreifende, ambitionierte Ziele nicht den Anschluss, den sie sollten. Partnerschaften sollten nicht nur im Einklang mit der Verursachung des Klimawandels herrschen, sondern auch in der Eliminierung einer Schere zwischen Gewinnern und Verlierern des Klimawandels. Partnerschaften sollten so geschlossen werden, dass beide Stakeholdergruppen aus „Verursachern" und „Opfern" des Klimawandels die Stimme bekommen, die sie für ihre zutreffende Transformation brauchen. Starke Partnerschaften bilden hierbei eine Synergie, die die Stakeholdergruppen in beide Richtungen positiv beeinflusst. Ich sehe jedoch eine reine Unterzeichnung von ambitionierten Zielen kritisch. Regionen und Staaten sollten bewusst Partner wählen, die sie in der Transformation auch aktiv unterstützen können und dies nicht nur wohlwollend passiv tun. Hier müssten klare, strenge Regelwerke die Zielsetzung einer Partnerschaft klar definieren, um eine einheitliche Strategie auszuarbeiten. Um beispielsweise die fast jährlich 7 Billionen $ nötigen Investments zu erreichen, um die SDGs umzusetzen und parallel makroökonomische Stabilität, einheitliche Trading-Systeme im Mantel der World Trade Organisation oder Debt Financing als Instrument für Entwicklungsländer zu ermöglichen, ist ein starkes, verflochtenes System von Nöten. Hier müssen Partnerschaften geschlossen werden, damit alle Länder, die ambitionierte Ziele verfolgen, auch in diesem Bereich beraten werden können.

Partnerschaften zu schließen, gehört zu unserem täglichen Wirken. Durch die ambitionierte Vorgehensweise meines Vaters, viele strategische Partnerschaften zu schließen, entstand dadurch ein sehr großes Netzwerk an verschiedenen Industriesektoren, die sich unseren Konferenzen und Plattformen anschlossen. Das Ergebnis ist eine Community, die wir über die letzten 35 Jahre geschaffen haben, die es nun für meine Schwester und für mich gilt, weiter auszuweiten und zu bewerben. Darüber hinaus freut es mich, dass die Partnerschaften, die wir geschlossen haben, als Antrieb für die INGLOSUS-Stiftung wirken können, sie publik zu machen und ihren Zweck in der ganzen Welt zu fördern. Auch hier werden wir weitere Partnerschaften schließen, um einen nachhaltigen Wandel der Industrie zum Wohle der Gesellschaft voranzutreiben und unsere Projekte wachsen zu lassen.

Dies war und ist schon immer unsere Aufgabe – das Zusammenbringen von Talenten, Netzwerken und Best Practices für eine bessere, fruchtvolle Zukunft. Ich freue mich, in meinen jungen Jahren einen Beitrag dazu leisten zu dürfen und freue mich auf die vielen Entwicklungen, die noch kommen werden.

Darius Maleki

5

Perspektiven aus Gesundheit und Bildung einer Sozialunternehmerin

Farina Schurzfeld

5.1 Biografie

Aufgewachsen bin ich in der ländlichen Stadt Detmold in der Nähe von Bielefeld. Von dort zog es mich an die Hamburg School of Business Administration für ein duales Studium und weiter nach Australien für meinen Master im Bereich International Business, den ich mit Auszeichnung abschloss. Der Schritt nach Australien eröffnete mir auch die Welt des internationalen Unternehmensaufbaus. Noch während des Masterstudiums startete ich im Gründungsteam von Groupon, wo ich die Vertriebsstrukturen für ein später 100-köpfiges Team aufbaute. Weiter in Australien gründete ich gemeinsam mit Tim Fung und Jonathan Lui den heute größten Minijob Marktplatz Australiens „Airtasker", der seit 2021 an der australischen Börse ist. In den darauffolgenden Jahren gründete ich auch einen Co-Working-Space (https://www.tankstreamlabs.com/).

Zurück in Deutschland ging meine Unternehmerinnen-Karriere weiter. Dort schloss ich mich 2016 dem Gründerteam von Selfapy an und baute gemeinsam mit Nora Blum und Katrin Bermbach Deutschlands führende Plattform für online Therapie bei psychischen Belastungen auf (Abb. 5.1). Während dieser Zeit setzte ich mich aktiv für die Entstigmatisierung von mentaler Gesundheit ein. Zur selben Zeit gründete ich den Spitzenverband

F. Schurzfeld (✉)
Berlin, Deutschland
E-Mail: farina@farina-ventures.com

Abb. 5.1 Das Gründerteam von Selfapy: Katrin Bermbach, Nora Blum und Farina Schurzfeld

Digitale Gesundheitsversorgung, um den Unternehmen aus dem digitalen Gesundheitsbereich eine Stimme zu geben.

Seit 2021 widme ich mich dem Thema „Wachstumsunterstützung" von Start-ups. Gemeinsam mit einem Expertenteam begleite ich Unternehmen beim nachhaltigen Unternehmensaufbau und bringe dabei meine eigenen unternehmerischen Erfahrungen ein.

Neben der Beratung und operativen Unterstützung interviewe ich in meinem Podcast „Gesundheitsperspektiven" die führenden Akteure der Gesundheitswirtschaft. 2017 wurde ich als „Top 30 under 30" des Forbes Magazine sowie als eine der „25 Frauen, die die Welt nachhaltiger machen" ausgezeichnet.

Wer mich kennt, weiß, dass ich dem Leben mit Leichtigkeit begegne und mit Spaß und Ehrgeiz Herausforderungen bewältige. Ich durfte bereits durch meine Familie lernen, mutig und neugierig durch die Welt zu gehen. Das hat mich sehr dabei unterstützt, meine Rolle als Unternehmerin, Speakerin und Expertin im Bereich der digitalen Gesundheit einzunehmen und zu meistern. Ich habe es mir zur Mission gemacht, Unternehmen nachhaltig aufzubauen, weswegen ich als Mentorin und Startup Advisor mein Wissen an Gründer und Gründerinnen weitergebe und dies auch zukünftig im Rahmen meines neuen Unternehmens als Sidekick von Start-ups tun werde.

5.2 Statement zum Thema nachhaltig Unternehmen führen und/oder nachhaltig leben

Den Begriff „nachhaltig" betrachte ich, neben dem umweltbewussten Charakter, besonders im Sinne von Weitsicht. Genauer steckt für mich dahinter ein klares Bewusstsein. Zum einen für sein eigenes Leben, in dem man seine eigene Vision lebt und seine eigenen Werte kennt, unabhängig vom privaten oder beruflichen Kontext. Zum anderen ist es ein Bewusstsein für eine Welt, in der jeder über das eigene Ego hinausgeht und der Gemeinschaftssinn in den Fokus rückt, wo wir eine Welt schaffen, die auch für nachfolgende Generationen lebenswert ist. Ein Ort, wo Freude statt Angst herrscht und wir respektvoll miteinander und unserer Umwelt umgehen.

5.3 Statement zu ausgewählten SDGs

Im Fokus stehen für mich vier der SDGs, auf die ich tiefer eingehen möchte und gerne meine Erfahrungen teile.

5.3.1 SDG 3 – Gesundheit und Wohlergehen

Nicht ohne Grund ist das Thema Gesundheit und Wohlergehen in den letzten zwei Jahren in die Mitte unserer Gesellschaft gerückt. Gesundheit ist das Thema, das dem Menschen mit am nächsten steht. Sie bildet für mich die Grundvoraussetzung, um sich überhaupt Gedanken über andere Themen und Bedürfnisse machen zu können.

Die Entwicklung, sich proaktiver mit der eigenen Gesundheit zu beschäftigen, anstatt reaktiv auf Krankheiten zu antworten, erkennen auch Arbeitgeber. Themen, wie Corporate Health und Betriebliches Gesundheitsmanagement, werden präsenter, um ein möglichst attraktives und menschliches Arbeitsumfeld zu schaffen. Unser steigendes Bewusstsein führt auch zur Entwicklung von innovativen Ansätzen, die es uns ermöglichen, selbst Verantwortung für unsere eigene Gesundheit zu übernehmen.

Eine Herausforderung, die Innovation teilweise hemmt, ist unser rigides und stark reguliertes Gesundheitssystem. Wir sind an einem Punkt, wo u. a. die demografische Entwicklung dazu beiträgt, dass sich dieses System verändern muss. Gemeinsam mit den Akteuren aus dem Gesundheitssystem gibt es hier gemeinsamen Handlungsbedarf im Sinne des Patienten. Mit meiner Gründung von Selfapy und auch aktuellen Kundenprojekten konnte ich selbst erfahren, was es bedeutet, eine innovative Lösung im Gesundheitssystem zu etablieren (Abb. 5.2).

Oft dauert es Jahre, bis Lösungen den Patienten erreichen. Eine Regulierung und der Schutz des Patienten sind wichtig dabei, sollte jedoch der Patient im Mittelpunkt stehen.

Mit Selfapy war ich mehrere Jahre im Bereich mentale Gesundheit unterwegs. Ein Bereich, der sehr stark stigmatisiert ist. Hier erhalten nur 50 %

Abb. 5.2 Bits and pretzels

der Menschen, die Unterstützung benötigen, eine zeitnahe Hilfe. Ein Bereich, in dem oft „nur" die körperlichen Folgen (z. B. Rückenschmerzen), statt die Ursache behandelt werden. Mit Selfapy haben wir eine (digitale) Lösung gebaut, die diese Menschen unterstützt und ihnen etwas an die Hand gibt, wenn sie nach psychologischer Unterstützung suchen.

Hilfe ist dadurch zwar gegeben, doch das Stigma ist noch lange nicht gebrochen. Durch unsere leistungsorientierte Gesellschaft wird dieses Stigma häufig auch am Arbeitsplatz gelebt. Mitarbeiter können sich nicht leisten psychisch krank zu sein. Sie wollen gegenüber ihren Kollegen und Vorgesetzten nicht als schwach dastehen. Einen sicheren Raum zu schaffen, in dem Mitarbeiter kommunizieren können, wie es ihnen geht, hilft dabei, das Verständnis füreinander zu erhöhen und den Druck zu nehmen.

Wichtig ist mir, selbst als gutes Beispiel voranzugehen und das Thema Gesundheit auch in meine Mitte zu stellen. Ganz im Motto „Pray, what you preach" kann ich so auch meinen Mitarbeitern authentisch die Sicherheit vermitteln, sich selbst um sich kümmern zu dürfen. Natürlich gelingt es mir in einigen Phasen besser als in anderen, aber dank meines Elternhauses konnte ich schon früh ein Bewusstsein für Gesundheit entwickeln. Mich hat das Thema Sport und Gesundheit immer schon umtrieben, weswegen ich Fan davon bin, Bewegung (damals das Tanzen und heute das Tennis spielen) in meinen Alltag zu integrieren und auf meine Ernährung zu achten. Und wenn ich es brauche, mir auch Support für meine mentale Gesundheit zu suchen in meinem stützenden Umfeld oder in Form von Coaching. So arbeite ich schon Jahre mit einem Coach, der mir geholfen hat, viele Themen zu reflektieren. Ich versuche mir die Dinge zu bewahren, die mir Energie geben. Beispielsweise ist das die Sonne von Fuerteventura. Jedes Jahr verbringe ich die Zeit über die Wintermonate auf der Insel.

Mir liegt das Thema Gesundheit und Wohlergehen am Herzen. Ich freue mich daher auch, das Thema durch meinen Podcast „Gesundheitsperspektiven" voranzubringen, in dem ich verschiedene Akteure aus dem Sektor einlade, um mit ihnen über mögliche Konzepte zur Weiterentwicklung der Gesundheitswirtschaft zu sprechen. Gesundheit geht jeden von uns etwas an, ob wir es wollen oder nicht. Und ich hoffe, dass die Entwicklung hin zu diesem Bewusstsein in den kommenden Jahren noch präsenter wird. Für uns, unsere Umwelt und eine Welt, die nachhaltig lebenswert bleibt (Abb. 5.3).

Abb. 5.3 Digital für alle Event 10

5.3.2 SDG 4 – Hochwertige Bildung

Für mich steckt in hochwertiger Bildung die Chance, einen gesellschaftlichen Unterschied zu machen. Jeder wird mit einem Potenzial und Neugierde geboren. Wird diese von unseren Bildungsträgern und Unternehmen weiter entfaltet, bilden wir tolle Talente aus, die unser Land nach vorne bringen.

Schaut man sich die Bildungslandschaft in Deutschland an, sind wir privilegiert, was die Qualität und Wahlmöglichkeiten von Bildung angeht. Jedoch sehe ich insbesondere im Bereich der Schulbildung Entwicklungs- und Innovationsbedarf. Denn Bildungseinrichtungen sollten Neugierde wecken anstatt durch eine falsche Fehlerkultur Unsicherheit erzeugen. Beispielsweise werden durch das starre Notensystem Kinder negativ konditioniert und entwickeln ggf. sogar Angst vor Prüfungen und Angst vor dem Scheitern. Statt eine Wahlmöglichkeit an Interessen/Talentgebieten anzubieten und zu fördern, und lernen zu individualisieren, ist unser System stark generalistisch. Gerade Kinder sollten durch das Schulsystem lernen, ihre Stärken zu erkennen und zu schärfen. Dies gilt auch über die Schule hinaus und bildet eine solide Grundlage für das Arbeitsleben danach.

Hier sehe ich ebenfalls eine Herausforderung und eine Verantwortung, auf die ich durch meine Rolle als Führungskraft gestoßen bin: die Gratwanderung zwischen dem Erreichen der Ziele und dem Raum geben für Weiterbildung. Gerade im Unternehmensaufbau ist man ständig dabei, Feuer zu löschen. Häufig stand ich vor der Frage, nimmst du die Ressourcen Geld und Zeit in die Hand, um es in die Bildung deiner Mitarbeiter zu investieren oder klappt es so, wie es ist? Damals haben wir uns bei Selfapy die großen Tech-Unternehmen, wie bspw. Google, zum Vorbild genommen. Google hat seinen Mitarbeitern 20 % ihrer Arbeitszeit als Lernzeit zur Verfügung gestellt. Auch wir haben versucht, dies zu integrieren. Der größte Teil meines Teams hatte zudem eine 4-Tage-Woche. Mit dieser Flexibilität konnten sich Mitarbeiter aussuchen, in welchen Bereichen sie sich weiterentwickeln wollen. Es war immer mein Anspruch, die individuellen Stärken der Mitarbeiter zu fördern und Schwächen sichtbar zu machen.

Diesen Anspruch nehme ich auch für mich selbst mit. Ich persönlich lerne gerne, weswegen ich mir immer neue Herausforderungen außerhalb meines beruflichen Kontextes suche. Das kann beispielsweise ein Segelschein, eine neue Sprache oder das Nutzen eines neuen technischen Tools sein. Meine Perspektive wird dadurch erweitert und bringt mir Kreativität für die Lösung von weiteren und schwereren Herausforderungen. Die Zeit dafür zu nehmen, auch die eigenen Projekte zu priorisieren, ist nicht immer einfach. Ich merke aber die Auswirkungen, auch auf meine berufliche Leistungsfähigkeit, wenn ich mich um meine persönlichen Interessen kümmere (Abb. 5.4).

5.3.3 SDG 5 – Geschlechtergleichheit

Ich bin mittlerweile schon häufiger mit der Thematik Geschlechtergleichheit in Berührung gekommen. Das mag daran liegen, dass ich als Frau in einem Umfeld unterwegs bin, dessen wesentlicher Anteil aus Männern besteht (die Start-up-Szene). But good news: Deutschland hat immer mehr Frauen, die gründen.

Ich habe das Frau-Sein, ob privat oder beruflich, meist als Vorteil erlebt. So wurde ich, wie wahrscheinlich viele Frauen mit einem gewissen beruflichen Ehrgeiz, gerade in meinen unternehmerischen Anfängen oft unter-

Abb. 5.4 Griechenland 2021

schätzt und konnte dann aber durch meine Leistung überzeugen. Zwar gab es Situationen, in denen ich erlebt habe, dass es gerade in den 2010ern eine männerdominierte Start-up-Szene gab. Eine Branche, wo Geschäfte beim After Work Drink in reinen Männerrunden gemacht wurde. Aber die Strukturen hier verändern sich, auch weil es immer mehr weibliche Role Models gibt, die erfolgreiche Unternehmen aufgebaut haben.

Ich bin zwar persönlich kein Freund von Quoten, sondern denke, der oder die Beste sollte eine Rolle besetzen. Ich verstehe aber, dass z. B. Frauenquoten in Vorstandpositionen ein wichtiger Schritt waren, um ein Umdenken anzuregen. Meines Erachtens ist es eine gesellschaftliche Entwicklung, in der wir uns befinden, die aber noch „ein paar Jahre dauern" wird. Indem immer mehr Männer z. B. von ihrem Recht der Elternzeit Gebrauch machen, indem Frauen zeigen, dass Erfolg im Beruf und Familie vereinbar sind. Trotzdem muss sich noch einiges tun. Das sah man zuletzt an dem Thema Mutterschutz in Aufsichtsratspositionen – bis 2021 war Mutterschutz in Aufsichtsratspositionen nicht möglich. Man musste seinen Posten aufgeben, ein rechtliches Überbleibsel aus einer Zeit, in der ausschließlich Männer diese Positionen bekleideten. Es sind für mich Vorbilder, die an dieser Stelle eine Veränderung in Gang setzen können und die derzeitigen Einstellungen und Werte verändern können.

Ich persönlich gehe mit dem Thema entspannt um, weil ich mir bewusst mache, dass das Anpassen eines festen Bildes über Jahre ein langer Veränderungsprozess ist. Ich sehe mich selbst als einen Baustein in dieser Veränderung und versuche daher bewusst ein Vorbild zu sein für Frauen, die ihren unternehmerischen Weg gehen wollen.

5.3.4 SDG 9 – Industrie, Innovation und Infrastruktur

Deutschland ist eine Industrienation. Getrieben von Familienunternehmen, die unseren Wohlstand definiert haben. Unsere Positionierung, die wir uns hart erarbeitet haben, schwächt jedoch ab, und andere Länder befinden sich bereits auf der Überholspur. Auch, weil wir uns als Land und Gesellschaft auf einem gewissen Wohlstand lange ausgeruht haben. Es hat sich eine gewisse Bequemlichkeit eingeschlichen. Innovation ist der Hebel, der uns wieder nach oben katapultieren kann. Dafür müssen jedoch Wirtschaft, Wissenschaft, Bildung und Innovatoren die gleiche Sprache sprechen und mit gegenseitigem Respekt und einer gemeinsamen Vision vorangehen.

Genau da liegt für mich die Herausforderung: Wie können wir eine Infrastruktur schaffen, die Wirtschaft, Wissenschaft, Bildung und Innovatoren miteinander verbindet? Durch die fehlende Verzahnung bleibt unglaublich viel Potenzial unentdeckt: Universitäre Ausgründungen sterben häufig, Forschung bleibt theoretisch. Andere Länder, wie die USA, machen uns bereits vor, wie es besser gehen kann. Alle großen Universitäten, wie beispielsweise Harvard, halten engen Kontakt zu ihren ehemaligen Studenten. Alumnis haben dort eine emotionale Bindung zu ihrer Universität, weswegen sie die Universität durch Fundraising unterstützen. Und die Alumnis werden wiederum zu den Wirtschaftsbossen, die sich die Nachwuchstalente von den Universitäten holen. Sie schieben die Talente hin und her und bauen Netzwerke auf. In Deutschland wird dieses Modell bereits von der WHU und einigen weiteren privaten Unis gelebt. Ebenso versuchen Initiativen, wie "New Mittelstand", den Dialog zwischen den Akteuren zu schaffen. Ich glaube, solche Initiativen werden uns helfen, den Mittelstand zukunftsfähig aufzustellen und Konzepte neu zu denken (Abb. 5.5).

Ich selbst habe meine Ausbildung bei einem deutschen familiengeführten Mittelstandsunternehmen gemacht. Ich konnte erleben, wie Tradition auf Innovation trifft und wo Chancen mit Herausforderungen verbunden waren. Wo eine neue Generation eine andere Sprache spricht und wo es

Abb. 5.5 GRACEScale21 by www.introduce.berlin

Verständnisprobleme gibt. Ähnliches sieht man im Bereich der Corporate Innovation, wo große Industrieunternehmen Innovation z. B. durch das Errichten von Innovationshubs vorantreiben wollen, dann aber Silos der Innovation erreichen und diese nie in das „Mutterschiff" transportiert bekommen. Der erste Schritt im Dialog zwischen Industrie, Wirtschaft und Politik ist, eine gemeinsame Sprache zu entwickeln und Erfolgsbeispiele nach vorne zu stellen. So kann man gemeinsam lernen, wie Fortschritt aussehen kann. Anstatt einen Perfektionismus anzustreben, können gemeinsame Pilotprojekte auf die Straße gebracht werden, um zu erleben, wie Zusammenarbeit funktionieren kann.

Farina Schurzfeld

6

Genossenschaftsbankerin auf der Langstrecke

Miriam Stareprawo-Hofmann

6.1 Biografie

Aufgewachsen in Rostock, liegt mein Lebensmittelpunkt seit dem Ende meiner Schulzeit in Sachsen. So lange bin ich auch mit der Volksbank Mittweida eG verbunden, wobei die Zusammenarbeit unterschiedliche Formen hatte. Mittweida ist eine Kleinstadt im Herzen von Sachsen mit einer überdurchschnittlich ertragsstarken und innovativen Volksbank.

Um einen praktischen Einblick in eine damals zukunftssicher und solide erscheinende Tätigkeit zu erhalten, absolvierte ich nach dem Abitur zunächst eine Ausbildung zur Bankkauffrau. Direkt im Anschluss nahm ich ein Studium der Betriebswirtschaftslehre an der Technischen Universität Chemnitz auf. Bereits während des Studiums baute ich als Werkstudentin in der Volksbank Mittweida die Personalentwicklung auf. Die enge Verbindung zwischen Theorie und Praxis war mir stets besonders wichtig und die Gestaltungsmöglichkeiten in der Bank haben mich enorm motiviert. Natürlich ist es in dieser Phase häufig vorgekommen, dass Gesprächspartner mich im ersten Eindruck als Assistentin wahrgenommen haben und meinten, das offizielle Meeting beginne erst, wenn der Vorstand mit anwesend ist und ende entsprechend mit dessen Verabschiedung. Während des Studiums erweiterten Praktika in der DZ Bank in Frankfurt und München meinen

---

M. Stareprawo-Hofmann (✉)
Volksbank Mittweida eG, Mittweida, Deutschland
E-Mail: miriam.stareprawo-hofmann@vb-mittweida.de

Horizont und brachten mir gleichzeitig die Erkenntnis, dass ich meine berufliche Zukunft in einer mittelständisch geprägten Bank sehe, wo eher die Generalistin gefragt ist.

Nach dem Studienabschluss als Diplom-Kauffrau konnte ich in der Volksbank Mittweida eG direkt die Leitung der Bereiche Personal und Gesamtbankplanung übernehmen. Eine wichtige Station meiner beruflichen Karriere war die Zeit der freiberuflichen Tätigkeit mit völlig neuen Herausforderungen, Erfolgserlebnissen, aber auch Ernüchterungen. Mit dem Wiedereinstieg als Geschäftsführerin der Tochtergesellschaft der Volksbank Mittweida änderte sich die Struktur, inhaltlich ging es weiterhin um Innovationsmanagement, Prozessgestaltung und Kulturentwicklung in der Finanzbranche. Neben Projekten und Aktivitäten für die Volksbank Mittweida eG lag ein Tätigkeitsschwerpunkt in der Beratung anderer Genossenschaftsbanken. Beispielsweise konnten wir die Erfahrungen der Volksbank Mittweida im Sachkostenmanagement in rund 40 Genossenschaftsbanken im deutschsprachigen Raum einbringen. Auch die Wurzeln der Initiative Wertvolle Unternehmenskultur reichen in diese Zeit zurück.

Die Themen Sachkostenmanagement und Unternehmenskultur scheinen auf den ersten Blick komplett unterschiedliche Ansätze zu verfolgen. Da ist einmal die Zahlenwelt der Kostenrechnung, geprägt von sachlichen Analysen, Benchmarking und kritischem Hinterfragen jeglicher Ausgaben. Auf der anderen Seite die Welt der „soft facts" mit gemeinsamen Werten, Narrativen und Verhaltensmustern, oft fälschlicherweise gleichgesetzt mit einem angenehmen Betriebsklima und hoher Mitarbeiterzufriedenheit. Dabei stellt die Kultur einer Organisation ganz entscheidende Weichen für ihren langfristigen Erfolg und kann über ganzheitliche Veränderungsprozesse auch gezielt weiterentwickelt werden. Daher ist die Auseinandersetzung mit der eigenen Kultur kein „nice to have", sondern essenziell für alle, die ein Unternehmen ökonomisch nachhaltig gestalten wollen.

Mit zunehmender Einbindung in die strategische Weiterentwicklung der Volksbank Mittweida führte mein Weg dann wieder in die Bank zurück. Besonders prägende Erfahrungen waren in den Jahren 2016 bis 2018 die Mitwirkung an der Ideenentwicklung von myPiggy, einem innovativen Sparschwein, das als IoT Produkt eine App zur finanziellen Bildung integriert hat und inzwischen bundesweit durch die VR Family Finance GmbH im Kreis der Volksbanken Raiffeisenbanken am Markt eingeführt ist. Im Zeitraum 2017/2018 konnte ich mich als Ortsbankenvertreterin in die Gesamtprojektleitung des Strategieprojekts KundenFokus beim Bundesverband der Volksbanken Raiffeisenbanken einbringen. Ein Highlight war zweifellos die Organisation der Human Conference im März 2019. Unter dem Leitgedanken „Building bridges" haben wir gemeinsam mit regionalen, nationalen und internationalen Teilnehmern Innovation für Mittweida in ein völlig neues Setting gebracht und auf dem Marktplatz das Fenster in die digitale Zukunft geöffnet (Abb. 6.1 und 6.2).

Seit 2019 konzentriere ich mich auf das Engagement der Volksbank in der Blockchain-Schaufensterregion Mittweida. Hier arbeiten die Stadt Mittweida, Hochschule und Volksbank im Rahmen eines vom Bundesministerium für Bildung und Forschung geförderten Programms an der Vision Mittweida zu einem Leuchtturm für Blockchain-Anwendungen zu machen (Abb. 6.3).

Weiterhin engagiere ich mich als Vorstand in der Genossenschaft Digitale Sicherheit für den Mittelstand eG und bringe mich als „Botschafterin" für eine starke und nachhaltige Unternehmenskultur in unserer Ausgründung Spirit hoch3 GmbH ein.

Eine Person hat mich auf meinem Karriereweg besonders gefördert und geprägt: Prof. Leonhard Zintl. Selbst seit über 25 Jahren Vorstand der Volksbank Mittweida eG, lebt er sehr konsequent genossenschaftliches Unternehmertum vor. Er inspiriert und setzt Maßstäbe mit seinem Lebensmotto „Einfach machen".

Abb. 6.1 Mit Prof. Dr. Anabel Ternés bei „The Human Conference" in Mittweida, März 2019

Abb. 6.2 Internationale Teilnehmer von „The Human Conference" auf dem Mittweidaer Marktplatz

Abb. 6.3 Mit Oberbürgermeister Ralf Schreiber und Prof. Dr. Andreas Ittner bei der Zusage für die 2. Förderphase der Blockchain-Schaufensterregion Mittweida, März 2022

Kontinuität und Ausdauer sowie Umsetzungsstärke von der strategischen Ebene bis in die Sicherstellung der operativen Details sind charakteristisch für meine berufliche Arbeit. Natürlich braucht es Veränderung, um sich weiterzuentwickeln. Kontinuität heißt nicht, dass man sich nicht bewegt. Im Gegenteil, Kontinuität im Sinne einer verlässlichen „Homebase" ermöglicht Freiraum, um sowohl örtlich als auch thematisch immer wieder Neuland zu betreten, Verantwortung zu übernehmen und die Gestaltungsmöglichkeiten in einem außergewöhnlichen Haus wie der Volksbank Mittweida auch tatsächlich auszufüllen. Mit meinem Aufgabengebiet Blockchain in einer Bank besetze ich gleich zwei Themen, wo Nachhaltigkeit auf den ersten Blick weniger relevant zu sein scheint. Hier suche ich aktiv den Austausch und nutze beispielsweise den Fachdialog Blockchain, der regelmäßig im Auftrag des Bundesministeriums für Wirtschaft und Klimaschutz stattfindet.

6.2 Statement zum Thema nachhaltig Unternehmen führen und/oder nachhaltig leben

Wer ein Unternehmen führt, sollte sich grundsätzlich dem langfristigen Überleben am Markt verpflichtet fühlen. Dieser Anspruch beinhaltet die Perspektive der ökonomischen Nachhaltigkeit. Wenn man ökonomische Nachhaltigkeit ernst nimmt und sich beispielsweise intensiv mit den vielschichtigen Stakeholder-Beziehungen beschäftigt, rücken auch soziale und ökologische Nachhaltigkeitsthemen auf die Agenda.

Gerade aktuell beobachten wir, dass in vielen Unternehmen das Thema erst mit der Verankerung von Nachhaltigkeitsaspekten in regulatorischen Anforderungen ins Bewusstsein des Managements gelangt. Häufig lautet nun die Frage „Wie können wir mit möglichst geringem Aufwand die neuen Nachhaltigkeitspflichten erfüllen?". Dabei bietet eine ernsthafte Auseinandersetzung mit dem Thema Nachhaltigkeit viele Chancen, die weit über eine „grüne" Marketingpositionierung hinausgehen. Die Öffentlichkeit ist inzwischen recht sensibel für „greenwashing" und würdigt umgekehrt authentisches Handeln. Ich möchte an dieser Stelle besonders Managerinnen und Manager in kleinen und mittleren Unternehmen ermutigen, auf die eigenen Mitarbeiterinnen und Mitarbeiter zu setzen, ihnen Verantwortung bei der Umsetzung von Nachhaltigkeitsaktivitäten zu übertragen und die entsprechenden Freiräume zu geben. Was natürlich nicht bedeutet „Macht mal irgendwas mit Nachhaltigkeit". Die Auseinandersetzung, was Nachhaltigkeit für das eigene Unternehmen bedeutet, wie zu den SDGs beigetragen werden kann, welche konkreten eigenen Ziele mit welchem Zeithorizont gesetzt werden, etc. – all diese Diskussionen müssen geführt werden.

Die Volksbank Mittweida eG hat für sich Schwerpunkte bei 8 der 17 SDGs formuliert. Die Verantwortung für die regionale Wirtschaft ist beispielsweise durch den Anspruch zur Förderung nachhaltiger Investitionen, bevorzugt mit regionalen Partnern, konkretisiert. Als Arbeitgeber legt die Bank Wert auf eine langfristige Zusammenarbeit, Weiterentwicklung, Chancengleichheit, Gesundheitsförderung und Familienfreundlichkeit. Auch hier gibt es zahlreiche konkrete Angebote, die auf diese Punkte einzahlen. Auch die Auseinandersetzung mit den regulatorischen Anforderungen wie dem Umgang mit Nachhaltigkeitsrisiken gehört zu den Nachhaltigkeitsaktivitäten, mit denen sich eines von insgesamt sieben Nachhaltigkeitsteams beschäftigt.

Nicht nur als Führungskraft trägt man Verantwortung und nimmt eine Vorbildfunktion ein. Jede/r von uns trifft permanent Entscheidungen, deren Folgen, aber auch deren Außenwirkung wir uns bewusst machen sollten. Es sind die vielen kleinen Dinge, die jede/r von uns im Alltag tun und damit ein Zeichen für Nachhaltigkeit setzen kann.

Gerade als Elternteil spüren wir eine besonders unmittelbare Verantwortung für die nächste Generation. Auch generell im Familien- und Freundeskreis haben wir alle Vorbildfunktion und können uns gegenseitig positiv beeinflussen, sogar challengen. Nachhaltigkeit muss selbstverständlich in alle Entscheidungen einfließen, genauso wie Kostenbewusstsein im unternehmerischen wie privaten Umfeld als weithin anerkannte Tugend gilt. Die Summe der vielen Kleinigkeiten macht den Unterschied und prägt letztendlich gesellschaftliche Einstellungen. Ich bin überzeugt, auch hier gilt: „Langer Atem zahlt sich aus".

6.3 Statement zu ausgewählten SDGs

6.3.1 SDG 4 – Hochwertige Bildung

Bildung ist der Grundstein für ein selbstbestimmtes Leben und gerade, weil mir viele Wege offen standen und ich diese Bildungs- und Entwicklungsmöglichkeiten nutzen konnte, schätze ich ihren Stellenwert außerordentlich hoch ein. Ich setze mich dafür ein, junge Menschen zu motivieren die bestmögliche Bildung zu erlangen, das heißt so viel wie möglich wirklich an persönlichen Erkenntnissen, Fähigkeiten und Einstellungen aus jeder Bildungsetappe mitzunehmen. Es geht nicht nur um das Einsammeln von formalen Abschlüssen und Zertifikaten. Lernen ist viel mehr als Wissen anzusammeln – und nach einer Prüfung schnell wieder zu vergessen. Wenn man wirklich tief eintaucht in ein Thema, Fragen stellt und ihnen nachgeht, einen persönlichen Bezug zum Thema sucht – Bildung also nicht nur konsumiert, dann sind Lernerfahrungen ein echter Zuwachs für die eigene Persönlichkeit.

Wann ist Bildung hochwertig? Natürlich denkt man hier an Elite-Einrichtungen und ja, ich durfte auch einige Führungskräfteakademien besuchen, die ihrem exzellenten Ruf auch tatsächlich gerecht wurden. Hochwertige Bildung heißt für mich vor allem das Maximum an Lebenschancen schaffen, erhalten und erweitern. Denn lebenslanges Lernen ist nicht nur ein „notwendiges Übel".

Mir ist es im Unternehmen sehr wichtig, Kolleginnen und Kollegen jeden Alters und jeder Vorbildung zu ermutigen, sich auf Neues einzulassen und beispielsweise im Umgang mit den digitalen Medien voneinander zu lernen. In der Volksbank Mittweida eG haben wir im März 2017 alle Mitarbeitenden mit iPads ausgestattet, wirklich alle vom Vorstand bis zu den Kolleginnen und Kollegen im Boten- und Reinigungsdienst. Nachhaltig wurde diese Maßnahme durch die „Online-Botschafter", die sich in jedem Team um Fragen gekümmert haben und auch kritisch nachgefragt haben, wenn das neue Gerät tagelang in der Schublade blieb (Abb. 6.4).

Auch in Bezug auf Nachhaltigkeitsaktivitäten ist es mir ein großes Anliegen, nicht auf einer abstrakten Wissensebene stehen zu bleiben. Zu hochwertiger Bildung gehört das Hinterfragen und Durchdenken bis ins Detail.

6.3.2 SDG 7 – Bezahlbare und saubere Energie

Wenn ich mein Engagement für Blockchain-Projekte vorstelle, ist häufig die erste Reaktion: „Oh, das ist doch Bitcoin mit dem unersättlichen Energieverbrauch." Bitcoin ist die erste und bekannteste Kryptowährung, die auf der Blockchain-Technologie beruht. Die Einsatzbereiche und Potenziale von Blockchain gehen jedoch weiter über Kryptowährungen hinaus. Es lohnt sich also, bei diesem Argument genauer hinzuschauen. Inzwischen gibt es zahlreiche Kryptocoins mit deutlich ressourcenschonenderen Konsensmechanismen als Bitcoin. Auch die Governance-Struktur einer Blockchain entscheidet über den Energieverbrauch: so kann beispielsweise

Abb. 6.4 Ausgabe der iPads zur Mitarbeiterversammlung im März 2017

in sogenannten Permissioned Blockchain-Netzwerken, die für die Abbildung von Konsortialbeziehungen sinnvoll sind, auf energieeffiziente Verfahren zurückgegriffen werden.

Darüber hinaus zeichnen sich im Energiesektor vielversprechende Ansätze mit Blockchain-Einsatz ab: So ermöglichen Blockchain-Anwendungen die Zertifizierung von Herkunftsnachweisen für regenerative Energiequellen und automatisierte Abrechnungsprozesse sowie Stromhandel auf Ebene von dezentralen Peer-to-Peer-Modellen, also z. B. die Einspeisung von überschüssiger Energie von Privatpersonen.

Im beruflichen wie im privaten Alltag betreffen uns alle die Herausforderungen der Energiewende. Im Mittelpunkt der Diskussion stehen dabei vor allem die Energiequellen, Energieträger und ihre Handels- und Abrechnungsmodelle. Angesichts der immensen Probleme erscheinen die Handlungsspielräume als Einzelperson klein, man fühlt sich ohnmächtig. Dabei zählt jeder kleine Beitrag. Ich möchte insbesondere anregen, den eigenen Energieverbrauch zu senken. Es ist nicht damit getan, auf ein E-Auto umzusteigen. Ist wirklich jede Fahrt notwendig? Da ich selbst auf dem Land lebe, kenne ich fehlende öffentliche Verkehrsangebote nur zu gut. Und trotzdem finden sich für manche Fahrten Alternativen wie das Fahrrad, Mitfahrgelegenheiten oder auch das Zusammenlegen von Touren. Immerhin ein Anfang.

6.3.3 SDG 12 – Nachhaltige/r Konsum und Produktion

Die Blockchain-Technologie kann ein Schlüssel zu mehr Nachhaltigkeit sein, denn sie ermöglicht die Realisierung von transparenten Lieferketten. Charakteristisch für Blockchain ist die manipulationssichere, dezentrale Speicherung von Daten. Auf diese Weise können Ursprungszeugnisse und Nachweise für alle Beteiligten sicher und automatisiert ausgetauscht werden. Ein Beispiel ist die vom Bundesministerium für wirtschaftliche Zusammenarbeit und Entwicklung unterstützte Initiative „Textile Trust". Diese Plattform verfolgt das Ziel, Sicherheit und Transparenz in Textillieferketten zu gewährleisten. Ein weiterer Anwendungsfall ist die blockchainbasierte Ernteausfallversicherung, die Kleinbauern in Kenia mit schnellen Auszahlungen bei Ernteausfällen bei der Existenzsicherung hilft. Auch Geschäftsmodelle mit passenden Anreiz- und Governance-Systemen können mit der Blockchain-Technologie umgesetzt werden, um etwa Abhängigkeiten von dominanten Akteuren zu reduzieren.

In vielen Diskussionen begegnen mir Zweifel und Fragen wie „Es gibt doch schon so viele Siegel und Logos für nachhaltige Produkte, z. B. Fairtrade oder Bio, das bringt doch sowieso nicht viel und macht die Sachen nur teurer." Mir ist es wichtig, solche Meinungen nicht resigniert stehen zu lassen. In den vergangenen Jahren haben z. B. etliche Lebensmitteldiscounter das wachsende gesellschaftliche Bewusstsein für zertifizierte Produkte erkannt und ihr Sortiment entsprechend erweitert. Als Verbraucherin und Verbraucher habe ich am Supermarktregal zunehmend die Wahl. Es entsteht zunehmende Aufmerksamkeit für die Herkunft und Produktionsprozesse von Produkten. Und nur über mehr Nachfrage stellen letztendlich auch mehr Produzenten ihre Prozesse um.

Es bleibt vor allem unsere Verantwortung als Endverbraucher. Dazu gehört auch die Entscheidung, ob und welche Produkte ich überhaupt brauche, wenn diese Tausende Kilometer zurückgelegt haben, selbst wenn sie nach fairen und ökologischen Kriterien produziert wurden. Hier mache ich mir bewusst Gedanken und kaufe z. B. bevorzugt saisonales Obst und Gemüse aus der Region, zumindest aus Europa ein. Gemeinsam im Familien- und Freundeskreis lässt sich diese Awareness steigern, macht Spaß und bringt neue Ideen, um Dinge auszuprobieren, und wenn es eine Handvoll Hühner im Garten sind (Abb. 6.5).

Abb. 6.5 Hühner im eigenen Garten

6.3.4 SDG 16 – Frieden, Gerechtigkeit und starke Institutionen

Besonders nah ist mir die Unternehmensform der Genossenschaft. Genossenschaften verbinden seit über 150 Jahren wirtschaftlichen Erfolg mit gesellschaftlich verantwortlichem Handeln. Sie sind entstanden, um durch freiwillige Zusammenschlüsse und gemeinsames Wirtschaften mehr zu erreichen. Am besten ausgedrückt von Friedrich Wilhelm Raiffeisen, einem der Gründer der Genossenschaftsbanken: „Was einer alleine nicht schafft, schaffen viele". Genossenschaften haben immer wieder gerade in Krisenzeiten die Vorteile der Dezentralität unter Beweis gestellt. Als Genossenschaftsbankerin und Vorstand der Kleinstgenossenschaft Digitale Sicherheit für den Mittelstand eG nehme ich allerdings wahr, dass Genossenschaften in der öffentlichen Aufmerksamkeit ein Schattendasein führen und sowohl für Gründungsinteressierte als auch für Investoren in der Regel nicht im Fokus stehen. Dabei ist genossenschaftliches Wirtschaften eine frühe Form von Crowdinvest! Eine Genossenschaft zeichnet sich durch demokratische Strukturen aus – jedes Mitglied hat unabhängig von der Höhe seiner Einlage genau ein Stimmrecht. Wesentliche strukturelle Veränderungen wie Fusionen sind nur mit Dreiviertel-Mehrheiten möglich. Das verleiht der eingetragenen Genossenschaft eine große Stabilität. Den eigentlichen Unterschied zu anderen Kapitalgesellschaften machen jedoch die genossenschaftliche Werte aus. Dazu zählen Verantwortung, Transparenz, Solidarität, Partnerschaftlichkeit und Vertrauen (Abb. 6.6).

Diese traditionellen Werte haben nichts an ihrer Aktualität verloren und begründen nach wie vor Leitplanken für nachhaltiges Handeln, z. B. in der genossenschaftlichen Finanzberatung.

Zur Umsetzung des SDG „Frieden, Gerechtigkeit und starke Institutionen" gehört für mich auch ein sicheres Hinweisgebersystem, welches Unternehmen ab einer bestimmten Größenordnung in Umsetzung

Abb. 6.6 Team der Genossenschaft Digitale Sicherheit für den Mittelstand eG

der EU-Whistleblowing-Richtlinie einrichten müssen. In der Volksbank Mittweida war ich beteiligt an der Einführung eines digitalen Hinweisgebersystems. Es dient dem umfassenden Schutz von Whistleblowern vor beruflichen und privaten Repressalien, wenn sie illegale Missstände aufdecken und damit die Möglichkeit zur frühzeitigen Aufklärung und Beseitigung von Missständen geben.

Auch die Blockchain-Technologie ist mit Gerechtigkeitsaspekten verbunden. So ermöglicht Blockchain z. B. finanzielle Inklusion, was insbesondere in Entwicklungsländern relevant ist, wo die Mehrheit der Bevölkerung keinen Zugang zu einem Bankkonto hat und das Handy die einzige Möglichkeit für Finanztransaktionen ist. Von stärkerer Bedeutung für die Bevölkerung in den Industriestaaten sind die Möglichkeiten von vereinfachten Verwaltungsprozessen in den Behörden. Kaum ein Land in Europa hat die Digitalisierung seiner öffentlichen Verwaltung unter dem Label „E-Estonia" so weit vorangetrieben wie Estland. Hinter der Vielzahl der E-Government-Dienste steht die Blockchain-Technologie, jeder Bürger hat eine digitale Identität. Diese erlaubt es den Bürgerinnen und Bürgern zu steuern, welche Behörde wann auf die personenbezogenen Daten zugreifen kann.

6.3.5 SDG 17 – Partnerschaften zur Erreichung der Ziele

Wir leben in einer sogenannten VUCA-Welt. Das Wirtschaftsumfeld ist geprägt von ständigen unberechenbaren Veränderungen, Unsicherheit, Komplexität und Mehrdeutigkeit. Unter diesen Rahmenbedingungen kommt der Kooperation und Vernetzung mit Partnern ein entscheidender Stellenwert zu. Partnerschaften müssen aktiv gesucht, ausgestaltet und gelebt werden.

Aus meinen Erfahrungen im Management der Blockchain-Schaufensterregion Mittweida kann ich die Bedeutung dieses Themas bestätigen. Der Fokus des Bündnisses aus Stadt Mittweida, Hochschule und Volksbank liegt auf der Entwicklung von Blockchain-Anwendungen durch die Verbindung von Forschung und Praxiserprobung in der regionalen Wirtschaft, Verwaltung und der lokalen Bevölkerung. Durch die Vernetzung regionaler, überregionaler und auch internationaler Akteure sowie durch die aktive Beteiligung von Bürgerinnen und Bürgern arbeiten wir daran in unserer Schaufensterregion die Anwendungen von Blockchain erlebbar zu machen und die Grundlage für neue und nachhaltige Business Ökosysteme

Abb. 6.7 Begrüßung des Start-ups splainX GmbH im Innovationszentrum „Werkbank32"

zu schaffen. Das langfristige Ziel ist es, durch die Ansiedlung und Ausgründung von Start-up-Unternehmen sowie die Erschließung innovativer Geschäftsmodelle für traditionelle Unternehmen neue Arbeitsplätze in signifikanter Zahl in der Region zu schaffen und durch die damit verbundenen Sekundäreffekte nachhaltige Impulse für den regionalen Wandel zu generieren (Abb. 6.7).

Die Chancen für nachhaltigen Bestand einer Kooperation hängen aus meinen Erfahrungen davon ab, wie gut es gelingt, ein gemeinsames Ziel zu definieren, was mit Vorteilen für alle Beteiligten verbunden ist, und in der Folge alle Aktivitäten darauf zu fokussieren. Auch bei der unternehmensübergreifenden Zusammenarbeit entscheidet die kontinuierliche Arbeit und eine in hohem Maße partizipative Kommunikation.

7

Meine Story of a New World

Carl-A. Fechner

7.1 Biografie

Es gibt einen großen Change-Moment in meinem Leben, der mich auf den Weg der Nachhaltigkeit geführt hat. Im damaligen Augenblick wusste ich noch nicht, dass er mein gesamtes Leben bestimmen und durchziehen werden würde. Und dass alles vorher Dagewesene mich genau zu diesem Punkt führte. Doch dazu später mehr…

Aufgewachsen bin ich in einem bürgerlichen Elternhaus in Hambühren II, einem Dorf nahe Celle im Norden Deutschlands (Abb. 7.1).

Ich war ein eher schüchternes Kind, das im Laufe seiner Jugend durch Theaterstücke und eine eigens gegründete Film-AG in der Schule seine Kreativität entdeckte und dadurch immer mehr Mut und Selbstbewusstsein gewann. Zum Ende meiner Schulzeit war ich der Star der Theatergruppe und führte Stücke von Bertolt Brecht auf (Abb. 7.2).

Während dieser Zeit konnte ich auch mein Interesse am Film entdecken und weiterentwickeln.

Mit meiner ersten Super8 Kamera zeigte ich das Leben aus der Sicht meines Dackels Dox (übrigens ein kurzsichtiges Leben, in dem ein Hügel

---

Unter Mitarbeit von Johanna Jaurich

C.-A. Fechner (✉)
Engen, Deutschland
E-Mail: carl-a.fechner@fechnermedia.de

Abb. 7.1 Neustart nach dem Krieg: Familie Fechner

wie ein Berg erscheint) und machte Studien über die wunderbaren braunen Augen meiner Mitschülerin Karin (in die ich natürlich heimlich verliebt war). Ich hätte niemals für möglich gehalten, dass ich Jahrzehnte später ein erfolgreicher Filmproduzent sein würde und mit meinen Kinofilmen um die Welt reisen würde.

Damals hatte ich noch andere Pläne. Denn zu diesem Zeitpunkt dachte ich, ich würde einmal Lehrer werden. Dieser Gedanke entstand vor allem durch zwei meiner Lehrer, die mir bis heute in guter Erinnerung geblieben sind: Zum einen mein Deutschlehrer Herr Engel, der seinem Namen alle Ehre machte und dem ich unglaublich leseintensive Phasen meines Lebens zu verdanken habe. Zum anderen mein Französischlehrer Herr Pape, den ich sehr schätzte.

Auch zu Hause gaben mir meine Eltern Werte mit, die mich bis heute prägen: Hinter unserem Haus befand sich ein großer Garten, den meine Mutter mit viel Hingabe und großer Liebe pflegte. Ich half ihr oft dabei und verbrachte ganze Tage meiner Jugend mit Schubkarre fahren und Erde schaufeln. Unsere gemeinsamen Bergwanderungen, zusammen mit meiner Schwester Elisabeth, waren echte Highlights für mich. Von meiner fürsorglichen Mutter lernte ich auf diese Weise die Natur zu schätzen und mich allzeit sicher auf meinen eigenen Streifzügen durch die Wildnis zu fühlen.

Abb. 7.2 Als Schüler: Schauspiel-Leidenschaft

Mein strenger Vater, Artillerie-Offizier und Kriegsteilnehmer, brachte mir mit seiner preußischen Erziehung Disziplin, Zuverlässigkeit und Sparsamkeit bei. Bei aller Fremdheit zwischen uns und trotz unserer gegensätzlichen politischen Ansichten bewunderte und achtete ich ihn sehr. Diese Bewunderung und meine Leidenschaft für Herausforderungen, aber auch der Glaube, eine Familientradition fortführen zu müssen, brachten mich wohl schließlich mit 19 Jahren zur Bundeswehr.

Parallel studierte ich Medienpädagogik und Psychologie an der Universität der Bundeswehr in München. Herr Pape und Herr Engel wären vermutlich stolz auf mich gewesen. In dieser Zeit spürte ich zum ersten Mal einen innigen Wunsch in mir wachsen: Grenzen zu überwinden und frei zu sein.

Abb. 7.3 Über alle Grenzen: Sahara-Durchquerung

Und das tat ich dann auch. Gemeinsam mit meiner damaligen Freundin Inge und ihrer Tochter Daniela durchquerten wir 1978 zum ersten Mal die Sahara mit meinem VW Bus. Das waren vier wunderbare Wochen, in denen wir waghalsige Abenteuer erlebten, endlose Weite spürten, unter dem nächtlichen Sternenhimmel übernachteten und stundenlang den VW Bus aus dem Sand gruben (Abb. 7.3).

Der afrikanische Kontinent ließ mich nie wieder los. 1979 führten mich Recherchen zu meiner Diplomarbeit nach Burkina Faso. Dort lebte ich mehrere Monate in zwei Dörfern der Mossis im Voltatal und teilte das Leben der Menschen vor Ort. Forschungsschwerpunkt meiner Diplomarbeit war es, die Rolle der Medien in der Entwicklungshilfe zu untersuchen. Die Deutsche Welle sendet dort in den Sprachen der Landbevölkerung Nachrichten und Informationen zur Verbesserung der Lebenssituation der Landbevölkerung, u. a. Tipps für Hausfrauen. Diese Monate meines Lebens waren in jeder Hinsicht eine prägende Erfahrung. Die Frauen in den Gemeinschaften mussten über eine Stunde lang zur nächsten Wasserstelle laufen, pro Strecke. Zum ersten Mal war ich mit Hunger konfrontiert: dem Hunger so vieler Menschen im globalen Süden (der in vielen Teilen dieser Welt auch heute noch schmerzlich präsent ist) und auch meinem eigenen. Ich wurde schwer krank nach 180 Moskitostichen, lag mit Malaria und 41 Grad Fieber in einer notdürftigen Krankenstation und überlebte nur knapp. Seitdem weiß ich unser Gesundheitssystem und meine eigenen inneren Widerstandskräfte umso mehr zu schätzen (Abb. 7.4).

Ich war erwachsen, als ich zurückkam – und bereit für das nächste Abenteuer. Auf einmal erschien mir der Lehrerberuf nicht mehr herausfordernd genug. Da lag es für mich nahe, parallel zu meinem Studium die wohl schwierigste Ausbildung in der Bundeswehr zu absolvieren: die Ausbildung zum Fallschirmjäger und Einzelkämpfer. Von 24 Mitstreitern war ich einer von 8 Soldaten, die das Abzeichen erhielten. Es sollte viele Jahre später bei einem Dreh in Nahost meine gesamte Ausrüstung vor der Beschlagnahmung und mich vor der Festnahme durch israelische Soldaten schützen. Meine weitere Karriere bei der Bundeswehr schritt stringent voran. Ich wurde zum Chef einer Kampfkompanie befördert und nach Immendingen versetzt, wo ich mehr als hundert Soldaten führte, die kaum jünger waren als ich (Abb. 7.5).

In dieser Zeit wuchs auch mein politisches Interesse. Ich hatte schon immer viel gelesen, diskutiert, mich mit politischen FreundInnen und MitstreiterInnen ausgetauscht. Und auch meine vielen Reisen öffneten mir den Blick über den eigenen Tellerrand. Gemeinsam mit ein paar Freunden entschied ich daher, dass wir auch innerhalb der Armee unseren Werten treu bleiben wollten und gründeten das „Darmstädter Signal". Das Ziel war schnell definiert: Wir wollten mehr Aufklärung und Demokratie in die Bundeswehr bringen.

Nur wenig später wurden wir auf eine schwere Probe gestellt. Im NATO-Doppelbeschluss fiel die Entscheidung, US-Atomwaffen in Deutschland zu stationieren, sogenannte Pershing-II-Mittelstreckenraketen, die in Mutlangen deponiert werden sollten. Raketen dieser Art brauchen nur ca. 12 min bis Moskau, sind sie einmal in der Luft, konnten sie damals

Abb. 7.4 Feldforschung zur Medienwirkung: 3 Monate bei Radio Rural in Burkino Faso

nicht mehr gestoppt werden. Dies erschütterte mich zutiefst, denn ich fand Abschreckung durch Einsatzbereitschaft zwar grundsätzlich in Ordnung, positionierte mich aber entschieden gegen jede Art von Angriffskrieg.

Ich beschloss, im Rahmen meiner Möglichkeiten zu handeln. Außerhalb der Bundeswehr engagierte ich mich privat und in zivil in der Friedensbewegung, vorerst jedoch noch ohne sichtbares Engagement nach außen hin und ohne aktiven Protest. Innerhalb der Bundeswehr suchte ich den Austausch zu meinen Kameraden und in Offizierskreisen, erntete für meine

Abb. 7.5 Sprung aus den Wolken: Ausbildung zum Fallschirmjäger bei der Bundeswehr

pazifistischen Ansichten jedoch nur Unverständnis und Missbilligung. Die Aufrüstung schritt voran und gipfelte 1983 in der ultimativen gegenseitigen Bedrohung zwischen uns und der Sowjetunion. Ich hatte schlaflose Nächte und in den wenigen Nächten, in denen ich schlief, Albträume.

Am 10. August 1983 kam dann ein großer Wendepunkt in meinem Leben. Meine erste Tochter Amelie kam auf die Welt. Beim Anblick dieses wunderschönen, friedlichen und schützenswerten kleinen Wesens wurde mir klar, dass ich mein Engagement überdenken musste. Mehr als alles andere wollte ich ihr eine lebenswerte Zukunft hinterlassen (Abb. 7.6).

Aus dem Krankenhaus heraus fuhr ich zum Gasthaus „Engelkeller", wo sich die Tuttlinger Friedensinitiative traf, und schloss mich ihnen verbindlich an. Wenige Tage später überreichte ich im Namen der Initiative dem Bürgermeister eine Erklärung zum „atomwaffenfreien Tuttlingen". Die Presse berichtete – und die Nachricht und mein Foto in der Zeitung verbreiteten sich wie ein Lauffeuer. In der darauffolgenden wöchentlichen Chefbesprechung der Bundeswehr wurde mein Engagement aufs Schärfste verurteilt und nach wochenlangen Vernehmungen später mit einer Disziplinarmaßnahme belegt – ausgesprochen vor allen gleichrangigen und höheren Offizieren. Jahre später sollte das Bundesverwaltungsgericht in

Abb. 7.6 Zauber des Lebens: Geburt von Amelie

Berlin diese Disziplinarmaßnahme als unrechtmäßig verurteilen und mich rehabilitieren. Für mich war klar, dass mein Weg ein anderer war. Am 30. Juni 1987 verließ ich die Bundeswehr. Einen Tag später blockierte ich mit zwei anderen Aktivisten die Tore des Pershing-Lagers in Mutlangen. In diesem Moment wurde ich zum Aktivisten und bin es bis heute geblieben (Abb. 7.7).

Im Rückblick spüre ich auch Dankbarkeit für diese Erfahrungen, denn sie führten mich Schritt für Schritt zu meiner eigentlichen Berufung. Wie ein guter Freund begleitete mich das Filmemachen über all die Jahre, zuerst in der Film-AG in der Schule und während meiner Armeezeit in mehreren Regiekursen im Rahmen meines Studiums und in Regie-Aufträgen in Köln. Ich spürte eine Sinnhaftigkeit und Erfüllung, wenn ich die Realität abbildete und Geschichten über mutige Menschen erzählen konnte. Noch im selben Jahr setzte ich meinen Traum in die Tat um und produzierte für die FEST (Forschungsstätte der Evangelischen Studiengemeinschaft e. V.) meinen ersten Film mit dem Titel „Gemeinsame Sicherheit – das Sicherheitsinteresse des anderen ernst nehmen" unter Leitung von Prof. Dr. Schubert. Damit war der Grundstein für meine Karriere als politischer Filmemacher gelegt.

Abb. 7.7 Im Widerstand: Nadelstich Blockade der US-Pershing-Station Mutlangen

Durch meine Beteiligung in der Friedensbewegung lagen die Themen meiner Filme auf der Hand. So reiste ich 1990 auch in den Irak, um Friedensaktivisten zu porträtieren, die sich als „lebende Schutzschilde" zwischen die amerikanischen und irakischen Truppen stellen wollten. Nie werde ich den Heiligabend 1990 vergessen, an dem wir gemeinsam mit einem australischen Priester, einem kanadischen Aktivisten, einem deutschen Pilger und einem italienischen Bischof mitten in der Wüste in einem Pilgercamp zusammensaßen und das Rattern der amerikanischen Panzer jenseits der Grenze hörten. Ein Bild dieses Heiligeabends hängt bis heute in meinem Büro (Abb. 7.8).

Aus dieser ersten Reise in den Irak entstand der Film „Irak – die Zeit vor dem Krieg", der es in den Weltspiegel schaffte und für meinen Durchbruch sorgte. Danach reiste ich noch zwei weitere Male in den Irak und es entstand eine Trilogie über die damalige Zeit, die bei Spiegel TV und im SWR gesendet wurde. Die Bilder zeigten Geschichten, die sonst niemand sah – und diese Geschichten machten einen Unterschied. Innerhalb von wenigen Monaten machten wir uns einen Namen und galten als Nahost-Experten.

Abb. 7.8 Zwischen den Fronten: Heiligabend im Irak

Wir verstanden uns als Filmemacher, die besonders menschliche Geschichten zeigen wollten. Nach einem Gespräch mit den damaligen AuftraggeberInnen wurde mir jedoch bewusst, dass ich Krieg und Schmerz nicht als Währung für meine eigene Filmkarriere akzeptieren wollte und konnte. Denn es war mir zutiefst zuwider, Geld mit dem Leid anderer Menschen zu verdienen. Auf die Gefahr hin, keine weiteren Aufträge zu erhalten, aber mit der Gewissheit, immerhin unseren Werten treu zu bleiben, trafen wir in unserem kleinen Team einen Entschluss: nicht von Dramen, Katastrophen, Terror und Schrecken sollten unsere Filme handeln, sondern Chancen, Perspektiven, Visionen und gelebte Nachhaltigkeit aufzeigen. So fanden wir nicht nur unseren Beruf, sondern unsere wahre Berufung. Der Change-Moment meines Lebens (Abb. 7.9)!

Ab diesem Zeitpunkt stellten wir dieses Credo nie wieder infrage und begannen u. a. Filme über Solarenergie zu produzieren, die in den frühen 1990er Jahren noch ein absolutes Nischenthema waren. Unseren Film „SolarZEIT92" verkauften wir an die Redaktion der Süddeutsche Zeitung TV, die damit zum ersten Mal Einschaltquoten mit über eine Million ZuschauerInnen erreichte. Offensichtlich trafen wir damit einen Nerv der Gesellschaft (Abb. 7.10).

Die Entscheidung, Visionen und Perspektiven aufzuzeigen und sich damit den üblichen medialen Praktiken entgegenzustellen, hatte auch

Abb. 7.9 Ein starkes Team: Die fechnerMedia Crew

Auswirkungen auf unsere Bildsprache. Es war auf den ersten Blick so viel leichter, den Schrecken dieser Welt in Bildern festzuhalten und allein durch die Inhalte starke Emotionen bei den ZuschauerInnen hervorzurufen. Doch wie zeigt man ein Solarhaus und die damit verbundenen Chancen, um starke positive Reaktionen zu erzeugen? Dies ging nicht allein über den Inhalt, sondern musste in der Form mitgedacht werden. So entwickelten wir eine hochwertige Dokumentarfilmästhetik, mit aufwendigsten Dreharbeiten, stundenlangem Ausleuchten und extravaganten Dollyfahrten. Unser Ziel ist bis heute, dass unsere Bildsprache das Potenzial des Gezeigten verstärkt und uns mit eindrucksvollen, ästhetischen Bildern Visionen aufzeigt, die uns in Erinnerung bleiben.

Ich habe in meinem Leben oft die Erfahrung machen dürfen, dass sich der Weg vor meinen Füßen ebnet, wenn ich dem Ruf meines Herzens folge. Im Jahr 1994 durfte ich dies in seiner tiefsten Form erleben, als ich meine heutige Frau Bettina kennenlernte. Vom ersten Moment an war ich fasziniert von diesem Menschen und bewunderte sie für ihre humanistischen Ansichten, ihren Tiefgang und ihr großes Herz. Ich schätze mich jeden Tag glücklich, dass ich mit dieser Frau mein Leben verbringen kann und aus

Abb. 7.10 In 80 Ländern unterwegs: Die fechnerMedia Filmcrew

unserer Ehe zwei wundervolle Kinder entstanden sind – die heute 21-jährige Tochter Sophie und der 18-jährige Sohn Felix (Abb. 7.11).

Bettina, Therapeutin, Reiki-Meisterin und Mitglied im Vorstand der DGfS (Deutsche Gesellschaft für Systemaufstellungen), ist geprägt von tiefer Spiritualität und ihrer Berufung für ganzheitliches Heilen. Seit 1989 leitet sie eine Praxis für Psychotherapie und Naturheilkunde mit den 3 Säulen: Reiki, Systemaufstellungen und Traumatherapie. Die 28 glücklichen Jahre an ihrer Seite führten mich durch diverse Familienaufstellungen zur Aussöhnung mit meinem Vater und einer grundlegend anderen Wahrnehmung von Medizin und Heilung.

Abb. 7.11   Die Bandbreite des Lebens: Familie Fechner unterwegs

Für fechnerMEDIA ist Bettina eine tragende Säule, mit offenem Ohr für die Belange aller MitarbeiterInnen und für mich ein Fels in der Brandung der alltäglichen Herausforderungen einer selbständigen Filmproduktionsfirma.

In den letzten drei Jahrzehnten produzierten wir mit einer unglaublichen Crew mehr als 60 Fernsehfilme rund um die Themen Nachhaltigkeit und Erneuerbare Energien. Man kann sagen, wir revolutionierten das Geschichtenerzählen mit unserem konstruktiven Ansatz. So entstanden in den 90er Jahren mehr als 50 Fernsehfilme für öffentlich-rechtliche Sender im In- und Ausland sowie für das Privatfernsehen.

Die Geschichte wäre nicht vollständig, wenn ich nicht auch erwähnen würde, dass dies keineswegs so leicht war, wie es im Rückblick klingt. Nur selten waren ausreichende Budgets vorhanden, um solch hochwertige Dokumentarfilme für das Fernsehen zu produzieren. Mein Team und ich kämpfen bis heute darum, auch monetäre Wertschätzung für unsere Arbeit zu erhalten. Wir spürten, dass wir freier sein wollten, wir wollten mehr Menschen mit unseren Bildern erreichen, wir wollten die Kraft des Films in seinem ganzen Potenzial ausschöpfen.

Tiefgreifender Wandel trat oft in Form anderer Menschen in mein Leben: durch meine Tochter Amelie, meine MitstreiterInnen in der Friedensbewegung, einem unempathischen Redakteur und im Jahr 2005 durch einen denkwürdigen Anruf. Ich war schon einige Jahre mit Dr. Hermann Scheer befreundet, einem beliebten SPD-Politiker, der die Umwelt- und Energiepolitik Deutschlands entscheidend mitgestaltete. Am zweiten Weihnachtstag erhielt ich also besagten Anruf von ihm, denn das war die einzige

Zeit, in der er nicht arbeiten konnte, da alle anderen Menschen ihre Telefone während der Feiertage ausschalteten. Doch ich hob ab und freue mich bis heute darüber. Stundenlang tauschten wir uns über sein neues Buch „Energieautonomie" aus. Als ich auflegte, war mir klar, dass gerade die Idee für meinen ersten Kinofilm geboren wurde. Diese Erkenntnis wurde zum Katalysator meiner weiteren Karriere und gab mir den entscheidenden Rückenwind, um diesen Traum in die Tat umzusetzen (Abb. 7.12 und 7.13).

Und die kommenden Jahre fühlten sich tatsächlich wie ein Traum an. Es galt ein echtes Kinobudget aufzutreiben, 1,3 Mio. €, um dieses Projekt unabhängig durch Crowdfunding und diesmal ohne Sender im Rücken zu realisieren. Wir waren frei – und vogelfrei, und sind es mit unseren Kinoproduktionen bis heute geblieben. Die Resonanz einzelner Personen, Initiativen und Unternehmen war enorm. Innerhalb von drei Jahren hatten wir das gesamte Budget zusammen, Drehorte und spannende ProtagonistInnen auf vier verschiedenen Kontinenten ausfindig gemacht und die Crew zusammengestellt. Unser Film „DIE 4. REVOLUTION – Energy Autonomy" wurde zum meistgesehenen Kino-Dokumentarfilm des Jahres 2010, in 29 Sprachen übersetzt und in 34 Ländern im Kino, auf Festivals, im Fernsehen und bei engagierten Institutionen gezeigt. Noch heute wird der Film bei uns angefragt und in der Bildung eingesetzt.

Abb. 7.12 Brüder im Geiste: Carl-A. Fechner mit Hermann Scheer

Abb. 7.13 Am Set: Power to Change

Auf diesem Höhepunkt meiner Karriere hätte ich aufhören können. Es schien, als würden die Erneuerbaren Energien endlich ins Rollen kommen und unser gemeinsames Ziel von einer vollständigen Umstellung der Welt auf regenerative Energien in greifbare Nähe rücken. Doch wir machten die Rechnung ohne den enormen Gegenwind der fossilen Energie-Unternehmen und der gewaltigen Lobby einzuplanen. Für viele meiner MitstreiterInnen war das ein ernüchternder Moment, der ihr weiteres Engagement infrage stellte. Doch wenn ich eins gelernt habe, dann ist es, niemals aufzugeben (zumal ich auch ziemlich schlecht verlieren kann). Mein Wille wurde verstärkt durch eine Begegnung mit Edwin Kraus auf der InterSolarMesse 2011, der mich beschwor, einen weiteren großen Kinofilm zu diesem Thema zu machen.

2016 kam schließlich der von weit über hundert Menschen und entscheidend von Dorothea Sick-Thies finanzierte Film POWER TO CHANGE in die Kinos, und wieder wurden wir von unserem eigenen Erfolg überrannt. Allein in 450 Städten in Deutschland schlossen sich Menschen in Eventgruppen zusammen, um diesen Film in ihre örtlichen Kinos zu bringen. Sie organisierten eigene Screening-Veranstaltungen und ich besuchte über 100 Events dieser Art auf meiner Kinotour mit einem eigens angemieteten Tesla. Welch ein fantastisches Gefühl, den Menschen Bilder für ihre visionären Gedanken zu schenken und uns gemeinsam mit

Abb. 7.14 Engagiert und beseelt: Carl-A. Fechner auf Kinotour

dieser Welle aus Euphorie, Zuversicht und Zukunftslust zu bestärken in unserem alltäglichen Engagement! Diese direkten Begegnungen mit ZuschauerInnen in der ganzen Welt zählen für mich bis heute zu den Highlights meiner Arbeit (Abb. 7.14 und 7.15).

2014 hatte sich die Unternehmerin und Aktivistin Dorothea Sick-Thies an uns gewandt. Mit ihr verbindet mich bis heute eine tiefe Freundschaft. Unsere beiden Herzen schlagen für die Themen Nachhaltigkeit und Erneuerbare Energien. In langen Gesprächen und gemeinsamen Umweltaktionen lernten wir uns weiter kennen. Als sie 2018 mit ihren beiden Töchtern die Stiftung **Protect The Planet** gründete, wurde ich zu ihrem Berater ernannt und bin es bis heute. Jahre vorher hatten wir unseren Dritten im Bunde, Markus Gohr, als ihren persönlichen Referenten ins Team geholt. Gemeinsam unterstützen wir politische Aktionen, Umwelt-NGOs, erneuerbare Energien-Vorhaben, progressive Universitäten, Widerstands-Camps wie in Lützerath und internationale juristische Bemühungen um mehr Klimaschutz wie den People's Climate Case und das erfolgreiche Umweltverfahren vor dem Bundesverfassungsgericht zusammen mit der Anwältin Rhoda Verheyen (Abb. 7.16).

Dorothea ist zudem eine große Cineastin, was unsere Zusammenarbeit noch auf eine weitere Stufe hebt. Aktuell erarbeiten Dorothea, unsere Koproduzenten Silver Reel, mehrere begabte AutorInnen und ich unser erstes gemeinsames Drehbuch für einen Spielfilm mit dem Arbeitstitel „JULIA – Der Kampf um die Erde", der auf einer grandiosen Idee von Dorothea basiert. Dies wäre nicht unsere erste Zusammenarbeit bei einem Film. Als Donald Trump 2017 zum Präsidenten der Vereinigten

Abb. 7.15 Premierenrausch: Power to Change

Abb. 7.16 Das starke Trio: Mit Dorothea Sick-Thies und Markus Gohr

Staaten von Amerika gewählt wurde, stockte uns der Atem. Wir wussten, wenn ein Land wie die USA nicht mitziehen beim Klimaschutz, steht die Existenz von Millionen von Menschen auf dem Spiel. Als Trump wenige Tage nach Amtsantritt aus dem Pariser Klimaabkommen austrat, fällten wir eine Entscheidung: Wir mussten die Geschichten all der wunderbaren KämpferInnen für die Erneuerbaren Energien auch in die amerikanische Zivilgesellschaft tragen. Ich bin Dorothea bis heute dankbar, dass sie es ermöglichte, dass wir eine amerikanische Fassung von POWER TO CHANGE mit zusätzlichen amerikanischen AktivistInnen drehen konnten. Der Film CLIMATE WARRIORS wurde 2018 veröffentlicht und, initiiert von der Heinrich-Böll-Stiftung, u. a. auch an zahlreichen Universitäten in den USA gezeigt.

Ich erachte den Zugang zu erneuerbarer und bezahlbarer Energie als Grundlage zur Erreichung vieler weiterer Nachhaltigkeitsziele wie hochwertige Bildung, nachhaltige Städte und weniger Ungleichheiten. Und auch dort liegt noch eine ganze Menge Arbeit vor uns, die meine Crew und ich mit unseren Werken begleiten und zivilgesellschaftliches Engagement dadurch weiter verstärken wollen.

Als Ende 2018 in unseren Netzwerken die Geschichte über ein junges schwedisches Mädchen kursierte, das nicht mehr zur Schule ging, um stattdessen für besseren Klimaschutz zu streiken, waren wir unter den ersten JournalistInnen, die mit ihrem Vater telefonierten. Kurzerhand beschlossen wir, uns dieses Momentum aus nächster Nähe anzusehen, und meine damals 24-jährige Co-Regisseurin Johanna Jaurich reiste mit dem Zug nach Stockholm. Als sie zurückkam und wir uns austauschten, war die Idee zu unserem nächsten und unserem ersten gemeinsamen Kinowerk geboren. Wir wollten der immer größer werdenden Jugendumweltbewegung ein Denkmal setzen und einen weltweiten Kinofilm zu FridaysforFuture produzieren. Gesagt, getan – und eine neue Crowdfinancing-Etappe begann.

Dann kam das Jahr 2020, und während wir mitten in den Recherchen und der Finanzierung des Projektes steckten, hielt aus dem Nichts das Management der Corona-Pandemie die Welt an. Auf einmal war gänzlich unklar, wann wir international drehen könnten und was nun mit den Protesten der jungen Generation passieren würde. Neben aller Unklarheit lag auch der Duft von Neubeginn in der Luft, doch wir brauchten Reflexionszeit innerhalb der Crew, um neue Visionen zu entwickeln. Wenig später mieteten wir eine kleine Pension in der sächsischen Schweiz mit Blick auf das Elbsandsteingebirge und die Elbe. Dort entstand die Idee zu THE STORY OF A NEW WORLD, unserem bisher größten und ganz besonderen Filmprojekt. Im vermutlich letzten Abschnitt meiner

Karriere darf ich hier noch einmal etwas völlig Neues wagen. In einem einzigartigen erzählerischen Ansatz verbinden wir Dokumentar- und Spielfilmelemente mit einer weltweiten Impact Kampagne in 50 Ländern. Im dokumentarischen Teil wollen wir visionäre, bedeutsame Stellschrauben für die dringende sozial-ökologische Transformation zeigen: Welche Lösungen existieren weltweit bereits für die großen Probleme unserer Zeit und wer sind die Menschen, die sie umsetzen? Der Spielfilmteil vermittelt mit prominenten SchauspielerInnen den dafür notwendigen inneren Bewusstseinswandel und entscheidende Zukunftskompetenzen. Ich erachte es als großes Geschenk, dass wir dieses Projekt mit unserer Freundin und Spielfilm-Koproduzentin Claudia Blümhuber von Silver Reel und ihrem außergewöhnlich starken Team realisieren dürfen.

Für mich war und ist es von großer Bedeutung, dass wir zeigen, dass ein nachhaltiges Leben mit Glück in Verbindung steht. Allzu oft reden wir über Verzicht und Verlust, wenn es um Nachhaltigkeit geht – und verkennen dabei, dass unsere Zukunft schöner, friedlicher, gerechter und lebendiger werden kann, wenn Nachhaltigkeit auf allen Ebenen integriert wird. Ich könnte mir keinen schöneren 4. Akt in meiner beruflichen Karriere vorstellen, als diese Botschaft mit einem großen Kinofilm in 50 Ländern dieser Erde zu verbreiten.

Nachhaltigkeit bestimmt nicht nur die Themenwahl unserer Filme, sondern spielt auch in unserem Unternehmen selbst eine zentrale Rolle und zieht sich darüber hinaus auch durch mein gesamtes persönliches Leben. Dabei war und ist mir immer wichtig, erfahrbar zu machen, dass Visionen sinnstiftend und glückbringend sein können. Ich freue mich daher, Sie auf den nächsten Seiten mit auf eine visionäre Reise zu den 17 UN-Nachhaltigkeitszielen zu nehmen. Es könnte sein, dass Sie danach anders auf die Welt blicken. Doch bevor es losgeht, lassen Sie uns noch ein paar persönliche Erfahrungsberichte in unsere Koffer packen, die uns als Kompass dienen können.

7.2 Statement zum Thema nachhaltig Unternehmen führen und/oder nachhaltig leben

fechnerMEDIA: Gelebte Nachhaltigkeit und nachhaltig leben
Mehr als alles andere bedeutet ein nachhaltiges Unternehmen zu führen für mich, zuallererst einmal eine bewusste Entscheidung für Nachhaltigkeit zu treffen. Denn das Schöne an einer einmal getroffenen, klaren, inneren

Entscheidung ist, dass sich alle anderen Dinge daran ausrichten können. Wir entschieden uns 1989 mit der Gründung der fechnerMEDIA GmbH für nachhaltiges Unternehmertum auf allen Ebenen. Seitdem ist kein Tag vergangen, an dem wir nicht kontinuierlich als Team an diesem Prozess arbeiten. Unsere Werte sowie Überzeugungen und unser Pioniergeist sind dabei die Leitplanken unseres Handelns. Denn eins ist klar: Nachhaltigkeit ist kein in der fernen Zukunft zu erreichendes Ziel, sondern ein Prozess, ein Ausprobieren, ein Experimentieren und stetiges Lernen von- und miteinander.

Der Begriff „Nachhaltigkeit" ist in meinen Augen jedoch mittlerweile zu allgemein geworden. Es geht um ein anderes Format des Wirtschaftens, einen ganzheitlichen Masterplan ökologisch ausgerichteten Wirtschaftens – einen „ökologischen Marshallplan".

Ins Tägliche umgesetzt heißt das auch, bestimmte Dinge zu verstärken und andere sein zu lassen – und das konsequent. Also zum Beispiel nicht mehr im Inland und innerhalb von Europa zu fliegen. Dies ermöglichte uns wunderschöne Zugreisen nach Stockholm, Wien, Lissabon, Brüssel, Zürich, …

Kleinere Drehreisen für Imagefilmprojekte für nachhaltige Unternehmen realisieren wir derzeit noch in meinem privaten Elektrofahrzeug. Nun ist ein E-Fahrzeug nicht allzu groß, wenn man Stative, Leuchten, Kamera, Objektive und eine dreiköpfige Crew unterbringen will. Doch momentan haben wir leider noch kein größeres Elektrofahrzeug finden können, dessen Akkukapazität mit realistischen Drehplänen vereinbar wäre. Das führt teilweise zu den wildesten Situationen auf Drehs und immer wieder für Begeisterung und Staunen bei unseren KundInnen.

Technisch arbeiten wir mit energiesparenden Lampen, konsequent ohne Dieselgeneratoren am Set und wann immer möglich, wird repariert, statt neu gekauft. Unsere Schnitt- und Büroräume betreiben wir vollständig mit Ökostrom. Aktuell sprechen wir mit den VermieterInnen unserer Firmenräume über eine eigene Solaranlage auf dem Dach, sowie eine Wallbox an der Außenwand zum Laden von Elektrofahrzeugen. Als Nächstes steht dann das Thema Wärme auf der Agenda.

Bei Auftragsproduktionen raten wir unseren KundInnen zudem immer zu einem CO_2-Ausgleich der nicht-vermeidbaren Emissionen der Projekte. Die Emissionen werden von uns in Zusammenarbeit mit dem KlimAktiv Rechner der Medien- und Filmgesellschaft Baden-Württemberg berechnet und dann in entsprechender Höhe ausgeglichen. Um möglichst viele Emissionen zu vermeiden, hat unsere Branche sogenannte „Green Shooting"-Richtlinien eingeführt. Dies sind 21 Kriterien, die das Filmemachen in Einklang mit Nachhaltigkeit bringen sollen. Es ist ein bestärkendes Gefühl, in diesen Kriterienkatalog zu blicken und festzustellen, dass wir nach diesen Grundsätzen bereits seit mehr als 30 Jahren arbeiten. Das war und ist nicht immer leicht und das ist teilweise auch finanziell eine Herausforderung. Doch die Freiheit, als Geschäftsführer gemeinsam mit meiner Crew Entscheidungen zu treffen, die im Einklang mit unseren Werten stehen, ist unbezahlbar.

Unser nächstes Etappenziel ist es bis Ende 2023 ein offiziell klimaneutrales Unternehmen zu werden. Dabei geht es zuallererst einmal darum, die momentanen Reduktionsmöglichkeiten auszuschöpfen und dies mit externen BeraterInnen und ExpertInnen eingehend zu prüfen. Die nicht vermeidbaren Emissionen werden schließlich mit zertifizierten Klimaschutzprojekten ausgeglichen. Diese kontinuierliche Weiterentwicklung wird vor allem von den KollegInnen vorangetrieben. So macht unsere Herstellungsleiterin Gabi Di Stefano aktuell eine weiterführende Green Consultant Ausbildung und unsere Producerin Sarah Süß setzt sich mit Leidenschaft für die Ernennung zum offiziell zertifizierten, klimaneutralen Unternehmen ein.

Das ist auch der zentrale Antrieb hinter all unseren Bemühungen: Nachhaltiges Unternehmertum wird von den Menschen des Unternehmens gestaltet. Wir möchten Teil der Lösung sein und mit unserer Arbeit andere Menschen dazu einladen, sich anzuschließen. Der Slogan von fechnerMEDIA ist es „VorBilder für nachhaltiges Handeln" zu zeigen – und dabei selbst Vorbild zu sein. So ernähren sich unsere KollegInnen überwiegend vegetarisch und vegan, leben im Plusenergiehaus (so wie ich) oder in einer Öko-Community (wie unsere Networking-Kollegin Miriam Schröer und unsere Regisseurin Johanna Jaurich), kaufen ihre Lebensmittel in Unverpackt-Läden (wie unsere RegisseurInnen Nadja Varsani und Patrick Fait) oder fahren mit dem Fahrrad zur Arbeit (Abb. 7.17).

Nachhaltigkeit ist für uns alle ein Thema, das uns auch in unserem persönlichen Leben berührt – und mit Glück erfüllt. Ich persönlich fühle mich viel wohler und gesünder, seit ich kein Fleisch mehr esse. Die Fahrten mit meinem Elektroauto sind ein absoluter Genuss und für mich jedes Mal ein Highlight, selbst wenn ich eine Stunde länger bis zu einer Aktion nach Lützerath brauche. Ich fühle mich als Teil einer großen Bewegung und dieses Zugehörigkeitsgefühl ist ein großes Geschenk.

Einer unserer Grundsätze und für mich Bestandteil sozialer Nachhaltigkeit ist außerdem, dass Menschen dann am besten arbeiten können, wenn sie glücklich sind. So gaben wir noch vor der Corona-Pandemie unseren MitarbeiterInnen die Freiheit dort zu leben, wo sie lieben. Dies führte dazu, dass wir mittlerweile in den Check-In Runden unserer Teammeetings in glückliche Gesichter aus Essen, Dresden, Estland, München, Tuttlingen und manchmal sogar aus Coworking-Spaces in Portugal blicken.

Abb. 7.17 Plusenergiehaus: Von der Einfachheit des Machbaren

Darüber hinaus habe ich es mir zur besonderen Aufgabe gemacht, junge, vor allem weibliche Kolleginnen in Führungspositionen auszubilden. Gerade in meiner Branche ist das leider (noch) keine Selbstverständlichkeit, sodass es mich mit Stolz erfüllt, dass wir bei fechnerMEDIA eine ungewöhnlich hohe Frauenquote in führenden Funktionen haben.

Als Unternehmer*in hat man Einfluss auf das Geschehen in dieser Welt und in dem Sinne auch eine Verantwortung. Über diesen Einfluss sollte man sich mit der Crew einig sein, denn so können alle an einem Strang ziehen. Ich schätze mich sehr glücklich, Tag für Tag an der Seite so engagierter, leidenschaftlicher und wert(e)voller Menschen arbeiten und leben zu können.

7.3 Statement zu ausgewählten SDGs

Inzwischen kennen Sie meine Leidenschaft für konstruktive Geschichten und gute Vorbilder. Daher möchte ich meine Gedanken zu den einzelnen UN-Nachhaltigkeitszielen mit konkreten und bereits heute existierenden Best-Practice-Beispielen, sowie wenn immer möglich mit einem Filmtipp ergänzen. Denn ich glaube, dass wir Leuchttürme und Leitbilder brauchen, um eine nachhaltige, gerechte und glücklichere Zukunft zu schaffen. Es ist mir eine besondere Freude, Sie bei jedem der 17 Ziele mit auf eine utopische Reise zu nehmen und gemeinsam mit Ihnen am Horizont neue Ideen auftauchen zu lassen. Vorhang auf!

7.3.1 SDG 1 – Keine Armut

Dieses Ziel steht nicht umsonst an erster Stelle. Welch ein Irrsinn, dass auf einem Planeten, der so voller Fülle, Reichtum und Lebendigkeit ist, Menschen noch immer in Armut leben müssen. Auf meinen vielen Drehreisen und bei Begegnungen mit Menschen in ärmeren Teilen dieser Welt habe ich immer wieder festgestellt, wie entwürdigend ein Leben in Armut ist. Wie sollen Menschen an einer nachhaltigen und lebenswerten Zukunft partizipieren, wenn noch nicht einmal die eigenen Grundbedürfnisse gesichert sind?

Das Schlimmste daran ist, dass heutzutage kein Mensch dieser Welt arm sein müsste – und trotzdem ist immer noch etwa jeder zehnte Mensch auf dieser Welt davon betroffen (das heißt, er oder sie muss mit weniger als 2 US$ am Tag leben). Der Grund dafür liegt in unserem auf Wachstum und Gewinn orientierten Wirtschaftssystem und der ausbeuterischen Haltung der Natur und unseren Mitmenschen gegenüber, die damit einher geht. In einer globalisierten Welt sind es oftmals Länder des globalen Südens, in denen Menschen zu Billigpreisen in einsturzgefährdeten Fabriken T-Shirts nähen oder auf riesigen Müllkippen Elektronikschrott aus Europa sortieren müssen. Das empfinde ich als zutiefst ungerecht. Unser derzeitiges weltweites Wirtschaftssystem ist unnachhaltig, ungerecht, instabil und macht unglücklich. Das wird gerade auch im Zuge des Umgangs mit der Corona-Pandemie immer deutlicher, durch den zusätzlich mehr als 31 Mio. Menschen zurück in die Armut gestoßen wurden.[1]

Wir hier im globalen Norden sind es, die die ausbeuterische Maschinerie zu unseren Gunsten am Laufen halten – also sind wir auch diejenigen, die Änderungen herbeiführen müssen. Und schon heute existieren Projekte, Initiativen und Ansätze, die Hoffnung und Mut machen! Ein besonderer Ansatz ist beispielsweise die Einführung eines bedingungslosen Grundeinkommens, auch „Universal Basic Income" genannt. In vielen Ländern

---

[1] Gates, Bill and Melinda (2021): https://www.gatesfoundation.org/goalkeepers/report/2021-report/#WhatTheDataShows (Zugriffsdatum: 26.05.2022).

laufen hierzu Experimente und Studien. In Spanien erhielten 1000 Hausfrauen aus Barcelona im Jahr 2017 ein Grundeinkommen. Erste Studien zeigen, dass sich ihre Lebenszufriedenheit und psychische Gesundheit seitdem stetig verbesserten. Diese Idee ist keineswegs neu: Schon 1969 veröffentlichte eine Kommission in den USA die Ergebnisse eines zweijährigen Tests zum garantierten Mindesteinkommen. Zur Überraschung vieler Kritiker stellte sich heraus, dass der Antrieb, sich eine Arbeit zu suchen, bei Menschen nicht weniger wurde, auch wenn sie ein bedingungsloses Grundeinkommen erhielten. Auch in Uganda, Kenia, Indien und Kanada wurde damit experimentiert, die Mongolei geht derzeit erste Schritte bei der Einführung eines eigenen Pilotprojektes.

Meine Utopie:
Wir leben in einer Zukunft, in der es uns gelungen sein wird, die weltweite Armut zu überwinden, sodass alle Menschen ein selbstbestimmtes, glückliches, entspanntes und gebildetes Leben führen können. Wir nutzen unsere kreative Energie, um zum Wohle anderer und dem Schutz des Planeten beizutragen, gedeihen in einer lebendigen, natürlichen, sicheren und renaturierten Umgebung, denn wir lernen zurückzugeben, wenn wir nehmen. Menschen haben den Raum neue Erfahrungen zu machen. Auch die Schere zwischen arm und reich ist nur noch ein Begriff vergangener Tage, wenn eine weltweite Umverteilung von unverhältnismäßigem Reichtum hin zu ärmeren Teilen der Bevölkerung stattgefunden hat. Wir schöpfen in solch einer Zukunft aus Gemeinschaft, Kollaboration und Kreativität unser Glück, statt aus einem vollen Bankkonto. Eine Welt ohne Armut ist für mich auch eine Welt der bestärkten Zivilgesellschaft.

> **Mein Filmtipp:** WEIL ICH LÄNGER LEBE ALS DU (Regie: Henriette Bornkamm und Carl-A. Fechner)

7.3.2 SDG 2 – Kein Hunger

Eine der bedrückendsten Begegnungen mit Hunger in meinem Leben war, als mich die 15-jährige Fadosa bei einem Dreh zum Film WEIL ICH LÄNGER LEBE ALS DU mit in ihre Welt nahm: Und damit mitten hinein in einen Slum in Nairobi. Trotz ihres jungen Alters hatte Fadosa bereits mehr gesehen und erlebt, als man einer Menschenseele zumuten sollte. Sie sagte, die schlimmsten Erfahrungen waren die, in denen sie Hunger litt. Ich habe noch immer ihren Satz im Ohr „Wenn du Hunger hast, machst du alles…" – ihr Blick dabei und die ohrenbetäubende Stille danach lassen mich auch heute noch erschaudern.

Weltweit hungern circa 811 Mio. Menschen[2]. Durch die Klimakatastrophe mit steigender Tendenz – eine ungeheure, wenngleich ungreifbare Zahl, hinter der jedoch 811 Mio. einzelne Menschen stehen.

Wie konnte es so weit kommen? Der UN-Sonderberichterstatter Michael Fakhri sagt hierzu treffend: „Das globale Handelssystem wurde nicht darauf zugeschnitten, die Ernährungsbedürfnisse der Menschen zu befriedigen, sondern um wenige Lebensmittel auf offenen Märkten als Handelsware vertreiben zu können. Besonders einzelne große Lieferantenländer profitieren von unserem Handelsregime. Dessen Regeln müssen sich ändern, weil sie Länder abhängig machen, lokale Märkte und Produkte behindern."[3]

Kein Mensch dieser Welt sollte Hunger leiden müssen. Auch wenn im Jahr 2050 etwa 10 Mrd. Menschen diesen Planeten bevölkern werden, könnten sie alle ausreichend mit Lebensmitteln versorgt werden und ihre Grundbedürfnisse decken. Denn es ist vor allem eine Frage der Umverteilung: Während im globalen Norden ein Drittel unserer genießbaren Lebensmittel vernichtet werden, können sich aufgrund der schon heute spürbaren Auswirkungen des Klimawandels immer weniger Menschen im globalen Süden ausreichend ernähren.

Doch das geht auch anders! Zum Beispiel in Frankreich, dem ersten Land der Welt, das Lebensmittelverschwendung unter Strafe gestellt hat und 2016 ein Gesetz erließ, das Supermärkten die Entsorgung genießbarer Lebensmittel verbietet. Stattdessen werden sie an örtliche Tafeln oder gemeinnützige Organisationen gespendet. Tschechien und Italien haben nachgezogen – während es in Deutschland übrigens immer noch unter Strafe gestellt ist, zu „containern" (also genießbare Lebensmittel aus Mülltonnen wieder herauszufischen).

Regenerative Landwirtschaft, die die Böden auch auf lange Sicht ertragreich hält und zudem die Biodiversität schützt, sind ebenfalls ein entscheidender Hebel, um für weltweite Ernährungssicherheit zu sorgen. Dazu kommt, dass allein in der Europäischen Union 60 % des Getreides als Futter für Tiere verwendet wird[4] – Tiere, die wir hochzüchten, um sie dann zu essen. Dabei würde schon eine Reduktion unseres Fleischkonsums um 10 %

---

[2] The Sustainable Development Goals Report 2021, S. 28 https://unstats.un.org/sdgs/report/2021/The-Sustainable-Development-Goals-Report-2021.pdf
[3] Grefe, C.: „Das globale Handelssystem befriedigt nicht die Ernährungsbedürfnisse" vom 02.04.2022: https://www.zeit.de/kultur/2022-04/welthunger-ernaehrung-handel-politik-michael-fakhri.
[4] Europäische Kommission: https://ec.europa.eu/info/food-farming-fisheries/plants-and-plant-products/plant-products/cereals_de (Zugriffsdatum: 26.05.2022).

dafür sorgen, dass wir 16 Mio. Tonnen Getreide mehr für unsere eigene Ernährung zur Verfügung hätten.[5] In Anbetracht dessen, dass wir hier in Deutschland fast doppelt so viel Fleisch essen, wie von der Deutschen Gesellschaft für Ernährung überhaupt empfohlen ist, wäre dies in jeder Hinsicht eine Win-win-Situation.

Meine Utopie:
Wenn ich bei selbstgekochtem Essen aus frischen Lebensmitteln meines örtlichen Bio-Bauerns mit meiner Familie am Tisch sitze, dann träume ich von einer Welt, in der alle Menschen Zugang zu gesunden, natürlichen Lebensmitteln haben und selbstbestimmt für ihre Ernährung sorgen können. Und habe die Vision von einem inneren Aufstand in unserer Gesellschaft mit dem Ziel, eine ökologisch und gerechtigkeitsorientierte Neuausrichtung von Politik, Gesellschaft und Wirtschaft zu schaffen: Lokal, regional, national und international.

> **Mein Filmtipp:** WIE WIRD DIE STADT SATT (Regie: Irja Martens)

7.3.3 SDG 3 – Gesundheit und Wohlergehen

Ich bin 68 Jahre alt und gesund und kann mich nicht erinnern, wann ich das letzte Mal so richtig krank war. Das ist neben guten Genen wohl vor allem auch meiner „Life-life-Balance" zu verdanken: Seit 15 Jahren ernähre ich mich vegetarisch, treibe zweimal in der Woche Sport, arbeite viel und sinnerfüllt, kümmere mich auch um meine seelische Gesundheit (mit abendlichen Dankbarkeitsritualen beispielsweise) und versuche viel an der frischen Luft zu sein. Für mich sind dies Selbstverständlichkeiten – zu meinem großen Bedauern jedoch noch nicht für alle Menschen dieser Welt.

Auch wenn heute mehr Menschen gesünder leben als noch im letzten Jahrzehnt, sterben noch immer zu viele an vermeidbaren Krankheiten, Extremwetterereignissen und anderen Klimawandelfolgen. Weltweit ist beispielsweise einer von fünf Todesfällen auf die Luftverschmutzung durch Kohle, Benzin und Diesel (sogenannten Feinstaub) zurückzuführen[6].

---

[5] Theile, M. (27.03.2022): „Mehr als nur Luxus", https://www.zeit.de/2022/13/lebensmittelkrise-ukraine-getreide-afrika.

[6] Burrows, L. „Deaths from fossil fuel emissions higher than previously thought" vom 09.02.2021, https://www.seas.harvard.edu/news/2021/02/deaths-fossil-fuel-emissions-higher-previously-thought (Zugriffsdatum: 26.05.2022).

Im Jahr 2018 starben mehr als 8 Mio. Menschen an Krankheiten, die durch das Verbrennen fossiler Energieträger auftreten, insbesondere in China, Indien und Madagaskar[7]. Auch extreme Wetterereignisse und verunreinigtes Wasser bringen immer mehr Menschen in tödliche Gefahr. Zwischen 1970 und 2019 sind zwei Millionen Menschen durch Extremwetter ums Leben gekommen, eine weitere Million durch verseuchtes Wasser[8]. Und auch hier wird die große Ungerechtigkeit sichtbar, denn 90 % der Todesopfer lebten in sogenannten Entwicklungsländern[9].

Bei der Umsetzung der UN-Nachhaltigkeitsziele geht es im wahrsten Sinne um Leben und Tod. Kein Mensch sollte frühzeitig sterben müssen, weil wir ein System aufrechterhalten wollen, das lebensfeindlich und der Mehrheit der Weltbevölkerung nicht dienlich ist. Um Krankheiten und Unwohlsein weltweit zu überwinden, braucht es nachhaltige Bemühungen, die sich auf bisher vernachlässigte Bevölkerungsgruppen und Regionen konzentrieren. Beispielsweise durch eine flächendeckende Gesundheitsversorgung und die Verringerung von Ungleichheiten. Zwischen den Ländern mit der längsten und der kürzesten durchschnittlichen Lebenserwartung klafft eine Lücke von unfassbaren 33 Jahren[10].

Wir brauchen geschlechtsspezifische, multisektorale und rechtebasierte Ansätze, um weltweite Ungleichheiten zu überwinden und das dritte Nachhaltigkeitsziel zu erreichen. Ein Weg dorthin führt beispielsweise über den Einsatz erneuerbarer Energien in der Gesundheitsversorgung, sodass Medikamente gekühlt werden können und Menschen in Krankenhäusern zuverlässig versorgt werden.

Meine Utopie:
Ich möchte erleben, dass wir es geschafft haben werden, eine gute Gesundheitsversorgung für alle Menschen sicherzustellen, Sport in unseren Alltag zu integrieren, was schon beim täglichen Radfahren zur Arbeitsstelle beginnt, wir uns und unsere Kinder mit gesunden, frischen und pflanzlichen Lebensmitteln ernähren und uns völlig selbstverständlich auch um unsere psychische Gesundheit kümmern, um uns nicht von uns selbst zu entfremden. An dieser Zukunft arbeite ich schon jetzt in der Gegenwart.

---

[7] Ebd.
[8] Krause, S. „Eine Million Tote durch verschmutztes Trinkwasser" vom 22.03.2017, https://www.deutschlandfunk.de/weltwassertag-eine-million-tote-durch-verschmutztes-100.html (Zugriffsdatum: 26.05.2022).
[9] Siehe https://www.tagesschau.de/ausland/europa/klimawandel-extremwetter-101.html (Zugriffsdatum: 26.05.2022).
[10] Siehe https://www.worlddata.info/life-expectancy.php (Zugriffsdatum: 13.05.2022).

7.3.4 SDG 4 – Hochwertige Bildung

Als Diplompädagoge erachte ich hochwertige Bildung als Voraussetzung zum Erreichen vieler anderer UN-Nachhaltigkeitsziele. Denn eine gute Schul- und kontinuierliche Erwachsenenbildung gibt uns wichtige Werkzeuge in die Hand, die wir in dieser Übergangszeit dringend brauchen. Eine gereifte Persönlichkeitsentwicklung befähigt uns dazu, Widerstand in einem zerstörerischen System zu leisten, den alltäglichen Verführungen zum Konsum zu widerstehen sowie innovative Lösungen für die Anpassungen an den Klimawandel zu entwickeln.

Dabei braucht es auch eine Revolution des derzeitigen Schulsystems, das zu stark auf kognitiven Inhalten basiert, jedoch die daraus entstehenden Frustrationen übersieht, wenn Kinder nicht als Gesamtwesen wahrgenommen werden. Wir brauchen ein Bildungssystem, das ihnen ermöglicht Neugier auszuleben, statt sie zu begraben und sich selbst in aller Vielfalt zu spüren, statt in ein enges Korsett aus Erwartungen und Bewertungen gesteckt zu werden. Denn der Mensch besteht nicht nur aus rationalem Verstand, sondern auch aus Gefühlen, Sehnsüchten und Leidenschaften. Was würden wohl für Menschen heranwachsen, die in ihrer Einzigartigkeit nicht nur geschätzt, sondern auch gefördert werden würden? Und das nicht nur in Deutschland, sondern weltweit.

264 Mio. Kinder auf dieser Erde können nicht zur Schule gehen.[11] Weil sie auf den Feldern ihrer Familie mit anpacken müssen, Elektronikteile aus europäischem Schrott auf Müllhalden zusammenklauben oder barfuß durch giftige Chemikalien waten, um Jeanshosen herzustellen. Werden Kinder in arme Familien hineingeboren, ist das Risiko nicht eingeschult zu werden achtmal höher, als wenn sie in reichen Familien zur Welt kommen.[12] Auch das Geschlecht der Kinder sowie der Wohnort in städtischer bzw. ländlicher Lage spielen hier eine Rolle. Das ist die traurige Realität, die sich hinter dem Begriff Chancenungleichheit verbirgt.

Doch das muss nicht so bleiben. Mein Sohn Felix besucht beispielsweise eine Schule, die Christliche Schule im Hegau, die mitgegründet und voller Herzblut geleitet von Sieglinde Unger einem selbstbestimmten Modell folgt, das hoffentlich auch in anderen Teilen dieser Welt weite Kreise ziehen könnte. In einer integrativen Gesamtschule lernen die SchülerInnen

---

[11] Siehe Global Education Monitoring Report 2017/18. Accountability in education: Meeting our commitments. Summary, S. 31: https://www.unesco.de/sites/default/files/2018-01/UNESCO_Weltbildungsbericht_2017-2018_FINAL_01.pdf (Zugriffsdatum: 26.05.2022).

[12] Ebd., S. 37.

in altersübergreifenden Lernlandschaften von- und miteinander. Statt Frontalunterricht zu halten, befindet sich ein*e Lehrer*in im Raum und leistet bei Problemen oder Fragen Hilfe zur Selbsthilfe. Auf diese Weise werden eigenverantwortliche junge Erwachsene ausgebildet, die sich den Herausforderungen unserer Zeit mit Mut, Kreativität und mithilfe von interdisziplinärer Kollaboration stellen werden. Weitere besondere Schulen und Ausbildungsstätten, die mir Zuversicht geben, sind beispielsweise die „Green School" auf Bali oder auch die CUSANUS-Hochschule in Koblenz, unter der engagierten Leitung von Prof. Dr. Selja Graupe, die wir mit Protect The Planet unterstützen können.

Zu den Highlights meiner Kinotouren gehören auch die zahlreichen Bildungsveranstaltungen, wie beispielsweise mit ca. 1.000 Jugendlichen in Israel, mit denen ich über CLIMATE WARRIORS diskutierte und die im Nachgang an diverse Filmgespräche und Workshops dutzende eigene Kurzfilme realisierten. Eigene Erlebnisse dieser Art zeigen mir, dass Bildung eines der wirksamsten und bewährtesten Mittel für eine nachhaltige Entwicklung ist.

Meine Utopie:
Mit meinen Filmen möchte ich den Blick dafür öffnen, dass eine Zukunft möglich ist, in der sichergestellt ist, dass alle Kinder kostenlose Grund- und Sekundarschulausbildung erhalten, selbstbestimmt lernen können, gleichberechtigten Zugang zu Berufsausbildungen haben sowie das Geschlechter- und Wohlstandsgefälle aufgelöst wurde. Menschen erhalten Bildung, die ihnen, ihrer Selbstverwirklichung und damit ihrem Wohlergehen dient. Eine Bildung, die nicht fremdbestimmt ist durch Bildungsinteressen in anderen Teilen dieser Welt. Bildung, die Zugang bietet zu den Themen Ernährung, Gesundheitsvorsorge, Sprachen sowie der Nutzung von digitalen Technologien, um in einer vernetzten Welt miteinander kommunizieren zu können. Die Kinder werden mehr Möglichkeiten haben, ihren eigenen Bedürfnissen entsprechend zu leben und ihrer Kreativität Raum zu geben – sie werden mehr spielen und mehr tanzen. In diesem Umfeld haben sie die Möglichkeit, ihrem Interesse nach Erfahrungen und neuen Lerninhalten nachzugehen. Die Menschen in dieser Zukunft betrachten sich als Wesen, die ihr Leben lang lernen. Es wird auch im Erwachsenenalter Zugang zu kostenloser Bildung in Betrieben oder Abendkursen gewährleistet sein.

Mein Filmtipp: LERNE LERNEN, LERNE LEBEN (Regie: Johanna Jaurich)

7.3.5 SDG 5 – Geschlechtergleichheit

Dieses UN-Nachhaltigkeitsziel beschäftigt mich schon viele Jahre, auch in meinem persönlichen Leben. Noch immer gibt es viel zu wenige weibliche Regisseurinnen und Frauen in Führungspositionen innerhalb der Filmbranche. 2017 wurde eine Studie durchgeführt mit einem ernüchternden Ergebnis: Bei 70 % der Kinodokumentarfilme in Deutschland führte ein Mann Regie.[13] In der Förderlandschaft sieht es ähnlich aus, ganz zu schweigen von anderen Branchen, Aufsichtsräten und in Vorständen von Großkonzernen. Die Stimmen von Frauen bleiben damit nicht nur in der Wirtschaft oder in Medien ungehört, sondern auch in politischen Entscheidungen. Der Frauenanteil in den Parlamenten weltweit beträgt nur etwa ein Viertel.[14]

Hierdurch bleibt ein immenses kreatives und gesellschaftliches Potenzial ungenutzt. Frauen bringen wichtige Perspektiven, Stärken und eine immense Kraft mit, um in der Welt etwas zu bewegen. Allein bei einem Anstieg des Frauenanteils in nationalen Parlamenten um 10 %, finden Nachhaltigkeit und Klimapolitik mehr Beachtung – mit erfreulichen Resultaten: Pro Kopf sinkt der durchschnittliche CO_2-Ausstoß um 0,24 t im Jahr, wenn Frauen in politische Entscheidungen mit einbezogen werden.[15] Auch Friedensverhandlungen, an denen Frauen maßgeblich mitbeteiligt waren, sind nachgewiesenermaßen erfolgreicher und langlebiger.[16]

Fakt ist: Wir können in diesem größten Transformationsprozess der Menschheit nicht auf die weibliche Hälfte der Weltbevölkerung verzichten. Vor allem nicht im Hinblick auf die Tatsache, dass Frauen unverhältnismäßig stärker vom Klimawandel und seinen Folgen betroffen sind, ebenso wie von Konflikten und Migration. Damit sich Frauen gleichberechtigt einbringen können, um den Wandel mitzugestalten, sind jedoch zuallererst einmal körperliche und persönliche Sicherheit, Zugang zu Bildung sowie ländlichem Besitz und faire Bezahlung notwendig. Das mag für uns wie eine Selbstverständlichkeit klingen – ist es jedoch leider noch nicht, selbst hierzulande. Mehr als 2,7 Mrd. Frauen sind bei der Wahl ihrer

---

[13] Siehe https://de.statista.com/statistik/daten/studie/1081044/umfrage/geschlechteranteil-im-bereich-regie-vonkinodokumentarfilmen-in-deutschland/ (Zugriffsdatum: 13.05.2022).

[14] Siehe https://www.destatis.de/DE/Themen/Laender-Regionen/Internationales/Thema/allgemeines-regionales/frauenanteil-parlamente.html (Zugriffsdatum: 26.05.2022).

[15] Siehe https://www.bmz.de/de/agenda-2030/sdg-5 (Zugriffsdatum: 13.05.2022).

[16] Ebd.

Erwerbsarbeit noch immer rechtlich eingeschränkt und erledigen 75 % der unbezahlten Pflege- und Hausarbeit.[17] 200 Mio. Mädchen und Frauen weltweit erleiden heftigste Schmerzen und lebenslange körperliche Einschränkungen durch Genitalverstümmelung. Und jede dritte Frau erlebt während ihres Lebens körperliche oder sexuelle Gewalt.[18]

Das Land Ruanda im Osten Afrikas zeigt, wie es auch anders geht! Nach dem Genozid 1994 gab es einen enormen Wandel in diesem 12,6 Mio. Einwohner-Staat. Überlebende und Menschen, die mit dem Frieden in ihre Heimat zurückkehrten, haben am wirtschaftlichen und sozialen Wiederaufbau des Landes mitgewirkt. Seitdem sind auch Frauen sozial und politisch enorm aktiv. Das ruandische Parlament besteht zu 61 % aus Frauen (in Deutschland sind es 34,9 %)[19], es gibt eine Quotenregelung und die Verfassung verbietet die Diskriminierung von Frauen.

Meine Utopie:
Nur wenn unsere Töchter, Schwestern, Partnerinnen und Mütter in all ihrer Diversität und frei von jeglicher Form von Gewalt leben können, können wir die vor uns liegenden Aufgaben lösen und in eine gerechte und friedliche Zukunft hineinleben. Eine Zukunft, in der jede Frau egal welcher Abstammung oder wo sie geboren ist, ein Leben frei von sozialer, physischer, psychischer und struktureller Gewalt führen kann, Zugang zu Bildung, digitalen Technologien, Familienplanung, sexueller und reproduktiver Gesundheit hat, Land und Eigentum besitzt, selbstbestimmte Entscheidungen trifft und selbstverständlich in Friedensprozesse, Politik und alle Ebenen im Kontext des Klimawandels eingebunden ist.

Mein Filmtipp: RUANDA NACH DEM VÖLKERMORD (Regie: Carl-A. Fechner)

7.3.6 SDG 6 – Sauberes Wasser und Sanitäreinrichtungen

Für mich macht das Besondere an meinem Beruf auch aus, dass wir von jeder Drehreise nicht nur mit neuen Bekanntschaften, eindrücklichem

---

[17] Ebd.
[18] The Sustainable Development Goals Report 2021, S. 36 https://unstats.un.org/sdgs/report/2021/The-Sustainable-Development-Goals-Report-2021.pdf.
[19] Siehe https://www.bundestag.de/presse/hib/kurzmeldungen-894746 (Zugriffsdatum: 26.05.2022).

Drehmaterial und einem offeneren Blick für die Welt zurückkehren – sondern auch mit einer ganzen Menge Anekdoten.

Nachdem ich mehrere Monate meines Lebens in Burkina Faso verbringen durfte, ließ mich ein Lehrsatz nicht mehr los: „Cook it, peel it or wash it." Das handhabe ich immer noch so, egal wo ich bin. Dabei ist zu beachten, dass „wash it" nur mit sauberem Wasser durchgeführt werden sollte. Für 2,2 Mrd. Menschen auf dieser Welt ist dies nicht möglich.[20]

Eine Drehreise in die Mongolei brachte mich in Berührung mit dem zweiten Aspekt des sechsten UN-Nachhaltigkeitsziels. Bei minus 20 Grad hieß es, mit einer Plastikflasche voll Wasser, den Weg zum nahegelegenen Plumpsklo anzutreten, das sich dutzende Menschen miteinander teilten. Nun können Sie sich vorstellen, wie schnell Flüssigkeiten und andere Körperausscheidungen bei solchen Temperaturen gefrieren. Die Folge war ein meterhoher „Stalagmit", der mir klarmachte, dass ein menschenwürdiger Zugang zu Sanitärversorgungen nicht zu unterschätzen ist. Ganze 4,2 Mrd. Menschen jedoch müssen ohne angemessenen Zugang zu Sanitärversorgungen leben.[21]

Sauberes Trinkwasser sowie Wasser für die persönliche und häusliche Hygiene ist ein Menschenrecht. Mit Hinblick auf die fortschreitenden Klimawandelfolgen in allen Teilen dieser Welt und einem immer stärkeren Wassermangel, müssen wir schnellstmöglich umsteuern. Bis 2030 könnten bis zu 700 Mio. Menschen dazu gezwungen sein, aus Wassermangel ihre Heimat zu verlassen.[22] Darüber hinaus behindern Überschwemmungen und ein fehlendes Abwassermanagement in vielen Teilen dieser Welt auch die sozialen und wirtschaftlichen Entwicklungen.

Zeit das zu ändern – denn die Möglichkeiten dafür sind längst vorhanden! Kürzlich wurde ich zusammen mit meiner Kollegin Johanna Jaurich eingeladen, als Speaker an der „Catalyzing Change Week" von der Initiative Catalyst2030 teilzunehmen. In der Session ging es darum, wie Filme Geschichten einer neuen, nachhaltigen Welt erzählen können, um Menschen zum Mitmachen zu begeistern. Eine der internationalen TeilnehmerInnen sorgte auch bei mir an diesem Tag für große Nachdenklichkeit. Gemeinsam mit ihrer NGO hat die asiatische Aktivistin ein großes Lebensziel: Alle Menschen dieser Welt sollten eine Toilette haben. Eine Realität unserer Zeit.

---

[20] The Sustainable Development Goals Report 2021, S. 38, https://unstats.un.org/sdgs/report/2021/The-Sustainable-Development-Goals-Report-2021.pdf.
[21] Siehe https://www.bmz.de/de/agenda-2030/sdg-6.
[22] Siehe https://www.bmz.de/de/agenda-2030/sdg-6 (Zugriffsdatum: 13.05.2022).

Auch der gemeinnützige Verein VIVA CON AGUA setzt sich mit beachtlicher Leidenschaft und konsequentem Aktivismus für das Menschenrecht auf Wasser für alle ein. Unterstützt von einem internationalen Netzwerk aus Organisationen konnten sie in Zusammenarbeit mit lokalen Partnerorganisationen schon mehr als 3 Mio. Menschen mit Wasser-, Sanitär- und Hygieneprojekten erreichen, darunter in Nepal, Indien, Äthiopien, Sambia, Mosambik und Kenia.[23]

Meine Utopie:
Alle Menschen dieser Erde haben freien, ungehinderten und kostenlosen Zugang zu sauberem Wasser und einfachen Toiletten, die ihrem Bedürfnis nach Würde und Hygiene Rechnung tragen.

> **Mein Filmtipp:** BALJAA UND DER BLAUE HIMMEL (Regie: Horst Mühlenbeck)

7.3.7 SDG 7 – Bezahlbare und saubere Energie

In den 80er Jahren war mein Engagement stark durch die Themen Krieg und Frieden geprägt. Dann begann ich, über Kriegsursachen und Voraussetzungen für Frieden nachzudenken. Ich wollte schon immer ein Teil der Chancen, Perspektiven und Lösungen sein. Wenn man diesen Entschluss fasst, kommt man unweigerlich auch zu ökologischen Themen.

Eine der wichtigsten Grundlagen für eine lebendige Ökologie ist es, die menschengemachte Klimakatastrophe nicht weiter zu befeuern – und das geht nur, indem wir die weltweite Energieversorgung vollständig auf erneuerbare Energien umstellen. Die weltweiten energiebezogenen CO_2-Emissionen erreichen jedes Jahr einen neuen Höhepunkt (mal abgesehen von einer kurzen Atempause während der COVID-19-Pandemie).[24] Zum Zeitpunkt der Herausbringung dieses Buches bleiben uns nicht einmal mehr 7 Jahre Zeit, um die dringend nötigen Maßnahmen umzusetzen, die für die Begrenzung des menschengemachten Temperaturanstiegs auf 1,5 Grad Celsius nötig sind.[25]

---

[23] Siehe https://www.vivaconagua.org/vivaconagua-jahresberichte/ (Zugriffsdatum: 13.05.2022).
[24] Siehe: https://de.statista.com/statistik/daten/studie/37187/umfrage/der-weltweite-co2-ausstoss-seit-1751/ (Zugriffsdatum: 13.05.2022).
[25] Siehe: https://www.mcc-berlin.net/fileadmin/data/clock/carbon_clock.htm (Zugriffsdatum: 13.05.2022).

Wenn wir dieses Thema lösen, wirkt sich das auch positiv auf viele andere Bereiche aus. Denn der Zugang zu sauberer Energie ermöglicht einen einfacheren Zugang zu Bildung, eine umfassendere Gesundheitsversorgung, eine nachhaltigere Ernährung und Frieden. Sonnenenergie ist die günstigste Energieform, die wir kennen, denn die Sonne schenkt sie uns jeden Tag in unvorstellbaren Ausmaßen. Rechnerisch liefern die regenerativen Energiequellen Sonne, Wasser, Erde, Wind und Biomasse tausendfach mehr Energie, als die gesamte Weltbevölkerung benötigt.[26] Wir brauchen keine Kriege um Ressourcen wie Kohle und Gas zu führen, können Energie dezentral dort gewinnen, wo sie gebraucht wird und mit erneuerbaren Energien die weitere Erhitzung unseres Planeten aufhalten.

All die dafür nötigen Technologien sind seit vielen Jahren bekannt und vorhanden. Es macht mich wütend, dass wir das Momentum einer vollständigen Umstellung unserer Energieversorgung hier in Deutschland in den 90er Jahren verpasst haben und auch jetzt immer noch viel zu langsam politisch aktiv werden. Seitdem habe ich über 20 Filme zu diesem Thema produziert und in unzähligen Vorträgen, bei Konferenzen und in Interviews darüber gesprochen.

Ich weiß, dass es möglich ist, weil ich es selbst jeden Tag erlebe: Seit 15 Jahren lebe ich mit meiner Familie in einem Plusenergiehaus, das heißt in einem Haus, das mithilfe regenerativer Quellen mehr Energie erzeugt, als es verbraucht. Eine Photovoltaik-Anlage auf dem Dach sorgt für unseren Strom, eine kluge Bauweise, starke Dämmung und Ausrichtung nach Süden für eine passive Wärme. In Zeiten, in denen wir aktiv Wärme benötigen, nutzen wir die Solarthermie-Anlage auf unserem Dach. Unser Haus verbraucht damit für Strom und Wärme im Jahr kein Gramm CO_2. Dank einer Wallbox am Haus lade ich auch mein Elektrofahrzeug emissionsfrei.

Noch immer haben 10 % der Menschen auf dieser Welt keinen permanenten Zugang zu Strom. Laut Prognosen betrifft das im Jahr 2030 in etwa 660 Mio. Menschen[27], die vor allem südlich der Sahara leben. Das hat auch mit Ernährungssicherheit zu tun. Fast die Hälfte der Obst- und Gemüseernte in Subsahara-Afrika verderben, weil sie ohne Strom nicht gekühlt werden können. Genau dort setzt Africa GreenTec an, die ich kürzlich bei einer Konferenz persönlich kennenlernen konnte. Mit ganzheitlichen

---

[26] Siehe: https://www.bmz.de/de/entwicklungspolitik/energie/erneuerbare-energien (Zugriffsdatum: 13.05.2022).

[27] The Sustainable Development Goals Report 2021, S. 40 https://unstats.un.org/sdgs/report/2021/The-Sustainable-Development-Goals-Report-2021.pdf.

systemischen Lösungen versorgen sie Dorfgemeinschaften in ländlichen Regionen Afrikas mit Strom und nachhaltigen Technologien: von Solarenergie, über ein intelligentes Netz mit PrePaid Tarifsystem, stabilen Kühlketten und Wasseraufbereitungsanlagen – und in selbstbestimmter und auf Augenhöhe stattfindender Zusammenarbeit mit lokalen MitarbeiterInnen und PartnerInnen.

Meine Utopie:
…muss keine Utopie bleiben, denn dieses Ziel wäre schon heute erreichbar. Dafür müssen wir vor allem den geplanten Ausbau von Kohlekraftwerken in einigen Ländern sofort stoppen und den Ausbau erneuerbarer Energien konsequent verstärken. Auch eine erhöhte Energieeffizienz spielt eine Rolle beim Erreichen dieses Ziels, ein Netz- und Speicherausbau in allen Teilen dieser Welt sowie die Umstellung auf nachhaltige Kraftstoffe, wie beispielsweise grünen Wasserstoff und E-Fuels. In einer Zukunft, die durch erneuerbare Energien floriert, kann sich jeder Mensch bezahlbare Energie leisten. Wir nutzen jegliche in Frage kommende Freiflächen, die bereits versiegelt sind, wie z. B. Industrieflachdächer, Straßen oder Hausfassaden für Photovoltaikanlagen. Dafür ist es unerlässlich, dass insbesondere Länder des globalen Nordens ihre CO_2-Emissionen jetzt drastisch reduzieren, vor allem die Staaten mit einem hohen Energieverbrauch wie China, Indien und Deutschland. Dies gelingt, indem wir alle politischen, wirtschaftlichen sowie gesellschaftlichen Mittel für die Umstellung auf Erneuerbare Energien aktivieren und auch mit zivilgesellschaftlichem Aktivismus den Prozess vorantreiben.

> **Meine Filmtipps:** Dieses Thema liegt mir sehr am Herzen, weshalb ich mich nicht zwischen meinen beiden ersten Kino-Dokumentarfilmen entscheiden konnte. Daher kommen hier ausnahmsweise einmal zwei Filmtipps: DIE 4. REVOLUTION (2010) und POWER TO CHANGE (2016).

7.3.8 SDG 8 – Menschenwürdige Arbeit und Wirtschaftswachstum

Wir leben in einer Zeit des Umbruchs. Es wird immer deutlicher, dass unsere Art zu leben und zu wirtschaften unsere Existenzgrundlagen gefährdet, für Ungleichheiten sorgt und unseren wunderschönen Planeten zerstört. Noch immer müssen 160 Mio. Kinder weltweit in viel zu jungen Jahren arbeiten, statt in der Schule lernen zu können, damit dieses ausbeuterische System am Laufen gehalten wird. Die Hälfte dieser Kinder arbeitet dabei unter gesundheitsschädlichen und gefährlichen Bedingungen.[28]

Der Motor für diesen Irrsinn ist unser veraltetes kollektives Paradigma des ewigen Wirtschaftswachstums. Um in eine nachhaltige Zukunft hineinzuleben, müssen wir das radikal umdefinieren – und das Erfreuliche daran ist, dass wir es selbst in der Hand bzw. im Kopf und Herzen haben, woran wir erfolgreiches Wirtschaften weltweit messen wollen. Ich bin der Meinung, dass die Parameter CO_2-Ausstoß und gesellschaftlicher Wohlstand hier eine große Rolle spielen müssen. Das Wirtschaftswachstum der Zukunft kann nur ein nachhaltiges und gerechtes sein. Alles andere ist Selbstmord.

Doch wie kommen wir dahin? Zuallererst einmal müssen wir unser Wirtschaftswachstum von dem stetig steigenden Ressourcenverbrauch entkoppeln, indem wir beispielsweise mit einer konsequenten Kreislaufwirtschaft unsere Ressourceneffizienz beträchtlich verbessern. Darüber hinaus braucht es faire Beschäftigungsmöglichkeiten, insbesondere für junge Menschen, ein sicheres Arbeitsumfeld und weniger Ungleichheit in Bezug auf geschlechtsspezifische Lohngefälle. Verbindliche Lieferkettengesetze gewährleisten die Einhaltung von Menschenrechten sowie ökologische Nachhaltigkeit.

Und das ist keineswegs unrealistische Zukunftsmusik. Mit großer Bewunderung blicke ich beispielsweise auf die Wellbeing Economy Governments Partnerschaft: Eine Zusammenarbeit nationaler und regionaler Regierungen mit dem Ziel, das Wirtschaftswachstum im 21. Jahrhundert mit der Förderung menschlichen und ökologischen Wohlbefindens zu verbinden. Finnland, Schottland, Island, Wales und Neuseeland haben sich diesem Ziel bereits angeschlossen und mit der Umsetzung begonnen.

Konkret sieht das so aus, dass eine Wellbeing Economy auch Aspekte wie Sozialschutz, die Verringerung von Ungleichheiten, eine bessere Vereinbarkeit von Arbeits- und Privatleben, flexible Arbeitsregelungen, die Sicherstellung einer hochwertigen Gesundheitsversorgung, Investitionen in Präventivmaßnahmen, einen besseren Zugang zu Bildung für alle und die Förderung lebenslangen Lernens beinhaltet. Studien belegen die Erfolge: Besser ausgebildete Menschen leben bis zu 6 Jahre länger, durch die Gleichstellung der Geschlechter wird ein Anstieg von 9,6 % des weltweiten BIPs bis 2050 prognostiziert, durch Präventionsmaßnahmen können bis zu

---

[28] Siehe https://www.bmz.de/de/agenda-2030/sdg-8 (Zugriffsdatum: 13.05.2022).

58 Mrd. £ im Gesundheitswesen eingespart werden und die Menschen leben nachhaltiger und glücklicher.[29]

Meine Utopie:
…versuchen mein Team und ich bei fechnerMEDIA schon heute Tag für Tag zu leben. Wir arbeiten an einer Zukunft, in der Arbeit gerecht entlohnt wird, kein Geschlecht ausschließt und in einem nachhaltigen, gesunden Arbeitsumfeld selbstbestimmt stattfinden kann. Der Mensch wird in dieser Zukunft nicht als Arbeitsmaschine, sondern als empfindsames Wesen betrachtet. Wir werden insgesamt weniger arbeiten müssen, um ein glückliches und gesundes Leben führen zu können, da mit dem technologischen Fortschritt, Innovationen und dank der Umstellung auf erneuerbare Energien viele Arbeiten an Maschinen abgegeben werden können. So haben wir mehr Zeit für soziale Berufe (die angemessen bezahlt sind) und Fürsorge, für unsere Familien, zivilgesellschaftliches Engagement, Bildung und für Tanzen und Singen. Konsequenter Degrowth in allen lebensfeindlichen sowie veralteten Branchen und die Stärkung unserer sozialen und natürlichen Systeme lässt unsere Gemeinwohlökonomien florieren. Unser Leben fängt nicht nach dem Feierabend an, sondern wir spüren Sinnhaftigkeit hinter unserem Tun, da unsere Arbeit einen Teil dazu beiträgt, unsere gesellschaftlichen Ziele zu verwirklichen.

> **Mein Filmtipp:** DIE RÜCKEROBERUNG DER ZEIT – ZUKUNFTSARBEIT (Regie: Rüdiger Mörsdorf)

7.3.9 SDG 9 – Industrie, Innovation und Infrastruktur

Auch dieses UN-Nachhaltigkeitsziel hat für mich eine persönliche Dimension. Als Filmproduktion sind wir hautnah mit technologischen Veränderungen konfrontiert. Allein in den über 30 Jahren, in denen ich Filme machen darf, hat es drei große Innovationssprünge gegeben: von Filmrolle auf Magnetband, von U-matic zu Betacam-Kasette und von Betacam zu digitalem Film. Jede dieser Innovationen hat unsere Arbeit verbessert und uns neue Möglichkeiten eröffnet. Sowohl bei der Technik, die wir für unsere

---

[29] Siehe https://www.consilium.europa.eu/de/infographics/economy-wellbeing/ (Zugriffsdatum: 13.05.2022).

Arbeit benutzen, als auch in den Inhalten, die unsere Filme erzählen, spielen Innovationen eine große Rolle, denn sie sind entscheidende Katalysatoren für gesellschaftlichen Wandel.

Doch nicht alle Menschen profitieren gleichermaßen von Innovationen und Fortschritten. Der Anteil am Welthandel der am wenigsten entwickelten Länder beträgt nur 1 %.[30] Über die Hälfte von 520 Mio. LandbewohnerInnen in 25 Ländern und Gebieten in Afrika, Asien, Südamerika, Zentralasien und dem Nahen Osten haben noch immer keinen zuverlässigen Zugang zu Straßen.[31] Mehr als 50 % der Weltbevölkerung lebt inzwischen in Städten, sodass auch hier Innovationen im Verkehrswesen und bei der Energieversorgung unerlässlich werden.

Und es gibt Beispiele, die aufzeigen, wie es gehen kann. Mehrere Drehreisen und Kinotouren führten mich auch mehrmals nach Japan, wo ich einen Einblick in die mögliche Zukunft von Mobilität erhielt. Unglaubliche Schnellzüge, sogenannte Shinkansen, verbinden das gesamte Land und sorgen dafür, dass Flugreisen völlig unnötig werden. Mit mehr als 300 km/h eilen sie durch das Land und bringen Menschen innerhalb kürzester Zeit an ihr Ziel. Viele der Züge fahren leiser als deutsche ICEs, 99 % aller Fahrten sind pünktlich. Gerade tüfteln japanische IngenieurInnen an einer neuen Magnetschwebebahn, die ab 2027 mit bis zu 600 km/h die Städte Tokio und Nagoya verbinden soll. Die 350 km lange Fahrt mit dem Zug wird dann etwa 40 min dauern. Das sind 20 min weniger als ein Flug auf derselben Strecke.[32]

Meine Utopie:
… beginnt mit einem Rückblick: Meine Güte, wozu der Mensch doch in der Lage ist! Wir heilen Krankheiten, überqueren tiefe Täler, bauen Monumente und überwinden sogar die Begrenztheit unseres eigenen Planeten mit Raumfahrtflügen. Ich habe die tiefe Überzeugung, dass wir unsere geballte Intelligenz, unser Geschick und unsere Neugier in der sozialökologischen Transformation im besten Sinne nutzen können. Dann werden wir es geschafft haben, dass nachhaltige Infrastruktur wie beispielsweise im Energie- und Verkehrssektor ausgebaut und modernisiert sein wird

---

[30] Siehe: https://www.bmz.de/de/agenda-2030/sdg-9 (Zugriffsdatum: 13.05.2022).
[31] The Sustainable Development Goals Report 2021, Graphik S. 48 https://unstats.un.org/sdgs/report/2021/The-Sustainable-Development-Goals-Report-2021.pdf.
[32] Boie, J. „Immer der Nase nach", Süddeutsche Zeitung vom 21.04.2015, online verfügbar unter https://www.sueddeutsche.de/auto/schnellzuege-in-japan-immer-der-nase-nach-1.2445644.

und weltweite Investitionen hin zu wirklich nachhaltigen Projekten sowie Industrien umgelenkt werden. Dies wird mit Transparenz und stärkeren Rechenschaftspflichten in globalen Wertschöpfungsketten einhergehen sowie einem Ausbau lokaler Wertschöpfung in bisher benachteiligten Gegenden dieser Welt. Bildung, Verwaltung und Gesundheit werden leichter und barrierefreier zugänglich sein, beispielsweise indem geeignete Dienstleistungen digitalisiert sein werden. Forschung und Innovationen werden frei sein von Macht- oder Finanzinteressen Dritter und damit unabhängig zum Wohle der Gesellschaft beitragen können. Energieintensive Industrien wie z. B. die Stahlindustrie werden sich vollständig aus Erneuerbaren Energien speisen sowie grünem Wasserstoff. Materialien, die wir für unsere Produkte und Technologien benötigen, werden so ausgewählt, dass sie keine Umweltschäden erzeugen, indem sie aus recycelten Materialien bestehen und nach ihrer Nutzung wieder dem Stoffkreislauf zugeführt werden. Generell wird Recycling zu einem florierenden Industriezweig aufsteigen und zu einer neuen Wertschätzung von Ressourcen führen.

Mein Filmtipp: ZUKUNFTSFÄHIGES DEUTSCHLAND (Regie: Rüdiger Mörsdorf)

7.3.10 SDG 10 – Weniger Ungleichheiten

Dieses UN-Nachhaltigkeitsziel lässt sich meiner Meinung nach nicht individuell betrachten, da es mit allen anderen 16 Zielen in unmittelbarem Zusammenhang steht.

Fakt ist: Die Schere zwischen den reichsten und den ärmsten Menschen dieser Welt klafft immer weiter auseinander – und der Reichtum der einen hängt mit der Armut der anderen zusammen. Durch die Maßnahmen zur COVID-19-Pandemie, den fortschreitenden weltweiten Klimawandel sowie gewaltsamen Konflikten und Kriegen werden Ungleichheiten weiter vermehrt. Aktuell sind 84 Mio. Menschen auf der Flucht und damit so viele wie noch nie.[33]

Allein im Jahr 2020 sind durch das Management der COVID-19-Pandemie bis zu 124 Mio. Menschen zusätzlich in die Armut gerutscht, während das Vermögen der MilliardärInnen weltweit um mehr als die Hälfte gestiegen ist.[34] Das reichste Prozent der Weltbevölkerung besitzt aktuell ein

---

[33] Siehe: https://www.unhcr.org/refugee-statistics/ (Zugriffsdatum: 26.05.2022).
[34] Siehe https://www.bmz.de/de/agenda-2030/sdg-10 (Zugriffsdatum: 26.05.2022).

Drittel des gesamten weltweiten Reichtums und 80 % der Menschen weltweit müssen ohne soziale Absicherung leben.[35]

Drei Kernbegriffe ziehen sich durch mein gesamtes Leben und prägen meine Arbeit und meine Entscheidungen. Diese zentralen Werte sind für mich Frieden, Gerechtigkeit und Bewahrung der Schöpfung. Ich finde es unaushaltbar, dass wir weiterhin durch unseren Konsum und unser Nichtstun ein Wirtschaftssystem unterstützen, das auf der Ausbeutung, dem Leid und dem Verwehren von grundlegenden Menschenrechten basiert. Doch wir können etwas dagegen tun!

Meine Utopie:
… muss keine bleiben, wenn wir das Wirtschaftswachstum inklusiv betrachten und wie bereits beschrieben andere Parameter wie Ökologie und gesellschaftlichen Wohlstand mit einbeziehen. Um Ungleichheiten anzugleichen, stärken wir unsere Demokratien und passen unsere Steuern sowie die soziale Finanzpolitik an. Finanzmärkte und -institutionen werden stärker reguliert und überwacht und sichere Migration wird gewährleistet sein. Staatliche Einnahmen fließen weltweit und ohne Korruption in die Ermöglichung eines gerechten Zugangs zu Gesundheit, Bildung und sozialer Absicherung. Eine gerechte Zukunft ist außerdem eine Zukunft, in der kein Mensch aufgrund seines Alters, Religion, Hautfarbe, Geschlechts, sexueller Orientierung, Herkunft, Behinderung oder seines wirtschaftlichen und sozialen Status diskriminiert wird. Der internationale Zusammenhalt wird so stark wie nie sein, ist er doch die Grundvoraussetzung für die notwendigen gemeinsamen Maßnahmen in der Anpassung an den Klimawandel.

7.3.11 SDG 11 – Nachhaltige Städte und Gemeinden

Zum ersten Mal in der Menschheitsgeschichte lebt die Mehrheit der Weltbevölkerung in Städten. Die meisten Städte, in die mich meine Drehreisen führten, erschienen mir dabei wie „energetische Löcher", denn sie schlucken ungeheure Mengen an Energie, Kraftstoff, aber auch an menschlichen Sehnsüchten. Städte sind verheißungsvoll mit ihrem vermeintlich uneingeschränkten Zugang zu Konsumgütern, der permanenten Mobilität und all ihren modernen Verführungen. Doch ehe sie sich versehen, finden

---

[35] Ebd.

sich viele dieser Menschen auf einmal in überfüllten, dreckigen, teuren und unsolidarischen Betonwüsten wieder. 29 % der BewohnerInnen von Städten leben in Slums und jedem vierten Menschen auf dieser Welt fehlt der Zugang zu einer geregelten Abfallentsorgung.[36]

Eine meiner erschreckendsten Erfahrungen während meiner Dreharbeiten war eine Woche meines Lebens, die ich im Umfeld unseres Protagonisten Muhammad Yunus in Dhaka verbrachte. In der Hauptstadt von Bangladesh leben 14,5 Mio. Menschen, und die Infrastruktur ist bei Weitem nicht danach ausgelegt. Einen Tag lang drehten wir nur Staus, sich langsam voran quälende Automassen, hupend, schimpfend – für mich der Inbegriff von Stress. Und tatsächlich haben weltweit nur die Hälfte der urbanen Bevölkerung guten Zugang zu öffentlichen Verkehrsmitteln.[37]

Patricia Espinosa, Generalsekretärin der Klimarahmenkonvention der Vereinten Nationen bringt es auf den Punkt: „Der Kampf um das Klima wird in Städten gewonnen oder verloren."[38] Gerade auch im Hinblick darauf, dass sich die urbane Bevölkerung auf dem afrikanischen Kontinent in den kommenden Jahrzehnten noch verdreifachen wird, jedoch die dafür notwendige Infrastruktur noch nicht einmal zur Hälfte vorhanden ist[39] – und damit die Chance bietet, nachhaltige Alternativen zu wählen, um nicht die Fehler der Vergangenheit zu wiederholen. Wir brauchen dringend eine andere Form städtischen Lebens, die den wirklichen Bedürfnissen der Menschen entspricht und ihre Sehnsüchte erfüllt, statt sie mit vermeintlichen schnellen Befriedigungen zu untergraben.

Vorbilder können wir hierfür beispielsweise in der Transition Town Bewegung finden, die mittlerweile mehr als 4000 Initiativen in 50 Ländern umfasst und das Ziel verfolgt, postfossile, relokalisierte Wirtschaften sowie nachhaltige und enkeltaugliche Kommunen aufzubauen. Die Bewegung entstand im Jahr 2007 aus der kleinen Gemeinde Totnes in Großbritannien heraus, initiiert vom Permakulturalisten Rob Hopkins und führte zur Gründung weiterer Initiativen in anderen Teilen Europas, Nord- und Südamerika sowie Asien.

---

[36] Siehe https://www.bmz.de/de/agenda-2030/sdg-11 (Zugriffsdatum: 13.05.2022).
[37] The Sustainable Development Goals Report 2021, Graphik S. 48 https://unstats.un.org/sdgs/report/2021/The-Sustainable-Development-Goals-Report-2021.pdf.
[38] Siehe https://www.bmz.de/de/agenda-2030/sdg-11 (Zugriffsdatum: 26.05.2022).
[39] Ebd.

Meine Utopie:
Wenn ich mir die Städte unserer Zukunft vorstelle, sehe ich entzerrte Städte mit üppigen Grünflächen, Luftkorridoren, intelligenten Wasserauffang- und Reinigungssystemen sowie kostenfreien öffentlichen und elektrischen Verkehrsmitteln, die sich lautlos durch die bunten Straßen bewegen. Diese Städte beziehen ihre Energie ausschließlich aus regenerativen Quellen und haben Stoffkreisläufe etabliert, die im ökologischen Einklang stehen. Die BewohnerInnen dieser Städte verlagern ihren Lebensmittelpunkt wann immer möglich von den Innenräumen nach draußen, um zusammen zu kommen, gesunde und erschwingliche Lebensmittel zu konsumieren, Kulturveranstaltungen zu besuchen und gemeinsam neue Ideen zu schmieden und kollaborative Pläne in die Tat umzusetzen. Diese Städte werden nicht aus Beton und Stahl gebaut sein, sondern aus nachwachsenden Rohstoffen, die auch visuell für eine nie gekannte Lebensqualität sorgen werden. Lokale Communities haben feste Anlaufpunkte für freie Partizipation, die Freiräume, ihre Umgebungen so zu gestalten, wie es ihnen gefällt und riesige Nachbarschaftsgärten, in denen Kinder spielerisch lernen, was nachhaltiges Leben und Wirtschaften bedeutet.

> **Mein Filmtipp:** SOLARARCHITEKTUR FÜR EUROPA (Regie: Carl-A. Fechner)

7.3.12 SDG 12 – Nachhaltige/r Konsum und Produktion

Nachhaltiger Konsum ist vor allem auch weniger Konsum – jedoch kein Verzicht. Falls das verwirrend ist, lassen Sie es mich erklären: Ich finde den Konsumverzichts-Gedanken, der in der derzeitigen Nachhaltigkeitsdebatte mitschwingt, irreführend. Denn der Begriff Konsum muss nicht zwangsläufig nur auf Produkte bezogen sein. Stellen Sie sich einmal vor, Sie würden weniger Produkte konsumieren, die Sie krank oder unglücklich machen und die unserer Umwelt oder unseren Mitmenschen schaden. Und stattdessen mehr hiervon konsumieren: Lebensfreude, Gesundheit, Zufriedenheit, Zeit.

Schon mein ganzes Leben lang vermeide ich es, Kaufhäuser zu betreten. Für mich sind dies Hochburgen des völlig von uns selbst entfremdeten Kapitalismus und allzu oft erlebe ich in meinem persönlichen Umfeld, wie belastend es sein kann, permanent zu kaufen. Übermäßiges Konsumieren ist dabei in der Regel sublimieren: Den Mangel in sich selbst auszugleichen durch einen Kauf, der zwar ein kurzes Glücksgefühl erzeugen mag, das jedoch nicht von langer Dauer ist. Ich empfinde dabei keine Freude.

Nun habe ich als Familienvater seit zwei Jahren sehr viel Freude daran, für meine Familie mittags gesund und frisch zu kochen. Dafür brauche ich Zutaten. Einmal in der Woche fahre ich zu einem örtlichen Biolandwirt nach Mühlhausen, der an einem kleinen Stand auf einem Parkplatz sein frisches, saisonales Obst und Gemüse verkauft. Immer wenn ich mit meinem roten Tesla auf den Parkplatz einbiege, sehe ich schon aus der Ferne sein breites Lächeln. Eine wunderschöne Alternative zu unserem anonymen Supermarkt, in dem Heidelbeeren aus Chile und in Plastik verpackte Salatköpfe aus den riesigen Glashäusern in Almeria dargeboten werden.

Meine Utopie:
Wenn wir das zwölfte UN-Nachhaltigkeitsziel weltweit realisieren, wird unser Leben wesentlich entmaterialisierter sein. Das manische Kaufen und Konsumieren von sinnlosen Gegenständen vor allem in Industriegesellschaften, wird zurückgegangen sein – denn die Menschen sind emanzipiert, kraftvoll und ruhen in sich selbst. Der Teil der Weltbevölkerung, der es sich momentan nicht leisten kann in absurden Ausmaßen zu konsumieren, wird die Phase des Konsumrauschs überspringen und gleich in die neue Zeit von Kreislaufwirtschaft und exzessivem Recycling eintreten. Dies wird eine Zukunft sein, in der Ressourcen einen großen Wert beigemessen wird und auch Abfall als Ressource betrachtet wird.

Mein Filmtipp: WENIGER IST MEHR (Regie: Carl-A. Fechner und Martin Biebel)

7.3.13 SDG 13 – Maßnahmen zum Klimaschutz

Während der Arbeit an diesem Buch erlebte ich etwas, das für mich wie eine Metapher für unseren Umgang mit dem Klimawandel ist: Mein Hund Buddy wollte nicht aufhören zu bellen und zu kläffen, also ging ich hinunter in den Garten, um nach ihm zu sehen. Er hat eine ca. 15 m lange Leine, die an einem Pflock befestigt ist, sodass er sich den ganzen Tag außerhalb von stundenlangen Spaziergängen frei bewegen kann. Nun ist Buddy ein Hund, der Bewegung mag. Das tat er auch den ganzen Tag froh und munter und bemerkte nicht, dass sich seine Leine um den Pflock wickelte und dabei immer kürzer wurde. Irgendwann war seine Bewegung so eingeschränkt, dass er in Panik verfiel – und ich ihn befreien musste. So wie Buddy geht es auch uns Menschen, nur dass niemand kommen wird, um uns zu befreien: Wir scheinen nicht schnell genug zu merken, dass wir uns selbst schaden, indem wir den Klimawandel immer schneller und stärker anheizen. Dabei müssten wir uns nur entscheiden, bestimmte Verhaltensweisen zu ändern (so wie Buddy, der ab und an auch in die andere Richtung laufen müsste), um handlungsfähig zu bleiben und uns nicht unserer eigenen Existenzgrundlagen zu berauben.

Heute sind bereits 195 Mio. Menschen jedes Jahr durch klimawandelbedingte Extremwetterereignisse betroffen.[40] Und noch immer ist kein einziger G20-Staat auf dem Weg die Ziele des Pariser Klimaabkommens zu erreichen.[41] Auch hier wird globale Ungerechtigkeit in aller Härte spürbar: Während die reichsten Länder dieser Welt die meisten CO_2-Emissionen verursachen, sind die ärmsten Länder dieser Welt die, die am stärksten vom ungebremst fortschreitenden Klimawandel betroffen sein werden.

Wir haben es in der Hand und die Lösungen für die Eindämmung der Klimakatastrophe und die Anpassungen an die schon jetzt unaufhaltbaren Folgen liegen längst vor unseren Füßen. Dabei geht es nicht nur darum die richtigen Dinge zu tun, wie beispielsweise die Umstellung auf Erneuerbare Energien, Renaturierung von Mooren und anderen natürlichen CO_2-Senken sowie die Regeneration von Biodiversität, sondern auch darum, die falschen Dinge sein zu lassen: Beispielsweise milliardenschwere Subventionen für fossile Energien auszugeben, täglich weiterhin riesige Flächen des Amazonas-Regenwaldes abzuholen (drei Fußballfelder pro Minute)[42] und allein in Deutschland 2 Mio. Tiere zu schlachten – pro Tag.[43] Wir steuern damit in radikalem Tempo auf gefährliche Kipppunkte zu, die einmal ins Rollen gebracht nicht mehr aufgehalten werden können und die Gestalt unseres Planeten (und damit die Voraussetzungen für unser Überleben) unwiderruflich verändern werden.

Ich habe tiefes Verständnis und Mitgefühl für die Menschen, die sich als **„Letzte Generation"** bezeichnen und ihre politischen Aktionen auch so benennen. Unter Einsatz von Mitteln des zivilen Ungehorsams fordern sie entschiedene und sofortige Maßnahmen gegen den Klimawandel von der deutschen sowie österreichischen Bundesregierung. Die AktivistInnen sind zwischen 18 und 80 Jahre alt und WissenschaftlerInnen, Studierende,

---

[40] Siehe https://www.bmz.de/de/agenda-2030/sdg-13 (Zugriffsdatum: 26.05.2022).

[41] Ebd.

[42] Herrberg, A. „Drei Fußballfelder weniger – pro Minute" vom 01.12.2020, online verfügbar unter https://www.tagesschau.de/ausland/amerika/regenwald-amazonas-107.html.

[43] https://de.statista.com/infografik/22076/anzahl-der-durchschnittlich-pro-tag-in-deutschland-geschlachtete-tiere/ (Zugriffsdatum: 26.05.2022).

Mütter, Väter und Angestellte. Sie kleben sich mit Sekundenkleber auf Autobahnen, schalten in Eigenregie Pipelines ab und gründen immer größere Aktionsgruppen. Ich schätze diese Menschen, die mit ihrem eigenen Körper gesundheitliche Risiken und Gefängnisstrafen in Kauf nehmen, um unser eigenes und das Leben nachfolgender Generationen zu schützen. Sie sind unsere Speerspitze, die VorkämpferInnen in einem Kampf, der längst in vollem Gange ist. Auch die Menschen in Lützerath, die viele Jahre die Abbaggerung des Dorfes durch RWE zu verhindern versuchten, sind für mich Helden und Heldinnen unserer Zeit. Ich unterstütze solche Formen friedlichen, zivilen Ungehorsams – persönlich, finanziell und mit meiner Arbeit, indem ich ihren Geschichten Gehör verschaffe. Ich hoffe zutiefst, dass ihr Kampf, der unser aller Kampf sein muss, nicht vergebens sein wird.

Meine Utopie:
Ich arbeite auf eine Zukunft hin, in der sich Menschen nicht mehr auf Straßen kleben müssen, um den fossilen Wahnsinn aufzuhalten. Denn in dieser Zukunft haben wir fossile Energieträger längst hinter uns gelassen und unsere CO_2-Emissionen auch in der Landwirtschaft, im Konsumverhalten und in der Mobilität auf null gebracht. Unsere Ernährung basiert auf pflanzlicher, frischer und gesunder Kost, weshalb wir auch keine Wälder mehr für Tierfutter roden müssen. Im Gegenteil: Wir bewalden und begrünen alle Flächen, auf denen es geht – unsere Dächer, unsere Städte und unsere Fassaden. Wir nutzen moderne öffentliche und vollelektrische Verkehrsmittel und dort, wo Individualverkehr noch nötig ist, teilen wir unsere Elektro-Fahrzeuge miteinander. Das Bedürfnis der Menschen nach Reisen und neuen Eindrücken können wir in etwa 20 Jahren dank neuartiger Flugzeuge erfüllen, die mit grünem Wasserstoff betrieben werden. Wir leben länger, sind glücklicher und haben mehr Zeit für das, was uns wirklich wichtig ist. Die Digitalisierung und Technisierung bestimmter Arbeitsprozesse erlaubt uns mehr über die großen Zusammenhänge nachzudenken, uns weiterzubilden und mit anderen vernetzt gemeinsam am gesellschaftlichen Fortschritt zu arbeiten. Diese Visionen halten mich am Leben, denn es ist mein größter Wunsch, noch zu erleben, dass diese Maßnahmen, die wir jetzt so mühsam einleiten, alle greifen werden – weil es die richtigen sind und die Zeit dafür reif ist.

Mein Filmtipp: CLIMATE WARRIORS (Regie: Carl-A. Fechner und Nicolai Niemann)

7.3.14 SDG 14 – Leben unter Wasser

Ich habe seit meiner Kindheit eine starke Beziehung zu Wasser und scheue nicht davor zurück auch in 2 Grad kaltes Wasser zu springen. Meere sind für mich wie Geschenke der Götter, denn wir können nicht nur genussvoll darin schwimmen, sondern uns auch aus ihnen ernähren, sie steuern das Wetter, regulieren als größte natürliche CO_2-Senke das Klima und ganz nebenbei kann man sogar noch Strom aus ihnen gewinnen.

Wasser ist die größte Naturressource, die es auf unserem Planeten gibt. 70 % der Erde sind von den Weltmeeren bedeckt. Nicht umsonst heißt unsere Heimat „der blaue Planet". Vergeblich suchen wir in fernen Gebieten unseres Universums nach vergleichbaren Bedingungen. Wir haben dieses Zuhause nur gemietet und teilen es uns mit anderen Wesen und der Natur. Wir sind angehalten, es für unsere Nachmieter, die folgenden Generationen, zu erhalten.

Doch weltweit treiben heute mehr als 150 Mio. Tonnen Plastik im Meer, weil wir es achtlos wegwerfen oder nicht recyceln: eine LKW-Ladung Plastik landet pro Minute in den Weltmeeren.[44] Der sogenannte „Great Pacific Garbage Patch" zwischen Hawaii und Kalifornien ist die größte Müllkippe der Welt und mit rund 1,6 Mio. Quadratkilometern viermal so groß wie Deutschland.[45]

Tag für Tag durchqueren zudem tausende Frachtschiffe die Weltmeere, um Waren von einem Ort ans andere Ende der Welt zu liefern. Mehr als 90 % des interkontinentalen Warenaustauschs findet über riesige, mit fossilen Brennstoffen betriebene Containerschiffe statt.[46] Besonders bemerkenswert finde ich daran, dass dabei allein ein Drittel des Welthandels auf den Transport von Rohöl entfällt.[47] Sie können sich vorstellen, welche Auswirkungen auch hier die Umstellung auf dezentrale, allzeit verfügbare, erneuerbare Energiequellen hätte.

Fakt ist, dass wir unsere Meere und deren Bewohner schützen und erhalten müssen – und damit einhergehend bereits in die Meere gelangtes

---

[44] Siehe: https://www.bmz.de/de/agenda-2030/sdg-14 (Zugriffsdatum: 13.05.2022).

[45] Mast, M. und Stockrahm, S. „Die größte Müllkippe der Welt ist gut versteckt", ZEIT ONLINE vom 20.08.2018, online verfügbar unter https://www.zeit.de/wissen/umwelt/2018-07/plastik-meer-tiefsee-nordpazifik-muellstrudel-oekosystem.

[46] Kaufmann, S. und Aufmkolk, T., „Handelsschifffahrt" in Planet Wissen, online verfügbar unter https://www.planet-wissen.de/technik/schifffahrt/handelsschifffahrt/index.html (Zugriffsdatum: 13.05.2022).

[47] Ebd.

Plastik wieder herausholen müssen. Ein junger niederländischer Erfinder namens Boyan Slat liefert hierfür eine skalierbare Lösung: Sein Ocean Cleanup Projekt ist ein Sammelsystem, das völlig autonom Plastikmüll aus den Ozeanen sammelt. Mittlerweile arbeitet Boyan mit seiner 90-köpfigen Crew an weiteren Systemen, die in Flüssen installiert werden sollen, damit der Müll gar nicht erst in den Meeren landet. Bis heute haben sie mit den ersten drei Behälterschiffen die Meere von ca. 1,3 t Plastik entfernen können.[48]

Meine Utopie:
Im Jahr 2030 werden wir statt den heutigen 8 % insgesamt über ein Drittel der Weltmeere unter Schutz gestellt haben. Schiffe werden nicht mehr mit fossilen Energien angetrieben, sondern mit elektrischer erneuerbarer Energie oder mit Wind. Wir versorgen uns mehr aus regionalen, pflanzlichen und nachwachsenden Ressourcen heraus, weshalb der exzessive Frachtverkehr wie beispielsweise der Transport von Tierfutter wie Mais und Soja nicht mehr notwendig ist. Es wird weiterhin interkontinentalen Handel geben, aber ohne jegliche Ausbeutung der Ressourcen und Menschen vor Ort. Wir betreiben Algenfarmen, die zusätzliches CO_2 aus der Luft filtern und renaturieren die wunderschönen Korallenriffe dieser Welt, ebenso wie Seegraswiesen und Mangrovenwälder. Darüber hinaus führen wir strikte internationale Fangquoten ein, die dafür sorgen, dass sich die Fischbestände nachhaltig erholen können.

> **Mein Filmtipp:** WONDERS OF THE SEA 3D (Regie: Jean-Michel Cousteau und Jean-Jacques Mantello)

7.3.15 SDG 15 – Leben an Land

Im Jahr 2005 führte mich eine Recherchereise mitten hinein in den Amazonas Regenwald – und fast nicht wieder hinaus. Diese unbeschreibliche Lebendigkeit dieses Waldes zu spüren, vergisst man nie wieder. Wir waren in einer Gruppe unterwegs, kletterten auf einen hohen Aussichtsturm, bewunderten all die tausend Grüntöne und die Vielzahl an Geräuschen, die uns umgaben. Eine WDR-Kollegin und ich entdeckten

---

[48] Siehe: https://theoceancleanup.com/dashboard/ (Zugriffsdatum: 26.05.2022).

einen besonders majestätischen Baum, der sicherlich einen Umfang von 10 m hatte. Ich berührte ihn und spürte, dass er lebt. Ein magischer Moment. Als ich mich umdrehte, war die Gruppe verschwunden. Meine Kollegin geriet in Panik. Sich im Urwald zu verlaufen, ist keine gute Idee, wenn man eigentlich noch ein paar Dinge im Leben vorgehabt hätte, denn man kann sich bei dem dichten Blätterdach nicht am Stand der Sonne orientieren und wir hatten auch keinen Handy- oder GPS-Empfang. Ich hockte mich auf den Boden, hörte tief in mich hinein und bat in diesem spirituellen Moment auch die Geister des Waldes um Hilfe. Als ich aufstand, hatte ich eine Ahnung – und durch meine frühere Ausbildung, die Gewissheit nicht im Kreis zu gehen. Nach einer guten Stunde und dem aufregendsten Waldspaziergang meines Lebens stießen wir auf eine große Piste, die durch den Wald führte. Linkerhand stand ein paar hundert Meter weiter eine völlig aufgelöste Gruppe mit panischen Rangers, die auf uns zu stürzten und uns in die Arme fielen. Am Abend bedankte ich mich bei unseren Engeln und Waldgeistern.

Es erschüttert mich, Teil einer Generation zu sein, die diese magischen Orte unwiederbringlich zerstört. 1 Million der weltweit 8 Mio. Tier- und Pflanzenarten sind heute vom Aussterben bedroht.[49] Jeden Tag verschwinden 150 dieser Arten von der Erde und damit Mitglieder eines sensiblen und komplexen Ökosystems. Durch unseren menschlichen Einfluss haben wir das Artensterben um den Faktor 100 beschleunigt.[50] Wenn wir dieses UN-Nachhaltigkeitsziel nicht erreichen, werden wir auch 80 % der anderen Ziele begraben müssen – und damit auch uns selbst. Ohne den Erhalt der Tropenwälder ist das 1,5-Grad-Ziel nicht zu erreichen.[51]

Auch hier liegt die Lösung in uns selbst. 80 % des Biodiversitätsverlusts an Land gehen auf Kosten dessen, wie wir Landwirtschaft betreiben.[52] Der Schlüssel dazu, das Leben an Land und die Artenvielfalt zu erhalten, liegt in regenerativen Ansätzen wie Permakultur, syntropischer Landwirtschaft und im gesetzlich verankerten Schutz von mindestens einem Drittel der Landökosysteme.

Wenn Sie jetzt denken, Sie wären zu „klein", um hier einen Unterschied zu machen, sehen Sie sich einmal die Geschichte der Kenianerin Wangari Maathai an. Seit 1977 wurden durch die von ihr gegründete NGO „Green

---

[49] Siehe: https://de.statista.com/infografik/17900/weltweit-bedrohte-tier--und-pflanzenarten/ (Zugriffsdatum: 26.05.2022).
[50] Siehe https://www.bmz.de/de/agenda-2030/sdg-15 (Zugriffsdatum: 26.05.2022).
[51] Ebd.
[52] Ebd.

Belt Movement" mehr als 30 Mio. Bäume gepflanzt und über 30.000 Frauen ausgebildet, die dadurch ein gesichertes Einkommen erhalten.[53] 2004 erhielt Wangari Maathai für ihren Einsatz den Friedensnobelpreis und inspirierte dadurch dutzende andere Menschen weltweit es ihr gleich zu tun, wie beispielsweise den damals 7-jährigen Felix Finkbeiner, der später die Kinder- und Jugendinitiative Plant-for-the-Planet in Deutschland gründen sollte.

Meine Utopie:
Ich möchte in eine Zukunft hineinleben, in der wir der Natur weitestgehend ihren Raum und ihre Existenzberechtigung lassen. Die Zeiten, in denen man im Sekundentakt fußballfelder-große Flächen wertvoller Wildnis rodete, um daraus unnütze Produkte für Menschen oder Tierfutter für Schlachttiere herzustellen, werden dann nur noch eine Erinnerung an eine traurige Vergangenheit sein. Der Regenwald als Lunge der Erde wird vollständig unter Schutz gestellt sein und indigene Bevölkerungen als HüterInnen dieser Wälder erhalten internationale Anerkennung und Sicherheit. Wir feiern Pflanzparties in allen Teilen dieser Welt, zu denen wir in unseren Gemeinschaften neue Bäume pflanzen und unsere Communities wieder begrünen. Klima- und biodiversitätsschädliche Subventionen sowie Kunstdünger wurden längst abgeschafft und stellten das Kapital für eine weltweite Umstellung auf regenerative Landwirtschaft und biologischen Anbau sicher.

Mein Filmtipp: WANGARI MAATHAI – MUTTER DER BÄUME (Regie: Lisa Merton, Alan Dater und Carl-A. Fechner)

7.3.16 SDG 16 – Frieden, Gerechtigkeit und starke Institutionen

Jede*r denkt von sich selbst, er oder sie sei ein guter Mensch. Was, wenn alle Recht haben? Vor einer Weile las ich ein Buch, das mich seitdem nicht mehr losgelassen hat. In dem Buch „Im Grunde gut" betrachtet der niederländische Autor Rutger Bregman das Wesen des Menschen aus historischer Perspektive. Dabei vertritt er die These, dass, anders als bisher angenommen, der Mensch von Grund auf gut ist. Unser gegenteiliges Bild entstehe

---

[53] Siehe https://www.greenbeltmovement.org/ (Zugriffsdatum: 13.05.2022).

bloß, weil wir durch die Medien tagtäglich mit Schreckensmeldungen konfrontiert sind, die glücklicherweise nur Ausnahmen seien, auch wenn sie viel präsenter sind als all die guten Momente eines Tages. Bregman schreibt, wir wären evolutionär nie so weit gekommen, wenn nicht Kollaboration unser oberstes Credo gewesen wäre.

Ein Blick in die Fakten zeigt jedoch auch, dass bei der Umsetzung des 16. UN-Nachhaltigkeitsziels noch eine ganze Menge Arbeit vor uns liegt. Zwei Drittel aller Menschen haben keinen vollständigen Zugang zu ihren Grundrechten.[54] Und nur 82 von 193 Staaten haben unabhängige Menschenrechts-Institutionen, die im Einklang mit internationalen Standards stehen.[55]

Ohne Frieden, die Sicherung von Menschenrechten und Stabilität sowie wirksame, auf Rechtsstaatlichkeit basierende Regierungsführung bleibt eine nachhaltige und gerechte Zukunft nur eine illusorische Hoffnung. Während einige reiche Regionen dieser Welt Frieden, Sicherheit und Wohlstand genießen, sind andere in scheinbar endlosen Zyklen von Konflikten und Gewalt gefangen. Das ist keine unabänderliche Weltordnung, sondern kann durch gemeinsame Bemühungen verbessert werden.

Auch in Anbetracht des größten Leids ist Wandel möglich. Ich komme an dieser Stelle noch einmal auf das Beispiel Ruanda zurück, da ich selbst in diesem Land gedreht habe und seine historische Vergangenheit und deren Aufarbeitung auf mich einen tiefen Eindruck hinterlassen hat. 1994 wurde das Land von 100 schrecklichen Tagen erschüttert, die in einem Genozid der Hutu gegen die Minderheit der Tutsi ihren schrecklichen Höhepunkt fanden. Dabei starben etwa 1 Million Tutsi und 200.000 Hutu.[56] Neben der Infrastruktur wurden auch zentrale Staatskapazitäten vollständig zerstört. Das Land lag in Schutt und Asche und hinterließ schwer traumatisierte Menschen. Nicht einmal 30 Jahre später wurde das Land vom Weltwirtschaftsforum als effizientestes Land auf dem afrikanischen Kontinent eingestuft,[57] hat eine staatliche Krankenversicherung eingeführt (was in dieser Region einmalig ist) und in traditionellen Dorfgerichten etwa eine Million Fälle des Völkermords juristisch aufgearbeitet – ein maßgeblicher Bestandteil für die erfolgreiche Versöhnung unter den Bevölkerungsgruppen.

---

[54] Siehe: https://www.bmz.de/de/agenda-2030/sdg-16 (Zugriffsdatum: 13.05.2022).
[55] The Sustainable Development Goals Report 2021, S. 59 https://unstats.un.org/sdgs/report/2021/The-Sustainable-Development-Goals-Report-2021.pdf.
[56] Viebach, J. „Ruanda", Bundeszentrale für politische Bildung vom 30.12.2018, online verfügbar unter https://www.bpb.de/themen/kriege-konflikte/dossier-kriege-konflikte/54803/ruanda/.
[57] Ebd.

Meine Utopie:
In meinen Augen haben wir zwei große Hebel, um eine friedliche Zukunft zu erschaffen: Ich wiederhole mich, verdeutliche damit jedoch nur die Interdependenz der einzelnen UN-Nachhaltigkeitsziele, wenn ich auch hier wieder auf die weltweite Umstellung auf erneuerbare Energieträger zurückkomme. Dann entfällt einer von zwei wesentlichen Kriegsgründen: Der Kampf um endliche Ressourcen. Wenn wir zudem unser Wirtschaftssystem so umgestalten, dass Kapitalanhäufung unmöglich wird und unsere politischen Systeme nicht die Machtinteressen Einzelner befeuern, entfällt auch der zweite häufige Kriegsgrund. Das Erstreben von Macht läuft dann ins Leere, da sie nicht mehr ausgelebt werden kann. Dies ist eine Welt, in der wir friedlich miteinander umgehen, weil es schlichtweg keinen Grund mehr gibt, es nicht zu tun.

7.3.17 SDG 17 – Partnerschaften zur Erreichung der Ziele

Ohne Kooperationen würden Sie dieses Buch nicht in den Händen halten. AutorInnen, VerlegerInnen, Druckerei-Mitarbeitende, HändlerInnen und auch Sie, liebe Leserin, lieber Leser machen diesen Gedankenaustausch erst möglich! Und auch als Filmproduzent und Regisseur hätte ich keinen einzigen meiner ca. 80 Filme im Alleingang realisieren können.

Geschrieben hat diesen Beitrag auf der Grundlage von 10 h unvergesslicher Tiefen-Interviews meine Kollegin Johanna Jaurich, mit der ich als Co-Regisseurin und Co-Autorin das Filmprojekt „The Story of a New World" realisiere.

Auch Sie können sich an diesem weltweit einmaligen Film- und Aktionsprojekt beteiligen: www.storyofanewworld.de.

Ich hoffe, ich konnte Ihnen auf den vergangenen Seiten neben aller Dringlichkeit auch einen hoffnungsvollen und zuversichtlichen Blick vermitteln – denn unsere Zukunft ist das, was wir daraus machen. Und keine Sorge: Die „Rettung unserer Spezies" liegt nicht allein auf Ihren Schultern. Kommen wir daher zum letzten und einem meiner Lieblings-UN- Nachhaltigkeitsziele.

Wir leben in einer Welt, die mehr denn je miteinander vernetzt ist und damit schier unendliche Möglichkeiten bietet, Ideen untereinander auszutauschen und Innovationen voranzubringen. Es ist unsere Verantwortung, aus reichen Ländern des globalen Nordens heraus unsere MitstreiterInnen aus ärmeren Ländern des globalen Südens zu unterstützen. Durch den Erlass von Schulden, gezielten Investitionen und einer verbesserten internationalen

Zusammenarbeit. Die Trendwende hin zu Nachhaltigkeit und Gerechtigkeit erfordert globale Partnerschaften und gemeinsame Anstrengungen aller Staaten und ihrer Volkswirtschaften, aller Zivilgesellschaften und Individuen. Kofi Annan, der ehemalige UN-Generalsekretär sagte: „Mehr als jemals in der Menschheitsgeschichte teilen wir ein gemeinsames Schicksal. Wir können es nur meistern, wenn wir uns ihm gemeinsam stellen."[58]

Das bedeutet, dass wir auch wieder lernen müssen, mit uns selbst zusammenzuarbeiten. Wir sind so unendlich kreative Wesen, haben eine ausgeprägte Intuition, einen natürlichen Lebenserhaltungstrieb und tief in uns wissen wir eigentlich, dass und wie es auch anders geht. Lassen Sie uns dieses Potenzial in all seiner Kraft nutzen. Wie? Indem wir neben den SDGs auch die sogenannten und erst kürzlich veröffentlichten **Inner Development Goals** „Being, Thinking, Relating, Collaborating and Acting"[59] ausbilden. Denn wie jede gute Serie braucht auch mein Beitrag in diesem Buch einen Cliffhanger!

Meine Utopie:
Nun, liebe Leserin, lieber Leser, ist die Kamera auf Sie gerichtet. Sie sind ein wichtiger Bestandteil eines komplexen und interdependenten Systems und damit entscheiden auch Ihr Mindset und Ihre Handlungen darüber mit, in welche Zukunft wir hineinleben werden. Ich lade Sie ein, das Buch an dieser Stelle für einen Moment aus der Hand zu legen, sich einen Zettel und Stift zu holen und Ihre eigene persönliche Utopie aufzuschreiben. Ich hoffe, es wird Ihnen ein wertvoller Leuchtturm sein auf dem Weg in eine nachhaltige und gerechte Zukunft!

Denn mehr denn je gilt.: Act now – oder auch:
Wehrt Euch! Seid mutig! Entscheidet Euch! Geht voran!

---

[58] Siehe https://www.bmz.de/de/agenda-2030/sdg-17 (Zugriffsdatum: 26.05.2022).
[59] Siehe https://www.innerdevelopmentgoals.org/ (Zugriffsdatum: 26.05.2022).

8

Passion für die Erde und Vision für die Medienbranche

Korina Gutsche

8.1 Biografie

Mein bewegtes Leben ist natürlich geprägt durch die Menschen, die Natur und durch die Gesellschaft des Landes, in dem ich im Jahr 1965 geboren wurde, aufwuchs, studierte und durch das Land, in dem ich noch immer lebe seit ‚Öffnung' der Mauer im Jahr 1989, in Deutschland. Wir wohnten direkt am Wald auf dem Land, waren vier Kinder, es gab immer was zu tun und ich engagierte mich schon in der Grundschule für die Belange und Bedürfnisse anderer und der Natur. Erlernte einen technischen Beruf, machte mein Abitur im Bereich Wasserwirtschaft und studierte ab 1985 ganz bewusst Umwelttechnik und das in einer Region mit enormer Luftverschmutzung in der ehemaligen DDR, in Merseburg zwischen den Chemiewerken Buna und Leuna in Sachsen-Anhalt. Ich wollte Umweltministerin werden und Verantwortung übernehmen, damit sich die Lebensqualität der Menschen und der Natur, in der Luft, an Land und im Wasser verbessern. Während des Studiums war ich aktives Mitglied im ökologischen Netzwerk Arche und bei der Gründung der ‚Der grünen Partei' am 24. November 1989 in Berlin Treptow dabei. Während ich im Herbst 1989 meine Diplomarbeit über Elektrofilter zur Luftreinhaltung schrieb, fanden zugleich die Demonstrationen in Leipzig statt und mein Leben veränderte sich durch

---

K. Gutsche (✉)
BLUECHILDFILM Green Consulting, Potsdam, Deutschland
E-Mail: gutsche@bluechildfilm.com

den ‚Fall' der Mauer. Ich saß im Jahr 1990 für die Grüne Partei im Berliner Stadtbezirk Friedrichshain am Runden Tisch und mein wichtigster Erfolg in der Zeit war es, den Bau eines Delfinariums im Volkspark Friedrichshain zu verhindern. Jetzt befindet sich dort eines der beliebtesten OpenAir Kinos von Berlin. Für eine politische Karriere fühlte ich mich mit 25 Jahren zu jung und unerfahren. Rückblickend war es wohl Unsicherheit und Ungewissheit. Denn es war zugleich eine enorme Chance, die Gesellschaft und das frisch ‚vereinte' Deutschland mitzugestalten, doch mir sind vor allem zeitnahe praxisnahe Lösungen wichtig. Daher arbeitete ich ab März 1990 im Bereich Abwassertechnik als Dipl.-Ing. statt in der Politik und leitete sieben Jahre lang Umweltverträglichkeitsprüfungen für Abwasser- und Klärschlammbehandlungsanlagen rund um Berlin.

Meine Lebenswelten erweiterten sich Anfang der 90er erneut. Ich bekam eines von acht der ersten Stipendien vom German Marshall Fund für mein Engagement im Umweltschutz in der ehemaligen DDR und reiste für zwei Monate ins Land der unbegrenzten Möglichkeiten, nach Amerika. Dort begegnete ich sehr außergewöhnlichen Menschen, die wie ich im Umweltschutz tätig waren und anderen, die freilebende Delfine im Meer respektvoll beobachten. Darunter Ric O'BARRY, den wohl bekanntesten Delfinschützer weltweit, dessen jahrzehntelange unermüdliche Tierschutzarbeit der Oscar-prämierter Dokumentarfilm ‚Die Bucht' aus dem Jahr 2009 von Regisseur Louie Psihoyos zeigt.

Im Atlantik vor Florida erlebte ich unter Wasser erstmals wilde Delfine, eine besondere Begegnung, die bis heute mein Leben bestimmt. Zurück in Deutschland initiierte ich in den darauffolgenden zehn Jahren ehrenamtlich Kampagnen, Aktionen, Vortragstouren zur Freilassung und dem Schutz von Meeressäugern, eine internationale Kunstausstellung ‚meergeboren' in Berlin, gründete mit dem Wal-Verhaltensforscher Fabian Ritter und dem großartigen Walbeobachtungskapitän der Kanaren Bernd Brederlau, das mit dem DRV Umweltpreis 2001 ausgezeichnete ganzheitlich innovative Forschungs- und Bildungsprojekt MEER La Gomera und produzierte meinen ersten Film über die Artenvielfalt von Walen vor der Kanareninsel.

Filme – als emotionales und visuell starkes Medium eine breite Öffentlichkeit zu erreichen – sind seitdem für mich immer wichtiger geworden. Neben meiner beruflichen Tätigkeit mittlerweile als Referentin für Interne Kommunikation des größten Wasserver- und -entsorgers Deutschlands besuchte ich zahlreiche Weiterbildungskurse der Medienbranche und jährlich die Berlinale, um herauszufinden, wo meine Fähigkeiten die größte Entfaltung finden. Offensichtlich in der Produktion von Filmen, Events und in der Filmbildung mit gesamtgesellschaftlichen

Themen und organisierte zunächst u. a. jährlich Screenings für PEACE ONE DAY zum UN Weltfriedenstag, Fahrrad-Kinos für das älteste und nachhaltigste Kulturprojekt Berlins in der UFA FABRIK zu globalen Themen wie Meeresschutz, Müllvermeidung, Fast Fashion, konzipierte Agenda 2030 Jugendfilmworkshops ‚How to tell a wild story und make your Film ecofriendly' in Potsdam, u. a. ausgezeichnet mit dem GREEN REPORT Junior Filmpreis 2018 des größten Naturfilmfestivals *Green Screen*. Leitete die Meeresfilm-Jury beim Green Me Filmfestival Berlin 2016 und kuratierte von 2016 bis 2018 das CINEMARE Meeresfilmfestival Kiel und übernahm bis 2019 die Pressearbeit vom Learn Money e. V., gegründet von der Wirtschaftsjournalistin Carola Ferstl.

Meine freiberufliche Tätigkeit als Productionmanagerin Film/TV (IHK Berlin) und als Consultant for Sustainability beginnt 2011. Zu der Zeit gab es die ersten Initiativen und Online Green Guides für Green Filmproduction, auch in der größten Medienregion Berlin Brandenburg mit nunmehr und trotz Corona über 6000 Drehtagen allein im letzten Jahr. Ich war damals davon so begeistert und wollte unbedingt all meine langjährigen komplexen Erfahrungen zu Umweltschutz, Kommunikation und Filmproduktion einbringen. Soweit die Theorie. Basierend auf den Empfehlungen der *Producers Guild of America (PGA)* entwickelte ich eine umfassende Checkliste mit möglichen Optionen und Handlungsfeldern für die einzelnen Bereiche der Filmherstellung, formulierte finanzielle Anreize, wie einen Babelsberger Umweltfilmpreis und die VISION 2020 Babelsberg goes green mit konkreten Lösungsvorschlägen für die relevanten Akteure, wie die Filmstudios, die regionale Filmförderung, das Mediennetzwerk, die Filmuniversität, die UFA, die Film- und Landeshauptstadt Potsdam, die Wirtschaftsförderung, die Filmschaffenden und klopfte über Jahre an unzählige Türen. Meine Vision war, Berlin Brandenburg wird die Kompetenzregion für umweltfreundliche Filmproduktion. Denn aufgrund der hohen Produktionszahlen in und rund um Berlin und Potsdam sind wir verantwortlich für einen hohen Impact aufs Klima, auch durch den enormen Ressourcenverbrauch, und verursachen bundesweit eine maßgebliche Menge an Treibhausgasemissionen. Wir hatten die Chance, den größtmöglichen Lerneffekt durch Best Practice zu erzielen (Abb. 8.1).

Doch ich erlebte zunächst, dass Statements und Handeln nicht immer zeitgleich erfolgen und die Relevanz für die Kreativ- und Medienbranche nicht überall so offensichtlich war wie für mich. Trotz sichtbarer globaler klimatischer Veränderungen, des im Jahr 2009 Oscar-prämierten Dokumentarfilm ‚Eine unbequeme Wahrheit' von Al Gore, geltender Natur,- Umwelt,- und Artenschutzgesetze, Umsetzungsstrategien, Potsdam

Abb. 8.1 Babelsberg goes green

als Klimaschutzstadt und Sitz des renommierten PIK, dem Potsdam Instituts für Klimafolgenforschung und der 17 SDG'S der Agenda 2030 der Vereinten Nationen, beschlossen bei der Pariser Klimakonferenz im Jahr 2015.

Anders hingegen war es in Filmregionen wie Hamburg/Schleswig–Holstein mit dem freiwilligen Grünen Drehpass in 2012 (seit 2021 verpflichtenden Grüner Filmpass), Baden-Württemberg und die Filmförderung Bayern mit transparenten Servicetools, wie Handlungsleitfaden, Basis-Seminare. Das Fachmagazin Green Shooting, die Gründung des Arbeitskreis Green Shooting in 2017 auf Initiative der MFG aus Stuttgart, Sky mit Sitz in München als erstes Medienunternehmen mit verbindlichen Vorgaben und Einzelakteure, wie die Regisseure Lars Jessen und Bully Herbig oder die Beraterin Katja Schwarz für die ODEON mit der ersten klimaneutralen TV-Serie und die weltweit ersten klimaneutralen Bavaria Filmstudios bereits in 2013, waren neben mir als Einzelakteurin weitere maßgebliche Treiber*innen. Die Klimabilanzierung erfolgt zu der Zeit mit dem CO_2-Rechner von Climatepartner, einem erfolgreichen Unternehmen zur Kompensation nicht vermeidbarer Treibhausgasemissionen.

Auf regionaler Ebene in Berlin Brandenburg öffnete sich keine Tür wirklich weit und daher suchte ich Multiplikatoren auf Bundesebene. Ein Meilenstein auf meiner GREEN-Mission war die Anhörung vom Beirat des

Rates für nachhaltige Entwicklung im Februar 2017 zum ‚Status Quo und Bedarf der Branche' im Paul Löbe Haus, dem folgte im Mai die Anhörung der TV-Sendeanstalten und schließlich die Festsetzung von ökologischen Belangen als neue Aufgabe der bundesweiten Filmförderanstalt (FFA) im Filmfördergesetz[1]. Doch die Implementierung in die Förderrichtlinien ließ auf sich warten. Immer öfter war ich enttäuscht und entmutigt, wie lange es dauert, dass klimarelevante Entscheidungen getroffen werden und sich die Branche eigenverantwortlich neu ausrichtet. Die Vision 2020 für den Medienstandort Babelsberg war somit unrealistisch, selbst wenn vieles von meiner GREEN MISSION Liste in anderen Regionen und zumindest an der Filmuniversität umgesetzt wurde.

Finanziert vom Bundesumweltministerium entwickelte ich daher 2018 bis 2019 für den Bundesverband der Programmkinos die Onlineplattform Kino.natürlich, begleitete und ermöglichte den Wissenstransfer der sechs Best-Practice-Kinos zur Umsetzung ökologischer Maßnahmen in der Betriebsweise in der Kinobranche und optimierte die Sichtbarkeit des Potsdamer Klimapreises. Der wird jährlich an Schulen und Potsdamer Bürger*innen vergeben. Zudem erstellte in diesem Zeitraum die Initiative Grün an der Filmuniversität Konrad Wolf Potsdam Babelsberg unter meiner fachlichen Begleitung einen Handlungsleitfaden für Studierendenfilme. Seit 2017 gebe ich hier u. a. zur Eröffnungswoche Basisseminare und vertiefende Best-Practice-Schulungen zu umweltfreundlicher Filmproduktion und bleibe voller Hoffnung, dass die kommende Generation der Filmschaffenden ganz selbstverständlich umweltverträglich drehen.

Erst der unüberhörbare **Weckruf der Jugendbewegung** *Fridays-for-Future* führte in der Medienwelt in 2019 dazu, branchenübergreifend die Dringlichkeit und Relevanz unserer Produktionsweise für das Klima und die Biodiversität zu erkennen. Beeindruckend hierbei war für mich die Rede Greta Thunbergs vor der gesamten deutschen Filmindustrie bei der Goldenen Kamera-Verleihung. Endlich kam Bewegung in die gesamte Branche. Es folgten neue Inhouse-Anregungen bei allen privaten und öffentlich-rechtlichen TV-Sendern und die Initiative *100 Grüne Produktionen des AK Green Shooting gestartet,* wo es verpflichtend war einheitliche Kriterien mit Unterstützung durch einen Green Consultant umzusetzen. Nach all den Jahren der unzähligen Gespräche, Schreiben, Konzepte und Schulungs-Seminaren für die Medienbranche, konnte ich bezahlt das machen, was

---

[1] Martin, H. (o. D.) *„Ökologische Belange" gehören nun zu Aufgaben der FFA, Initiative-gruenes-kino.de*. Verfügbar unter: http://initiative-gruenes-kino.de/oekologische-belange-gehoeren-nun-zu-aufgaben-der-ffa/.

ich 2012 vorhatte. Ab März 2020 bis Ende 2021 zeitlich versetzt begleitete ich zwei rbb Tatort und Polizeiruf 110 TV-Produktionen für den rbb/ARD -sowie zwei langlaufende TVSerien der networkmovie Köln. Natürlich hochmotiviert – und dann war nach zwei Drehwochen wegen Corona Drehstopp, meine Aufgaben nicht drehrelevant, und ich musste zu Hause bleiben. Eine schmerzliche ungewisse Zeit und umso größer die Freude, dass ab Sommer alle zunächst entfallenen Aufträge sukzessive aktiviert worden. Gemeinsam mit den Produktionsfirmen konnte ich über zwei Jahre wichtige eigene Praxis-Erfahrungen zur Umsetzbarkeit der Mindestvorgaben und mit der Klimabilanzierung machen, die ich in ausführlichen Evaluationsberichten darstellte. Natürlich mit dem Anspruch, dass diese vom Arbeitskreis Beachtung finden in der Weiterentwicklung.

Selbstverpflichtungen, Erklärungen der anderen regionalen Filmförder*innen, vom *German Motion Picture Fund* (GMPF) und der Aufruf film.bewegt.nachhaltig der Beauftragen für Kultur und Medien (BKM) sowie die praxisnahen Empfehlungen des *Produzentenverbandes* waren weitere wichtige Signale innerhalb der Branche. Ebenso die *Changemaker* Aktion der Schauspieler*innen, Fachverbände, *Filmmakers4Future*, das *Manifesto Sustainability* des European Film Market und die breit aufgestellte informelle Welle an Panels zu *Sustainability* bei der Berlinale 2020 sowie der eigene Umweltanspruch der Deutschen Filmakademie.

Status Quo und Wissenstransfer: Seitdem bieten zahlreiche Festival hierzu Masterclasses, Netzwerkplattformen und Runde Tische, wie auch die industry sessions ‚umbrace change, shaping future' vom EuropeanFilmMarket (EFM) bei der 72. Berlinale 2022 zu Carbon Tracking, Green Standards, Streaming, Cinemas und Broadcasting, den ich leitete. Die letzten Jahre gab ich unzählige Schulungen zu fast allen Gewerken, u. a. für die filmmakers4future und bei den von der Deutschen Bundesstiftung Umwelt (DBU) geförderten Nachhaltigkeitstagen der Deutschen Akademie für Film und Fernsehen sowie für regionale Filmförderer, Medieninstitutionen und Inhouse bei Produktionsfirmen bundesweit. Während der zwei Coronajahre etablierten die German Film Comissions (GFC) die für die Filmbranche kostenfreie »Keen to be green«-Onlineschulungsreihe, um einen Austausch untereinander zu ermöglichen. Aufbauend auf der Nachhaltigkeitsinitiative »100 Grüne Produktionen« folgte im Herbst 2021 die Initiative »*Green Motion*« vom Arbeitskreis Green Shooting. Darin beteiligt sind Akteur*innen der Filmbranche TV-Sender, Förderer*innen, Verbände, Produzenten*innen und Streamingdienste. Die Mitglieder dieser Initiative verpflichten sich selbst, ab 2022 ökologische Mindeststandards einzuhalten und u. a. auch Klimabilanzierungen des

Filmprojektes anzufertigen. Wer ausreichend Mindeststandards erfüllt, kann mit dem Label »Green Motion« im Abspann sein Engagement für den Zuschauer sichtbar machen.

Einen weiteren Meilenstein für mich und den Klimaschutz erreichte ich als Inhouse Consultant Sustainability des EFM und der Berlinale Festivalleitung gemeinsam mit Selina Kahle von culture4climate. Wir vertieften mit dem EFM Team deren *Manifesto* aus 2020 von WE WILL zu WE DO und erarbeiteten auf Basis der jahrelangen Vorarbeit durch interne Arbeitsgruppen und die Haltung der Festivalleitung eine aktuelle Bestandsaufnahme und zukunftsweisendes Maßnahmenkonzept für einzelne Handlungsfelder im Festivalmanagement, wobei ich sagen muss, es ist bereits eines der umweltfreundlichsten Festivals weltweit. Im Frühjahr erhielt EASY DOESIT GREEN den 1. Green Werbefilmaward für ihr transparentes Green Mission Statement als klimaneutrales Unternehmen seit 2018 und auch bei der Werbefilmproduktion. Damit leben sie eine Vorreiterrolle, was mich sehr freut, denn ich durfte sie von Anfang an beraten. Im Juni 2022 verlieh das Bundesumwelt- und Verbraucherschutzministerium und die Heinz Sielmann Stiftung in Kooperation mit dem Staatsministerium für Kultur und Medien (BKM) erstmals den *EISVOGEL* – Filmpreis für nachhaltige Filmproduktion, der auf meiner Initiative aus dem Jahre 2015 zurückgeht. Der Preis zeichnet die innovative nachhaltige Produktionsweise aus und ehrt Pionier*innen der Branche. Im Januar 2022 trat zudem die *Novelle des Filmfördergesetzes* (FFG) in Kraft, die unter den Paragrafen 59a und 67 die Beachtung ökologischer Belange und die Einhaltung wirksamer Maßnahmen verlangt. Welche das sind, wurde im Rahmen des *Reallabors* im Auftrag der Bundesbeauftragten für Kultur und Medien ermittelt. Der Maßnahmenkatalog liegt noch nicht final vor. Nun bedarf es einer inhaltlichen Abstimmung mit den zuvor genannten Green Motion Initiative. Denn die Kulturstaatsministerin Claudia Roth kündigte während der 72. Berlinale die Einführung bundesweit einheitlicher ökologischer Standards für Film- und TV-Produktionen für das Jahr 2023 an. Geplant ist auch ein Nachweis und Prüfsystem, um die Einhaltung zu kontrollieren. Ich meine, niemand muss darauf warten, denn die Klimakrise wartet nicht und Handlungsfelder und Maßnahmen bekannt.

Wirksame Maßnahmen und Handlungsbereiche für die umweltverträgliche Umsetzung von Filmen und Festivals sind: Mobilität, Ressourcenverbrauch, Catering und eine frühzeitige Kommunikation mit dem Team, dem Cast und den Servicepartner*innen, wie Hotels, Technik- und Fahrzeugverleiher*innen. Zunehmend steht auch die ‚Umweltverträglichkeit' der Filmgeschichte und Charaktere im Fokus. Ich behalte die

Green Motion Vorgaben im Blick, doch orientiere mich aufgrund meiner dreißigjährigen Berufserfahrung weiterhin bei meiner Green-Production-Planung für aktuell drei renommierte Berliner und Potsdamer Filmproduktionsunternehmen auf die sechs R: *refuse* (vermeiden), *reduce* (reduzieren), *recycle* (wiederverwerten), *reuse* (wiederverwenden), reflect (reflektieren) und restore (wiederaufbauen) für die Vorbereitungs-, Dreh- und Postproduktionsphasen. Wirksame Maßnahmen, die nachhaltig Klimaschutz ermöglichen, sind insbesondere die Nutzung von Feststrom, Müllvermeidung und Mehrweg, der Einsatz von LED, Müllvermeidung, Materialkreisläufe beim Kostüm und dem Szenenbild und klimafreundlich das Equipment und Team zu transportieren, zu reisen und zu wohnen. Die Herausforderung besteht in der Implementierung mit klaren Prioritäten in allen Phasen der Produktion und der Betriebsweise eines Medienunternehmens, Festivals oder Kinos.

Mir ist als freiberufliche Beraterin enorm wichtig, den Praxisblick und den Klimaschutz im Fokus zu behalten, gemeinsam mit den Teamkollegen*innen der jeweiligen Produktion die Verhältnismäßigkeit, regionale Verfügbarkeit und Umsetzbarkeit von projektspezifisch wirksamen Optionen möglichst ganzheitlich und bezogen auf das Drehbuch, die Drehregion und Jahreszeit zu beachten und gemeinsam kreative innovative Lösungen zu finden. Ich befürworte daher, die derzeit geltenden und angekündigten verpflichtenden Vorgaben je nach Produktion flexibel anzuwenden, mit dem gemeinsamen Anspruch, das beste Ergebnis für den Ressourcenschutz zu erzielen.

Meine langjährige Erfahrung aus zahlreichen Filmproduktionen, der Zusammenarbeit mit Filmkunstkinos und Filmfestivals zeigt, dass alle Sender, Förderer, Kinobetreiber*innen, Festivalmacher*innen und Produzenten*innen natürlich über finanzielle Anreize und Förderung, die Berücksichtigung von Mehrkosten für nachhaltige Maßnahmen in der Kalkulation und den Budgets bei TV Produktionen/Festivals/Kinos der einzelnen Gewerke, Bereiche, Abteilungen, Arbeitsprozessen und bei Anmietung von grüner Technik vor Auftragserteilung und weit vor Drehbeginn reden müssen.

Mehr Qualität in der Produktionsweise hat ihren Preis und bedarf vor allem Wertschätzung durch bezahlte Arbeit aller Beteiligten, insbesondere der Freiberufler*innen.

Mein FAZIT nach zehn Jahren: Die dringende Transformation hin zu einer klimafreundlichen Produktionsweise mit einer maßgeblichen Vermeidung und Reduktion des CO_2-Ausstoßes gelingt uns jedoch nur, wenn wir uns dafür die Zeit und wenn noch im Jahr 2022 umweltverträgliche

Infrastrukturen in allen Drehregionen geschaffen werden. Dazu gehören ausreichend verfügbare Ladestationen, klimafreundliche Fahrzeuge und Generatoren, Umwelttaxis, GreenHotels, Motive und Drehorte mit Ökostrom, bezahlbare Festnetzanschlüsse und bundesweit verfügbare Material- und Kostümfundus sowie Fair und Slow Fashion-Stores. Ebenso muss die Wirtschaftsförderung Orte des Teilens und Weitergebens ermöglichen, um Kreislaufwirtschaft zu ermöglichen, wie u. a. die Hanseatische Materialverwaltung Hamburg, das Haus der Materialwirtschaft Berlin oder Trash Galore Leipzig. Filmstädte wie Berlin, München, Köln, Hamburg, Frankfurt am Main und auch alle anderen Kommunen und Gemeinden, in denen gedreht und produziert wird, sowie die Verleiher müssen kürzere Bearbeitungszeiten, günstige Baustromanschlüsse, flexible Müll- Entsorgungswege anbieten. Maßgeblich zur erfolgreichen Implementierung, fairen Beurteilung und seriösen Klimabilanzierung ist neben den technologischen Aspekten, insbesondere die bezahlte Arbeitszeit für die Produktionteams, die Kollegen der Gewerke und Servicepartner*innen, um sich mit mir als Beraterin auszutauschen zu Vorgabekriterien und wirksamen Maßnahmen, innovativen und klimafreundlicheren Technologien und um Materialalternativen auszuprobieren, relevante Klimaschutzverbrauchsdaten zuzuarbeiten und um nach Drehende gemeinsam zu reflektieren. Nachhaltigkeit umfasst auch soziale Aspekte.

Wie groß der ökologische Fußabdruck der Medienbranche in Deutschland ist, kann heute niemand genau sagen. Dazu gibt es bis dato in Deutschland zu wenig Studien und vergleichbar erfasste transparente klimarelevante Daten. Das wird sich mit dem verpflichtenden Kriterium zur Klimabilanzierung seit 2022 auch nur langsam ändern. Für die sehr zeitaufwendige Datenerfassung und korrekte Bilanzierung von Verbrauchsdaten je Produktion, sind zeitnah bundesweit Schulungen für die Branche enorm sinnvoll. Zugleich muss geprüft werden, wozu diese zeitaufwendigen Bilanzierungen nützlich sind und vor allem die CO_2 Angaben sensibel und das nur Filmprojektbezogen kommuniziert werden. Allgemeine Vergleiche von Serien und Filmen vermeide ich, denn jedes Team agiert anders, jeder Film ein Unikat und beeinflussen die Drehregion, die Anzahl der Motive und die Drehzeit das Ergebnis entsprechend. Mein Fokus bleibt und war die möglichst natürliche Implementierung eines wirksamen Klimaschutzmaßnahmenpakets durch die zeitnahe Realisierung der zuvor beschriebenen Maßnahmen, Wissenstransfer und Innovation. Basis hierbei bleibt eigenverantwortliches Handeln.

Die Nachhaltigkeit in der Medien- und Kreativbranche darf sich auch nicht nur auf den Ökologieaspekt beschränken. Nachhaltigkeit steht zugleich für faire Bezahlung und Wohlergehen und die 17 Nachhaltigkeitszielen bieten uns als Medienbranche eine solide Grundlage zum Handeln. Daher sind die SDGs seit 2015 natürlich Teil meines Lebens, meiner Seminare und Beratungsleistungen. Wie diese sich konkret hinter der Kamera durch eine klimafreundlichere Produktionsweise implementieren lassen und vor der Kamera durch Filme zu den Zukunftsthemen, stelle ich nun dar. Ebenso wie es mein Privatleben prägt.

Den Wertewandel in der Medienbranche schaffen wir nur gemeinsam durch konsequente Haltung zur Agenda 2030 der Vereinten Nationen. ACTION BITTE!

8.2 Statement zum Thema nachhaltig Unternehmen führen und/oder nachhaltig leben

Nachhaltig leben heißt für mich Achtsamkeit praktizieren und im Einklang sein mit der mich umgebenden Natur, den Menschen und mir. Nachhaltigkeit im beruflichen Kontext war und bleibt es, WIE umweltverträglich wir unsere Arbeits-, Produktions- und Verhaltensweisen kreativ gestalten, welche Visionen wir entwickeln und ob es uns gelingt, ganzheitlich lösungsorientiert und bewusst wertschätzend miteinander unsere Lebensgrundlagen zu bewahren (Abb. 8.2).

8.3 Statement zu ausgewählten SDGs

8.3.1 SDG 1 – Keine Armut

Wirkliche Armut musste ich nie erleben, selbst wenn es Jahre in meiner freiberuflichen Tätigkeit mit großer Vision für die Medienbranche gab, wo ich mehrere Minijobs machte und zuweilen nicht wusste, wie es weitergeht. Es war eine intensive Lebensschule, und ich war nicht wirklich darauf vorbereitet, nachdem ich zuvor zwanzig Jahre festangestellt gearbeitet hatte.

Es ist wichtig, sich bewusst zu machen, welchen Wert mein Wissen auf dem Gebiet des Umweltschutzes hat und es natürlich eine zu bezahlende Arbeitsleistung war und ist.

Die größte Herausforderung für mich war, mein Selbstbewusstsein zu stärken und immer wieder aufzustehen. In Bezug auf die Medienbranche

Abb. 8.2 Be One Be Wild Be Sustainable

bedeutet es natürlich faire Löhne und Verträge, Transparenz zur Planungssicherheit und bei Gewinn und im Sinne der Kreislaufwirtschaft die Förderung sozialer Projekte, durch Weitergabe von Material und Kleidung an Bedürftige.

8.3.2 SDG 2 – Kein Hunger

Hunger habe ich nie kennengelernt. Hier ist mir wichtig, dass wir es als Gemeinschaft schaffen, dass niemand in unserem reichen Land hungern muss und der Anteil des ökologischen Landbaus bundesweit gleichmäßig stetig ausgebaut wird und bezahlbar ist, damit wir uns alle gesund, artgerecht und regional ernähren.

Herausforderungen für die Medien- und Kreativbranche ist das Catering möglichst vielseitig, gesund, ökologisch, aus fairem Handel und mit reduziertem Fleischkonsum anzubieten. Denn dadurch sorgen wir auch für mehr Biodiversität auf unseren Böden und Landschaften (Abb. 8.3).

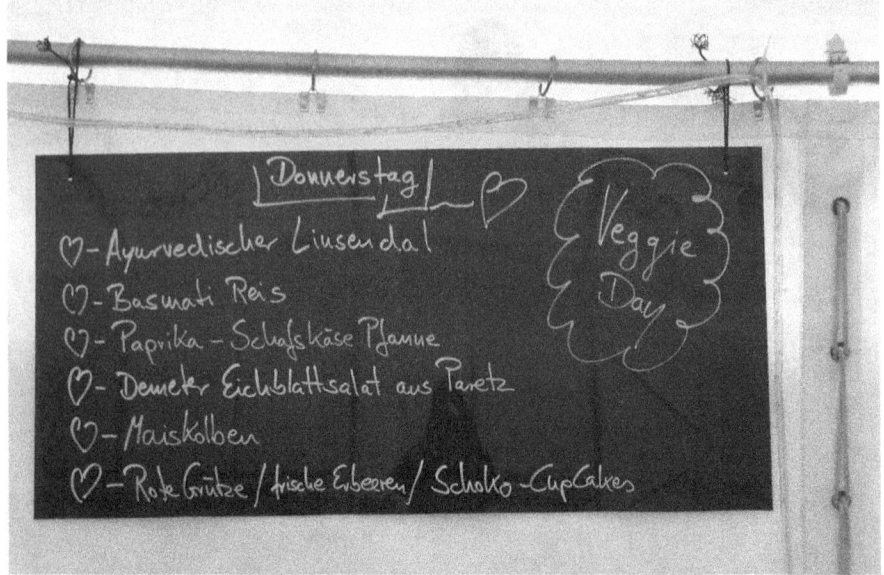

Abb. 8.3 Vegetarisches Essen, fair, regional, ökologisch sorgt für Biodiversität und Bodenschutz

8.3.3 SDG 3 – Gesundheit und Wohlergehen

Hier muss ich lernen, besser für mich zu sorgen, denn immer die Welt zu retten und mir selbst zu selten Auszeiten zu nehmen, ist langfristig ungesund. Hier bedarf es mehr Disziplin meinerseits und mehr Akzeptanz, dass Dinge sind wie sie sind und wertfreier zu leben.

Beides ist wichtig, weil es mir meine Lebensfreude und Leichtigkeit zurückgibt.

Herausforderungen für die Medienwelt und mich ist es eine Vertrauenskultur und Wertschätzung füreinander zu ermöglichen, heilsame Arbeitsatmosphäre, ganzheitliches Betrachten von Produktionsweisen, faire Fehleranalysen, gewaltfreie achtsame Kommunikation und Reflexion des Verhaltens zueinander (Abb. 8.4).

8.3.4 SDG 4 – Hochwertige Bildung

Ich selbst konnte im Rahmen der Möglichkeiten in der DDR vieles erlernen, doch wie ich jetzt weiß, hatten meine persönlichen Interessen und Bedürfnisse damals wenig Raum, sich zu entfalten. In meiner zweiten Lebenshälfte standen mir vielfältig Wege offen.

Abb. 8.4 Fairness war Programm beim ersten grünen rbb Tatortdreh im März 2020

Abb. 8.5 Wissenstransfer zu Green Cinema beim Workshop in Venedig

Wissenstransfer ist mir wichtig, weil es Basis meiner Arbeit ist.

Ich gebe seit 2012 meine Fachkenntnisse zu Umweltschutz- und Nachhaltigkeitsaspekten im Rahmen von Keynotes, Fachgesprächen/Beiträgen, Seminaren und Masterclasses, Workshops, Studienarbeiten, Inhouse Schulungen und als Consultant für die gesamte Medienbranche weiter (Abb. 8.5, 8.6 und 8.7).

8.3.5 SDG 5 – Geschlechtergleichheit

Ich habe als Diplom-Umweltingenieurin immer gleichberechtigt gearbeitet, mich immer akzeptiert gefühlt und nie geschlechtsspezifisch differenziert, da bei mir immer die Fachkompetenz im Fokus steht. Erst in den letzten Jahren erlebte ich, wie sehr dominant Männer, aber auch Frauen agieren.

Fairness ist ein Wert, der mir enorm wichtig ist, als Basis für ein gesundes Miteinander.

Herausforderungen für die Medienbranche ist natürlich eine Geschlechter-Vielfalt in allen Positionen, Bereichen und Berufen zu leben sowie Flexibilität und Familienfreundlichkeit bei Dreharbeiten zu ermöglichen.

Abb. 8.6 Greenfilmpanel bei Green Screen (v.l.n.r. ....Gutsche, Dopp)

Abb. 8.7 Filmgespräch zur Agenda 2030 Filmreihe (V.l.n.r. Perico, Gutsche, Stöter, Movan)

8.3.6 SDG 6 – Sauberes Wasser und Sanitäreinrichtungen

Ich trinke seit meiner Kindheit Leitungswasser, da ich das Glück habe, in Regionen zu leben, wo das kostbare Wasser aus regionalem Grundwasser hergestellt wird. Dadurch spare ich auch enorm viel CO_2, denn es muss nicht abgefüllt und transportiert werden.

Mir ist wichtig, dass jeder Mensch kostenfrei Zugang zu Trinkwasser bekommt. Darum empfehle ich als Klimaschutzkompensation meist Zertifikate zum Trinkwasserbrunnenbau.

Die schonende effektive Wassernutzung durch Verwendung von Reinigungs-, Putz- und Waschmittel auf pflanzlicher Basis ohne synthetische Farb-, Konservierungs- und Duftstoffe, ohne Erdölchemie, Mikroplastik und Gentechnik, möglichst aus co^2freier Produktion im Büro, der Mobile, Aufenthaltsräume, beim Catering und Kostümbereich zu nutzen, steht privat aber vor allem in der Medienproduktion auf meiner Checkliste. Ebenso die ordnungsgemäße Erfassung des Abwassers.

8.3.7 SDG 7 – Bezahlbare und saubere Energie

Seit ich eine eigene Wohnung habe und es Anbieter von zertifiziertem Ökostrom gibt, bin ich deren Kunde. Mir ist es wichtig, weil ich damit den Ausbau regenerativer Energiequellen unterstütze.

Die Nutzung von Ökostrom ist eine der wirksamen Maßnahmen umweltfreundlicher Filmproduktion, beim Kino- und Festivalbetrieb und sollte im Büro, den Studios, in Werkstätten, der Baubühne, den Screeningräumen sowie durch die Servicepartner wie u. a. Postproduktion, dem Catering, die Hotels und im Fundus normal sein. Nicht vermeidbare Restemissionen sollten kompensiert werden, dies ist für alle Drehmotive unbedingt anzustreben und durch die Erfassung der Energie-Verbräuche für all diese Bereiche möglich (Abb. 8.6, 8.7 und 8.8).

8.3.8 SDG 8 – Menschenwürdige Arbeit und Wirtschaftswachstum

Wirtschaftswachstum erwarte ich zukünftig unter Einhaltung der 17 SDGs und leiste hierzu meinen Beitrag durch die unermüdliche Arbeit, die ich anbiete. Prekäre Arbeitsbedingungen musste ich nie erleben, nur viel zu

Abb. 8.8 Klimaneutral Übernachten im Savoy Hotel Köln

lange unbezahlt freiberuflich tätig zu sein, da es Jahre dauerte, bis die Bereitschaft in der Medienbranche da war, Umweltschutzarbeit anzuerkennen.

Mir ist es wichtig, dass Modelle des Gemeinwohls Realität werden.

Zukunftsweisendes Handeln, ganzheitliche Nachhaltigkeitsstrategien und Ziele, partnerschaftliche Zusammenarbeit und Wertschätzung der Mitarbeiter*innen der Medienbranche und aller Filmschaffenden*innen bieten hierfür die Grundlage, d. h. faire Löhne, flexible Arbeitszeiten, langlaufende Verträge und die aktive Einbindung in Transformationsprozesse.

8.3.9 SDG 9 – Industrie, Innovation und Infrastruktur

Für mich hat immer die persönliche Kommunikation Priorität vor digitaler und mir persönlich geht die technologische Entwicklung weltweit generell zuweilen zu schnell. Klare Strukturen und Verantwortlichkeiten sowie Verbindlichkeiten erleichtern jedoch meine Arbeitsweise.

Innovation und Raum für Kreativität ist wichtig, wenn es umweltschonende Konzepte und eine Umsetzbarkeit ermöglicht, um das Anliegen der Agenda 2030 zu bedienen.

Für die Medienbranche überlebenswichtig, denn wir brauchen dringend praxistaugliche klimafreundliche Generatoren und mobile Stromerzeuger,

Abb. 8.9 Eco-Hotel Guldsmeden in Berlin mit green sign Zertifikat

zur Ausleuchtung der Motive, CO_2-arme Fahrzeuge und deren Infrastrukturen, um Ressourcenschutz in der Filmherstellung und bei Festivals umzusetzen. Das erfordert einen transparenten, fairen Austausch und Bedarfsanalysen mit allen relevanten Verleihern sowie dringend der Wirtschaftsförderung (Abb. 8.9, 8.10, 8.11, 8.12 und 8.13).

8.3.10 SDG 10 – Weniger Ungleichheiten

Gleichwertige Verteilung der Aufgaben und aktive Unterstützung, egal ob privat oder beruflich, d. h. ‚Wir sind ein Team' leben und gewaltfreie Kommunikation jederzeit.

Mir ist das wichtig, weil wenn wir uns mehr als Gemeinschaft verstehen und akzeptieren, wir alle gesünder miteinander leben.

In der Kreativ- und Medienbranche muss daher gleiche Bezahlung für gleiche Arbeit gelten, transparente Chancengleichheit, Integration und insbesondere mehr Wertschätzung für freiberufliche Filmschaffende zugesichert werden.

8 Passion für die Erde und Vision für die Medienbranche 179

Abb. 8.10 Nutzung von Ökostrom on location mit Feststromanschluss

Abb. 8.11 Innovation durch gasbetriebene Lastenfahrzeuge

Abb. 8.12 Nutzung von LED on Location reduziert den Stromverbrauch

Abb. 8.13 Klimafreundliche Akku-Generator im Praxistest

Abb. 8.14 Carsharing ermöglicht CO_2 arme Mobilität

8.3.11 SDG 11 – Nachhaltige Städte und Gemeinden

Ich lebe und arbeite seit 1985 in Berlin und seit zehn Jahren auch in Potsdam und beide Städte haben Klimaschutzkonzepte und sind umgeben von grünen Landschaften, Wäldern und viel Wasser. All das bedeutet Lebensqualität und doch bedarf es weniger Lärm- und Abgasverschmutzung in der Stadt.

Es ist mir wichtig, dass alle Dächer wo machbar und alle öffentlichen und privaten grünen Wiesen und Flächen bunter werden und somit zur Biodiversität beitragen.

Indem wir Filme, Kinos und Festivals umweltfreundlicher herstellen und betreiben, sorgen wir maßgeblich für Naturschutz in der Stadt und den Gemeinden. Indem Infrastrukturen für green mobility und energy zeitnah ausgebaut werden, haben wir alle was davon (Abb. 8.14, 8.15 und 8.16).

8.3.12 SDG 12 – Nachhaltige/r Konsum und Produktion

Nachhaltige/r Konsum und Produktion ist wesentlicher Teil meiner Lebensphilosophie und mir wichtig, damit wir unsere begrenzten Ressourcen schonen.

Abb. 8.15 Ökologisch mobil ans Filmset

Abb. 8.16 Innovation LED auch im Filmstudio als MUSSkriterium

Abb. 8.17 Mehrfachnutzung durch Ausleihe im Kostümfundes

Kernziel beim Wertewandel und in der Zukunftssicherung der Medienbranche, durch Wissenstransfer, Förderung der Kreislaufwirtschaft, umweltbewusste Verwendung von Material, Kostüm, Lebensmitteln, transparente Umstellungsprozesse und die Bereitschaft einander zuzuhören und gemeinsam zu reflektieren, um sich sinnvoll nachhaltig zu entwickeln (Abb. 8.17, 8.18, 8.19, 8.20 und 8.21).

8.3.13 SDG 13 – Maßnahmen zum Klimaschutz

Alles, was ich tue, ist klimarelevant und daher achte ich bewusst darauf, WIE ich es tue. Es ist wichtig, um das Überleben der Menschheit zu sichern.

Die VISION 2023 ist die Hauptrolle für den Klimaschutz durch eigenverantwortliches Handeln hinter der Kamera und auch vor der Kamera, also jede(r) in der gesamten Medienbranche und ich wünsche mir, dass wir dadurch Inspiration für andere sind. Alle Unternehmen, Festivals und Kulturhäuser bundesweit kompensieren nicht vermeidbare Restemissionen und wir produzieren mehr gesamtgesellschaftlich relevante Filme und Events für ein breites Publikum (Abb. 8.22, 8.23 und 8.24).

Abb. 8.18 Mehrweggeschirr und Wassergallonen am SET Tisch sind klimarelevant

Abb. 8.19 Mehrwegflaschen zu 100 % sind machbar

8 Passion für die Erde und Vision für die Medienbranche   185

Abb. 8.20 Müllvermeidung und konsequente Trennung macht Sinn

Abb. 8.21 Weiternutzung durch die Materialmafia Berlin schont Ressourcen

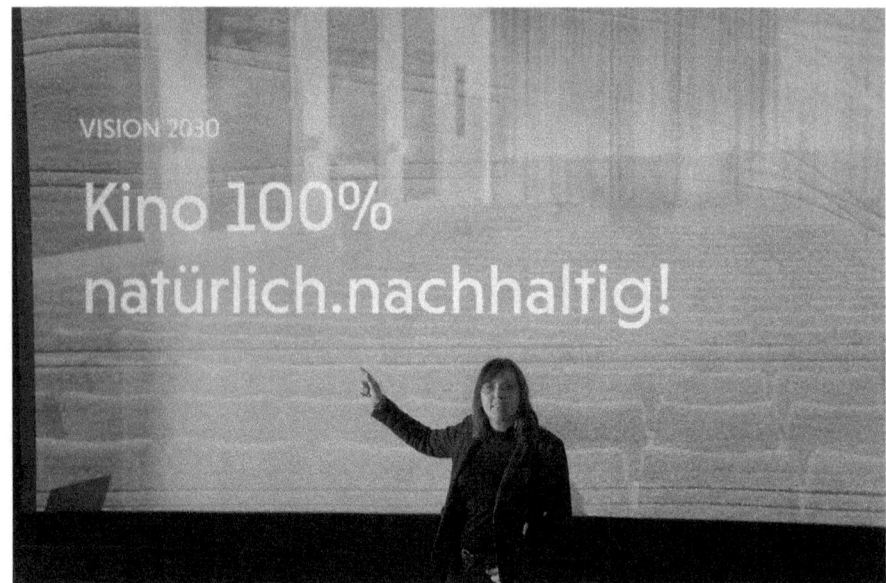

Abb. 8.22 Ökologische Betriebsweise in den Kinos ermöglichen

Abb. 8.23 Re-USE des Berlinaleteppich made in germany seit 2020

Abb. 8.24 Zum Klimaneutralen Filmfest Locarno per Rad

8.3.14 SDG 14 – Leben unter Wasser

Im nächsten Leben wäre ich gern ein Delfin. Das Ziel ist mir wichtig und daher sorge ich für den Schutz des Lebens an Land.

Indem wir Produkte ohne schwer abbaubare Inhaltsstoffe verwenden, auf Umweltgifte und möglichst auf Mikroplastik verzichten beim Szenen- und Kostümbild, der Maske und umweltfreundliche Mittel beim Spülen des Mehrweggeschirrs im Cateringbereich nutzen sowie diese umweltbewusst einsetzen, ermöglichen wir den Schutz der natürlichen Gewässer.

8.3.15 SDG 15 – Leben an Land

Es ist unser aller Lebensraum und wir müssen ihn gemeinsam bewahren. Hier ist mir besonders wichtig, die Bodenfruchtbarkeit durch den Ausbau von biologischem Landbau zu steigern.

Indem wir mehr regionale Lebensmittel und Getränke und möglichst Biozertifiziertes beim Catering anbieten, weniger Fleisch essen und auf die faire Herkunft der Produkte achten, sorgen wir für die Vermeidung und Reduktion unseres ökologischen Fußabdrucks (Abb. 8.25).

Abb. 8.25 EARTHDAY war natürlich Veggieday

8.3.16 SDG 16 – Frieden, Gerechtigkeit und starke Institutionen

Ohne Frieden können wir nicht überleben. Mir ist wichtig, dass wir uns auf unsere menschlichen Werte des Miteinander besinnen. Rechtskonformes Verhalten und ethische Werte als Prinzipien der Unternehmensführung zum Wohlwollen aller müssen Maßstab unseres Handelns sein.

8.3.17 SDG 17 – Partnerschaften zur Erreichung der Ziele

Zu zweit ist man weniger allein. Partnerschaften sind wichtig, um gemeinsam die zuvor beschriebene Transformation der Medienbranche gemeinsam zeitnah zu schaffen.

Die Klimakrise wartet nicht und Wissenstransfer in Arbeitskreisen, Inhouse Green Teams, Runden Tischen, bei Anhörungen, Panels, Seminaren und Kongressen enorm wichtig, doch viel mehr muss dem JETZT die Bereitschaft durch konkretes Handeln aller in der Medienbranche bei den Entscheidungsträgern in Politik und Wirtschaft als die relevanten Servicepartner folgen.

8 Passion für die Erde und Vision für die Medienbranche

Abb. 8.26 Gemeinsam umweltfreundlich Filme drehen ist natürlich nachhaltig

Wir müssen zukunftsweisende realistische Entscheidungen treffen, Erfahrungen transparent machen, Veränderungen und Innovationen zulassen und Lösungen der Finanzierung und Förderung finden. Es geht um: WIR schaffen den Wertewandel gemeinsam (Abb. 8.26).

> *„Wir waren jene, die wussten, aber nicht verstanden, voller Informationen, aber ohne Erkenntnis, randvoll mit Wissen, aber mager an Erfahrungen. So gingen wir, von uns selbst nicht aufgehalten."*
> Roger Willemsen

Korina at work/ und dann 17 Bilder der Umsetzung, copyrights. BLUECHILDFILM

9

Nachhaltig aus Leidenschaft

Julia Becker

9.1 Biografie

Die FUNKE Mediengruppe ist eines der größten Medienunternehmen in Deutschland mit rund 6.000 Mitarbeiterinnen und Mitarbeitern. Seit Anfang 2019 befindet sich die Konzernzentrale in der Grünen Mitte Essen im Herzen der Ruhrgebietsmetropole. Neben 12 Regionalmedien, zum Beispiel WAZ, NRZ, Berliner Morgenpost und Hamburger Abendblatt, zählen auch Radiosender, zahlreiche TV-Zeitschriften wie Hörzu oder Gong, und Frauentitel wie BILD der Frau oder Frau im Spiegel und Special Interest-Titel wie die LandIdee zum abwechslungsreichen Produktportfolio. An ihrer Spitze steht die Verlegerin und Aufsichtsratsvorsitzende Julia Becker. Gemeinsam mit ihren Geschwistern Nora Marx und Niklas Jakob Wilcke übernahm sie im Sommer 2021 alle Anteile des Unternehmens. Fast zeitgleich machten sich die Gesellschafter zur Aufgabe, das Bewusstsein für mehr Nachhaltigkeit innerhalb der FUNKE Mediengruppe zu schärfen. Gemeinsam mit der Konzerngeschäftsführung entwickelten sie eine Nachhaltigkeitsstrategie. Zudem ernannten sie Gundula Ullah, Bereichsleiterin Procurement, zusätzlich zu ihrer Führungsfunktion im Einkauf, zum Head of Sustainability. „Bereits seit ihrem Wechsel zu FUNKE in 2019 setzt sie sich für die nachhaltige Beschaffung im Einkauf ein und hat hier bereits

---

J. Becker (✉)
FUNKE Mediengruppe, Essen, Deutschland
E-Mail: tobias.korenke@funkemedien.de

diverse Kooperationen geschlossen. Jetzt soll sie das Thema Nachhaltigkeit bei FUNKE auch auf Konzernebene weiter vorantreiben und ihre Expertise in allen Bereichen mit einbringen", freute sich Julia Becker.

Auch für die Enkelin des FUNKE-Gründers Jakob Funke spielt das Thema Nachhaltigkeit seit jeher eine wichtige Rolle. „Schon meine Eltern gaben mir Sparsamkeit und vor allem Weitsicht mit auf den Weg. Meine Geschwister und ich lernten früh, selbst die einfachsten Dinge zu schätzen und mit unseren Ressourcen umsichtig zu handeln. Denn: Unsere Erde gibt es nur einmal. Es hängt an uns, sie für nachfolgende Generationen zu erhalten und Rohstoffe zukunftssicher zu machen." Dieses Credo haben sich Julia Becker und ihre Geschwister auch für ihr Unternehmen auf die Fahne geschrieben. Das zeigte Wirkung: So druckte FUNKE seine Produkte schon vergleichsweise früh auf recyceltem und umweltzertifiziertem Papier. Es ist aber klar, dass angesichts von fortschreitender Umweltzerstörung und Klimawandel das Unternehmen deutlich mehr tun muss, um nachhaltig zu wirtschaften. „Früher war es die Tageszeitung, die möglichst ökologisch gedruckt werden sollte. Aktuell diskutieren wir, ob wir Grünstrom in den Gebäuden einsetzen, bei den Dienstwagenflotten vermehrt auf E-Mobilität setzen sollen oder ob wir im Einkauf ausschließlich auf nachhaltige Beschaffung setzen wollen", erklärt Julia Becker. „Sie merken schon, das Spektrum ist viel größer geworden, als es noch vor 20 Jahren war. Das Bewusstsein für Nachhaltigkeit und Ressourcenschutz hat sich innerhalb unserer Leserschaft rapide gewandelt. Aber das finde ich gut." Beim verantwortungsvollen Umgang mit Ressourcen spielt auch das Digitale eine große Rolle. Hier spart FUNKE natürlich enorme Mengen an Papier, Druckfarbe und Versand.

9.2 Statement zum Thema nachhaltig Unternehmen führen und/oder nachhaltig leben

„Meinen Geschwistern und mir ist das Thema Nachhaltigkeit besonders wichtig. Unsere Entscheidung, alle Anteile der FUNKE Mediengruppe zu übernehmen, hat auch hier ihren Grund: Wir wollen, dass es hochwertigen Journalismus auch noch in den kommenden Generationen gibt – nachhaltiger geht's eigentlich nicht, oder? Wir freuen uns, dass wir bei FUNKE nun einen stärkeren Fokus auf Nachhaltigkeit legen und eine eigene Position dafür geschaffen haben. Ich freue mich, dass wir Gundula Ullah, Bereichsleiterin Procurement, zusätzlich zu ihrer Führungsfunktion im Einkauf, zum Head of Sustainability von FUNKE ernannt haben. Bereits seit ihrem Wechsel zu FUNKE in 2019 setzt sie sich für die nachhaltige Beschaffung im Einkauf ein und hat hier bereits diverse Kooperationen geschlossen. Jetzt soll sie das Thema Nachhaltigkeit bei FUNKE auch auf Konzernebene weiter vorantreiben und ihre Expertise in allen Bereichen mit einbringen", sagt Julia Becker.

9.3 Statement zu ausgewählten SDGs

Die Sustainable Development Goals (SDGs) sind 17 Kernziele für eine nachhaltige Entwicklung, die von den Vereinten Nationen (UN) im Rahmen der Agenda 2030 festgelegt wurden. Die SDGs bilden politische Leitlinien auf wirtschaftlicher, ökologischer und sozialer Ebene und spielen auch für FUNKE eine wichtige Rolle. Handlungsfelder sind beispielsweise der verstärkte Einsatz für Frieden und Rechtsstaatlichkeit, die Bekämpfung von Korruption, aber auch Bildung für alle oder der Schutz unseres Klimas und unserer Ressourcen.

Um die SDGs in der Praxis bei FUNKE anzuwenden und somit zu einer globalen Veränderung des Klimas beizutragen, hat FUNKE sich dazu entschieden, einen Fokus auf sechs SDGs zu legen. Durch diese Fokussierung soll eine rasche und qualitativ gute Umsetzung gewährleistet werden. Alle Mitarbeitenden sind dazu aufgerufen, einen Beitrag zur erfolgreichen Umsetzung zu leisten.

9.3.1 SDG 5 – Geschlechtergleichheit

FUNKE steht für Chancengleichheit und Toleranz. Selbstverständlich macht das Unternehmen keine Unterschiede bei der Einstellung, bei einer Beförderung oder der Gewährung von Aus- und Weiterbildungsmaßnahmen sowie im täglichen Arbeitsalltag hinsichtlich des Geschlechts, des Alters, des Familienstandes, der Hautfarbe, der Kultur, der ethnischen Herkunft, der sexuellen Identität, einer Behinderung oder der Religionszugehörigkeit. Wir haben das klare Ziel, FUNKE – auch und besonders die Führungsstrukturen – in den kommenden Jahren noch deutlich diverser aufzustellen. Angefangen bei unserer Konzerngeschäftsführung, kann man diese positive Entwicklung bereits in vielen Bereichen bei FUNKE beobachten. So sind drei von vier Mitgliedern des Executive Board weiblich, alle Frauenzeitschriften werden von Frauen geführt, und auch bei den Regionaltiteln, traditionell eine eher männliche Domäne, nimmt der Anteil von Frauen in Führungspositionen deutlich zu. Bei FUNKE ist die digitale Revolution weiblich. Insbesondere in den digitalen Bereichen haben Frauen die Keyfunktionen inne. Nachholbedarf gibt es noch bei Mitarbeitenden mit Migrationshintergrund. Hier müssen wir eindeutig noch diverser werden. Schon aus Qualitäts- und betriebswirtschaftlichen Gründen: Nur, wenn wir die Vielfalt unserer Gesellschaft in den Redaktionen abbilden, gelingt es uns, die Gesellschaft in ihrer Breite für unsere Produkte zu interessieren. Nur dann werden wir auf die Dauer auch ökonomisch erfolgreich sein. Eindeutig bekennen wir uns zu diesem Grundsatz: FUNKE toleriert weder Sexismus noch sexuelle Belästigung. Vielfalt ist uns wichtig, weil wir mit unterschiedlichen Perspektiven, Erfahrungen, Arbeitsstilen oder Erwartungen sowie Meinungen wunderbare Ergebnisse erzielen können. Wir müssen uns von Vorteilen befreien und Menschen unterschiedlichster Art mit offenen Armen begegnen.

9.3.2 SDG 7 – Bezahlbare und saubere Energie

Die Nutzung von Ökostrom ist uns wichtig, weil es unsere Erde nur einmal gibt. Deshalb gilt bei FUNKE: Die Nutzung von Ökostrom soll in den nächsten Jahren massiv ausgebaut werden.

Hier lautet für FUNKE das Stichwort „Saubere Energie" und ihre Umsetzung:
- Der gruppenweite Einsatz von Ökostrom wird evaluiert.
- Die FUNKE-Druckzentren nutzen Ökostrom seit Anfang 2022.
- Der Einsatz von Ökostrom wird im Herstellungsprozess externer Druckdienstleister (z. B. Zeitschriften) geprüft.

Auch wenn der Preis für Ökostrom höher ist als der von herkömmlichem Strom: Diese Investition lohnt sich. Wir müssen hier Prioritäten setzen. Ein gemeinschaftliches Denken hilft bei der Umsetzung. Je mehr Unternehmen sich beteiligen, desto nachhaltiger wird unsere Branche und somit unser aller Leben.

9.3.3 SDG 8 – Menschenwürdige Arbeit und Wirtschaftswachstum

Bei FUNKE werden die Kernelemente menschenrechtlicher Sorgfaltspflichten großgeschrieben: Unser Verhaltenskodex legt die Basis für eine vertrauensvolle Zusammenarbeit untereinander, aber auch mit unseren Kund*innen und Geschäftspartner*innen. Wir nutzen geeignete Tools und Prozesse zur Überprüfung der Einhaltung der Menschenrechte entlang unserer wichtigsten Lieferketten.

Bei FUNKE wird Vertrauen großgeschrieben. Das bedeutet, dass die Aufgaben jeder und jedes Einzelnen zwar erfüllt werden müssen, wann das geschieht, kann ganz individuell mit dem jeweiligen Vorgesetzten abgesprochen werden. Feste Arbeitszeiten von 9 bis 17 Uhr gibt es bei uns aber nicht.

Was zählt, ist allein die termin- und qualitätsgerechte Erledigung der übertragenen Aufgaben und das Erreichen der vereinbarten Ziele. Wann und wo an diesen gearbeitet wird, überlässt das Unternehmen hier weitgehend den Mitarbeitenden. Das setzt nicht nur Vertrauen, sondern auch eine hohe Selbstdisziplin und -organisation der Mitarbeitenden sowie konkrete Zielvorgaben durch das Management voraus.

Mehr noch: Es braucht eine funktionierende Vertrauenskultur im Unternehmen sowie Führungskräfte, die die Arbeitsergebnisse ihrer Mitarbeitenden unabhängig von ihrer Arbeitszeit objektiv bewerten können und nicht zuletzt Regeln zum Umgang mit Überlastung und mangelnder Auslastung.

9.3.4 SDG 9 – Industrie, Innovation und Infrastruktur

Innovation ist unverzichtbar, um die Klimakrise zu bewältigen und um nachhaltiges Wirtschaften zu ermöglichen. Bedürfnisse von Kund*innen und Unternehmen ändern sich. Es entstehen neue Kundenbedürfnisse oder Kommunikationswege und andere fallen einfach weg. Wir wollen Journalismus online wie offline in allen Medien nachhaltig produzieren, ganz gleich, ob Tageszeitung, Zeitschriften oder Anzeigenblätter. Digital First dient dabei als Nachhaltigkeitstreiber in allem, was wir tun. Wir prüfen die Etablierung interner Guidelines zu Corporate Digital Responsibility. Der Einsatz von Green IT-Lösungen wird im Rahmen von Investitionen regelmäßig geprüft.

Klar ist auch: Ohne Innovationen gelingt keine Transformation: Wir leben beim Thema Innovation von Kreativität – in der Medienbranche vielleicht noch mehr als in anderen Branchen. Unsere Rohstoffe sind Intelligenz, Reflexion, Eingebungen, Ideen sowie der Mut und das Durchhaltevermögen. Hier liegt unsere große Chance.

9.3.5 SDG 12 – Nachhaltige/r Konsum und Produktion

Der Konsum von Produkten beeinflusst die wirtschaftliche und soziale Situation der Menschen, aber vor allem den Zustand der Umwelt. Die Belastbarkeitsgrenze der Erde ist gefährdet. Der Konsum von uns allen sollte so ausfallen, dass auch zukünftige Generationen ihre Bedürfnisse noch erfüllen können.

Das ist im Unternehmen so wie im Privaten. Es geht um bewussten Konsum, jede Anschaffung sollte nach Nachhaltigkeitskriterien getätigt werden, stets sollte die eigene „Gesamtbilanz" im Auge behalten werden.

Die Produktion und der Einkauf für unsere Produkte und Dienstleistungen wird nachhaltiger aufgestellt: Der Einkauf hat Anfang 2022 bereits eine Zertifizierung des Bundesverbands für Materialwirtschaft, Einkauf und Logistik (BME) zur „Nachhaltigen Beschaffungsorganisation" erreicht. Der Einstieg in die BME-Zertifizierung besteht aus einem standardisierten und gelenkten Online-Fragebogen und der Formulierung einer Selbstverpflichtungserklärung, die die Mindestkriterien einer nachhaltigen Beschaffungsorganisation enthält. In insgesamt sieben unterschiedlichen Teilbereichen wird dann bewertet, wie innovativ und nachhaltig die Einkaufsorganisation eines Unternehmens bereits aufgestellt ist. Diese Kriterien wurden von FUNKE im ersten Schritt bereits erfüllt. In den nächsten Jahren wird es dann um die prozessuale und organisatorische Vertiefung der Tätigkeiten innerhalb der nachhaltigen Beschaffung gehen, wie z. B. die Verankerung von Nachhaltigkeitskriterien in Ausschreibungen oder die Überprüfung der gesamten Wertschöpfungskette bei Kernlieferanten im Bereich Papier oder Produktion.

Aber das ist nicht alles: Neue Lastenräder und E-Bikes am FUNKE-Standort Thüringen, die Einführung der Nachhaltigkeitsapp des Essener Start-ups SUSTAYN für die Mitarbeiter*innen der Westfalenpost, die Kooperation mit COZERO, einem Berliner ClimateTech Unternehmen, das die CO_2-Bilanz von FUNKE erfasst und auswertet, Ansätze zur Einsparung bietet sowie eine durch die FUNKE Technology eingeführte Akkubremse bei Dienstlaptops für eine längere Lebensdauer der Geräte.

FUNKE arbeitet im Bereich Nachhaltigkeit mit Project Wings aus Koblenz zusammen. Die Gründerin Leonie Deimann hat in der Vergangenheit schon häufig bewiesen, wie wichtig ihr der Ressourcenschutz ist. Imponiert hat Julia Becker ihre Offenheit und ihr Verständnis zu Umweltthemen. „Sie zeigt nicht mit dem erhobenen Zeigefinger auf andere, sondern präsentiert selbst tolle Ideen, womit jede und jeder von uns einen kleinen Teil zum Klimaschutz beitragen kann." So kämpft sie mit Project Wings gegen Plastikvermüllung und hat auf Sumatra – einer kleinen Insel vor Indonesien – das erste Recyclingdorf der Welt erbaut. Für dieses Engagement wurde sie Ende 2021 mit der von FUNKE vergebenen Goldenen BILD der Frau ausgezeichnet. Sie saß nichts ahnend im Publikum, bis Moderator Kai Pflaume sie auf die Bühne bat, um sie mit dem „Sonderpreis Zukunft" für ihr Umwelt-Engagement auszuzeichnen.

9.3.6 SDG 13 – Maßnahmen zum Klimaschutz

FUNKE etabliert eine Klimaschutzstrategie und zahlt damit auf das „1,5° Ziel" ein. Als ersten Schritt erarbeiten wir mit unserem Kooperationspartner COZERO eine konzernweite CO_2-Bilanz (Scope 1+2) – Aus dieser Bilanz leiten wir weitere Maßnahmen zur Erreichung der CO_2-Neutralität ab und berichten diese im Rahmen unseres Nachhaltigkeitsberichts. Diesen erstellt für uns eine Unit der FUNKE-Tochter Raufeld. Gemeinsam mit unserer Head of Sustainability, Gundula Ullah, werden die verschiedenen Kapitel des Nachhaltigkeitsberichts sukzessive entwickelt und vorangebracht. Wir prüfen in diesem Zusammenhang auch die Elektrifizierung unserer Flotten bzw. alternative Mobilitätskonzepte. All das fließt in unseren Nachhaltigkeitsbericht mit ein.

Aber wir wollen schrittweise auch unsere Mitarbeiterinnen und Mitarbeiter mithilfe einer Nachhaltigkeits-App bei wichtigen ressourcenschonenden Entscheidungsprozessen mit einbeziehen. Den Start macht unsere Kooperation mit dem Essener-Start-up SUSTAYN. Die App der Jung-Unternehmer*innen bietet uns dabei die geeignete Plattform, um unsere Mitarbeiterinnen und Mitarbeiter zu nachhaltigem Handeln zu motivieren und gleichzeitig über Ressourcenschutz zu informieren. Für die Implementierung im Unternehmen sind wir bei FUNKE deshalb Anfang des Jahres eine Kooperation mit SUSTAYN eingegangen. SUSTAYN bietet eine digitale Plattform, die Unternehmen in der nachhaltigen Transformation unterstützt. Das junge Unternehmen wurde im Rahmen der ruhrSTARTUPWEEK sogar als Startup of the Year 2021 ausgezeichnet und ist für uns ein wichtiger und vertrauensvoller Partner.

Gestartet wurde die Zusammenarbeit zwischen SUSTAYN und FUNKE mit der Redaktion der Westfalenpost, die das Thema „Nachhaltigkeit" seit jeher stark im Fokus hat. Unter dem Motto „Bin eben kurz die Welt retten", blickten die Redakteur*innen im vergangenen Jahr z. B. auf verschiedene Facetten nachhaltigen Handelns. Wie kleide ich mich modisch, aber dennoch nachhaltig? Kann man eine Woche komplett auf Plastik verzichten? Und wie kann man beim nachhaltigen Leben auch noch Geld sparen? All das waren zentrale Themen, die von den Leser*innen sehr positiv wahrgenommenen wurden. Seit dem Frühjahr 2022 testet die Redaktion die SUSTAYN-App als Pilotprojekt, sodass wir die Implementierung der App schnellstmöglich auch auf andere FUNKE-Bereiche ausweiten können.

9.3.7 SDG 17 – Partnerschaften zur Erreichung der Ziele

Fazit

Ist FUNKE schon ein nachhaltiges Medienhaus? Sicherlich nicht in ausreichendem Maße. Aber wir setzen heute konsequent die Impulse und tätigen die Investitionen, um für das „Morgen" gerüstet zu sein. Als ein führendes Medienhaus in Deutschland kennen wir unsere Verantwortung. Als Multiplikator und als Unternehmen mit über rund 6000 Mitarbeitenden wollen und werden wir unseren Beitrag zum Klimaschutz und zur Verwirklichung des 1,5 Grad-Ziels leisten. "Do your little bit of good where you are; it's those little bits of good put together that overwhelm the world", hat der Friedensnobelpreisträger Desmond Tutu mal gesagt. Das ist genau unser Ansatz: Im Kleinen beginnen und gemeinsam die Welt verändern.

10

Mit Empathie und Netzwerk-Power zu nachhaltigen Messen und Events

Gabriele Sorg

10.1 Biographie

Worum geht es in diesem Beitrag?
Die zentrale Frage lautet: Wie können wir alle gemeinsam Messen und Fachveranstaltungen, Kongresse, Verbrauchermessen, Festivals, Konzerte, Sport- und Kultur-Events, Stadt- und Firmenfeste, Hochzeiten und Jubiläen nachhaltiger organisieren? Widerstände sind vorprogrammiert, denn Skeptiker assoziieren Nachhaltigkeit mit Verzicht, deutlich weniger Spaß und viel mehr Zahlendreherei. Ich möchte auf den folgenden Seiten darüber berichten, warum das Gegenteil der Fall ist. Diese Einschätzung basiert auf Erfahrungen, die ich in den letzten gut 25 Jahren sammeln durfte. Außerdem lasse ich die Insights von vertrauten Netzwerkpartner:innen einfließen, mit denen ich entweder zusammenarbeite oder über deren Initiativen und Projekte ich regelmäßig berichte. Nachhaltigkeit geht am allerbesten im Team, davon bin ich felsenfest überzeugt. Deshalb bin ich sehr dankbar, in meinem Netzwerk diese geballte Kompetenz zu haben.

G. Sorg (✉)
Gabriele Sorg Innovation & Communication, Wiesbaden, Deutschland
E-Mail: gsorg@web.de

Warum habe ich mich für dieses Thema entschieden?
Konzerte und andere große Veranstaltungen sind von Kindheit an Highlights meines Lebens. Als ich 11 Jahre alt war, hörten meine Schulfreund:innen im WDR Schlager und schwärmten für Roy Black und Chris Roberts. Ich hörte BFBS, den British Forces Broadcasting Service. Dort lief die angesagteste Soul- und Funk-Musik aus UK und aus den USA. Die Moderator:innen sprachen Englisch und ich habe alles verstanden, das fand ich sehr cool. Wir schreiben das Jahr 1974. Eine meiner ersten Platten war eine LP von Barry White. Zur Erinnerung: Ich meine die mit dem gezeichneten blauen Cover und Songs wie „Can't get enough" auf der ersten Seite und „You're The First, The Last, My Everything" auf der zweiten Seite.

Diese Platte lief in meinem Kinderzimmer in Dauerschleife. Als Barry White im gleichen Jahr durch Europa tourte und Station in meiner Heimatstadt Düsseldorf machte, musste ich natürlich zu diesem Konzert. Ich habe wochenlang gequengelt – letztlich mit Erfolg! Für den Frieden im Hause Sorg war das weniger gut: Mein Papi war komplett gegen diesen Konzertbesuch, aber das Herz meiner Mami konnte ich erweichen. Sie ist schließlich mit mir zum Konzert von Barry White und seinem Love Unlimited Orchestra in die Philipshalle gegangen, die es heute unter dem Namen „Mitsubishi Electric Halle" noch immer gibt. Dieses Konzert werde ich nie vergessen! Es war ganz sicher der Auslöser für meine Liebe zu Live-Events. Damals haben wir uns zur Nachhaltigkeit noch keinerlei Gedanken gemacht. Wir haben uns einfach mitreißen lassen von der sexy Bass-Stimme und Mr. Barry White im orangefarbenen Samtanzug mit lila Seidenhemd und dem farblich passenden Schweißtuch dazu. Aber ich schweife ab, zurück in die Gegenwart.

Was bedeutet es, nachhaltige Veranstaltungen zu organisieren?
Ich zitiere sinngemäß Clemens Arnold und Jürgen May von 2bdifferent, die es wunderbar auf den Punkt bringen (Jürgen May und Clemens Arnold von 2bdifferent zählen in Deutschland zu den führenden Experten für eine nachhaltigere Veranstaltungswirtschaft, sie sind gern gesehene Keynote Speaker): „Nachhaltig zu veranstalten bedeutet, Umweltbelastungen sowie soziale und finanzielle Auswirkungen entlang der gesamten Wertschöpfungskette zu analysieren und dann auch zu optimieren." Natürlich geht es dabei auch um eine Menge Daten und Fakten, beispielsweise um den ökologischen Fußabdruck einer Messe oder Veranstaltung. Dafür muss man u. a. den CO_2-Ausstoß nachvollziehbar berechnen. Mit einer simplen Excel-Tabelle ist das nicht zu machen. Zum Glück gibt es dafür inzwischen wissenschaftlich basierte Software-Lösungen, sogar solche, die

leicht zu nutzen und obendrein bezahlbar sind. Richtwerte, u. a. spezifisch für Industrien oder Branchen, helfen auch ungemein, wenn man Daten vergleichen will.

Warum sind valide Daten und Fakten so wichtig?
Jeder, der von sich behauptet, eine „grüne" Veranstaltung zu realisieren, muss dem Faktencheck investigativer Journalist:innen und engagierter NGOs standhalten können. Auch die Kunden und ihre Stakeholder wollen (und sollen) wissen, warum ihr Event besonders nachhaltig ist. Eine wissenschaftlich fundierte und transparente Datenbasis ist die unabdingbare Voraussetzung dafür, Greenwashing von vornherein zu vermeiden. Die Fachöffentlichkeit entlarvt Klimaschutz- und Nachhaltigkeitslügen inzwischen gnadenlos und watscht die Absender medien- und breitenwirksam ab. Und das ist gut so! Auch deshalb gilt heute mehr denn je, was Peter Drucker, einer der international bekanntesten Unternehmensberater, schon vor vielen Jahren so treffend sagte: „Was Du nicht messen kannst, das kannst Du nicht erfolgreich managen, im Original: „You can't manage what you can't measure". Dieser Zitat-Klassiker wird zuweilen auch William Edwards Deming zugeschrieben, einem renommierten Physiker und Statistiker, der als Initiator des Total Quality Managements (TQM) gilt.

Warum macht es Sinn, Events nachhaltiger zu machen?
Bedingt durch die Globalisierung und ihre Schattenseiten, dazu durch die Corona-Pandemie, steckt die Veranstaltungswirtschaft in einem disruptiven Transformationsprozess. Die beteiligten Branchenakteure sind u. a. die Messegesellschaften, Location-Betreiber, Konzert- und Event-Agenturen, technische Dienstleister:innen, Logistiker und Caterer, Musiker:innen und andere Künstler. Fundamentale Veränderungsprozesse durchlaufen gerade auch die meisten Industrien und damit die Unternehmen, die auf den Messen ihre Produkte und Dienstleistungen präsentieren. Nach der digitalen Transformation stehen aktuell Nachhaltigkeit und Kreislaufwirtschaft ganz oben auf der Agenda. Maßgebliche Treiber dieser Entwicklung sind u. a. die beiden ehrgeizigen klimapolitischen Ziele der EU: die Senkung des CO_2-Ausstoßes um 55 % bis 2030 und die Klimaneutralität ab 2050. Was das für die Wirtschaft allgemein, die Veranstaltungsbranche im Speziellen und uns Verbraucher:innen bedeutet, legt das Gesetzespaket „Fit for 55" fest. Vorsichtig formuliert sind diese beiden gesetzlich festgeschriebenen Ziele sehr sportlich. In der Konsequenz ist bei den Akteuren eine Menge Druck auf dem Kessel. Um die gesetzten Klimaziele zu erreichen, müssen Wirtschaft,

Politik, die Industrien, die Wissenschaft und die Zivilgesellschaft Hand in Hand arbeiten. Nur dann werden sich die Unternehmen vom linearen „Take-Make-Waste" hin zum zirkulären Wirtschaften entwickeln können.

Der globale akzeptierte Handlungsrahmen sind seit 2015 die SDGs, die Sustainable Development Goals der UN, und die Agenda 2030. Das dahinter liegende Verständnis von Nachhaltigkeit ist ganzheitlich: Es geht immer um wirtschaftliche, gesellschaftliche *und* ökologische Aspekte, also nicht *nur* um Klima- und Umweltschutz.

Was ist unser gemeinsames übergreifendes Ziel?
Unser Planet soll lebenswert bleiben, auch für die folgenden Generationen. Bereits 1987, somit lange vor den SDGs, hatte die Weltkommission für Umwelt und Entwicklung, die „World Commission on Environment and Development" (WCED) das Konzept der ganzheitlichen Nachhaltigkeit so definiert: „Nachhaltige Entwicklung entspricht den Bedürfnissen der heutigen Generation, ohne die Möglichkeiten künftiger Generationen zu gefährden, ihre eigenen Bedürfnisse zu befriedigen und ihren Lebensstil zu wählen." Diese Definition geht auf den „Brundtland Report" zurück, den die WCED mit dem Titel „Our Common Future" unter dem Vorsitz von Gro Harlem Brundtland erstellt hatte.

Warum drängt die Zeit?
Der Klimawandel, die Erderwärmung und die sozialen Folgen sind weltweit spürbar – schon heute. Die Medien meldeten erst kürzlich einen sehr traurigen Rekord: Laut UNHCR, dem Flüchtlingswerk der Vereinten Nationen, waren 2022 gut 100 Mio. Menschen auf der Flucht vor Krieg, Verfolgung und Verletzungen der Menschenrechte. Immer mehr fliehen auch vor Hitze, Dürre, Überschwemmungen und anderen Wetterextremen, die zu Ernteausfällen und Hungersnöten führen. Die Weltbank schätzt, dass wir 2050 mit mehr als 140 Mio. Klimaflüchtlingen rechnen müssen. Das Fatale an der Sache: Dieser Klimawandel ist menschengemacht. Wir haben uns diese Suppe selbst eingebrockt. Das bestätigen unzählige wissenschaftliche Studien und der sechste Bericht vom Weltklimarat IPCC, dem „Intergovernmental Panel on Climate Change". Es ist die Verbrennung von fossilen Rohstoffen wie Kohle, Öl und Gas, die den globalen Treibhauseffekt antreibt, wodurch sich die Atmosphäre, die Ozeane und die Landflächen aufheizen.

Was heißt das für uns?
Wir sind die Verursacher und müssen *jetzt* handeln. Gemeinsam und mit dem klaren Ziel, den Klimawandel auszubremsen. Dazu kann die Veranstaltungswirtschaft einen wertvollen Beitrag leisten – faktisch *und* emotional. Speziell die Weltleitmessen, Stadionkonzerte, Festivals, dazu globale Sportereignisse wie die Olympischen Spiele und die FIFA WM, verbrauchen Unmengen an Ressourcen. Sie hinterlassen gigantische Müllberge und produzieren klimaschädliche CO_2-Emissionen en Masse.

Wie kann die Eventbranche klimaverträglicher und damit nachhaltiger agieren?
Das zeigen uns u. a. die Veranstaltungsagenturen, Locations, Dienstleister:innen und Beratungen, die auf Basis von EMAS, dem „Eco-Management and Audit Scheme" arbeiten, dem freiwilligen europäischen Standard für das Umweltmanagement. EMAS stellt sicher, dass Veranstaltungen vom Energie- bis zum Abfall- und Emissionsmanagement rechtssicher und transparent organisiert werden. Als EU-Gütesiegel gilt EMAS für alle Betriebsgrößen und Branchen, deckt sämtliche Anforderungen der DIN EN ISO 14001 ab und kann weltweit angewendet werden. Meine Netzwerkpartner:innen und ich orientieren uns konsequent an diesem Standard, der die *ökologische* Seite der Nachhaltigkeit gut abdeckt. Für die *sozialen* und *wirtschaftlichen* Aspekte nutzen wir zusätzliche Checklisten und Indikatoren.

Welche Rolle spielen professionelle Nachhaltigkeitsberatung, Kommunikation und eine fundierte journalistische Berichterstattung?
Meine regelmäßigen Gespräche mit Jürgen May und Clemens Arnold vom Beratungsunternehmen 2bdifferent, mit Tobias Weber und Natalie Driesnack von der Kölner Kreativ-Agentur format:c live communication (Abb. 10.1) und mit Stefan Lohmann von Sustainable Event Solutions (Abb. 10.2) zeigen ganz deutlich: Die so heterogenen Akteure der Veranstaltungswirtschaft haben gerade vieles gemeinsam:

1. Sie sind hochgradig verunsichert. Beispiel Messegesellschaften: Das bestehende Geschäftsmodell „so viel Fläche wie möglich so oft und so teuer zu vermieten wie machbar", um Aussteller- und Besucherrekorde am Fließband zu produzieren, funktioniert so nicht mehr. Die Messeplätze brauchen in der Nach-Corona-Zeit einen 360-Grad-Ansatz mit einem Mix aus Live-Veranstaltungen und digitalen Plattformkonzepten,

Abb. 10.1 Jürgen May (links), CEO und Gründer von 2bdifferent, rechts sein Partner Clemens Arnold. (Quelle: 2bdifferent, https://2bdifferent.de/#wer)

Abb. 10.2 Tobias Weber (links), Gründer und Geschäftsführer von format:c live communication in Köln, und seine Partnerin Natalie Driesnack. (Quelle: https://formatc-live.com/team/)

die in Präsenz, hybrid und online stattfinden können. Und zwar im besten Fall klimafreundlich und ganzheitlich nachhaltig.
2. Bei den Dienstleistern, die mit Messegesellschaften und Großveranstaltern kooperieren, u. a. Messebau, Technik, Logistik, Catering und Reinigung, sind bedingt durch die Maxime der Nachhaltigkeit zusätzliche Kompetenzen gefragt: Messebauer müssen sich intensiv mit nachhaltigen und kreislauffähigen Materialien und Standkonzepten beschäftigen. Von Technikern erwartet man, neben der Live-Infotainment-Kompetenz, auch fundierte Kenntnisse in den Bereichen stationäres und mobiles Streaming. Schließlich sollen die Teilnehmenden, die nicht vor Ort, sondern remote dabei sind, inspirierende Interaktionsmöglichkeiten haben und ihre Geschäfte mit Freude auch online abwickeln können. Caterer werden zunehmend danach gefragt, wie regional, lokal und nachhaltig sie ihre Ausgangsprodukte einkaufen und zubereiten. Getränkelieferanten sind aufgefordert, das Filtern und Abfüllen von Wasser zu ermöglichen, damit Einwegplastikflaschen vermieden werden können. Die Liste ließe sich fortsetzen.
3. Nachhaltigkeit muss messbar und transparent sein, sonst kann man sich die Kommunikation gleich sparen. Also müssen die Veranstalter dafür Performance-Indikatoren definieren. Das gilt zuallererst für das jeweilige Unternehmen selbst. Der Betreiber einer Mehrzweckhalle oder eines Stadions beispielsweise muss Daten und Fakten dazu liefern, wie nachhaltig er seine Location verwaltet. Zusätzlich gilt es, Indikatoren für einzelne Events, z. B. Konzerte oder Meisterschaften, zu definieren, die die Nachhaltigkeit quantifizieren, wenn die Halle bzw. das Stadion belegt ist. Diese Daten lassen sich nur in enger Zusammenarbeit mit den buchenden Agenturen und den Künstlern bzw. Akteuren ermitteln. Hinsichtlich der Kriterien, die zu berücksichtigen sind, herrscht aktuell noch große Unsicherheit. Selbst Messegesellschaften und Veranstalter, die sich bereits auf den Weg hin zu mehr Nachhaltigkeit begeben haben, sprechen darüber spärlich bis gar nicht. Sie können die Datenqualität selbst nicht sicher einschätzen und haben daher zu große Bedenken, womöglich in den Dunstkreis des Greenwashings zu geraten.
4. Um ein Gesamtbild des ökologischen Fußabdrucks zu bekommen, muss man sich als Veranstalter außerdem fragen: Welche Umweltbelastungen, u. a. CO_2, produzieren die an- und abreisenden Aussteller, Dienstleister und Besucher? Auf Basis welcher Statistiken und Software-Lösungen kann man diese nachvollziehbar, sprich kommunizierbar, berechnen? Welche wissenschaftlichen oder aus der Praxis stammenden Standards muss man für eine Vergleichbarkeit heranziehen? Auch hier: Unsicherheiten bis hin zur Hilflosigkeit.

Nachhaltigkeit in der Veranstaltungswirtschaft ist so komplex, dass sie von einem einzelnen Umweltbeauftragten oder CSR-Verantwortlichen nicht leistbar ist, sei er oder sie noch so engagiert. In der Konsequenz poppen gleich die nächsten Fragen auf: Welche externen Beratungspartner:innen und Dienstleister können zur nachhaltigen Lösung beitragen? Mit welchen Kommunikationsagenturen und Journalist:innen sollte man kooperieren, um den Stakeholdern und der interessierten Öffentlichkeit mitzuteilen, dass man als Veranstalter jetzt messbar nachhaltiger unterwegs ist als früher?

Meine Netzwerkpartner:innen und ich unterstützen die Veranstaltungswirtschaft dabei sehr gerne. Das machen wir mit Empathie, Expertise und Geduld. Denn nachhaltiger zu wirtschaften bedeutet, sich auf eine längere Reise zu begeben – dazu später mehr.

Dem Briefing für diesen Beitrag entsprechend hat man mich gebeten, ein wenig über meine persönliche Lebensreise und meinen Weg zu mehr Nachhaltigkeit berichten – nun denn.

Mein mit Live-Erlebnissen gespicktes Leben
Vorab sei gesagt: Ausführlich über mich zu schreiben, liegt mir nicht. Für meine Netzwerkpartner und Kunden gestalte ich Texte dieser Art regelmäßig und mit großer Freude – das ist eine sehr dankbare journalistische Arbeit. Denn es geht denjenigen, die mich beauftragen, genau wie mir: Sie sprechen lieber über Initiativen und Projekte, die sie mit Gleichgesinnten begeistert umsetzen, als über sich selbst. Das können die Millennials viel besser, für die 365 Tage digitale Selbstdarstellung und -vermarktung auf Instagram & Co. so selbstverständlich sind wie für mich zum Frühstück ins Café zu gehen und dort die Zeitung zu lesen. Gerne die gedruckte Ausgabe.

Womöglich ist es aber auch eine Frage des Alters. Ich bin jetzt 59 Jahre alt und habe fast 30 Jahre Selbstständigkeit im Gepäck. In dieser Zeit bin ich weitgehend ohne Self-Marketing und Personal Branding ausgekommen. Empfehlungen sind der elegantere Weg. Den zu gehen hat bisher bei mir gut funktioniert, das ist ein großes Geschenk.

Schon während meiner Schulzeit habe ich nebenher im kleinen Modegeschäft meiner Eltern im Zentrum von Düsseldorf gejobbt. Als ich auf dem Gymnasium war, habe ich zusätzlich an vielen Wochenenden als Kuchenverkäuferin und Aushilfskellnerin in Cafés und Restaurants rund um die Kö gearbeitet.

Da ich sehr sportlich war, habe ich in den letzten Jahren meiner Schulzeit im Tennisclub und im Volleyballverein u. a. Kindergruppen trainiert und war ehrenamtlich als Linienrichterin bei Tennisturnieren dabei. Das war großartig! So durfte ich beim World Team Cup, der inoffiziellen Mannschaftsweltmeisterschaft im Tennis, im Düsseldorfer Rochusclub Ikonen wie Björn Borg, Guillermo Vilas, Henri Leconte und Yanick Noah hautnah live erleben. Das waren echte Highlights meiner späteren Schuljahre.

Die wichtigsten Menschen in meiner Kindheit und Jugendzeit waren natürlich meine Eltern. Sie haben immer versucht, für mich da zu sein, auch wenn sie sich noch während meiner Schulzeit trennten und dann auch scheiden ließen. Das war eine schwere Zeit, denn ich wurde gefühlt zur Außenseiterin. Woran ich das festmache? Ein Beispiel: Meine Freundinnen und Mannschaftskameradinnen vom Tennis und Volleyball fuhren *mit Ihren Eltern* an die Nordsee oder nach Italien. Ich reiste *mit Mami* an die Nord- oder Ostsee oder *mit Papi* zu meiner Tante und ihrer Familie nach Blaubeuren in die Schwäbische Alb. Manchmal sogar beides hintereinander, also machte ich de facto zweimal Sommerferien. Trotzdem fühlte sich das nicht gut an, denn es waren ja immer entweder *nur Mami* oder *nur Papi* dabei. Heute kräht kein Hahn mehr danach, aber in den späten 1970er Jahren war das anders. Sobald ich es durfte, zum ersten Mal mit 17 Jahren, war ich dann lieber mit Freundinnen und Freunden unterwegs und wollte auch direkt nach dem Abi raus aus Düsseldorf in eine eigene Wohnung.

1982 startete ich in Köln mein Studium der Betriebswirtschaftslehre, so hieß das damals. Das war nicht mein Wunschfach, denn eigentlich wollte ich „irgendwas mit Sprachen" machen. Seinerzeit wäre das mit großer Wahrscheinlichkeit ein Lehramtsstudium gewesen, aber das war nicht mein Ding. Also wurde es BWL. Ganz ehrlich: Das Grundstudium war langweilig, sehr theoretisch, und es gab viel zu viel juristisches Zeug. Zum Glück hatte ich parallel zum Studium, Sie ahnen es, ganz viele Jobs auf Messen und Veranstaltungen. Die habe ich geliebt (Abb. 10.3)!

Die großen Messen in Köln und Düsseldorf, u. a. die DRUPA, die Kunststoffmesse „K", die Photokina, die Modemessen Igedo und Herrenmodewoche waren sehr international, auch das kam mir entgegen. In der Schule hatte ich Englisch und Italienisch als Leistungskurse, dazu hatte ich Französisch gelernt und zähneknirschend auch das kleine Latinum geschafft. Letzteres fand ich überflüssig, weil ich keinen Sinn darin erkennen konnte, eine „tote" Sprache zu erlernen.

Die Freude an den „lebenden" Sprachen hat mich bei den Messen von der Service-Hostess schnell zur Dolmetscherin und Moderatorin werden lassen. Das fand ich klasse, denn diese Jobs waren anspruchsvoll, lehrreich,

Abb. 10.3 1982 durfte ich auf der Messe „hifivideo" in Düsseldorf auf dem Sanyo-Stand die seinerzeit innovative getrennte 8-mm-Videoanlage präsentieren, darüber hatte sogar die TV-Zeitung Hörzu berichtet. (Quellen: Foto privat, Artikel (Hörzu))

kommunikativ und obendrein viel besser bezahlt als die Service-Jobs in der Gastronomie, mit denen sich viele meiner Mitstudierenden über Wasser hielten. Gefühlt habe ich bei diesen Messe-Jobs deutlich mehr gelernt als im trockenen BWL-Studium (Abb. 10.4).

Die Zeiten auf den Messen, als Moderatorin bei lokalen Events und als Promotorin im Duty Free Shop am Düsseldorfer Flughafen und im Einzelhandel, immer zu messefreien Zeiten im Hochsommer und im Winter, waren frühe berufliche Erfolgserlebnisse, die mir für die erste Bewerbungsphase nach dem Studium eine Menge Rückenwind gegeben haben.

Durch die gut honorierten Jobs konnte ich mir im Studium außerdem einige Dinge leisten, die meine Eltern mir beim besten Willen nicht hätten ermöglichen können. Etwa in der Mitte meiner Studienzeit musste mein Vater sein kleines Modegeschäft aufgeben. Die Warenhäuser Karstadt, Kaufhof und Horten waren übermächtig geworden. Dazu gab es in Düsseldorf noch Platzhirsche wie Peek & Cloppenburg. Also kam von Papi leider kein Geld mehr und ich musste mich eine Weile einschränken, konnte weniger auf Reisen

Abb. 10.4 Moderation beim Rennbahnfest in Köln in den späten 1980er Jahren mit TV-Prominenz, u. a. Schauspieler Thomas Fritsch (rechts) und WDR-Urgestein Jean Pütz (links neben mir). (Quelle: Privat)

gehen. Meine Mami arbeitete bei der Stadt Düsseldorf als Verwaltungsangestellte. Das war ein sicherer, aber nicht besonders gut bezahlter Arbeitsplatz. Ich gebe es ungern zu, aber das war ein Rückschlag für mich, der jedoch auch lehrreich war. Ich begriff, dass es nicht verkehrt ist, Geld zurückzulegen. Und mir wurde klar: Ich will nach dem Studium in eine richtig gut bezahlte Position!

Ganz so reibungslos, wie ich mir das gedacht hatte, lief das nicht: Mein Studium dauerte, bedingt durch eine empirische Diplomarbeit zum Thema Messen und Ausstellungen, ein Jahr länger als geplant. Den Einstiegsjob bei einer Top 10 Unternehmensberatung in Bad Homburg als Trainings-Moderatorin bekam ich nicht. Andere waren im Assessment-Center besser. Ein paar Wochen später erhielt ich dann doch ein Angebot von einer renommierten Beratungsgesellschaft, die eine Junior-Beraterin für Produkteinführungen und Veranstaltungen suchte. So landete ich ab 1989 für gute vier Jahre in der Unternehmensberatung und durfte an inhaltlichen Konzepten für die Markteinführung von neuen Automodellen (Kunde Fiat), Schokoriegeln und Eiscreme (Mars) und Damendüften (4711, später Muelhens) mitarbeiten und die Einführungsveranstaltungen dazu erst begleiten und später leiten. Große Projekte für die Deutsche Telekom gehörten auch dazu. Im Kontext der Liberalisierung der Telekommunikationsmarktes haben wir Tausende „Sprechstellen-Entstörer",

Abb. 10.5 Moderation bei einer Veranstaltungsreihe der Deutschen Telekom Ende der 1980er Jahre. (Quelle: Privat)

heute würde man sie vermutlich Telekommunikationstechniker nennen, damit vertraut gemacht, wie man erfolgreich Verkaufsgespräche führt. Dazu gab es eine bundesweite Serie mit Großveranstaltungen, die ich mit meinem Team organisieren und moderieren durfte (Abb. 10.5).

In dieser ersten Bad Homburger Zeit, Anfang der 1990er Jahre, fühlte ich mich in der Rolle der Unternehmensberaterin ausgesprochen wohl. Das lag auch daran, dass meine Aufgaben sehr kreativ und kommunikativ waren. Im Job (wo auch sonst, wenn man über 50 h die Woche arbeitet!) verliebte ich mich in einen Kollegen, der schon ein paar Stufen weiter oben auf der Karriereleiter war. Von Werner, der erst nach einer Banklehre in die Beratung eingestiegen war, lernte ich, was „die Beratersocke" ist, und wie man sie verkaufswirksam einsetzt. Heute würde man das Storytelling nennen: Werner konnte brillant strategische Probleme auffächern, sodass Kunden gleich die ganz großen Projekte beauftragen mussten, um aus dem vermeintlichen Schlamassel unbeschadet wieder herauszukommen. Mir waren die Innovationsprojekte und Produkt-Einführungen lieber. Die mündeten nach einer überschaubaren Zeit meistens in einer hoch emotionalen Großveranstaltung zum offiziellen Launch. Und dann kam auch schon das nächste Projekt um die Ecke. Das war eine wunderbare und sehr abwechslungsreiche Zeit, in der wir beide viel voneinander profitierten und eine Menge Spaß hatten.

Abb. 10.6 Visual: Meine drei priorisierten SDGs. (Quelle: UN, https://sdgs.un.org/goals)

Nach gut vier Jahren wurde unser Arbeitgeber Gruber, Titze & Partner von Gemini, heute Capgemini, geschluckt. Der Veranstaltungs- und Trainingsbereich wurde eingestampft, man wollte sich ab sofort auf die klassische strategische Unternehmensberatung fokussieren. Darauf hatten Werner und ich keine Lust. Also planten wir, uns selbstständig zu machen. Nach ein paar Zwischenstationen gründeten wir 1995 in Düsseldorf zusammen mit einem dritten Partner, der aus dem Marketing von Henkel kam, die kleine, aber feine Innovationsberatung TIM – Team für innovatives Management. Wir waren von Beginn an erfolgreich, betreuten namhafte mittelständische Kunden, dazu einige große Markenartikler, diese aber in eher kleineren Innovationsprojekten. Allerdings mussten wir erkennen, dass wir als Boutique-Beratung an die ganz großen Projekte, die Werner und Michael unbedingt machen wollten, nicht herankamen. Die gingen an die McKinseys und Roland Bergers dieser Welt. Für mich war das in Ordnung, aber für meine Partner nicht. Sie entschieden sich dafür, in das Top 10 Beratungsnetzwerk MC Marketing Corporation in Bad Homburg zu gehen und TIM dort als MC Innovation weiterzuführen. In meinem Sinne war das nicht, aber ich wurde überstimmt. Unsere beruflichen Wege trennten sich dann, wenig später auch unsere Privaten. Werner und ich hatten unterschiedliche Lebensmodelle im Kopf.

Nach einer schwierigen und traurigen Zeit, in der mich meine Eltern und beste Freund:innen aufgefangen haben, entschloss ich mich, meinen Lebenstraum zu verwirklichen und auf meine Lieblingsinsel Mallorca zu ziehen, das war 1995. Dafür wurde ich entweder belächelt oder stieß auf völliges Unverständnis. Sätze à la „Wie kannst Du nur Deine so vielversprechende Beraterkarriere aufgeben!" oder „Was zum Henker willst Du auf dieser Putzfraueninsel?" musste ich mir mehr als einmal anhören. Ist alles an mir abgeperlt. Ich hatte mir Mallorca in den Kopf gesetzt, koste es, was es wolle. Um es vorwegzunehmen: Ich habe die Entscheidung nie bereut. Nach wie vor pendle ich zwischen Mallorca und Deutschland hin und her. Allerdings in längeren Reisezyklen als in den 1990er und 2000er Jahren, weil das Fliegen (leider) wirklich (noch) nicht nachhaltig ist. Ganz aufs Fliegen zu verzichten, funktioniert nicht, wenn das Zweitdomizil auf einer Insel liegt. Diese Kröte musste und muss ich schlucken. Ich kompensiere aber meine (wenigen) Flüge, fahre kaum Auto und lebe auch sonst sehr nachhaltig. Meine Wohnung in Ciudad Jardin in der Peripherie von Palma aufzugeben? Nein, das ist keine Option.

Beruflich ausschließlich auf Mallorca für dort ansässige Kunden oder im Eventbereich der Touristik zu arbeiten, rechnete sich nicht. Die Bezahlung war im Vergleich zu den Honoraren in Deutschland lausig. Nach einem knappen Jahr mit Jobs in Werbeagenturen, Tonstudios und beim deutschsprachigen Inselradio hatte ich das verstanden. Also entschloss ich mich, zu pendeln und als freie Innovationsberaterin für mein deutsches Netzwerk zu arbeiten, auch für Werner und Michael und viele andere Kolleg:innen, die ich aus dem „Beraternest" Bad Homburg kannte.

Wir machen einen Zeitsprung ins Jahr 2013: Dirk Uhlemann, einer meiner ehemaligen Beratungskunden aus dem IT- und Telekommunikationsumfeld, managte inzwischen ein deutsch-schwedisches Start-up für innovative Energie- und Heizungslösungen. Er fragte mich, ob ich ihn beim Geschäftsaufbau und in der Kommunikation unterstützen wolle. Das fand ich hoch spannend, natürlich sagte ich JA!

Diese wunderbare Zusammenarbeit mit Dirk und seinen Partnern war mein Einstieg in die Nachhaltigkeit. Ich habe unfassbar viel darüber lernen dürfen, wie man mit kluger Sensorik im Gebäudebestand eine Menge Energie und damit CO_2 einsparen kann. Nach knapp zwei Jahren wurde das Start-up von einer größeren schwedischen Firma übernommen, Dirk und ich waren damit raus.

Aber meine Begeisterung für Nachhaltigkeitsthemen war geweckt. Als Dirk mit Kollegen zusammen 2016 die internationale NGO „The Natural Step" nach Deutschland holte, war ich sofort wieder dabei. Um den ganzheitlichen Ansatz von The Natural Step zu verstehen, bekam ich von den erfahrenen Kollegen „on the Job" eine wissenschaftlich basierte Ausbildung in Sachen ganzheitliche Nachhaltigkeit, sodass ich guten Gewissens, zusammen mit einer Designagentur, die inhaltliche Gestaltung der Website übernehmen konnte. Außerdem habe ich mich um die Pressearbeit, die Marketingkommunikation und das Multiplikatoren- und Partnernetzwerk gekümmert. Der partnerschaftliche Ansatz von The Natural Step hat mich begeistert.

Dahinter stehen Überzeugungen, die ich zu hundert Prozent teile: Der Wandel hin zu einer nachhaltigen Gesellschaft beginnt bei jedem Einzelnen.

Unsere Trainings in den Unternehmen hatten zuallererst das Ziel, die Aufmerksamkeit, das Engagement und die Kompetenzen der Mitarbeitenden individuell zu verbessern. So haben wir ihnen ermöglicht, den tieferen Sinn und die wahrhaftige Bedeutung von Nachhaltigkeit zu verstehen. Damit konnten wir erreichen, dass jede/r sich für Nachhaltigkeit einsetzen und effektiv mit Anderen austauschen kann. Im Endeffekt kann so jedes Mitglied einer gesellschaftlichen oder wirtschaftlichen Organisation dazu beitragen, dass innerhalb dieser Gruppierung Aufmerksamkeit, Engagement und die Kompetenzen für Nachhaltigkeit insgesamt erhöht werden.

Eingebunden in das internationale Netzwerk von The Natural Step, wurde die Nachhaltigkeit zu meinem zweiten Herzensthema. Seit nunmehr knapp zehn Jahren berate und betreue ich, gemeinsam mit wechselnden Netzwerkpartner:innen, Unternehmen, die ihr Geschäftsmodell und Innovationsmanagement im Sinne der SDGs auf Nachhaltigkeit ausrichten wollen. Dazu passt meine journalistische Arbeit ganz wunderbar. Denn die Nachhaltigkeit braucht eine transparente Kommunikation nach innen und nach außen. Und sehr viele inspirierende Best-Practice-Beispiele, die zur Nachahmung bzw. zur Adaption inspirieren. In meiner Funktion als freie Journalistin decke ich die Themen Innovation und Nachhaltigkeit branchenübergreifend ab. Ich schreibe unter meinem eigenen Namen und als „Ghostwriter" für Vorstände, Geschäftsführer, Verbände, Institutionen und NGOs in verschiedenen Medien und Online-Plattformen, Tages- und Wochenzeitungen. Darüber hinaus bin ich sehr aktiv in den sozialen Medien, u. a. auf LinkedIn, Twitter, Instagram, FB und Xing. Das lief alles ganz prima.

Und dann kam die Pandemie. In Vor-Corona-Zeiten habe ich im Zuge von Beratungsprojekten und als freie Fachjournalistin pro Jahr 30 bis 40 große Messen und Fachveranstaltungen besucht. Zu meinem Rahmenprogramm gehörten immer (!) Besuche von Konzerten, Sport-Events und Ausstellungen. Damit war es im März 2020 plötzlich vorbei, eine herbe Zäsur. Wie viele andere auch musste ich mein Geschäftsmodell an die neuen Gegebenheiten anpassen und mehr digital arbeiten. Zum Glück hatte ich mir über Jahrzehnte ein großes Netzwerk aufgebaut. So konnte ich, u. a. gemeinsam mit dem JARO Institut für Nachhaltigkeit und Digitalisierung in Berlin, an einem eLearning Programm für nachhaltige Beschaffung mitarbeiten, welches über die JARO Academy, und andere Plattformen inzwischen sehr erfolgreich vermarktet wird. Drei der insgesamt 40 Module, die sich in erster Linie an Einkäufer:innen und Verantwortliche für CSR und Nachhaltigkeit richten, stammen aus meiner Feder. Aktuell sind wir dabei, das gesamte Programm, das wir für die internationale Vermarktung in Englisch aufgesetzt hatten, ins Deutsche zu übersetzen.

Seit etwa einem Jahr bewegt sich auch in meinen „angestammten" Geschäftsfeldern wieder eine Menge. Viele mittelständische Unternehmen haben die Zeit der Pandemie genutzt, um sich mit der Nachhaltigkeit auseinanderzusetzen. Genau wie vor Corona zählen zu meinen Kunden mehrheitlich mittelständische Unternehmen aus den Bereichen Beleuchtung, Energie, Hausgeräte, FMCG, dazu Anbieter aus dem MICE-Umfeld (Meetings, Incentives, Conferences, Exhibitions) und aus dem nachhaltigen Tourismus. Viele von ihnen betreue ich seit Jahrzehnten. Auch die ehemaligen Kolleg:innen aus der Bad Homburger Beraterzeit beauftragen mich nach wie vor. Viele sind inzwischen gute Freund:innen geworden.

Bleibt zu sagen, dass ich Innovation und Nachhaltigkeit liebe und für beide Themenfelder brenne, mit fast 60 Jahren womöglich noch mehr als früher. Unendlich dankbar bin ich dafür, in diesen so zukunftsweisenden Feldern frei arbeiten zu dürfen, sei es in Deutschland, direkt bei Kunden oder von Mallorca aus. Um meinen Zweitwohnsitz auf Mallorca werde ich inzwischen mehrheitlich beneidet. Was ich seit Ende der 1990er Jahre mache, nennt man heute „Workation" oder „Bleisure", eine Kombination aus „Business" und „Leisure". Das ist jetzt „echt angesagt" – wie sich die Zeiten ändern.

10.2 Statement zum Thema nachhaltig Unternehmen führen und/oder nachhaltig leben

Was verstehen meine Netzwerkpartner und ich unter nachhaltiger Unternehmensführung?
Die nachhaltige Führung eines Unternehmens beginnt mit einem Paradigmenwechsel im Kopf und mit der Verabschiedung von einem „höher, schneller, weiter" um jeden Preis. Der strategische Impuls muss zwingend aus der Geschäftsführung bzw. dem Vorstand kommen (Top-down). Ist das gegeben, sorgen im besten Fall eine glaubwürdige und verständliche interne Kommunikation und ein gezieltes Stakeholder-Management dafür, die Nachhaltigkeit im organisatorischen Netzwerk und in den Köpfen der Mitarbeitenden zu verankern. Heute ist das einfacher als noch vor acht oder zehn Jahren, weil die Mitarbeiter:innen häufig auch privat an einem nachhaltigen Arbeits- und Lebensstil interessiert sind. Das gilt insbesondere dann, wenn sie Kinder und Enkelkinder haben, denen sie ein gesundes Leben auf diesem einen Planeten, den wir haben, ermöglichen wollen.

Was bedeutet es, nachhaltig zu leben?
Es geht darum, verantwortungsvoll und ressourcenschonend zu agieren, ohne dabei die Lebensfreude zu verringern oder gar zu verlieren. Nachhaltigkeit muss Spaß machen! Ich erzähle mal, was ich in den letzten Monaten so alles gemacht habe, um meinen persönlichen CO_2-Fußabruck zu verringern:

- Zu Ostern habe ich mir eine effiziente Kühl-/Gefrierkombination gegönnt und meinen alten Kühlschrank nach 20 Jahren in den Ruhestand verabschiedet.
- Außerdem ist Schnellduschen angesagt, auch wenn mir das zunächst schwer fiel. Inzwischen habe ich mich daran gewöhnt.
- Mit dem Auto fahre ich deutlich weniger als früher, nehme lieber das Rad oder gehe zu Fuß.
- Wenn wir uns im Freundeskreis treffen, dann versuchen wir, die Wege für alle möglichst kurz zu halten.
- Meine Mallorca-Flüge kompensiere ich, zu Geschäftsterminen in Deutschland reise ich per Bahn.
- Ich kaufe fast ausschließlich regionale und saisonale Produkte ein und habe meinen Fleisch- und Fischkonsum deutlich reduziert.

Fehlt mir etwas? Nein, ganz im Gegenteil! Nachhaltig zu leben, fühlt sich richtig gut an.

10.3 Zu jedem der 17 SDGs

10.3.1 Welche der 17 SDGs sind mir besonders wichtig?

Ich finde sie alle richtig und wichtig und freue mich sehr darüber, dass sich die SDGs nach einer zähen Einführungsphase 2016/17 als globaler Handlungsrahmen so gut etabliert haben. Unternehmen sollten nicht alle 17 Ziele gleichzeitig angehen, sondern eine Auswahl treffen. Ein wichtiger Schritt ist hierbei die Wesentlichkeitsanalyse, die außerdem in hohem Maße dazu beiträgt, unternehmerische Risiken zu minimieren. Sie sorgt dafür, dass ein Unternehmen intern und im Idealfall gemeinsam mit den wichtigsten Stakeholdern von den insgesamt 17 Zielen die „richtigen" priorisiert. Das sind die, durch deren Verfolgung man, passend zur Strategie, zu den Kernkompetenzen, zu den Produkten und Dienstleistungen, die größtmögliche positive Wirkung erzielen kann.

Besonders erfolgreich sind Unternehmen in der Umsetzung dann, wenn sie drei bis maximal acht SDGs auswählen. Dabei reicht es nicht aus, nur das Unternehmen selbst (Scope 1) zu betrachten und die Prozesse, die den eigenen Standort betreffen, u. a. beispielsweise die Energiebeschaffung (Scope 2). Um ganzheitlich nachhaltiger zu werden, muss man die gesamte Liefer- und Wertschöpfungskette durchleuchten (Scope 3). Nur dann kann man unternehmerisch alle Nachhaltigkeitspotenziale ausschöpfen.

Im Zuge einer umfassenden Wesentlichkeitsanalyse identifizieren Unternehmen, neben den größten Risiken, auch Chancen und Einsparungspotenziale. Dazu zwei Beispiele:

- Durch die effizientere Nutzung von Produkten und Materialien und durch mehr Kreislaufwirtschaft können sich beispielsweise Kosteneinsparungen ergeben, die in der Konsequenz die Profitabilität messbar positiv beeinflussen.
- Innovations- und Entwicklungspartnerschaften mit Lieferanten können zu einem erweiterten Geschäftsmodell und nachhaltigerem Wachstum führen. Der Einkauf hat einen Riesenhebel in der Hand. Langfristige strategische Partnerschaften mit Lieferanten erhöhen die Transparenz in der Lieferkette und mindern Risiken. Das wiederum verbessert den Zugang zu Fremdkapital, das zum Beispiel für Investitionen in die Nachhaltigkeit gebraucht wird.

Eines der SDGs liegt mir ganz besonders am Herzen: SDG 17 – Partnerschaften zu Erreichung der Ziele. Ich erlebe täglich, wie wichtig funktionierende Netzwerke sind, auf die ich mich verlassen kann. Auf der Kundenseite beobachte ich das auch: Wenn das Innovationsmanagement ein offenes Eco-System ist, in dem die unternehmensinternen Fachabteilungen wie Forschung & Entwicklung, Produktmanagement, Einkauf, Marketing und Kommunikation mit der Wissenschaft, Start-ups und strategischen Lieferanten eng und vertrauensvoll zusammenarbeiten, dann kommen dabei mehr Innovationen raus, die sich erfolgreich im Markt etablieren. Außerdem ist die „Time to Market" in der Regel deutlich kürzer.

Neben Ziel 17 habe ich für mein kleines Beratungsunternehmen die Ziele 12, nachhaltige/r Konsum und Produktion, und 13, Maßnahmen zum Klimaschutz, priorisiert. Hierauf kann ich mit meinen beiden Herzensthemen am meisten einzahlen. Außerdem haben alle Kunden, die ich derzeit betreue, diese beiden Ziele ebenfalls ganz oben auf der Agenda (Abb. 10.6).

10.3.2 Wie kann man Messen und Veranstaltungen nachhaltiger planen und durchführen?

Beratungsansätze, Tools und Checklisten, mit denen wir in unserem Netzwerk arbeiten
„Die Nachhaltigkeit entwickelt sich in der globalen Veranstaltungswirtschaft gerade von einem Nebenschauplatz hin zu einem existenziellen Wettbewerbsfaktor", sagte Jürgen May von 2bdifferent kürzlich in einem Interview.

Die Handlungsfelder sind bei Messen und Veranstaltungen ganz besonders vielfältig. Da sind zunächst die ökologischen Aspekte zu nennen: Die Schonung der Ressourcen, u. a. durch kluge Mobilitätskonzepte, ein durchdachtes „grünes" Energiemanagement, die nachhaltige Unterbringung von Akteuren und Gästen, nachhaltiges Catering und ein cleveres Beschaffungs- und Abfallmanagement.

Zu den sozialen Aspekten zählen u. a. Inklusion, Gleichstellung, Diversität, Barrierefreiheit, die Einhaltung sozialer Standards und eine faire Bezahlung.

Wichtige wirtschaftliche Aspekte sind u. a. grüne Finanz- und Investitionskonzepte, die Einsparung von Kosten durch mehr Effizienz, hohe Profitabilität durch den verantwortungsvollen Umgang mit Menschen, Maschinen und Materialien und eine präzise, digitalbasierte Planung, die für alle Beteiligten jederzeit transparent ist.

Noch vor wenigen Jahren haben sich ausschließlich Idealisten und NGOs für die Nachhaltigkeit im Veranstaltungsbereich interessiert und darüber gesprochen, wie man es in Zukunft besser machen kann. Das verändert sich gerade grundlegend. In meiner Wahrnehmung ist die Nachhaltigkeit inzwischen in den Chefetagen angekommen. Und das ist gut so!

Nationalstaatliche Regelungen für eine „Green Policy" geben den regulatorischen Rahmen vor. Stand heute konkretisieren immer mehr europäische Regierungen die demnächst anstehenden Schritte hin zu mehr Nachhaltigkeit, kündigen Gesetze und Programme für die Umsetzung an. Im Zuge dessen fordern die Regulatoren die Akteure, Dienstleister und Investoren dazu auf, ihre unternehmerischen Nachhaltigkeitsstrategien und deren Umsetzung (Prozesse, Initiativen, taktische Maßnahmen) transparent zu machen.

Ein Beispiel: Portugal hat 2022 einen konkreten Aktionsplan für die Kreislaufwirtschaft und eine länderspezifische Anpassung zur ISO 20121 beschlossen. Außerdem gibt es in Portugal 37 anerkannte Eco-Labels. EU hin oder her, das Thema Nachhaltigkeit wird in jedem Land sehr unterschiedlich gehandhabt. Wer als Veranstalter international agiert, muss sich die Rahmenbedingungen in den jeweiligen Ländern einzeln ansehen und das geplante Konzept entsprechend ausrichten bzw. anpassen. Das bedeutet in der Konsequenz für Veranstalter, die international unterwegs sind und sich hierzu beraten lassen: Es reicht nicht aus, nur die event-spezifischen Aspekte der Nachhaltigkeit zu durchleuchten. Der Beratungspartner muss außerdem eine fundierte Nachhaltigkeitsexpertise zu den geographischen Regionen mitbringen.

Auf die Frage, wo die Veranstaltungswirtschaft in zehn Jahren stehen wird, hat Stefan Lohmann von Sustainable Event Solutions kürzlich sinngemäß geantwortet: „Entweder sind Veranstaltungen bis dahin klimaneutral oder verboten. Unsere Branche muss endlich verstehen, dass die Nachhaltigkeit ihre Rettung sein kann."

Dass Europa spätestens 2050 klimaneutral sein wird, ist gesetzlich festgeschrieben. In Deutschland soll das bereits fünf Jahre früher der Fall sein. Deshalb muss es der Veranstaltungswirtschaft gelingen, Messen und Events gesetzeskonform, klimaneutral, sozialverträglich und wirtschaftlich nachhaltig umzusetzen.

Branchen-Insider sind sich einig: Veranstalter, die keine Nachhaltigkeitsstrategie entwickeln, werden sich in der Eventbranche über kurz oder lang selbst abschaffen. Diese Unternehmen werden anderen dabei zusehen müssen, wie nachhaltige Veranstaltungen Klimaveränderungen nicht nur verlangsamen, sondern auch den Ressourcen-Verbrauch und die damit verbundenen Kosten messbar senken.

Genau zu diesem Zweck hat Stefan Lohmann den „Sustainability Rider" entwickelt, einen Leitfaden für die gesamte Eventbranche. Damit kann man Veranstaltungen unter Berücksichtigung von ökologischen, sozialen und wirtschaftlichen Aspekten nachhaltig realisieren. Die Vorteile liegen auf der Hand und sind messbar: Eine schonendere Ressourcen-Nutzung reduziert die Kosten, die Umweltverschmutzung verringert sich, Dienstleister und Lieferanten werden sozial gerecht behandelt und fair bezahlt. Veranstalter, die ihr Vorgehen klug kommunizieren und mit tragfähigen Daten und Fakten unterlegen, erreichen Zielgruppen generationsübergreifend und verbessern messbar ihre Image-Werte.

Wesentliche Eckpunkte des „Sustainability Riders" sind:
- Umweltfreundliche Anreise und „Green Ticketing"
- Steigerung der Energieeffizienz und konsequente Nutzung erneuerbarer Energien
- Nachhaltiger Einkauf, u. a. von grünem Strom, und Kreislaufwirtschaft

- Catering und Getränke: u. a. lokale und saisonale Speisen, fair gehandelte Kaffees und Tees, gefiltertes Wasser aus Wasserspendern und Karaffen
- Vermeidung von Einwegplastik (Geschirr, Getränkeflaschen, Tüten, etc.)
- Reduzierung des Wasserverbrauchs insgesamt
- Ethisch einwandfreie Produkte (Kleidung, Accessoires, Merchandising-Artikel)
- Nutzung von FSC-zertifiziertem Recycling-Papier, so wenig Ausdrucke auf Papier wie möglich
- Unterbringung von Akteuren und Dienstleistern in lokalen Unterkünften und Hotels, kurze Wege
- Lokale Transport- und Shuttle-Services, z. B. mit Elektrofahrzeugen
- Soziale Aspekte, u. a. Inklusion, Diversität und Barrierefreiheit
- Zielgruppengerechte und verständliche Kommunikation zu den Initiativen und Maßnahmen, die die Nachhaltigkeit steigern, unterlegt mit validen Daten und Fakten (Transparenz)
- Messung der CO_2-Emissionen und Kompensation

Veranstalter, die mit einem sehr individuellen Nachhaltigkeitskonzept arbeiten wollen, können mit Unterstützung von 2bdifferent eine speziell für die Veranstaltungswirtschaft entwickelte Betriebsanalyse durchlaufen. Gestartet wird mit einem kritischen Blick auf das eigene Handeln. Hierfür sind u. a. diese Fragen zu beantworten:
- Wo liegen Stärken und Schwächen?
- Welche Handlungsfelder sind besonders relevant?
- Welche Maßnahmen sind in diesen relevanten Feldern angemessen?
- Wie kann man glaubwürdig, faktenbasiert und transparent über die Nachhaltigkeit berichten?

Auf Basis der Betriebsanalyse erarbeiten Jürgen May, Clemens Arnold und ihr Team konkrete Empfehlungen und begleiten den Transformationsprozess. Außerdem haben sie das Sustainability Monitoring + Assessment System, kurz SMAS, entwickelt.

10.3.3 Ausgewählte Best Practices

Wacken Open Air 2019:
Das Thema Nachhaltigkeit ist ein fester Bestandteil des Wacken Open Air, weltweit das größte Heavy Metal Festival. Das Mega-Event fand vom 1. bis 3. August 2019 in der Gemeinde Wacken in Schleswig–Holstein statt. Bereits seit einigen Jahren setzt sich das Festival unter dem Motto

„Metal 4 Nature" für mehr Nachhaltigkeit und Klimaschutz ein. In der 2019 neu geschaffenen Ideenwerkstatt „Wacken Future Factory" konnten Fans, Musiker, Sponsoren, Experten und das Veranstalter-Team die Nachhaltigkeitsthemen gemeinsam weiter vorantreiben. Einer der Hauptpunkte war, das zukunftsweisende Cradle to Cradle (C2C) Konzept weiter auszuarbeiten. C2C steht für eine Kreislaufwirtschaft, möglichst ohne Abfall, in der Materialien, Gebrauchs- und Verbrauchsgüter immer wieder zu neuen Produkten verarbeitet werden. Ein Beispiel: Aus einem gebrauchten Schlafsack kann nach dem Recycling wieder ein neuer Schlafsack entstehen, statt beispielsweise ein minderwertiges Plastikprodukt. Professor Michael Braungart, der Entwickler von Cradle to Cradle, und die Experten von EPEA/Drees & Sommer zeigten den Fans am ersten Festivaltag, wie mithilfe von restlos recyclebaren C2C-Produkten die Abfallmengen, die CO_2-Emissionen und der Ressourcenverbrauch messbar reduziert werden können.

Deutscher Evangelischer Kirchentag 2019 (DEKT):
Das Zentrale Büro des DEKT in Fulda ist seit 2004 EMAS-registriert und lässt seine alle zwei Jahre stattfindende Großveranstaltung seit 2007 nach EMAS validieren. Da jeder Kirchentag an einem anderen Ort stattfindet, muss das Konzept jedes Mal an die jeweiligen Örtlichkeiten und die mitwirkenden Menschen angepasst werden. In mehr als zehn Jahren ist ein Managementsystem entstanden, das kontinuierlich weiterentwickelt wird. Den Veranstaltern ist es gelungen, die Abfälle und die anreisebedingten Emissionen von Treibhausgasen der über 100.000 Besucherinnen und Besucher signifikant und messbar zu verringern. Außerdem wird eine ökofaire Verpflegung angeboten. Der Energie- und Wasserbedarf konnten deutlich reduziert werden.

Weitere Beispiele und hilfreiche Quellen für alle, die noch tiefer in die Themenwelt nachhaltige Messen und Events einsteigen wollen:
Deutscher Nachhaltigkeitspreis 2021, mehr Information: https://www.nachhaltigkeitspreis.de/ und https://www.nachhaltigkeitspreis.de/preisverleihungen/ueberblick/, Coldplay, World Tour „Music of the Spheres" 2022, mehr Information: https://sustainability.coldplay.com/.

Weiterführende Links: Umweltmanagement-System EMAS, https://www.emas.de/emas-kennenlernen und https://www.emas.de/emas-in-der-praxis

BNW, Bundesverband Nachhaltige Wirtschaft e. V., https://www.bnw-bundesverband.de/

B.A.U.M. e. V., Netzwerk für nachhaltiges Wirtschaften, https://www.baumev.de/.

Mein Wunsch zum Schluss
Lasst uns das Thema nachhaltige Messen und Veranstaltungen gemeinsam weiter vorantreiben! Das macht im Team mit Gleichgesinnten große Freude. Wenn wir weiterhin Veranstaltungen in Präsenz, hybrid und online erleben wollen, die uns inspirieren und begeistern, dann müssen wir es packen, sie umweltfreundlicher und insgesamt nachhaltiger zu gestalten. Let's go for it – the time to act now !!!

Patricia Lozano, aufgenommen fürs Mallorca Magazin. (Quelle: Mallorca Magazin)

11

Creating Over Consuming

Amber Riedl

11.1 Biografie

I've always been a bit of an oddball, something in me set to automatically do things the old fashioned way. I grew up in Canada, the land of unlimited resources and a strong consumerist game – but felt like an outsider. I was a vegan in Winnipeg in the 90s, dressing in thrift store clothes as a teenager, biking to school, then later to work. I'm sure there were other people out there doing that at the time, but I hadn't found them.

In my early twenties I moved to Berlin from Vancouver, and here I felt at home, where it was cool to be thrifty, to ride your bike everywhere, where money and conspicuous spending (again, Vancouver) was not the thing that made you special. It was not later until I realized that being thrifty is sustainable. I just felt like it was efficient and therefore made sense.

Living like grandparents

When I moved to Berlin in my twenties, I never thought I would stay there my whole life. But life happened, and I ended up getting married, founding two companies and mothering two kids. Still mostly running around on my bike from place to place. A real point of contention with my Canadian mother was not necessarily that I was so far away but rather that I did not

---

A. Riedl (✉)
Berlin, Deutschland
E-Mail: amber.riedl@googlemail.com

bathe my kids often enough. Honest – they don't stink! but in her Canadian opinion an evening bath was an important routine, and for me, this seemed like a waste of time and water.

In fact, when we bath in our family, we share the water and go one after another. I don't know why, but to me this doesn't feel weird, it feels normal. It seems like a real waste, a failure in efficiency to run all that water for one person. It's kind of the same with washing – I've stayed in a lot of places and it seems to me like a lot of laundry is unnecessary, it often just seems easier at the time to throw your clothes from the day until the laundry basket than to fold them and put them back into your closet. Honest – you can wear your jeans like 10–12 times without needing to wash them.

I also see the topic of food –health and hunger, being solved by going back to the way our grandparents cooked and ate – by buying basic ingredients "whole foods" like potatoes, onions, carrots; planning meals and eating leftovers. This isn't just cheaper, it means a lot less problems with inefficiency and food waste.

Connection to Nature
Despite Winnipeg, Vancouver, Berlin, Vienna – I'm not a city girl. I live in cities because of work and school and friends, but I spend most of my free time trying to get out of it, to feel peaceful in the presence of trees, the deep calm and beauty that the mountains and sea bring.

To get closer to nature, you have to get away from cities – this can mean camping or going 'off-grid': this is how we love to spend our free time in my family. My husband grew up spending every weekend as a child in an old miners' settlement, shared with a number of other families. There was a lake and a field and a fire pit, but no running water and no electricity. And a strong commitment from the families that shared this to keep it this way. That means, you pump water for dishes and bring filtered drinking water, light comes from the sun and then candles and fire.

We built a family home in Greece, where we were married. This home was definitely off-grid: there is not even a road to the house, we need to walk along the Monopath to get from the street to the house, or arrive by water. This was another lesson in consumption – bring as little as possible because everything you want, you need to carry Buy smart groceries, because you'll have to carry them. We had water, but it was scarce and valuable: there were different ways of washing dishes, of showering, a different approach to gardening.

Having places like this, that you love, that you return to often, that you consider your own – his helps me to explain the concept of land stewardship to my children. We take care of this land because we love it – even if we do not legally own all of it. We pick up the plastic trash from the beaches in Greece, not because it is our trash, or our beaches, but because we love it and spend a lot of time there. And **because if we don't do it – who will?**

Entrepreneurship

I studied political science at UBC in Vancouver without knowing exactly what I would do afterwards, but imagined myself in some large NGOs or intergovernmental organization. I moved directly to Berlin following my heart, and after a number of unpaid internships (a clear example of how to not run a sustainable organization), I landed my first job at *Transparency International* in the communications department, the NGO fighting corruption. I met so many great people there, but just the structures were so inefficient, it felt like we never got anything done. In a nutshell, more time writing emails.

As I wrote before, I love efficiency: often, just thinking things through to arrive at the best way of doing things. How to combine trips to save travel time, what to buy and cook for meal planning, scheduling, "right things first". This means looking beyond yourself, because what may be better for you may not make sense in the larger scheme of things. This 'what is missing' approach, and 'how could I make it better' is a key quality of an entrepreneur and leads to #biastoaction – or in other words, less emails, more doing.

When Axel and I founded *Makerist*, it was not explicitly under the premises of sustainability or impact. We wanted to keep old ways of handicrafts alive, encourage people to spend time with themselves, with their crafts by sharing video classes for sewing, knitting, patchwork and more. It was later we shifted to focus on the marketplace for patterns from independent designers, a pretty financially stable and stakeholder-oriented model. We later came to also sell fabrics and materials, and there is certainly still a lot of work to do on making that more sustainable.

At one point, I began to feel the impact wasn't big enough, I wanted to drive more meaning from what we were doing and others too, and began to focus more on the topic of sustainability in fashion, and what role makers could play: generally simplified back down to the founding premise of makerist: create more, consume less.

In the meantime, I see the role of business being more important than ever in getting us there.

My Climate Journey

Around year four or five at *Makerist*, I had a crisis of purpose. I felt like I wasn't doing enough for the climate. I secretly considered leaving, but those close to me urged me to consider how I could make more of an impact from inside the company. I put sustainability higher on the agenda, it became a stronger part of the brand, and we forged new cooperations and aligned with initiatives from partners like *Greenpace*'s Make Something campaign, *Fashion Changers* and *Fashion Revolution* (Figs. 11.1 and 11.4).

Then in 2020, we sold *Makerist* and a number of things changed.

After a personally exhausting period leading up to the sale and the first wave of Covid, homeschooling and post-merger integration – I had my lightbulb moment. This was the moment to do something completely radical, something that had been on my bucket list for years – spend a year with my family in Canada. My supportive husband and adventurous boys were in for this, and we spent the rest of lockdown hiking, skiing, boating and attending school in West Vancouver – because the health minister there resolved to close schools last.

I took the time as a chance to connect with my family, my roots, nature and to get my strength back. It turned into another crisis of purpose – with

Fig. 11.1 Makerist cooperation with Greenpeace, Marie Nasemann

'what will I do next'? looming in the background. Purpose, wellbeing and climate became my three topics of choice for learning and development on my sabbatical. Climate became more and more important to me, and I thought to myself – I have the chance to do anything now – I better pick the right things.

This is where my climate journey really picked up. While trail running in Vancouver, I listened to every podcast of *How to Save a Planet*, I started researching developments in renewable energy, I realized how little I actually knew about climate action. I started reading and found new frameworks that reassured me I was not alone. The single best and most inspiring book I read was *Doughnut Economics* by Kate Rowley. She writes that economics is broken, and that we need to change our models and metrics. With the Doughnut, she has developed a framework that takes the sustainable development goals as a socially just space and our planetary boundaries in terms for climate change and environmental safety into account. These are the big topics of our time, and they are so clearly interconnected. This should be recommended reading in every economics course by now. I read the *Purpose Economy* by Aaron Hurst and thought about what work means to me, and generally, and how to increase life satisfaction through meaningful work and connection to something bigger. I spent a lot of time talking with start-up founders in the climate or impact space – from working with Alina Bassi at *Kleiderly* to *Tomorrow's University of Applied Sciences,* I thought about my why, and how I could make an impact.

I lived through the heat wave and wildfires in the Pacific Northwest in the summer of 2021 and came back to Europe to experience the same thing over again in Greece. I spent the entire two weeks of my summer holiday watching the Greek island of Evia burn from coast to coast. The feeling of helplessness and despair rocked me. I joined Climate Changemakers shortly thereafter and began volunteering in the Europe Squad, really committing significant chunks of time to working (for free) for climate. I registered for a Corporate Sustainability Leadership program at Terra.Do, which I still find to be the leading institution for sustainability education to date. This helped me get quickly up to speed on best practice, benchmarks, measures, and issues (Fig. 11.2 and 11.3).

This leads me to where I am now: starting my own company again – this time in the area of Green Jobs – specifically around short, modular learning programs for Heat Pump and Solar Panel Technicians. After all that learning, I came to see lack of skilled workers as the biggest bottleneck to making rapid advances towards fighting climate change. I realized I don't need to come up with the next great idea – I just need to make sure we are implementing the great ideas we already have.

Fig. 11.2 Wildfires in Evia

Fig. 11.3 Amber Riedl – I made my clothes

11.2 Leading a Sustainable Company and Living Sustainably

PURPOSE-DRIVEN: A sustainable company is one that knows why it exists and where the reason is more than revenue growth. Having strong and clearly communicated values attracts staff and customers behind a single purpose, one that is bigger than whatever product or service is being sold.

CONNECT TO CREATIVITY: We have gone from being human beings to human doers, to simply consumers. Our life force flows from work and creativity and the more we shift our behaviours to consuming rather than creating ourselves, the less connection we will feel to meaning and purpose. Netflix streaming, fast food, fast fashion, news and online scrolling – this is consuming, and it is draining in the long term because you lose your creative power and sense of agency.

CONSUME LESS; CREATE MORE: When we are creating something – whether a new business idea, a handknit sweater, a healthy meal – we feel more meaning and connection in our lives. The art of making gives us the opportunity to slow down and engage in the process, a chance to live life beyond consuming what has been laid out for us.

MAKING: Making is often more about the process and the final product, it is about how we choose to spend our time.

MINIMALISM: Less really is more – practice living with the minimum of things you need, and you will see how much freedom you win. Everything you have, you need to carry.

11.3 Statement to Selected SDGs

11.3.1 SDG 1 – No Poverty

When I think of no poverty, the first thing I think of is fair wages, probably because of my work in the fashion and apparel industry with *Makerist*. It's pretty common knowledge by now, that the poor pay and working conditions for many garment workers in the global south (India, Bangladesh, Vietnam) are what are subsiding the prices of cheap clothes coming out of the fashion industry.

With *Makerist*, we supported the Fashion Revolution (Fig. 11.4) for many years, a campaign established following the tragedy at Rana Plaza

Fig. 11.4 Fashion Revolution, Berlin 2018, 2019

in Bangladesh, a poorly built and maintained facility housing 5 garment factories collapsed on April 23, 2013 killing 1,100 garment workers and leaving many more injured.[1]

The social movement *Fashion Revolution* has been drawing attention specifically to the negative societal implications of fast fashion with the

---

[1] *Home* (2017) *Fashion Revolution*. Verfügbar unter: https://www.fashionrevolution.org.

campaign #whomademyclothes to share the stories and conditions of garment workers. The opposite side of this is a more positive campaign #imademyclothes, designed to specifically highlight sewists and knitters and makers who themselves engage in the creative process, as a positive motivation to others.

Poverty is a design failure of a system that prioritizes growth over all else. We are using the wrong metrics. Poverty is the result of a broken economic system that lets us outsource low paid work, unsafe labour conditions and classify environmental inputs like water use, outputs like air pollution as externalities. It's important to me, because I really value fairness! And it just seems wrong to me that wealth is so skewed to benefit the wealthy and that this is a system where the very rich and the poor get farther and farther apart. I have a strong wariness of investment bankers and also in some cases venture capitalists – because their entire purpose centers around maximizing profit, and often at any cost. Often at human costs. Those who control capital and know all the tricks of how to make it work for them, will always be in a position to make more. The people doing a lot of the operational work, and creating real value are not in such a position, and it's difficult to get out from being such a wage-worker.

To bring more fairness into payment for work – transparency inside a company across wages and functions can be a really important tool – also for gender.

Addressing global poverty can be seen from a business perspective in terms of taking full responsibility for their supply chain: This is what a net positive business does – it does not outsource its problems to another country. This can happen voluntarily – and perhaps more likely tied to becoming 'carbon neutral' or 'net zero': for this to truly occur, companies must take responsibility for their entire value chain, including upstream value chain (supply chain) and downstream value chain (product use by consumers and end of life). In Netzero talk, this means looking at Scope 3 emissions. Doing this will shed light on other aspects of the supply chain, including pay and conditions for work. Currently this is a challenge in terms of data collection, and collective/collaborative action.

This can also happen involuntarily, as more regulation passes to this effect: both Germany and the EU have passed legislation making business responsible for both social and environmental issues along their supply chain (Lieferkettengesetz).

11.3.2 SDG 2 – Zero Hunger

If you have ever experienced real hunger, you know, it is impossible to really concentrate on anything else until that is solved. I went backpacking after University with some girlfriends from Canada, and money was tight. And at one point it ran out. We 'stole' extra packets of ketchup and mayo from a fast food restaurant where we had spent our last euros on fries, and this was dinner.

It's not real poverty. But it's real hunger, and you only have to know real hunger once, to know that when you are hungry, you are not only suffering, but also don't have the capacity to think of anything besides securing your next meal.

1/9 people do not have enough to eat – all the time. More than twice this amount lives on less than $ 3 dollars a day. I don't want to kill you with numbers, but I want to show that this is about more than poverty and inequality, it is also about inefficiency – approximately one third of the food we produce to eat gets wasted or lost. Simply being more careful and less wasteful could end hunger.[2]

If we treated our relationship with food as though it were scarce and valuable, rather than endless and cheap, we would both have a healthier relationship with eating and our bodies, and better efficiency meaning less waste. I look at this one like our grandparents – buy basic ingredients "whole foods" like potatoes, onions, carrots and plan our meals and eat leftovers we would have a lot less problems with inefficiency and food waste.

Because I'm a bit of a health nut, I don't actually like to eat out. I like to buy my own food, where I can see the quality of the ingredients and cook for myself. Because I have a real dislike for plastic, and the plastic packaging and the amount of waste so visible with takeout, this is something I avoid as well.

I would look at this issue in terms of food production/food waste. There are some really interesting initiatives looking at ways to save food to eliminate hunger – globally the impact start up *Too Good To Go* is fixing confusion around dates and labels to keep food from the trashbin and has saved 52 million meals globally.[3]

---

[2] *Food waste facts* (o. D.) *Stop Wasting Food.* Verfügbar unter: https://stopwastingfoodmovement.org/food-waste/food-waste-facts/.

[3] *Too good to go* (o. D.) *Toogoodtogo.de.* Verfügbar unter: https://toogoodtogo.de/de/.

In Berlin, the startup *Sirplus*, provides a food abo for rescued food.[4]

We will need to think creatively like this, to manage our consumption and our waste because food production will become more difficult with 40 % of the world's agricultural land seriously degraded and the reduced availability of freshwater for agriculture in the future.[5]

11.3.3 SDG 3 – Good Health and Well-Being

As a Canadian, I grew up thinking health care was just there, just go to the doctor, the same way that water was always there and the heating always worked. That this isn't the case all over the world and that even basic and simple diseases are still the cause of death to many is more than irresponsible.

What gets more of my attention in the last few years are the topics of mental health and wellbeing. I'm someone who is quite sporty by nature, and I know that to keep my body healthy, I do need to commit to a certain physical lifestyle of walking, jogging, sports. What is so clear to me now, is that we also need to imagine our mental health the same way we imagine our physical health, and devote time and resources to caring for this.

After coming nearly to a burn out after selling my company, I really invested into retraining my mind – meditation, mindfulness, reframing exercises – these are things I have built into habits in my daily life, to keep my mind as fit as my biceps.

Although there is an increased awareness for mental and emotional wellbeing coming out of Covid, it is still stigmatized, difficult to access and often not subsidized by state health care programs.

I see a real issue in the way we look at health care from an institutional perspective: we are not looking at things in a holistic way, and also not looking at ways to prevent illness and promote health. We have seen that resilience has become a huge topic since the Covid-Pandemic – and my hope is that this shift in perspective and importance will lead us to invest more time and more funds into tools and habits that keep us healthy even in times of crisis or stress.

---

[4] *SIRPLUS – Dein Online Shop für gerettete Lebensmittel* (o. D.) *SIRPLUS*. Verfügbar unter: https://sirplu.

[5] *Soil fertility and erosion* (o. D.) *Globalagriculture.org*. Verfügbar unter: https://www.globalagriculture.org/report-topics/soil-fertility-and-erosion.html.

I understand that this is a privileged position to have – because basic needs are always covered by state programs in the countries I have lived in.

There is increasing understanding about lifestyle choices and prevention mechanisms for promoting good health, but still not enough. Often this is a luxury that financially well off can afford – sports classes, healthy food. I also see a trend towards stronger privatization of health care, where the wealthy can get the care they need more quickly or at a higher quality – and this is another signal of widening inequality for me, a sign that we are not investing money in the right resources.

11.3.4 SDG 4 – Quality Education

What I have seen as a mother of two school aged children is that education needs to change. I've experienced the public school system in Berlin, the public school system in Canada, and the private school system in Austria.

The learning that prepares us for the future is sustainability minded education – teaching how to learn, work collaboratively, problem solving, systems thinking and more – is the future. Kids need to learn knowledge, but they also need to learn how to learn in today's fast changing world. The same goes for adults! We are in a phase where the pace of change is so fast that lifelong learning is no longer a nice to have, but a must. People will be changing jobs, changing industries, upskilling for new technologies – including me!

Education is the key skill that moves us from one level of skill and understanding of a problem to the next. We are never able to solve a problem with the same level of thinking that created it – we need education to bring us to that higher level. For example, with their *Learning for Climate Action* course, Terra-do are educating people with the skills they need to solve the climate crisis – and want to have 1 million students through their programs by 2030.

I am a strong believer in the role of MOOCs and other online education providers who will play an important part in getting everyone re-skilled, and future-skilled. The advantages we now see from being able to offer online learning are huge. This makes it easier for people in remote areas to join, without having to move, and for people to learn on the side – for example a stay-at-home mom could learn during the day while her kids are at school.

Aside from MOOCs, there is a need for offline training programs as well, modular, hands-on learning that is results-oriented, to make sure we don't lose our skills in jobs like plumbing, electrical work or carpentry. And we need to make these training programs attractive to people by making it easy to see progress, by making it interactive and by making it as short and efficient as possible. This is a challenge I am taking on as Co-Learning Chair for *Entrepreneurs Organisation*[6] in Berlin for the coming year.

A future-oriented approach to learning is being held back by bureaucracy – because education is often regulated by the state, it is often slow and cumbersome to change, with many, many rules and hurdles. I have seen this with the public schools in Berlin – I came into this as a highly motivated parent, and was worn down by the apathy and bureaucracy. People told me to actually not even bother trying, because the regulations are so fixed. This is the wrong approach!

But also an impossible problem to fix on one's own – it needs a village – or in this case, a hackathon and project team This was the idea of Max Maendler and Verena Pausdner with their initiative #wirfürschule – involving as many stakeholders as possible to ideate the best way forward.

We also need to shift how we think about education for adults: results-oriented, modular, up to date, accessible – this is what is needed. This is my current focus with my new start up KlimaJobs.org.

11.3.5 SDG 5 – Gender Equality

I see the gender pay gap in my life in both the differences between what I earn and what my husband earns, and also what I earned compared with my co-founder. Once this gap has been established at work, it is really difficult to correct – often pay raises are handled as year over year increases, and not to close the gap. I was clear about my priorities and wanting to have a stronger role in my kids' lives, and I accepted that this was the price for this. Because it was my choice, it felt ok on a personal level – what was the alternative?

In 2022, women are still earning 18 % less than men – for the same jobs. At the pace of change we are moving now, it will take 257 years to close the gender pay gap. This is too long – I want to see this in my lifetime, and I want my kids to live it in theirs.

I'm raising two boys. I want them to see men and women as equal, I want them to also understand that everyone has a role to contribute to the care and wellbeing of our family – that's why it's important to me to be strict on having them do household chores like helping to hang the laundry or

---

[6] *Entrepreneurs' organization* (o. D.) Eonetwork.org. Verfügbar unter: https://hub.eonetwork.org.

emptying the dishwasher – I don't want them to see the example of this always being done by their mother or outsourced to a female cleaner. I want them to see strong female CEOs and leaders.

During the last two to three years with the COVID pandemic we've seen many families brought to their limits as they were forced to reconcile home office, homeschooling and all around care work for their children. Because it affected everyone at the same time – women and men inside their own families and also at all levels of business, it had the potential to be a real tipping point. And yet – so far, it has not tipped. Families do not have a lobby in politics, and while government focused on bailouts for industries, education and childcare were not priorities because it was possible to shift them to the household, *where there were no financial costs.*

However, while this issue got more attention – it still had stronger negative financial impacts on women than men. According to a German study looking at the last two years, about 18 % of women have reduced their working hours to care for their children, in contrast to men, where it was 6 % (me included).[7]

And so we come to these structural problems with the Gender-Pay-Gap: women earn less, through part-time work, through time off, so if a couple looks at the decision simply from an economically standpoint, it follows logically that if one of them must reduce their hours at work, it should be one who earns less.

The problems here are structural and connected to the same limited and unsustainable economic thinking – growth before everything, the market will regulate it, care work is a personal choice and has not been included in our accounting, because like natural resources – it was seen as free, and limitless. Just as we are seeing the results of the pressure on our natural systems, we can see the results of overworking and underpaying women in systemic inequalities, and negative health & financial consequences.

Also these problems from Care Work are tackled in *Doughnut Economics*, by showing how the Household and Care work is currently seen outside the economy, just as the natural resources extracted from the earth are also seen as free and outside the economy.[8]

---

[7] *Jede fünfte Mutter reduziert ihre Arbeitszeit* (o. D.) *Boeckler.de*. Verfügbar unter: https://www.boeckler.de/de/boeckler-impuls-jede-funfte-mutter-reduziert-ihre-arbeitszeit-39336.htm.

[8] Riedl, A. (2022) *The Care Economy -re-thinking the role of the household in Economics, Live on Purpose*. Verfügbar unter: https://www.liveonpurpose.ca/care-economy/.

In terms of helping women to take more responsibility for their finances and be wealth-minded, Karolina Decker is doing a great job with her business *FinMarie*.⁹ I also love the work that Verena Pausdner is doing with her #stayonboard initiative: as if you can't take time off to birth and grow children. How sustainable is that?

11.3.6 SDG 6 – Clean Water and Sanitation

Save water. Start now, when the water shortage is not yet urgent. Because it will become an urgent problem. You can see that I already have this thought in mind, by the way I wash dishes, how often we wash our clothes, how we shower and bathe. I love the idea that when we do have to reduce our water consumption I will be so well trained in this.

We are way off track in terms of preserving the freshwater that we have, even if we don't notice it in all areas of the world – 2.3 billion people already live in water stressed countries, and 2 billion do not have access to safe drinking water.¹⁰ Water is a basic human right! In my opinion, we should ban bottled water and set up water refill stations in many accessible locations.

I have seen in more and more neighborhoods, especially in Canada, large signs with information about the amount of water in reservoirs. Depending on the state of water supply, households are asked to work differently with water – especially related to how much water is used for aesthetic gardening purposes. I love to see this type of educational initiative. I don't know how well it works. In Greece where we live off-grid, we are in a water pump coop; a collection of families that all use and maintain the same pump where we get our freshwater. This is a classic example of the Tragedy of the Commons – no one thinks of water as a scarce resource, no one thinks of the community, but rather always of their own water tank, and their own garden first. We have a tank that holds 20 L, and we have neighbors with 2 × 90 L tanks. In my opinion less is more. Let the garden be natural and less like golf courses, and that would make a big difference

In the context of the fashion industry – a great improvement towards reducing water usage in garment creation, would be to move from wet processing of fabrics to dry processing. This is a question of Scope 3 Emissions, or working in collaboration with partners along the supply chain.

---

⁹ *Finanzielle Freiheit & Vermögensaufbau für Frauen* (2021) *finmarie*. FinMarie GmbH. Verfügbar unter: https://finmarie.com.

¹⁰ *Scarcity* (o. D.) *UN-Water*. Verfügbar unter: https://www.unwater.org/water-facts/scarcity/.

11.3.7 SDG 7 – Affordable and Clean Energy

For anyone who has ever used a solar charger, it is like magic: I am strongly in favor of moving much more strongly towards renewables – a sentiment that has accelerated since the war in Ukraine began this year. I worked to educate myself on renewables and the ideas that interest me the most are how to save energy – how to stabilize the grid with the energy from renewable sources, even when the sun is not shining, and the wind is not blowing?

There are two ways – one is a battery storage – and you will currently see many solar providers moving to expand into batteries, for example from electric cars, so that homeowners can save their solar energy in a closed system.

The other is thermal storage – for example over water – like in a heat pump. I find this even more interesting, because it is 'natural' and even more people need heating and cooling systems than cars.

This is important to me because it is strongly a climate issue.

According to statistics, in order to get to where we need to be in 2030, we need to hit 50 % renewable energy in Europe. I am currently doing political advocacy work with *Climate Changemakers Europe* to advocate for an increase from 38 to 50 % by 2030 to meet these science based targets. It seems to me that there has never been a better moment to break our dependence on fossil fuels.

If we take the fashion and textile industry again as an example, the greatest improvements the industry can make in terms of getting towards net-zero emissions would be to make improvements to energy use of partners along the supply chain. In the areas of the world where the manufacturing, and dyeing of textiles are taking place: this is currently not taking place because there are no or poor regulations in the environments in which the suppliers are operating, and because no one wants to carry the costs on their own. This is a great example of where partnerships and collaboration are important.

11.3.8 SDG 8 – Decent Work and Economic Growth

At *Makerist*, we developed a business model that created new ways of earning income for fashion designers, and made this fair and distributive. Whereas a fashion designer would previously sell their design + pattern to a magazine for something in the range 100–200 €, which the magazine would then publish and license to other languages or related publications, with us, the designers maintained the control of their own designs and could sold them over and over in the patterns marketplace, earning with each sale. If they wanted to list their patterns in another language, for example on our french and english platform – they would get paid for those as well. This is a revenue stream which previously did not exist for them, and now works like passive income – helping makers to scale their businesses and get paid each month.

Currently looking at different industries and the problems they face – earlier this year I consulted with a business in Vienna on nursing staff for elderly or ill; where there is low employee satisfaction, high turnover, declining new recruits and low pay in the industry. It does not take a genius to see that this type of work is extremely important (obviously it is life essential to have care when you are elderly or ill), and should be more highly valued. Money is a sign of recognition and value – and should not be the spoils of lawyers and bankers alone. They do important work, sure – but so much more important than the person who cares for your elderly parents day in and out? What does that say about us as a society?

I now see the same situation in the new field in which I enter, which is renewable energy. I can see startups getting 100, 200 million euros in funding for ideas, for financial models, where the core problems are not addressed. Solar and heating companies are on huge growth trajectories and can sell their hardware – but they cannot get it installed! Because there is a lack of plumbers, electricians and technicians to install them. Inside these industries the pay is so low, especially for someone at the start of their career there, that the plumbers talk about only being able to get workers from eastern European countries. This can't be the answer either. And without these technicians, solar panels do not get installed and heat pumps cannot be installed to replace gas heating. We need to re-evaluate how each person's work brings values and contributes to society's goals as a whole. I have seen too much exploitation in too many industries already – and even in our very rich and developed societies. We need a reset.

I'm a strong believer in more distributive economics. I do not believe in growth at all costs, which often exploits either some types of work, and generally nature too. In fact, this is the first principle in *Doughnut Economics* – to change the goal.[11] She suggested the right goal is "meeting the human rights of every person within the means of our life-giving planet." That

---

[11] Riedl, A. (2022a) *Doughnut Economics: the way forward to a safe & just 21st century,* Live on Purpose. Verfügbar unter: https://www.liveonpurpose.ca/change-the-goal/.

sounds right to me. Growth should bring us closer towards equality and wellbeing and not further increase the spread between payment for different types of work.

A good solution for this is to support small or local businesses – these are generally the types of companies that invest more back into the community and have more distributive pay schemes.

I believe we now enter a period of time where due to a number of converging factors – changing demographics with baby boomers entering retirement, millennials not interested in 'the grind', a number of jobs already being displaced by technology, people losing their jobs due to covid – there is a changing power dynamic in the workforce. More people are becoming self-employed, more people are looking to become entrepreneurial with some sort of side hustle, it won't be so easy to exploit workers for business models anymore. And we will see that there are some jobs that we need to value more, also financially – latest when the heater in your home stops working and you can't get a plumber in to repair it; or when your elderly parents can't get adequate care because there are not enough health care workers. In Austria just this month we have seen a reform package for health care devoted billions to increasing the wages and working conditions of health care workers. I see this as the first of many initiatives to even the field.

11.3.9 SDG 11 – Sustainable Cities and Communities

As a nature lover, I can say it is hard for me to live in the city. There are not enough green spaces, grass and dirt to walk on and trees to sit under. When I lived in Berlin, my mission each weekend would be to make a plan to get out into nature. People need these types of outdoor green spaces to be balanced and relaxed and resilient, and this is something we saw so strongly during Covid. In a lot of cities, there are not accessible green spaces for all areas and neighborhoods – often poor neighborhoods are more like concrete jungles – this is just another way we see inequality manifested in terms of life quality.

Coming from Vancouver to Berlin in my twenties, I was blown away by the sophistication of the BVG (and I don't even mean their clever branding, but really that there are so many trains and connections and they all work). This was a real selling point for me – the entire city seemed to open up to me. Lack of good mobility is prohibited in Canada. There is so much more space, everything is spread so far apart, and because the whole country developed so late, and parallel to the automobile, everyone is fixated on driving. Which sucks if you are a kick from the suburbs. To get away from my house, my parents, to see friends I would need to wait for a bus, in really really cold temperatures.

Aside from the quality of public transportation, it is so much easier and accepted to get around by bike here. This just makes things easy and light. People go outside more, they interact more, they leave their houses more – even in winter.

Make where you live a community – this is what I discovered in Berlin. Prenzlauer Berg was my "kiez" and I knew my neighbors, I knew the baker, the people working the tills at the Edeka, the bookstore and the hairdresser on the corner by name. When you know your neighbors and the places around you, you will feel more ownership or stewardship to support and protect them.

What I see trending right now, are people reconnecting to their kiez and communities, and in a stronger way. There are local markets of course, but also food coops springing up, where neighborhoods meet on a certain day to get their food from local farmers and suppliers – to buy or trade. There are great initiatives in Austria of energy co-ops – neighborhoods where a lot of houses have solar power, to sell this into the grid and buy it back for themselves.

The challenge is that these initiatives are initially quite time consuming, and may not fit into the fast-paced life of a regular city dweller. But the value they create is enormous.

There is a new initiative which has just been launched by the European Commission has named 100 European cities to take part in the program NetZeroCities.[12]

11.3.10 SDG 12 – Nachhaltige/r Konsum und Produktion

This is a topic close to my heart, and is one I have looked at closely in my own life, and also in my professional life with *Makerist* and the maker's movement vis a vis the Fashion Industry (Fig. 11.5).

However, what I have learned over time, is that individual consumption has such a low effect on climate, that we need to look towards policy and industry to make greater inroads (Fig. 11.6).

---

[12] Prieto, C. (2021) *Home, NetZeroCities*. Verfügbar unter: https://netzerocities.eu.

Fig. 11.5 Paul Riedl, Global Climate Strike 2019

My Motto: Make, Wear, Repear, Repeat

Wearing clothes longer can be a significant way to reduce greenhouse gas emissions – for ex. wearing clothing two years rather than one, reduces emissions by 24 %. (Greenpeace, Timeout for Fast Fashion).

Second hand for many products, repair the products. share, borrow – Think of bringing a new product into the world, the same way you would consciously bring a new person into the world – you will need to care for this thing for its entire lifecycle.

Definitely, social media is a problem here – there is a lot of social pressure, especially among younger people to dress a certain way, to keep up with their friends in terms of the newest gadgets etc.

Fig. 11.6 Global Climate Strike 2019

11.3.11 SDG 13 – Climate Action

Climate action has always been important to me and I've integrated climate friendly actions into my personal and business life, but this has gotten more important over time. My Co-Founder Axel Heinz and I signed ourselves and *Makerist* up to *Leaders for Climate Action* and began to calculate our carbon footprints, for both ourselves and the company – and to think about what actions we could take to reduce these. We switched to a green energy provider for electricity, we came up with internal policies for travel – (rail under 500 km) and best practice around official company events (only vegetarian catering).

Privately before the pandemic hit – travel was a big climate issue for me and my family – with my husband's family and friends in Austria and mine in Canada, we traveled a lot, not just for work, but also for our private lives. Now that everything has been canceled and locked down for so long, we really lost this habit. Now we took the chance to spend one year in Canada and one year in Austria, intensively investing into these relationships, instead of flying around all the time. I've needed to return to Berlin once a month for business, and because of the knowledge I've gained about mobility and climate, have committed to taking the train instead of flying, and that sounds easy, but it is really a two day commitment – eight and a half hours in each way, assuming nothing goes wrong.

As I described in the bio, my climate journey really started when I had the mental "bandwidth", after leaving my role at Makerist – combined with the experience of extreme weather events. I started learning about different issues and solutions in climate and this process of gaining knowledge was really a growth experience. I like the way the Stockholm Resilience Center frames this in terms of Planetary Boundaries[13] – and the new frameworks like *Doughnut Economics* – that show us, why we have ended up here where we are, and what needs to change. It makes a lot of sense to look at the Planetary Boundaries in the context of the SDGs – for example Ocean Acidification and Freshwater Use fit really well with SDG 14.

Climate science is complex, and everyone uses different examples and numbers. In my opinion the numbers are important but sometimes quite overwhelming and people can tune it. *Terra.Do* and *Climate Changemakers* helped me to learn what the most pressing issues were and which benchmarks, best practices and certifications exist. From here, I could think about questions like whether our problem lay in innovation or operational roll out – and what are the biggest blockers towards a transition to stronger climate action? I learned the Greenhouse Gas protocol, and about Science Based Targets: because yes, the numbers are sometimes overwhelming, but they do not lie. **Climate Change is a math problem and to solve it, we need to work backwards.** We need to adopt targets as laid out in math (Science Based) and not targets that we *think* we can achieve.

To be brutally honest, this is the topic that grabs me the most. Because I love nature and I want my children, and their children, and their children to be able to enjoy this – and without taking aggressive action now to rectify all the damage that we and our parents before us have created with our ignorant and often lazy choices, nature will die, and probably people as well.

---

[13] *Planetary boundaries – an update* (2015) *Stockholmresilience.org*. Verfügbar unter: https://www.stockholmresilience.org/research/research-news/2015-01-15-planetary-boundaries---an-update.htm.

It cannot be clearer that we need to take action, and yet we are not radically changing our lifestyles, we are not leaving the ease and comfort that comes at the cost of nature. We need to change our habits, and in a way that others see and can be convinced to do so as well. I make a lot of social media posts while on the train, not because I want to look like a hero, but because I want to grab people's attention and show them this is possible.

Solution: Solve Climate like a math problem by following the Science based Targets Initiative (SBTi)[14]. It is time for everyone to look at this from the end and work backwards – what do we need to achieve instead of what we feel comfortable doing. We are in an uncomfortable situation, and it will require a lot of discomfort on our part to give up some of the comfort and luxuries we've come to take for granted.

SBTi is a group of 4 NGOs, like an Advisory – made up of UN Global Compact, WWF, World Resources Institute, CDP, which created a standard for complete decarbonisation based on a drawdown framework. This means that instead of setting a climate target for your organization based on your own current performance and what you think you achieve, you start from the other side of the equation and ask what the science says.

This is always more ambitious than what you would have instinctively felt comfortable committing to, but it is the truth. It turns a very complicated science into a clear pathway for decarbonisation.

What can you do? Support businesses that help to fight climate action. Learn more via Project Drawdown[15] who helps make things understandable and visual and Terra Do wants to education 1 million people on climate action by 2030. And then move from awareness to action – for example by participating in climate advocacy together with Climate Changemakers to drive more climate friendly policies.

11.3.12 SDG 14 – Life Below Water

I spend a good part of my life at the sea – both in Canada on the West Coast and in Greece on the Agean Sea. My family in Canada turned out to be fishermen in the end – here I've come to learn about all the treasures and

---

[14] *Sciencebasedtargets.org*. Verfügbar unter: https://sciencebasedtargets.org/resources/files/Net-Zero-Standard.pdf.
[15] Brennan, R. u. a. (2020) „Project Drawdown", in *2020 ASEE Virtual Annual Conference Content Access Proceedings*. ASEE Conferences.

problems in the sea according to the men and women who live to fish, and I've seen the water I love to swim in change fairly dramatically from one year to the next.

In Canada it has become a lot more difficult for fishermen on the West Coast to catch fish, prawns, crabs in the Pacific because of overfishing. Despite the limits they put on the amounts you can fish, things are out of balance – I've seen the catches get less and less each year. And this is in the Canadian Pacific – there is a lot of ocean there!

I grew up swimming – from teaching swimming lessons in pools to lifeguarding on the beach, being in and around the water has been a big part of my life. Last year in Greece, the water was so warm, it felt eerie. Parallel it was covered in a really uncanny way with jellyfish – I imagined, they were there to protect life below water from the heat above. And – these things kept me out of the water and made me glad to come back from vacation.

The Ocean has captured about 30 % of the Co_2 released into the atmosphere, making it 30 % more acidic than 100 years ago. This has devastating effects on life under water – and water temperature. So the challenge is climate change and carbon, definitely. There is also the issue of overfishing, especially with nets and bycatch.

Plastic is an issue – you've probably heard the statistic that by 2050 there will be more plastic than fish in the sea. There are a number of really great initiatives working on getting plastic out of the sea and coastal communities – The Plastic Bank pays communities to collect recyclable plastic, which they then sell to large Direct to Consumer Brands like Henkel and SCJohnson for their packaging.[16] But there is still a ton of plastic that cannot be recycled, that therefore previously had no monetary value – this is where Berlin – based start up Clean Hub[17] comes us – along the idea of the Plastic Bank, they pay coastal communities to collect this plastic waste, and then work together with large cement factories to have it used as a fuel – because of the high temperatures at which they operate, it ends up burning quite clean, solving two problems in one.

Microplastics are an even larger issue. Microplastics are already entering our food supply via the sea creatures that ingest them. Microplastics come from plastic breaking down, but also cosmetics, they come from certain types of clothes that shed in the wash, synthetics – items like yoga pants,

---

[16] *Empowering the world to stop ocean plastic – Plastic Bank* (2021) *Plastic Bank – Empowering the World to Stop Ocean Plastic*. Plastic Bank. Verfügbar unter: https://plasticbank.com.

[17] *Empowering brands to minimize their plastic footprint* (o. D.) *Cleanhub.com*. Verfügbar unter: https://www.cleanhub.com.

sports clothes, spandex, nylon. Definitely washing less often is a help, as well as washing these types of clothing items in a garment bag like Guppyfriend.

To generally show my commitment to the ocean, I've taken the *Parley for the Ocean*[18] AIR pledge, and organize beach cleanups with my friends and family to teach my kids the importance of being land and water stewards.

11.3.13   SDG 15 – Life On Land

To continue living on this land under comfortable conditions – we need to both reduce our greenhouse gas emission, and capture carbon we have already placed in the atmosphere. One of the best ways to capture carbon – Planting Trees. If you want an easy way to plant trees from the comfort of your office or living room – consider switching your internet browser to *Ecosia*.

We've already lost half the world's rainforests – and for what? Burgers and Nutella? Really doesn't seem worth it, but in my experience I see that it's difficult for us as consumers to make the connection.

This is important to be because this is what I love – this is what I will fight to keep. I want to go jogging on the trails, I want to go skiing in the winter, I want to watch the flowers bloom and the trees change color in the fall. I am a big fan of getting people to remember what they love and discover what they will fight for – and I love what *Protect Our Winters*[19] is doing here – in terms of getting people who love the mountains to get involved in climate action, by reminded them that climate change is making us lose snow and ski days.

When I went back to Canada last year as an adult, I took an online course on Indigenous Awareness – there is so much I don't know, so much which was put under the rug and definitely not taught in school. We have a lot of reconciliation to do. This comes at a time when the earth needs more of this traditional wisdom. I am a great supporter of the concept of Indigenous Land Stewardship[20] – I really believe that the traditions and relationship of the Indigenous to the land were more harmonious, communal and would not have brought us to the edge of disaster.

---

[18] *PARLEY* (o. D.) *PARLEY*. Verfügbar unter: https://www.parley.tv/.
[19] *POW international* (2019) *Protect Our Winters*. Verfügbar unter: https://protectourwinters.org/pow-international/.
[20] Dubb, S. (2022) *What does tribal land stewardship look like?*, *Non Profit News | Nonprofit Quarterly*. Verfügbar unter: https://nonprofitquarterly.org/what-does-tribal-land-stewardship-look-like/.

We have to find better ways of caring for our land and we have to value the resources we have, and respect our Planetary Boundaries.

This means specifically to stop logging our trees, especially the old growth trees. We desperately need to find a way to protect what is left of the Amazonas Rainforest – I always imagined this could be an easy fix solved by the 10 richest men (obviously, men) on earth – just buying this earth for conservation. For example, instead of Twitter.

We need to move to regenerative agriculture – to find ways to let the soil heal. We need more rain for this – less heat, less carbon in the air.

And we need to find a way to give NATURE her own agency – for this, check out the initiative from *Sovereign Nature*.

11.3.14 SDG 16 – Peace, Justice and Strong Institutions

I studied international relations and political science – I grew up thinking about the role of institutions like NATO, NAFTO, the UN, the World Bank and more. While I was studying, Canadian soldiers were fighting in Afghanistan and Iraq as part of a UN Peacekeeping mission. Although I was vehemently against these wars, I was still somehow supportive of peacekeeping missions. Maybe it's just rhetoric differences, but I felt supportive and attached to these blue helmets.

My first professional job was at *Transparency International* – the global NGO fighting corruption. Here I started off being quite impressed and idealistic and over time became more frustrated and disillusioned. I remember being quite at odds with the feeling that we should be more outspoken on grave cases of corruption – but the policy was much more slow, quiet and diplomatic.

I see two current issue with the types of institutions we have:

The first being that they are not really in a position to enforce anything.

The second being that the types of institutions we have are no longer well suited to the problems and challenges we are currently facing – here I mean most obviously the lack of a global institution with the mission to stop global temperature warming.

As regards the first point, it is my opinion that institutions are only as strong as the values they embody, and the degree to which they can get people to align with those values. It's the long game of winning hearts and minds, of storytelling and making emotional connections with people on the level of values. Institutions will be strong to the degree that they can activate people and communities.

11.3.15 SDG 17 – Partnerships for the Goals

Working together makes everything easier. There are a lot of 'official' UN partnerships – but in my opinion many of them just get hung up in these small political elite circles and the impact is not large. As I mentioned before around the topic of institutions, my belief is that partnerships will form around values. I'm interested in partnerships that can reach the everyday Joe and Jane, that can shift behavioral changes around energy use, mobility, consumerism.

This is heavy lifting and requires consistent action over many years to make change and needs to stay top of mind in order for all the right players to make the connections between their actions and the consequences. I read somewhere once, that **"There are no side effects, just effect."** – and seeing things like this, seeing the connections between what we do and what effect that has on other people's livelihoods, wellbeing, quality of land, air, water – this is important. The more we talk about what we believe in, what our values are, why we do things or do not do things, the more we can move the needle.

Generally difficult, I think it has not been that easy to find others working on the same Goals in the past, but I have seen a lot more initiatives like databases with initiatives of entities working on the Goals.

I think one massive partnership solution towards achieving the goals could really be to look at them through a climate or carbon accounting lens – this is where I see the interest of business and consumers going – in my opinion because by now everyone has experienced first hand some sort of climate-induced extreme weather event, whereas not everyone has experience poverty or water shortage first hand.

Business can be a strong driver for the goals, especially businesses that shift to focus on becoming netzero or netpositive in terms of their emissions and contribution to global warming – this can best be framed in the context of Scope 3 emissions – then it is also of direct value to the business, and less of an aid project.

On a side note – one type of partnership that I recently discovered and believe in is the Inner development goals, and founding partner the App 29 K – what work do we as humans need to do on ourselves in order to be able to be empathic enough and use a systems thinking kind of mind needed to solve the 2030 goals.

Amber Riedl

12

Keine Zeit für „Business as usual"

Katja Nettesheim

12.1 Biografie

Seit bald zwanzig Jahren helfe ich Unternehmen, sich zu verändern. Eine Fähigkeit, die heute wichtiger ist denn je. Denn ob wir Herausforderungen wie die Klimakrise oder den Lieferkettenbruch meistern, hängt auch davon ab, ob Unternehmen fähig sind, sich zu wandeln.

Inzwischen bin ich Expertin für Management und Führung im digitalen Zeitalter. Als Gründerin und Geschäftsführerin der Transformations-Boutique MEDIATE, als Initiatorin des Preises „Digital Transformer of the Year", sowie als Professorin und Aufsichtsrätin befasse ich mich bereits seit 2009 mit den Erfolgsfaktoren der digitalen Wirtschaft und der „digitalen Transformation".

Aus dieser Erfahrung heraus habe ich 2019 Culcha gegründet und darin meine Expertise mit innovativer mobiler Technologie und neurowissenschaftlichen Erkenntnissen kombiniert. Das Ergebnis: eine Plattform, die den digitalen Wandel in Unternehmen bringt. Mit unserer App ermöglichen wir es den Transformator:innen, ihre Strategien auszurollen und umzusetzen – und das bis in den letzten Winkel des Unternehmens.

Für die Nutzer ist Culcha ein digitaler Werkzeugkasten oder Personal Trainer – ein bisschen wie Freeletics für den Arbeitsplatz. Unser Ziel ist,

---

K. Nettesheim (✉)
Culcha GmbH, Berlin, Deutschland
E-Mail: kn@culcha.com

Führungsverhalten und Unternehmenskulturen messbar zu modernisieren und dabei die Zukunftsfähigkeit von Unternehmen der deutschen und der europäischen Wirtschaft zu sichern.

Ein Start-up zu gründen, war zwar nie mein Plan. Aber es wurde irgendwann eine Ambition. Getrieben von der Überzeugung, dass man alles schaffen kann, wenn man es nur will, habe ich mich in meinem Leben immer wieder neu erfunden. Von der angehenden Kostümbildnerin zur Jurastudentin. Von der Rechtsanwältin für internationales Steuerrecht zur Strategieberaterin zur Professorin zur Unternehmerin.

12.2 Statement zum Thema nachhaltig Unternehmen führen und/oder nachhaltig leben

Wir alle müssen Unternehmen den Wert von Wandel beibringen. Durch verkrustete Strukturen, autoritäre Hierarchien und kurzsichtige Führungsetagen haben wir in den letzten Jahrzehnten zu viele Chancen für mehr Nachhaltigkeit verpasst. Und das nicht nur in Bezug auf den CO_2-Ausstoß oder die Ressourcenverschwendung, sondern auch in Bezug auf nachhaltige Überlebenschancen von Unternehmen und den damit verbundenen Arbeitsplätzen. Es braucht eine Transformationskultur, in der sich die besten Vorschläge durchsetzen und nicht die „das haben wir doch immer so gemacht"-Konzepte. Dafür müssen wir Neugier und Tatendrang fördern und keine Anhaftung.

12.3 Statement zu ausgewählten SDGs

12.3.1 SDG 3 – Gesundheit und Wohlergehen

Rund ein Drittel unserer kompletten Lebenszeit verbringen wir am Arbeitsplatz – oder zumindest mit der Arbeit. Das ist mehr als mit unserer Familie oder Freunden. Umso wichtiger ist es, dass wir uns dabei wohl fühlen. Wir müssen keine Jubelsprünge machen, wenn wir montags wieder den Computer hochfahren, aber wir sollten auch kein Bauchgrummeln haben und schon gar keine Angst.

Ich selbst habe lange unter sehr schlechter, stressender und unterbutternder Führung gelitten und bin damit nicht allein. Laut dem aktuellen

TK-Stressbarometer sind mehr als ein Viertel der Deutschen häufig gestresst. Einer der Hauptgründe dafür ist die Arbeit. Kurzfristig kann Stress zu einer Leistungssteigerung führen, langfristig aber auch zu körperlichen oder psychischen Beschwerden, die von Bauchschmerzen bis hin zu Depressionen reichen.

Wenn Arbeit krank macht, läuft etwas schief. Ich habe mir zum Glück in der Zwischenzeit ein dickes Fell zugelegt, habe damals rechtzeitig die Reißleine gezogen und gesagt: mit mir nicht. Doch diese Möglichkeit haben nicht alle. Daher ist unser Ziel mit Culcha auch, bis 2025 einer halben Million Menschen glücklichere Arbeitsverhältnisse zu bescheren. Wohlergehen am Arbeitsplatz durch besseres Führungsverhalten – das ist mir ein persönliches Anliegen.

Ist mir wichtig weil...
... ich weiß, dass es anders geht. Moderne Führung schätzt Mitarbeiter:innen für genau das, was sie beitragen können. Das darf ruhig weniger, mehr oder etwas völlig anderes sein als die Vorgesetzten leisten. Manche bezeichnen das als „Führung auf Augenhöhe". Doch das ist mir zu wenig. Ich nenne es lieber „wertschätzende Führung".

Wer solche Spielarten der modernen Führung belächelt, hat nicht verstanden, dass wir bei dem allgemeinen Fachkräftemangel und der demografischen Entwicklung nicht nur auf jede einzelne Arbeitskraft angewiesen sind, sondern auch darauf, dass sie körperlich und mental gesund ist. Es klingt trivial: aber ein respektvoller und schonender Umgang miteinander muss im Job zur Regel werden, zu einem Teil der Business-Etikette, zu einer neuen zivilisatorischen Kunst.

Wer sich das vornimmt, braucht ein breites Kreuz, denn über Nacht wird sich das System nicht ändern. Anfangs wird der Druck „von oben" nicht nachlassen – sei es durch das Top-Management, die Shareholder, die Gesellschaft oder den Kapitalmarkt. Deshalb kommt es besonders auf das mittlere Management an. Die Führungskräfte „im Sandwich" sind die ersten, die die neue zivilisatorische Kunst verinnerlichen müssen und lernen sollten, den Druck von oben nicht weiterzugeben.

Um ihnen diese schwere Zeit des Abpufferns zu verkürzen, wäre es nicht ein Zeichen von Höflichkeit und Rücksichtnahme, wenn der Druck von oben gemindert würde? Denn letztendlich sitzen wir alle in einem Boot – „oben", Mitte" und „unten", wenn plötzlich niemand mehr zum Arbeiten da ist.

Wie wäre es also, wenn wir es uns alle zur Aufgabe machen würden, uns diesen neuen zivilisatorischen Skill anzueignen? Wenn es uns mit Stolz erfüllen würde, ihn zu meistern? So wie es früher jemanden ausgezeichnet hat, ein perfekter Gentleman zu sein, würden nun Menschen jeden Geschlechts positiv dafür angesehen werden, Druck abzupuffern oder gar „wegzupuffern", anstatt ihn weiterzugeben.

Und das sollte nur der Anfang sein, denn nicht nur der Mensch kann einen Beitrag leisten, auch der Kapitalmarkt. Wie wäre es zum Beispiel mit einem „EBIT adjusted for SDG-related initiatives"? Also mit einem EBIT, das erwirtschaftet worden wäre, wenn man keine Maßnahmen getroffen hätte zur Umsetzung der SDGs. So würden Unternehmen am Kapitalmarkt nicht länger für die Steigerung des Wohlergehens der Mitarbeiter:innen, für Beiträge zur Weltrettung oder für die Bekämpfung der Klimakrise bestraft.

12.3.2 SDG 4 – Hochwertige Bildung

Ich starte hier mit einem kleinen Geständnis: Ich bin privilegiert! Ich bin es, weil ich in einem Bildungshaushalt aufgewachsen bin. Weil ich in einer guten öffentlichen Schule schreiben, rechnen und vieles mehr gelernt habe, weil ich an einer der besten Universitäten Deutschlands Jura studieren durfte – und das sogar kostenlos.

Ich habe all diese Dinge lange nicht als Privileg gesehen, sondern als selbstverständlich. Sie sind es nicht. Ich hatte Glück, dass ich zu einer Zeit, an einem Ort, in eine gesellschaftliche Schicht und in eine Familie geboren wurde, in der mir all dies ermöglicht wurde.

Doch es darf nicht vom Glück abhängen, welche Chancen ein Kind im Leben bekommt. Ich bin Unternehmerin und würde in Teufels Küche kommen, wenn ich mich in meiner Unternehmensplanung auf Glück verlassen würde. Analog dazu müssen wir den Faktor Glück aus der Formel für die Chance auf ein gelingendes (Berufs-)Leben so weit wie möglich eliminieren und stattdessen allen Menschen, ganz gleich der Herkunft, des Geschlechts oder des Alters, Zugang zu Bildung ermöglichen.

Und dabei geht es nicht nur um die schulische oder universitäre Bildung. Wir brauchen ein Recht auf – und eine Pflicht zu – lebenslangem Lernen. Durch die rasend schnelle Entwicklung von Technologie, Wissenschaft, Wirtschaft, Einstellungen und Gesellschaft allgemein sinkt die Halbwertszeit von Wissen rasant. Binnen Kürze sind die Kenntnisse veraltet und nach ein bis zwei Jahrzehnten steht man da wie nicht ausgebildet. Wir müssen gewährleisten, dass auch nach der ersten Ausbildung jeder die Chance hat, sich fortzubilden und das eigene Wissen à jour zu halten.

Ist mir wichtig weil...
... ich selbst ein Bildungsjunkie bin. Ich habe mich nach meinem Abschluss als Juristin immer wieder neu erfunden: ich war Anwältin, Strategieberaterin, digitale Transformatorin, Gründerin, Professorin. Heute bin ich CEO des Start-ups Culcha. Dafür habe ich immer wieder „die Schulbank gedrückt", habe Weiterbildungen und Seminare besucht, mich immer wieder neuen Situationen ausgesetzt, um aus der Praxis zu lernen. Und auch hier: Es war und ist ein Privileg, dass ich all diese Angebote wahrnehmen konnte. Ich will, dass alle dieses Privileg haben.

Wenn alle Zugang zu lebenslangem Lernen bekommen sollen, geht das am ehesten über technologische Lösungen – denn diese sind die günstigsten. Und genau hier setzen wir mit Culcha an. Wir wollen, dass alle Mitarbeitenden, von der Führungsetage bis in die Lagerhallen, neues berufs- und alltagsrelevantes Wissen lernen können. Damit sie zukunftsfähig und in der Zukunft weiter erwerbsfähig sind. Wir sind überzeugt: Es braucht eine Demokratisierung dessen, was es sonst nur in Projektteams mit Unternehmensberater:innen oder auf Elite-Unis zu lernen gibt.

12.3.3 SDG 5 – Geschlechtergleichheit

Ich bin als Gründerin in der Start-up-Szene eine Minderheit. Gerade mal 20 % der Unternehmergesellschaften in Deutschland werden von Frauen gegründet. Tendenz sinkend. Die Gründe dafür liegen nicht bei den Frauen. Die Gründe liegen im System.

Mit 30 habe ich gedacht, es sei normal, dass mir trotz Doktortitels niemand zuhört, weil mir die Erfahrung fehlte. Mit 35 war ich überzeugt, es läge an meiner fehlenden Autorität. Mit über 40 und einem Professorentitel später weiß ich, es hat mit all dem nichts zu tun: es liegt am Geschlecht. Oder genauer gesagt daran, dass wir stören. Dass wir Dinge aufstören.

Die Chefetagen in Unternehmen sind immer noch geschlossene Clubs von homogen Denkenden, in dem Frauen die Ausnahme sind. Und auch bei den für Start-ups so wichtigen Investoren sitzen meist Männer, die ihr Geld eher in von Männern gegründete Unternehmen stecken. Auch dafür gibt es Zahlen. Eine Studie des Bundesverbandes Deutsche Start-ups zeigt, dass Männer mit vergleichbaren Ideen für ein Start-up eine 60 % höhere Chance haben, Risikokapital zu bekommen als Frauen.[1]

---

[1] Hirschfeld, A. *u. a.* (o. D.) *Startupverband.de*. Verfügbar unter: https://startupverband.de/fileadmin/startupverband/mediaarchiv/research/ffm/ffm_2020.pdf.

Ob das nun bewusst oder unbewusst passiert, ist für den Befund erstmal zweitrangig. Und sicher gibt es auch eine Menge (mehr oder minder) gute Erklärungen dafür, warum das passiert. Es bleibt dabei – allen Lippenbekenntnisse zum Trotz: Frauen haben häufiger das Nachsehen als ihre männliche Konkurrenz, selbst dann, wenn sie die bessere Alternative parat haben. Zu oft setzt sich nicht die beste Idee durch, sondern die von jemanden im „inner circle", aktuell eben meistens noch einem Mann.

Ich habe das oft genug erlebt und mit ansehen müssen. Und es ärgert mich. Denn jedes Mal, wenn eine qualifizierte Meinung nicht gehört wird, verpassen wir alle eine Chance – auf eine Erweiterung des Horizonts, auf eine bessere Reflexion. Die Folge: Eine Entscheidung, die schlechter ausfällt, als sie hätte sein müssen.

Ist mir wichtig weil…
… ich eine Frau bin – aber nicht nur. Sondern auch, weil ich zwei Töchter habe, denen alle Türen offen stehen sollen. Und darüber hinaus – das ist mir das Wichtigste: Weil wir uns Entscheidungen, die schlechter sind, als sie hätten sein müssen, nicht mehr leisten können!

Die kommenden Jahre sind elementar für die Fragen, ob wir die Klimakrise noch abwenden können, wie sich die politische Welt friedlich neu ordnen lässt oder ob unsere Unternehmen überleben werden. Dafür müssen die besten Ideen und Vorschläge auf den Tisch, ganz gleich, ob sie in einem Rock oder einem Anzug entwickelt wurden. Wir können es uns schlicht nicht mehr leisten, im (hohen) Frequenzbereich taub zu sein.

Ich habe meine Lehren aus der Vergangenheit gezogen, habe ein dickes Fell übergestreift und lasse mich nicht mehr ins Bockshorn jagen. Ich rede weiter, wenn ich von Männern unterbrochen werde, ich wiederhole meine Einwände, ich gebe sie zu Protokoll – bis sie gehört und auch behandelt werden. Ich verstärke die Aussagen anderer Frauen und stärke andere Frauen, wo ich nur kann – wenn sie gut sind. Und ich achte bei meinen Töchtern sehr genau darauf, dass sie sich nie so ins Bockshorn jagen lassen, wie ich es damals tat.

Bei Culcha versuche ich, all die Dinge anders (und hoffentlich auch richtig) zu machen, die in der von Männern geführten Welt noch immer falsch laufen. Natürlich stelle ich viele Frauen ein – auch im gebärfähigen Alter. Wir haben meist über 50 % Frauen im Unternehmen und über 66 % in der Führung. Wir haben – das war allerdings nicht mein Verdienst, sondern Glück – einen feministischen CTO, der zum Beispiel darauf achtet, dass man in seinem Nutzerprofil in Culcha seine Pronomen auswählen kann.

Auch mit unseren Inhalten befeuern wir die Umsetzung der Themen Diversity und Inclusion. In Modulen, die sich an Mitarbeiter:innen und auch speziell an Führungskräfte richten, zeigen wir, welche kleinen und großen Schritte dazu beitragen, Vielfalt im Unternehmen zu schaffen. Wir motivieren zur tatsächlichen Umsetzung. Und wenn nötig, erinnern wir auch dran. Wieder und wieder und wieder – bis wir sehen, dass sich was tut!

12.3.4 SDG 9 – Industrie, Innovation und Infrastruktur

Heute will jedes Unternehmen nachhaltig sein. Selbst Energieriesen versuchen, sich einen grünen Anstrich zu verpassen und klingen in der Kommunikation fast schon wie NGOs. Es soll hier nicht der Eindruck entstehen, dass dies alles Greenwashing sei. Nein, viele Unternehmen haben inzwischen die Relevanz des Themas erkannt und investieren in einen nachhaltigen Wandel. Doch vor einigen Jahren sah das ganz anders aus. Da war der Begriff Nachhaltigkeit nur etwas, das im Jahresbericht erwähnt werden musste. Dabei war damals schon klar, wie wichtig das Thema eigentlich ist. Die Stahlindustrie weiß schon lange, wie sich die Produktion auf Wasserstoff umstellen lässt – sie hätte es nur angehen müssen. Die Automobilindustrie wusste schon lange, wie man E-Autos baut – sie hätte es nur machen müssen. Und die Bundesregierungen der vergangenen Jahre hätten locker die Wind- und Solarenergie in Deutschland ausbauen können – wenn sie nur die Dringlichkeit erkannt hätten.

Das heißt, es gab schon ein paar Innovationen in der Industrie – sie wurden nur nicht umgesetzt. Und wenn das schon so war, dann gab es sicher auch eine Menge Innovationen, die gar nicht erst erfunden wurden.

Seit 20 Jahren erlebe ich den Widerstand gegen Veränderungen und Innovationen. Aus Schutzbehauptungen könnte ich einen ganzen Wälzer schreiben. Und aus Vermeidungsstrategien von Manager:innen ein Theaterstück. In der alten Schule der Unternehmensführung war es wichtiger, seine Ruhe oder Recht zu haben, als sich im offenen Austausch eine Meinung zu bilden. Das Resultat sind vertane Chancen auf Innovation, auf Verbesserung, verschuldet durch Strukturen, die veränderungsfeindlich sind.

Deshalb habe ich es mir zur Aufgabe gemacht, diese verkrusteten Strukturen zu brechen. Ich will Unternehmen das Wandeln beibringen. Denn Stillstand gab es lange genug.

Ist mir wichtig weil…

… wir uns vergeudete Chancen auf Innovation, ob für den Einzelnen persönlich, für Teams, für Unternehmen oder für Volkswirtschaften, nicht mehr leisten können.

Die Industrie ist z. B. eine der Hauptquellen von CO_2-Emissionen in Deutschland. Und gleichzeitig eine der wichtigsten Quellen der hiesigen Innovationsleistung. Sie hat hier eine Doppelfunktion: Sie kann selbst die Innovationen erzeugen, die dann dazu führen, dass sich der CO_2-Fußabdruck verbessert. Sie kann, wenn sie innovationsfähiges Denken und Strukturen fördert. Und das muss sie – und zwar jetzt. Wir haben keine Zeit zu verlieren.

Wie bringen wir Industrie-Konzernen bei, in Veränderung etwas Positives zu sehen? Mal eine verrückte Idee: Wir machen die optimale Chancenverwertung zum Maß aller Dinge. Eine neue Erfolgskennzahl, die das Umsatz- oder Gewinnwachstum ablöst. Manager:innen müssen sich dann daran messen lassen, wie viele neue Chancen sie kreiert und wie viele sie genutzt haben. Ungefähr so wie Stürmer beim Fußball. Es würde sich schnell zeigen, wer in den Chefetagen ein Knipser ist und wer ein Chancentod.

Im Grunde ist das nichts anderes als eine Adaption des „Growth Mindset"-Gedankens. Bei dem Ansatz geht es darum, wie Menschen mit Problemen, Herausforderungen und Aufgaben umgehen. Ob sie versuchen, beim Alten zu bleiben und bloß keine Fehler zu machen. Oder ob sie sich an Neues wagen und denken, sie bekommen das schon irgendwie hin. Ich bin ein großer Fan der „Growth Mindset"-Philosophie und nutze sie sowohl im privaten als auch im beruflichen Kontext. Für mich ist der Sinn des Lebens die optimale Chancenverwertung, und das Maß der Dinge dabei, die bestmögliche, ganzheitliche Entfaltung des Potenzials, das einem Menschen mitgegeben wurde. Das größte Kompliment, das man mir daher machen kann, ist „you played your hand well!".

Ich habe dem Angestelltenverhältnis den Rücken gekehrt, um erst mir und später auch den Mitarbeiter:innen unserer Transformationsberatung _MEDIATE diese Chancenverwertung zu ermöglichen. Mit dem Folgeunternehmen, dem Start-up Culcha, haben wir diesen Ansatz noch um eine Ebene höher gezogen. Wir haben die Chancenverwertung zum Geschäftsinhalt gemacht und eine Plattform entwickelt, die auf die Weiterentwicklung und das Wachstum der Nutzer:innen – und damit auch ihrer Unternehmen – zielt. Für die Entfaltung des Einzelnen, die Zukunftsfähigkeit von Unternehmen und hoffentlich auch des Planeten.

Prof. Dr. Katja Nettesheim | Credit: Prof. Dr. Katja Nettesheim, 2021

13

Kommunikationsexpertin, Wortzauberin und Buchkonstrukteurin

Susanne Bachmann

13.1 Biografie

Angefangen hat alles in der Lessingstadt Wolfenbüttel – hier bin ich geboren, aufgewachsen, zur Schule gegangen. Auch wenn die bezaubernde Kleinstadt eine wirklich kleine Stadt ist: Hier groß geworden zu sein, empfinde ich noch heute als Privileg. Wir Kinder waren frei, nach der Schule ging es auf die Straße, in den Wald, in die Nachbarschaft. Unsere Eltern ließen uns machen und bis auf ein paar aufgeschlagene Knie gab es in dieser Zeit keine wirklich großen Katastrophen. Der Weg zum Gymnasium war für mich als Tochter einer ledigen Mutter kein leichter … Noch weit in die 80er Jahre wurden Frauen ohne Männer oder Kinder ohne Väter eher misstrauisch beäugt. Kein Wunder, wenn man bedenkt, dass Frauen erst in den 70er Jahren ein eigenes Konto besitzen oder einen Arbeitsvertrag unterschreiben durften.

So war meine Mutter, die ihre ersten Schritte im nationalsozialistischen Deutschland machte (in eben dieser Kleinstadt übrigens), eine echte Revolutionärin, eine Löwenmutter, die alles, aber auch wirklich alles für ihr einziges Kind in die Waagschale warf. Dem Englisch-Lehrer, der sie missbilligend fragte, was denn die Tochter einer kleinen Angestellten auf dem Gymnasium zu suchen hätte, entgegnete sie selbstbewusst: Das Kind hat

---

S. Bachmann (✉)
Düsseldorf, Deutschland
E-Mail: s.bachmann@impressions-kommunikation.de

Potenzial! Derart ausgerüstet (und bedingungslos unterstützt) war die Schule für mich tatsächlich kein großes Problem. Mit Leidenschaft stürzte ich mich in die Leseabenteuer dieser Zeit, lernte mit meinen Freundinnen, wie eine Differentialgleichung zu lösen war, tobte mich im Schwimmbad aus (die Englisch-Vokabeln als Ausrede in der Tasche) oder schwang die großen Reden im Politikunterricht. Auch an die Debatten mit unserem Religionslehrer erinnere ich mich gern – auch wenn er, wie er mir bei einem Klassentreffen verriet, diese Diskussionen eher weniger genossen hat.

Berufswunsch: Lehrerin
Schon früh war für mich klar: ich werde Lehrerin. Keine Ahnung, woher dieser Wunsch kam. Vielleicht war es die Deutschlehrerin, die mich die Ehrfurcht vor und die Liebe für unsere Sprache lehrte, oder der Mathelehrer, der mir das Reifen wechseln beibrachte? Ich weiß es nicht mehr. Feststand: Nach dem passablen Abitur schrieb ich mich ein für das Höhere Lehramt in den Fächern Deutsch und Politikwissenschaft. Bis kurz vor dem Einschreibetermin war ich unsicher, ob ich nicht vielleicht besser Mathe und Physik als Kombi wählen sollte. 4 Jahre (oder 8 Semester) war damals die Regelstudienzeit – erst nach den absolvierten Semestern durfte man sich zum I. Staatsexamen anmelden. Das Thema meiner Examensarbeit, die ich vor allem im großartigen Zeitungsarchiv der Göttinger Universität recherchierte, war seiner Zeit weit voraus – beschäftigte ich mich in der empirischen Arbeit doch mit der Berichterstattung der überregionalen Tages- und Wochenzeitungen über die Grünen.

Meine politischen Wurzeln stammen übrigens auch aus dieser Zeit: Einer meiner Dozenten empfahl mich für ein Stipendium bei der Friedrich-Ebert-Stiftung. Zwei Gutachten (und etliche gute Noten) später hatte ich die begehrte Zusage der Stiftung in der Tasche. Ein üppiges Stipendium, das an weiterhin gute Noten gekoppelt war, ermöglichte mir ein recht komfortables Studentinnenleben. Diverse Nebenjobs (hinterm Tresen, bei VW am Band, in einem Küchenstudio) bildeten die ergänzende Basis. Zwei Mal pro Jahr ging es zum Stipendiatentreffen. Hervorragende Veranstaltungen, die neben aktuellen politischen Themen auch die Aufarbeitung des Nationalsozialismus in den Mittelpunkt stellten. Besonders beeindruckt hat mich das Treffen mit ehemaligen KZ-Häftlingen. Ihre Schilderungen, zu welchen Gräueltaten Menschen fähig sind, beschäftigt mich bis heute. Und hat sicher auch einiges dazu beigetragen, dass für mich der Freiheitsbegriff mit all seinen Facetten ein unantastbarer ist.

Politische Wurzeln

Klar, dass ich in dieser Zeit nicht nur diskutierte, sondern für meine Überzeugungen auch das eine oder andere Mal auf die Straße ging. Meine Generation war gegen Atomkraft, wir waren Kinder des Kalten Krieges und als solche waren wir permanent mit der Realität des politischen Gleichgewichts, mit dem Ost-West-Konflikt konfrontiert. Und hatten erbärmliche Angst vor einer möglichen atomaren Auseinandersetzung. Gerade jetzt muss ich häufig an damals denken und sehe Parallelen, die mich ebenso mit Schrecken erfüllen wie in den 1979er/1980er Jahren.

Nach dem I. Staatsexamen ging es für 18 Monate ins Referendariat. Geschickt wurde ich nach Darmstadt in Hessen, wo ich an einer additiven Gesamtschule meine praktischen Übungen absolvierte. Am Rande des Odenwaldes, also in sehr idyllischer Atmosphäre, durfte ich lehren und mich ausprobieren. Besonders die höheren Jahrgänge der Oberstufe machten mir Spaß – war ich doch nur unwesentlich älter als meine Schüler:innen, unsere Themen immer noch ähnlich. Mit Sondergenehmigung durfte ich „meiner" Klasse dann auch noch das Abitur abnehmen. Trotz exzellenten II. Staatsexamens ging es danach zumindest mit dem Schuldienst nicht weiter. Lehrer:innen wurden schlicht nicht sofort eingestellt, Wartezeiten von bis zu 5 Jahren waren die Regel. Spätestens heute rächt sich die Kurzsichtigkeit von damals.

Neue Wege

So ging ich zunächst zurück nach Niedersachen, nach Braunschweig, um genau zu sein. Hier hatte ich, nur 12 km von meiner Heimatstadt entfernt, bereits studiert. Ich mochte die Stadt mit ihren historischen Wurzeln, lebte gern hier. Eine gute Basis für eine Um- und Neu-Orientierung. Und so machte ich Fernsehen und Radio für den Norddeutschen Rundfunk. Schrieb für die Lokalredaktion der Braunschweiger Zeitung, ging als PR-Referentin zum Diakonischen Werk Braunschweig. Die Richtung stimmte: Kommunikation. Schon seit jeher meine Leidenschaft entwickelte sie sich hier zu meiner Profession, die ich bis heute begeistert lebe. Als Chefin vom Dienst landete ich schließlich bei einer PR-Agentur in Stuttgart. Lebte, arbeitete und verliebte mich hier. Drei Jahre hielt es mich in der Agentur. Als es für den Laden wirtschaftlich eng wurde, stand ich erneut vor der Frage: Was nun? Mach Dich selbständig, redete mir mein erster Mann damals zu. Gesagt, getan: Meine ersten selbstständigen Schritte machte ich als Redenschreiberin und freie Redakteurin für diverse Wirtschaftsblätter, wie das Handelsblatt oder die Wirtschaftswoche.

Kurz unterbrochen habe ich diesen Weg als meine eigene Chefin mit Stationen bei den (damaligen) RWE-Töchtern, Telliance (später: o.tel.o) und Talkline. In beiden Unternehmen baute ich die Unternehmenskommunikation auf, leitete große Teams, hatte umfangreiche Budgetverantwortung. Allerdings: So ganz schmeckte mir das Angestelltensein nie.

Und so machte ich mich schließlich vor 23 Jahren erneut selbständig; gründete – zunächst mit Partnern – eine Agentur, mit der ich heute noch aktiv bin. Unternehmen wie die Deutsche Bahn, E.ON, Westenergie oder SAP gehören bis heute zu unseren langjährigen Kunden. Allen gemeinsam: der Fokus auf unsere strategische Unterstützung und Kommunikationsexpertise. Gerade in Zeiten großer Veränderungen werden wir gern und immer wieder angefragt. So begleiteten wir die Employer-Branding-Kampagnen der Deutschen Bahn, unterstützen beim Launch des Social Intranets des Unternehmens, halfen der SAP bei der Einführung ihrer FlexWork-Welt oder entwickelten für die Westenergie im Rahmen ihrer Bildungsinitiative „3 Mal E" den strategischen Ansatz für einen Zertifizierungsprozess nach SDG-Kriterien.

Neue (alte) Leidenschaft

Ganz nebenbei habe ich mir inzwischen ein weiteres Standbein aufgebaut: Ich entwickele, begleite und schreibe Bücher für andere. So entstand gemeinsam mit Anabel Ternès ein Buch über Krisenkommunikation, das mittlerweile in zweiter Auflage vorliegt. Ein Buchprojekt, das von insgesamt 80 Autor:innen entwickelt wurde, durfte ich projektleitend, schreibend und ghostwritend ebenso begleiten wie die Lebensgeschichte zweiter Unternehmerinnen. Kurz: Seit drei Jahren gehe ich mit meiner Schreiberei neu Wege. Übrigens: ebenso leidenschaftlich und begeistert wie die Kommunikationswege, die ich seit Jahrzehnten gehe.

13.2 Statement zum Thema nachhaltig Unternehmen führen und/oder nachhaltig leben

Wie führt man heute nachhaltig ein Unternehmen? Eine Frage, die sich für mich keinesfalls allein auf eine nachhaltige Ressourcen-Nutzung reduzieren lässt. Eine nachhaltige Ressourcen-Nutzung ist für mich vielmehr selbstverständliche Basis eines bewussten Lebens und Arbeitens. Nachhaltigkeit hat – das zeigen ja auch die 17 SDG – weitaus mehr Facetten.

Facetten, die allen in einem Unternehmen die Teilhabe ermöglicht – sei es durch entsprechende Bildungsangebote oder sei es durch die Möglichkeiten des flexiblen Arbeitens. Wir arbeiten seit Jahren – übrigens schon lange vor Corona – vorwiegend virtuell. Außer zu verbindlichen Kundentermin können die Mitarbeitenden dabei wählen, ob sie nachts um 3 oder am Tag zwischen 9 und 18 Uhr ihren Job erledigen. Männer und Frauen werden bei uns für ihre Arbeit selbstverständlich gleich bezahlt. – Wir setzen uns als Team für Anti-Rassismus und Anti-Diskriminierungsschulungen bei unseren Kunden ein. Nach britischem Vorbild nutzen wir hier Formate, die rassistische Strukturen offenlegen und die vor allem dafür sorgen, dass sich Mitarbeitende dieser Thematik bewusst werden. Eng arbeiten wir dabei mit „Impact Culture", dem Unternehmen meiner Stieftochter, Chaka Bachmann zusammen. Das Start-up mit Sitz in London berät etliche NGOs in Großbritannien und plant bis 2023 eine Expansion nach Deutschland, bei der wir als Impressions Kommunikation unterstützen.

13.3 Statement zu ausgewählten SDGs

13.3.1 SDG 1 – Keine Armut

Ich bin mir sehr bewusst, dass wir in Deutschland, in Europa ausgesprochen privilegiert leben. Natürlich gibt es auch bei uns Armut, gerade die Altersarmut hat in den vergangenen Jahren erheblich zugenommen. Aber: Wir haben ein breites soziales Netz, das die schlimmsten Armuts-Erscheinungen lindern hilft. Daneben existieren etliche Hilfsorganisationen, die sich der Thematik bei uns annehmen.

Robert McNamara, ehemaliger Präsident der Weltbank, hat einmal gesagt:

„Armut auf absolutem Niveau [...] ist Leben am äußersten Rand der Existenz. Die absolut Armen sind Menschen, die unter schlimmen Entbehrungen und in einem Zustand von Verwahrlosung und Entwürdigung ums Überleben kämpfen, der unsere durch intellektuelle Phantasie und privilegierte Verhältnisse geprägte Vorstellungskraft übersteigt." (Quelle: Grundsatz-Referat zur Neuorientierung der Weltbank-Politik, 1973; zitiert in: Ferdinand Schöning, Plädoyer für eine mehrdimensionale Erfassung von Armut, in: Armut und soziale Gerechtigkeit in Deutschland, Felix Glaser, 2018)

Ich schließe mich an dieser Stelle McNamara an und gehe noch einen Schritt weiter: Wir haben eine Verpflichtung, uns der Armen dieser Welt, deren Dasein wir uns nicht vorstellen können, anzunehmen.

Haben wir hier auch nicht mit dem Problem der absoluten Armut zu kämpfen, so gibt es bei uns gleichwohl ein Problem der relativen Armut. Heißt: Arme Menschen in Deutschland kämpfen vor allem um ein menschenwürdiges Leben. Und hier sind wir als Gesellschaft gefragt:

Es muss ein breiteres Angebot für obdachlose Personen geben. Ein Angebot, das diesen Menschen erlaubt, leichter wieder zurück in die Gesellschaft zu finden. Etwa mit entsprechenden Wohnraumangeboten.

Wir brauchen ein Konzept, das die Altersarmut verhindert. Unser Rentensystem muss neu gedacht werden. Und wir müssen ein Mindset entwickeln, dass die Lebensarbeitszeit mitdenkt und so älteren Menschen die Teilhabe am Wirtschaftsgeschehen weiter ermöglicht.

13.3.2 SDG 2 – Kein Hunger

Hunger ist ein Thema, das für mich – international betrachtet – sehr eng mit dem Armutsthema zusammenhängt. Wer absolut arm ist, dessen Existenz also bedroht ist, der leidet in der Regel auch Hunger. Eine Wohlstandsgesellschaft wie die unsere darf das nicht dulden.

Es muss Entwicklungsprogramme geben, die vor Ort in den Armutsregionen dieser Welt dafür sorgen, dass die Menschen die Möglichkeit erhalten, sich wieder besser selbst zu versorgen.

13.3.3 SDG 3 – Gesundheit und Wohlergehen

Zu einem menschenwürdigen Dasein gehört das Wohlergehen, die Gesundheit zwangsläufig dazu. Menschen, die keinen Zugang zu medizinischer Versorgung haben, deren Umfeld – bedingt durch Armut – zwangsläufig nicht für Gesundheit und Wohlergehen sorgt, sind abgeschnitten von dem, was wir hier leben dürfen. Ich plädiere für eine Stärkung der Hilfsorganisationen, wie Ärzte ohne Grenzen, für die Unterstützung weiterer Projekte, die etwa für sauberes Wasser sorgen, für Bildungsangebote, die die medizinische Selbstversorgung stärken.

In meinem Unternehmen gehört das Angebot von subventionierten Zusatzversicherungen dazu. Wir setzen auf Achtsamkeit einander gegenüber. Das Wohlergehen aller ist bei uns eine Prämisse, die wir verinnerlicht haben und aktiv leben.

13.3.4 SDG 4 – Hochwertige Bildung

Bildung ist die Basis für ein vernünftiges gesellschaftliches Miteinander, für eine aufgeklärte Bevölkerung, die weiß wie Nachrichtenquellen zu werten sind, die weiß, wie man das eigene Narrativ verhindert. All das sind Elemente einer Bildung, wie wir sie hier, wenn wir sie denn angenommen haben, genießen dürfen.

In vielen Entwicklungsregionen sieht das anders aus. Beispiel: Afghanistan. Hier ist Mädchen inzwischen wieder der Zugang zu Schulen, sprich: zur Bildung, untersagt. Viele arme Menschen haben nicht die Chance, eine Schule zu besuchen, weil sie entweder zu weit weg ist oder Geld kostet. Uns muss es in den nächsten Jahren vor allem darum gehen, nicht nur hochwertige Bildungsangebote zu schaffen, sondern diese auch allen Menschen zugänglich zu machen. Dazu bedarf es eines breiten Konsenses der Weltbevölkerung, das auch anzugehen und international durchzusetzen.

13.3.5 SDG 5 – Geschlechtergleichheit

Ein Thema, das mir besonders am Herzen liegt und für das wir uns als Unternehmen immer wieder stark machen. Fakt ist: Frauen haben nach wie vor nicht die gleichen Chancen wie Männer. Solange eine schlecht performende Frau nicht Mitglied eines Vorstandes wird, haben wir diese Geschlechtergleichheit einfach nicht. Ich bin ein großer Fan der Quotenregelung, die Unternehmen zwingt, sich mit der Gleichberechtigung konstruktiv auseinanderzusetzen. Eine Quote sorgt letztlich dafür, dass sich die Verhältnisse ändern und geänderte Verhältnisse verlangen nach einem veränderten Mindset. Es gibt immer wieder Vermutungen, in welchem Jahr wir endlich dort angekommen sind, wo wir gleichberechtigt sein müssen. Fest steht: So schnell werden wir keine Geschlechtergleichheit erreichen.

13.3.6 SDG 6 – Sauberes Wasser und Sanitäreinrichtungen

Eine Grundbedingung für ein menschenwürdiges Leben ist der Zugang zu reinem Wasser und entsprechenden Sanitäreinrichtungen. Nicht von ungefähr ist es eines der SDG. Es existieren etliche Konzepte, die in allen Teilen der Welt angewendet werden, um dieses Ziel zu erfüllen. Aber: Wir sind noch weit davon entfernt.

Wir können hier nur weiter darauf bauen, dass der Kampf um reines Wasser für alle Menschen weiter vorangetrieben wird. Natürlich sind an dieser Stelle auch Innovationen hilfreich, die etwa dabei helfen, Wasser so aufzubereiten, dass es rein und damit trinkbar ist.

13.3.7 SDG 7 – Bezahlbare und saubere Energie

Wir haben, das muss man nüchtern konstatieren, das Thema „saubere Energie" viel zu lange schleifen lassen. Viel zu lange haben wir auf die Kohle gesetzt, viel zu lange Importstrukturen gebilligt, die uns von Erzeugern wie Russland in Sachen Gas abhängig gemacht haben. Der Ukraine-Krieg hat uns diese Tatsache erschreckend und in aller Deutlichkeit offenbart. Jetzt gilt es, nicht nur alternative Energien noch stärker als bislang zu fördern, sondern auch Auswege aus der Abhängigkeit von Energie-Exporteuren zu finden. Für mich heißt die Lösung keinesfalls, zurück zur Kohle oder gar zur Atomenergie. Nein, es gilt, die klugen findigen Köpfe zu fördern die smarte innovative Energie-Ansätze entwickeln, die für saubere und bezahlbare Energie sorgen.

13.3.8 SDG 8 – Menschenwürdige Arbeit und Wirtschaftswachstum

Viele SDG haben wir in den Industrienationen bereits erreicht. Umso mehr müssen wir dafür sorgen, dass wir sie auch international umsetzen und so z. B. dafür sorgen, dass Arbeit, egal wo auf der Welt sie ausgeführt wird, menschenwürdig ist und für ein akzeptables Wirtschaftswachstum sorgt. Was können wir dafür tun? Z. B. international agierende Unternehmen dazu verpflichten, Arbeit auch in Entwicklungsregionen so zu ermöglichen, dass sie menschenwürdig ist. Und: bei Verstößen gegen dieses Reglement streng zu sanktionieren. Es kann und darf von der Weltgemeinschaft einfach nicht ohne Sanktionen bleiben, wenn Unternehmen billig und unter menschenunwürdigen Bedingungen in Entwicklungsländern produzieren lassen. Warum verpflichtet man etwa ein französisches oder deutsches Unternehmen nicht dazu, wenigstens zwei Drittel der Produktion im eigenen Land zu belassen?

13.3.9 SDG 9 – Industrie, Innovation und Infrastruktur

Ohne Innovation keine Industrie und letztlich auch keine Infrastruktur. Innovationen sind der Motor einer jeden Industrie. Sorgen sie doch dafür, dass es vorangeht, dass man sich entwickelt. Lange Zeit galt Deutschland als Innovationsland. Und in der Tat: 290 Patente pro Millionen Einwohner kommen aus deutschen Tüftlerstuben. Allerdings: Viele dieser Patente verstauben beim Patentamt und landen nicht irgendwann als z. B. Produkt in unserem Zuhause. Das „Deutsche Paradoxon" nennt man dieses Phänomen, das nicht zuletzt durch die Zögerlichkeit der Patent-Vordenker entsteht. Sie hat nicht zuletzt mit unsere „Ja, aber-Kultur" zu tun. Eine Kultur übrigens, die wir mit vielen Wohlstandsgesellschaften teilen und die daher rührt, dass man an Liebgewordenem gerne festhält, ehe man Neuem eine Chance gibt. Auch hier geht es für mich um Mindset: um den Mut, ungewöhnliche Ideen zuzulassen und zu unterstützen. Das neue mutige Mindset erreichen wir vor allem mit einer erstklassigen Bildung, aber auch mit der Förderung einer kreativen Start-up-Szene.

13.3.10 SDG 10 – Weniger Ungleichheiten

Ungleichheiten abzubauen, gelingt nur, wenn man die Barrieren in den Köpfen der Menschheit abbaut. Eine Aufgabe, die sich unser Partnerunternehmen „Impact Culture" aus UK auf die Fahnen geschrieben hat. Ziel – und da stimmen wir absolut überein – ist die Schaffung einer gerechten, vielfältigen und integrativen Gemeinschaft auf nachhaltige Weise. Auch hier betone ich es noch einmal: Die Bildung macht den Unterschied. Wenn ich Kinder so erziehe, dass sie Narrative, auch die eigenen, permanent hinterfragen und abgleichen, dann habe ich bereits viel erreicht. Vor allem eine neue Offenheit gegenüber Minderheiten.

13.3.11 SDG 11 – Nachhaltige Städte und Gemeinden

Schaut man sich Deutschlands Großstädte an, verändern sie sich gerade in einer Weise, die man noch vor wenigen Jahren nicht für möglich gehalten hat. Innenstädte werden immer autofreier und damit natürlich nachhaltiger. Um das realisieren zu können, bedarf es – gerade in Großstädten mit ihren Randgebieten – einer exzellent ausgebauten Infrastruktur, die für alle bezahlbar ist.

13.3.12 SDG 12 – Nachhaltige/r Konsum und Produktion

Ich habe vor ca. einem Jahr als Mentorin ein Start-up betreut, das sich auf die Produktion nachhaltiger Kleidung fokussiert. Die Gründer:innen: vier 17-jährige, die vom vorgelebten Konsum die Schnauze voll hatten. Ihr Credo: Alle Bereiche unseres Lebens gehören auf den Prüfstand, müssen nachhaltiger werden – der Konsum mit eingeschlossen. Produziert wird nach Bedarf und natürlich nachhaltig.

13.3.13 SDG 13 – Maßnahmen zum Klimaschutz

Wir werden – das wissen wir inzwischen alle – unsere selbst gesetzten Klimaziele nicht erreichen. Natürlich gibt es dafür zahlreiche (und vor allem offizielle) Gründe. Wie anders hätten wir uns entwickeln können, wenn wir die Grünen vor mehr als 30 Jahren mit ihren Ansätzen und Überlegungen ernster genommen hätten. Wenn wir also deutlich früher über alternative Energien oder den internationalen Klima-Haushalt nachgedacht hätten. Jetzt ist, wie ein bekannter Mediziner immer wieder feststellt, fünf vor zwölf, und uns bleiben keine Jahrzehnte mehr, den Schaden von der Erde abzuwenden.

13.3.14 SDG 14 – Leben unter Wasser und SDG 15 – Leben an Land

Das Leben unter Wasser (und an Land, um gleich das nächste SDG auch mit anzusprechen) wäre deutlich einfacher, wenn wir uns an unsere Klimaziele gehalten hätten. Haben wir aber nicht, sondern die Ressourcen dieser Erde mehr als einmal über Gebühr verbraucht und ausgenutzt. Ich bin ehrlich gesagt ratlos, wenn es um die Themen Klima und das Leben auf dieser Erde, ob an Land oder unter Wasser geht. Klar, schränken wir uns im privaten und auch geschäftlichen Umfeld bei Ressourcen ein, setzen auf nachhaltige Gestaltung des Alltags. Aber: Um dauerhaft etwas zu verändern, müssen alle Menschen etwas verändern.

13.3.15 SDG 16 – Frieden, Gerechtigkeit und starke Institutionen

Spätestens seit dem Überfall Russlands auf die Ukraine steht das Thema Frieden wieder ganz oben auf der gesellschaftlichen Agenda. Sprach- und zunächst hilflos blickte die Welt Ende Februar 2022 auf ein Desaster, das sich die westliche Welt in dieser Form nicht hatte vorstellen können. Denn spätesten seit Ende Februar 2022 wissen wir: Der Frieden in Europa bröckelt, ein dritter Weltkrieg, den wir jahrelang nur im Politikunterricht und in der Theorie diskutiert haben, rückt in erschreckende Nähe. All das, was mich als Studentin umgetrieben hat, ist plötzlich wieder da. Und: Macht mir Angst. Umso wichtiger ist die Verfolgung dieses 16. Ziels für eine nachhaltige Entwicklung. Krieg und damit das Ende von Gerechtigkeit und starken Institutionen sollte als Relikt der Konfliktlösung auf den Scheiterhaufen der Geschichte wandern.

13.3.16 SDG 17 – Partnerschaften zur Erreichung der Ziele

Nur miteinander – und nichts anderes sagt dieses 17. Ziel – erreichen wir eine gerechtere Welt. Eine Welt, die nicht von Hunger, Armut und Konflikten gezeichnet ist. Eine Welt, in der auch nachfolgende Generationen menschenwürdig leben können.

Foto-Credit: Martin le Claire

14

Family Officer aus Leidenschaft

Thomas A. Zenner

14.1 Biografie

Geboren wurde ich 1963 in Berlin, 1974 zog es meine Eltern nach Baden-Baden, wo ich bis 2001 weitestgehend wohnen blieb (mal abgesehen von diversen Auslandsaufenthalten). Meinen beruflichen Werdegang startete ich in der genossenschaftlichen Bankengruppe mit einer klassischen Bankausbildung und späteren Fortbildung zum Bankfachwirt. Aufgrund einer besonderen Situation ermöglichte mir der damalige Vorstandsvorsitzende der Volksbank Rastatt mit 24 Jahren die Abteilungsleitung der gesamten Anlageberatung und der Wertpapierverwaltung. Eine besondere Herausforderung, die mich früh prägte. Denn mit 24 Jahren hatte ich sicherlich nicht die Führungserfahrung für knapp 30 Mitarbeiter und lernte somit sehr früh und anhand der Praxis, mit Herausforderungen umzugehen.

Bis Sommer 2020 war ich dann für die regionalen Genossenschaftsbanken (Baden-Baden, Rastatt, Karlsruhe) tätig, jeweils mit der Aufgabe, das Privatkundengeschäft zu reorganisieren und zu aktivieren. Zuletzt von 2017 bis 2020 bei der Badischen Beamtenbank in Karlsruhe, bei der ich die Gelegenheit hatte, das Privatkundengeschäft bundesweit neu zu strukturieren und regionale Beratungseinheiten in Deutschland aufzubauen. Parallel dazu erfolgte die Berufung als Dozent bei der genossenschaftlichen

T. A. Zenner (✉)
Family Office 360grad AG, Stans, Schweiz
E-Mail: t.zenner@familyoffice-360grad.ch

Bankenakademie in Karlsruhe sowie ebenfalls als Dozent bei der staatlichen Berufsakademie in Karlsruhe. Zusätzlich legte ich die Prüfung als Certified EFFAS Financial Analyst ab. Im Anschluss an die BBBank erfolgte für 1,5 Jahre die Tätigkeit als Head of Research, Asset Management & Investor Relations bei einer Wertpapierhandelsbank in Frankfurt. Dieses Haus überlebte leider die Börsenentwicklung 2000/2001 nicht. Durch meine Auslandsaufenthalte konnte ich in New York die Tätigkeit als Family Officer kennenlernen. Es reizte mich, das Thema bei passender Gelegenheit in Deutschland umzusetzen. Diese Möglichkeit ergab sich plötzlich durch den Wunsch der damalig noch von den Inhabern geführten Weberbank in Berlin. Mein besonderer Dank gilt heute noch den damaligen Partner und Sprecher der Bank, Herrn Dr. Christian Grün, der mir die Aufgabe übertrug, ein Family Office für die Berliner Privatbank ganz im Sinne amerikanischer Originale aufzubauen. Durch die Turbulenzen der Landesbank Berlin wurde dann die Weberbank bedauerlicherweise mehrfach verkauft, sodass ich nach dem letzten Verkauf an die Mittelbrandenburgische Sparkasse dem Ruf der Helaba-Gruppe folgte und als Geschäftsführer das Family Office der Sparkassenfinanzgruppe, Nötzli, Mai & Partner AG in Zürich übernahm. Bedauerlicherweise zeigte sich, dass zwar innerhalb der deutschen Sparkassen der Bedarf an Beratung durch ein Family Office, insbesondere im Bereich der Nachfolgeplanung bei Unternehmenskunden sehr hoch war, jedoch die Vertreter der jeweiligen Sparkassen sich der Brisanz der Problematik nicht wirklich bewusst waren. Daher reifte der Entschluss, auch unter positiver Einflussnahme einiger Unternehmer, die ich als Mandanten betreuen durfte, ein eigenes, komplett unabhängiges Family Office zu gründen. Das war der Grundstein für das Family Office 360grad in Stans, gegründet von Unternehmern für Unternehmer. Seit 1. Oktober 2016 führe ich als geschäftsführender Gesellschafter das Family Office für Unternehmerfamilien mit folgenden Schwerpunkten in der Beratung:
- Internationale Vermögensaufteilung und -investition,
- Wegzug in die Schweiz,
- Diversifikationen bei Immobilien und Private Equity Investitionen,
- Führung des Privatsekretariats und
- Familienkompass 360 Grad.

Gerade das letzte Thema hat eine besondere Aktualität. Bis 2026 stehen um die 190.000 Unternehmen zur Übergabe an. Zusammen mit meiner Geschäftspartnerin und Expertin für Nachhaltigkeit und Zukunftsthemen Frau Dr. Ternes von Hattburg konzentrieren wir uns in der Beratung für Familienunternehmer auf dieses konfliktträchtige Thema. Wir beide kennen aus vielen Gesprächen, Coachings, Beratungen und Workshops: Die wunde Stelle, an der sich entscheidet, ob eine Familie ein Unternehmen mit voller Kraft nach vorn in die Zukunft steuern kann oder in ständigen Seitenkämpfen Energie verliert. Spätestens zum Zeitpunkt der angedachten Übergabe zeigt sich, ob ein Unternehmen auf den Generationswechsel vorbereitet ist. Gemeinsam mit uns wird es der Unternehmerfamilie gelingen, Konflikte über Werte, Ziele, Rollen offen zusammen zu diskutieren, diese aufzulösen bzw. zu fixieren. Ein besonderes Augenmerk legen wir dabei auf die Qualifizierung und Begleitung der nächsten Generation.

14.2 Statement zum Thema nachhaltig Unternehmen führen und/oder nachhaltig leben

Nachhaltig leben heißt für mich, gewohnte Verhaltensweisen zu überdenken und mein Verhalten zu verändern. Das fällt nicht immer leicht, ich fliege immer noch viel und bin mit dem Auto unterwegs. Aber inzwischen überlege ich schon öfters, ob das sein muss oder ich Termine verbinden kann und damit weniger das Flugzeug oder das Auto nutze. Die Bahn ist leider immer noch keine wirkliche Alternative. Bei meinen Anmerkungen zu den unterschiedlichen Zielen ist mir jedoch immer wieder bewusst geworden, dass jeder Einzelne eine Menge bewegen kann, aber ein Wandel ist meiner Ansicht nach nur möglich, wenn das Bewusstsein dafür geschärft wird. Das kann durch die regionalen bzw. nationalen staatlichen Organe erfolgen (Aufklärung, Kampagnen, gezielte Förderungen), eine internationale Abstimmung ist zwingend erforderlich. Der Rest muss über den Preis geregelt werden, das einzige Instrument, welches jeden Verbraucher zum Nachdenken bringt.

14.3 Statement zu ausgewählten SDGs

14.3.1 SDG 1 – Keine Armut

Keine Armut auf der Welt ist meiner Ansicht nach eine sehr idealistische Vorstellung. Dazu sind die Grundvoraussetzungen weltweit zu unterschiedlich. Umso bedauerlicher ist es, dass in den hoch entwickelten Industriestaaten Armut immer noch ein Thema ist. Bürokratische Vorschriften erschweren unkomplizierte Hilfen, je nach persönlicher Situation kann es zu einem Teufelskreis kommen, aus dem die Bedürftigen nicht mehr herauskommen. Betroffen sind dann die heranwachsenden Kinder, die es noch schwerer haben, sich aus solch einer Situation später zu befreien. Staatliche Behörden sind zu schwerfällig, private Initiativen werden nur sporadisch gefördert. Wer „arm" ist wird in der Gesellschaft zunehmend als „Looser" gesehen und der Respekt fehlt. Niemand fragt, warum es zu dieser Situation gekommen ist. Hier hilft nur ein politisches und gesellschaftliches Umdenken. Allerdings erkenne ich das nicht. Die Pandemie hat die Situation in den letzten beiden Jahren zusehends verschärft. Armut wird meiner Ansicht nach in den kommenden Jahren viel stärker in das Bewusstsein der Öffentlichkeit rücken, leider aufgrund der negativen Entwicklung auch in den wirtschaftlich entwickelten Staaten. Latent liegt hier auch ein mögliches „Unruhepotenzial" in den Großstädten.

14.3.2 SDG 2 – Kein Hunger

Veränderungen des Klimas, willkürliche kriegerische Auseinandersetzungen, Korruption innerhalb von Regierungen und Hilfsorganisationen führen in Summe dazu, dass insbesondere in den wirtschaftlich unterentwickelten Ländern Hungersnöte an der Tagesordnung sind. Dabei wäre dieses Problem mit viel Engagement durch überstaatliche Organisationen noch einfacher zu lösen als die Beseitigung der Armut, obwohl beide Themen eng miteinander verflochten sind. Die UNO ist mit ihren Unterorganisationen aber leider ein zahnloser Tiger und am Ende des Tages obliegt die Verteilung der Hilfen den jeweiligen Staaten.

Leider vergessen viele Menschen, dass Hunger auch zunehmend in den Industriestaaten eine Tatsache ist, die aber gerne verdrängt wird. Lange Zeit der Arbeitslosigkeit, keine Perspektive, der Fall in ein gesellschaftliches Loch und damit verbunden die Zunahme der Armut führt dazu, dass sich immer mehr Menschen auch in diesen Ländern sich das tägliche Essen nicht mehr leisten können. Stark steigende Preise an den Weltmärkten verstärken diesen Trend. Altersarmut und -hunger ist nicht mehr eine Seltenheit, sondern nimmt zu. Die staatlichen Organe sind leider nicht in der Lage, ihre Aufgabe hier nachzukommen. Meiner Meinung nach werden mittelfristig nur private Organisationen und Engagement helfen.

14.3.3 SDG 3 – Gesundheit und Wohlergehen

Gesundheit ist ein hohes Gut. Fit zu bleiben, nicht nur geistig, sondern auch körperlich bis ins hohe Alter ist auch für mich ein erstrebenswertes Ziel. Da spielen die Ernährung und auch der körperliche Ausgleich eine wichtige Rolle. Die Pandemie und die weltweiten Folgen einer sich umgreifenden Infektion haben gezeigt, dass ein gesunder Körper solche „Angriffe" besser widersteht. Und der Wohlfühleffekt in einem gesunden Körper stellt sich natürlich besser ein. Auch ich habe in den letzten Jahren lernen müssen, eine ausgewogenere Work-Life-Balance zu entwickeln. Jeder stark in seinem Beruf eingebundene Mensch muss schauen, dass er außerhalb seines beruflichen Umfelds den Ausgleich erreicht. Tanzen, Pferde und Natur (mit den Schweizer Bergen vor der Nase natürlich sehr zu empfehlen) tragen bei mir im Wesentlichen dazu bei.

Die Aufklärung der Gesellschaft vor den Gefahren des erhöhten Zuckers, Übergewichtes sowie Folgen zunehmenden Konsums von Alkohol und anderen abhängigen Genussmitteln sollte viel stärker fokussiert werden. Die Kosten zur Behandlung der daraus folgenden Krankheiten werden die Kassen zukünftig stark belasten.

14.3.4 SDG 4 – Hochwertige Bildung

Bildung ist ein Grundrecht und sollte nicht abhängig sein von der finanziellen Ausstattung. Jeder Mensch, insbesondere natürlich auch jeder Heranwachsender sollte die Möglichkeit haben, entsprechend seinen Fähigkeiten die entsprechende Ausbildung zu genießen. Das heißt nicht, dass alle Akademiker sein müssen, fehlgeleitete Vorstellungen der gesellschaftlichen Akzeptanz bestimmter Berufe führen zu Mangel an Fachkräften, gerade bei den Handwerksberufen. Natürlich brauchen wir auch Eliten, deren Fähigkeiten müssen gefördert werden. Eliten bringen Volkswirtschaften und Demokratien voran. Und dazu eine gut ausgebildete Bevölkerung stärkt die demokratischen Fundamente und die Fähigkeit des Landes, im Wettbewerb zu bestehen und sich selbst weiterzuentwickeln.

Eine abgeschlossene Ausbildung/Studium nebst einigen Jahren Berufserfahrung sollte auch eine Voraussetzung dafür sein, politische Ämter und Funktionen übernehmen zu können. Diese Voraussetzung würde sicherlich zu effizienteren und nachvollziehbaren politischen Entscheidungen beitragen.

14.3.5 SDG 5 – Geschlechtergleichheit

Für mich gab es in meinem beruflichen Werdegang nie einen Unterschied, ob ich eine Position mit einer Frau oder einem Mann besetzte. Für mich zählte alleinig die Qualifikation und Motivation der Person. Und auch ohne eine Mindestquote gab es immer ein ausgeglichenes Verhältnis zwischen weiblichen und männlichen Angestellten. Grundsätzlich halte ich persönlich nichts von Quoten bei der Besetzung von Gremien. Und ich denke, dass mit der nachwachsenden Generation von Managern und Eigentümern von Unternehmen viel moderner gedacht und gehandelt wird. Für mich erschreckend war in meinem bisherigen Berufsleben als Berater von Familienunternehmern eine Situation im Rahmen einer Nachfolgeplanung. Der Patriarch (über 80) wollte mir klar machen, dass nur sein Sohn die Nachfolge im Unternehmen antreten kann, seine Töchter dafür einfach unfähig seien. Es hatte mich Tage gekostet, bis ich ihn davon überzeugen konnte, dass er damit nicht nur einen enormen Streit in der Familie ausgelöst hätte, sondern vielleicht auch mal seinen Sohn fragt, was er davon hält. Überraschenderweise für den Vater hatte der dann kein Interesse, sodass er dann „zähneknirschend" mit mir über die Alternativen mit seinen Töchtern diskutierte. Das ist nicht unbedingt ein Einzelfall, aber der war schon extrem.

14.3.6 SDG 6 – Sauberes Wasser und Sanitäreinrichtungen

In den meisten der entwickelten Industriestaaten ist das heute sicherlich kein Thema mehr, sauberes Wasser wird als selbstverständlich hingenommen. Die Klimaveränderungen werden sicherlich dazu führen, dass auch in unseren Breitengraden Wasser als kostbares Gut betrachtet werden muss. Den „Entwicklungsländern" ist das schon lange klar. Ob es dazu kommt, wie vor einigen Jahren in Spanien, dass es Einschränkungen in der Wasserversorgung geben wird (keine Gartenbewässerung, Wasserabschaltungen über Nacht, etc.) kann ich nicht beurteilen, würde es aber auch nicht ausschließen. Dazu ist das Bewusstsein sicherlich überwiegend bei den Verbrauchern nicht gegeben. Steigende Preise für Wasser werden wahrscheinlich (analog zum Beispiel im Energiebereich) das Bewusstsein schärfen.

14.3.7 SDG 7 – Bezahlbare und saubere Energie

Bezahlbare und saubere Energie, das wird zukünftig nicht einfach werden. Viele Jahre wurde auf Kernenergie gesetzt, preiswert, aber sauber? Einige wenige Länder haben in den letzten Jahren eine Kehrtwendung hingelegt. Die meisten jedoch nicht und bauen Kernenergie aus. In der Schweiz haben wir den Vorteil der Nutzung der Wasserkraft. Der Ausbau der Sonnenenergie mit dem Auf- und Ausbau der Solaranlagen wurde Jahrzehnte in den meisten europäischen Ländern verschlafen. Ebenso die staatliche Förderung hierfür.

An diversen Beispielen von Investitionsprojekten habe ich gesehen, dass mithilfe von Solaranlagen eine gesunde Grundversorgung an Energie sichergestellt werden kann. Diese Form der Energiegewinnung dürfte zukünftig im privaten Bereich Priorität erfahren.

14.3.8 SDG 8 – Menschenwürdige Arbeit und Wirtschaftswachstum

Am Ende der Produktionskette steht der Konsument. Und solange dieser weiterhin Produkte erwirbt, deren Herstellung aufgrund menschenunwürdiger Arbeitsverhältnisse beruht, wird sich diesbezüglich wenig ändern. Aber leider sind viele Verbraucher nicht bereit, mehr Geld zu bezahlen, damit sich diese Verhältnisse ändern. Also helfen nur staatliche Eingriffe mit harten Sanktionen, um diese Missstände zu beseitigen.

Ein gesundes Wirtschaftswachstum ohne wesentliche staatliche Eingriffe ist für den Erhalt des Wohlstands zwingend notwendig. Sozialistische Tendenzen diverser Regierungen in Europa führen zu einem nachlassenden Wettbewerb und am Ende des Tages zur Stagnation, da wirtschaftliche Anreize fehlen werden.

14.3.9 SDG 9 – Industrie, Innovation und Infrastruktur

Innovation waren immer wieder der Anschub für neues, nachhaltiges Wirtschaftswachstum. Wenn ich in Ruhe darüber nachdenke, wann ich denn die erste E-Mail gesendet habe und wann ich das erste Mobilfunkgerät in Händen hielt (welches damals auch zum Gewichtheben taugte…), so haben sich daraus neue Wirtschaftszweige und Dienstleistungen entwickelt. Persönlich sehe ich die Chance, dass in Hinblick auf die klimatischen Veränderungen und die Konsequenzen daraus wieder neue Innovationen entstehen werden und zu einem weiteren Schub des Wachstums weltweit führen werden. Ein friedliches Miteinander der Staaten ist allerdings eine wesentliche Voraussetzung hierfür.

14.3.10 SDG 10 – Weniger Ungleichheiten

Gleichheit für alle klingt nach purem Sozialismus. Und auch dort gab es Ungleichheiten. Das wird nie zu realisieren sein. Wichtig ist, dass ein gesunder Wettbewerb ermöglicht wird und Chancengleichheiten gewährleistet sind (siehe auch Thema Bildung, Armut, etc.). So kann sich jeder nach seinen Neigungen, Fähigkeiten und auch Motivationen entwickeln. Das Gefühl der Ungleichheit wird dann auch nicht entstehen. Die in den letzten Jahren verstärkt in Deutschland entstandene Neidgesellschaft ist vor allem dadurch geprägt, dass die Grundvoraussetzungen für eine selbstbestimmende individuelle Entwicklung (ohne über das notwendige Vermögen zu verfügen) verloren gegangen sind.

14.3.11 SDG 11 – Nachhaltige Städte und Gemeinden

Städte werden geprägt durch ihre Bürger und deren Vertretungsorgan, den Gemeinderat. Wenn die gewählten Vertreter, die Gemeinderäte, ihre Funktionen wahrnehmen, kann eine Gemeinde schon im Kleinen beginnen, das Thema Nachhaltigkeit umzusetzen. Und sei das nur im Bereich von Energieerzeugung, Busverkehr, öffentlicher Verwaltung, etc. Aber wie bei allen diesen Themen hängt es am Ende des Tages bei der Einstellung des Bürgers zu den Nachhaltigkeitsthemen. Da kann ich persönlich – mit wenigen Ausnahmen – keine wirkliche Veränderung feststellen.

14.3.12 SDG 12 – Nachhaltige/r Konsum und Produktion

Jeder Bürger für sich kann hier Veränderungen herbeiführen. Werden bestimmte Produkte nicht mehr gekauft, die gegen die Grundsätze der Nachhaltigkeit oder der menschenunwürdigen Produktion verstoßen, werden sich die Anbieter bzw. Produzenten sehr schnell umstellen. Allein im Food-Bereich bin ich erstaunt, wie schnell plötzlich aufgrund der Nachfrage der Konsumenten vegetarische bzw. vegane Produkte in den Lebensmittelmärkten verfügbar waren. Aufgeklärte Konsumenten steuern das Verhalten der Produzenten.

14.3.13 SDG 13 – Maßnahmen zum Klimaschutz

Zu unterscheiden gilt, Maßnahmen, die seitens des Staates bzw. internationaler Organisationen veranlasst werden können und diejenigen, die jeder Einzelne von uns steuern kann. Aber der Einzelne hat nur eine begrenzte Wirkung. Es nützt wenig, wenn – wie bereits erwähnt – in Deutschland Atomkraftwerke abgeschaltet werden und um Deutschland herum neue gebaut werden. Und dann noch, wenn zu wenig Strom vorhanden ist, deutsche Energieversorger auch noch diesen billigen Atomstrom aus dem Ausland einkaufen. So wird das langfristig nichts.

14.3.14 SDG 14 – Leben unter Wasser

Die Berichte über den zunehmenden Plastikmüll in den Ozeanen (den ich auch selbst schon wahrgenommen habe) zeigen, dass es für das Überleben der Meere sehr bedenklich aussieht. Ich kann das nur so erklären, dass bei vielen Menschen immer noch nicht im Kopf angekommen ist, was es bedeutet, wenn umwelttechnisch das „Meer" kippt, mal abgesehen davon, dass auch langfristig das große Fischsterben einsetzt (und zum Teil ja schon eingesetzt hat) und somit wesentlich Einfluss auf die Ernährungswirtschaft hätte.

14.3.15 SDG 15 – Leben an Land

Nachhaltigkeit im täglichen Leben umzusetzen ist ein komplexes Thema. Wir wissen alle, dass die stärkere Nutzung von E-Autos, der Bahn, Einbau von Solaranlagen, die deutliche Reduzierung von Rodungen von Wäldern, etc. hilfreich sind für die Eindämmung des Klimawandels und zur Verbesserung des Lebens auf dem Land. Die Umsetzung ist schwierig. Für eine massive Verbreitung von E-Autos fehlen schlichtweg die Ladesäulen, Fliegen ist immer noch schneller und zuverlässiger als die Nutzung der Deutschen Bahn. Und diese Maßnahmen sind weltweit nicht auszurollen. Wie bei vielen anderen Themen hier liegt es am Einzelnen, zu entscheiden, welche persönlichen Einschränkungen er wählt. Solange die Weltgemeinschaft wesentliche Themen nicht anfasst, wird sich leider nichts ändern.

14.3.16 SDG 16 – Frieden, Gerechtigkeit und starke Institutionen

Die jüngste Geschichte lehrt uns, dass leider nicht davon ausgegangen werden kann, dass wir in einer friedlichen Welt leben. Ungleichheiten, Machtansprüche vereinzelter, diktatorisch geführter Regierungen sowie fehlende übernationale Institutionen, die auch die Macht haben, Entscheidungen umzusetzen, werden dem Ziel von Frieden und Gerechtigkeit stets im Weg stehen. Ich persönlich kann nur hoffen, dass es nie zu einer Eskalation der großen Industriestaaten untereinander kommt.

14.3.17 SDG 17 – Partnerschaften zur Erreichung der Ziele

Partnerschaften sind immer wichtig, um Ziele gemeinsam zu erreichen. Das kann im privaten Umfeld beispielsweise über die Wohnungseigentümergemeinschaften (zum Beispiel Umstellung der Energieversorgung des Hauses) erreicht werden, natürlich auch mit der Änderung der persönlichen Einstellung und deren Umsetzung. Aber auch im internationalen Bereich könnte durch entsprechende Abkommen vieles erreicht werden. Nur leider haben uns die Erfahrungen der letzten Jahre gezeigt, dass dieser Weg ein sehr schwerfälliger Weg ist, die Erreichung der Ziele läßt sich wahrscheinlich sich nur dann beschleunigen, wenn es „drei Minuten nach zwölf" ist.

Thomas A. Zenner

15

brainLight entspannt und bewegt Menschen

Ursula Sauer

15.1 Biografie

Mein Weg zur Unternehmensgründung der brainLight GmbH begann mit einer Reise. Diese führte Jochen Hufgard, meine Tochter Sabrina Sauer und mich Ende der 80er Jahre in die USA. Ziel des Trips war es, die audio-visuelle Entspannung auf Knopfdruck in ihrem Ursprungsland kennenzulernen. Wir waren beseelt von unserem USA-Aufenthalt. Aus der Begeisterung der Reiseerfahrungen entstand 1988 die brainLight GmbH und der Claim „Life in Balance". Die Mission „Wohlfühlen für alle" fand Eingang in das Unternehmensziel. Treibende Kraft für die Gründung unseres Unternehmens war damals Jochen, der zu dem Zeitpunkt schon Teilhaber von zwei GmbHs war und diese Geschäftsidee „Entspannung auf Knopfdruck" in die weite Welt tragen wollte. Bis heute sind wir ein inhabergeführtes Unternehmen und übernehmen Verantwortung für den Fortschritt und das Wohlergehen der Menschheit. Unser Ziel ist die Erhöhung der Lebensqualität der Menschen und die (R)evolution des Bewusstseins mithilfe unserer Systeme.

U. Sauer (✉)
brainLight GmbH, Goldbach, Deutschland
E-Mail: ursula.sauer@brainlight.de

Traditionen spinnen sich fort
Zu Gute kam mir persönlich dabei auch meine Familiengeschichte. Da ich das älteste von acht Kindern bin, war ich schon immer ein bisschen Alpha-Mensch. Unsere Eltern haben uns Kinder sehr außergewöhnlich erzogen. Sie haben uns stets motiviert, alles zu hinterfragen, über den Tellerrand hinaus zu schauen und unsere eigenen Träume und Ziele wirklich ernst zu nehmen. Mein Vater las zum Beispiel in meiner Jugend schon das Buch von Dr. Joseph Murphy „Die Kraft Ihres Unterbewusstseins". Ich selbst habe, getragen von diesem Geist, sehr viele Selbsterfahrungs-, Persönlichkeitsbildungs- und Weiterbildungsseminare besucht, was ich auch heute noch regelmäßig tue. Ich fühle mich geführt und getragen. Manchmal als Erfüllungsgehilfe dessen, was werden will. Das war für mich persönlich auf jeden Fall der Grundstein für die Visions- und Willens-Kraft, die mich auf meinem weiteren Weg sehr unterstützte. Außerdem habe ich mich schon früh für Entspannungsmethoden, wie Meditation und Yoga interessiert. Das verhalf mir stets zu einer mittigen inneren Konstitution und einer Portion Lust und Offenheit für Neues.

Yoga und Meditation als Basis für das Interesse an audio-visueller Entspannung
Ich halte die Reise nach innen für genauso wichtig, wie das Reisen im Außen. Im Innen gibt es wahre Schätze zu heben, die auch zu einem besseren Kennenlernen der eigenen Persönlichkeit verhelfen. Im sozialen Umfeld treten so auch weniger Reibungspunkte auf. Da vielen Menschen zum Erlernen spiritueller Praktiken oft die Zeit fehlt, sahen und sehen wir in unseren Produkten eine Möglichkeit, bei sich anzukommen. Unsere Entspannung geschieht auf Knopfdruck und quasi ohne eigenes Zutun. Das Gehirn hat die Fähigkeit sich den relaxenden Licht- und Tonstimuli spontan anzupassen. Es tritt tiefe Entspannung ein, der Atem wird langsamer und gleichmäßiger, die Muskeln entspannen sich. Durch die Beruhigung und Ausbalancierung der Gehirnwellen werden Fokus und Konzentration gesteigert und der Geist optimal auch aufs Lernen vorbereitet. Indem die Gehirnhälften dazu angeregt werden, zusammen zu arbeiten, lassen sich auch schwierige Aufgaben leicht verstehen. Mit unseren Systemen können darüber hinaus verschiedene Bewusstseinszustände erreicht werden. Achtsame, Sucht korrigierende, meditative, motivierende oder kreative. Häufig und gerne genieße ich Anwendungen auf unseren Systemen. Ich schätze die sofortige Wirkung und das Erreichen vieler gewünschter Zustände. Gefühlt dreht sich die Welt heute deutlich schneller als noch vor 34 Jahren.

Kunden*innen stellen heute außerdem höhere Ansprüche an ein Entspannungssystem. 1988 und kurz danach nahmen Menschen, die sich für brainLight begeisterten, noch auf Luftmatratzen Platz. Sie genossen dort die audio-visuelle Entspannung mit Visualisierungsbrille und Kopfhörer. Wir sind den Wünschen der Menschen nach mehr Komfort schon in den 2000ern nachgekommen und haben die brainLight-Shiatsu-Massagesessel angeboten. Das war vielleicht der entscheidende Schritt in der brainLight-Historie. Die Sessel haben sich im Lauf der Jahre natürlich deutlich weiterentwickelt. Neue Modelle verfügen über einen Bodyscan und lassen sich bei Bedarf über eine Smartphone-App steuern. brainLight kann mittelfristig auch über eine Virtual Reality-Brille genossen werden, die dann zusätzlich zur herkömmlichen Visualisierungsbrille zum Zuge kommt, welche die Lichtimpulse aussendet. Das ist der nächste Schritt. In Kürze lassen sich die audio-visuellen Anwendungen auch über eine Smartphone-App in einer „to-go"-Version nutzen.

Kunden erzählen spannende und bewegende Geschichten
Da jeder Mensch Entspannung braucht und diese in unserer schnelllebigen Zeit immer schwieriger zu finden ist, kommen unsere Kunden*innen aus allen Bereichen: Privatkunden, die in ihren Wellnessbereich oder direkt ins Wohnzimmer unsere Systeme integrieren. Hotels, Beautycenter, Fitness-Studios, die für ihre Gäste die besondere Entspannung auf Knopfdruck anbieten oder auch Personal und Patienten*innen in Krankenhäusern, Rehazentren und Pflegeheimen sowie sehr viele Unternehmen, die ihren Mitarbeitern eine Qualitätspause ermöglichen wollen. In den fast 34 Jahren seit Geschäftsbeginn gibt es auch sehr viele Geschichten. Im Unternehmensbereich ist es für mich eine sehr spannende Aussage, die Dr. Olaf Tscharnetzki, der Betriebsarzt von Unilever einmal äußerte. Er bietet das System den Mitarbeitern an und möchte damit zur „Entkriminalisierung des Schlafs" beitragen. Er sagte, „es ist völlig normal, dass man manchmal müde zur Arbeit kommt. Nur darf das dort nicht so bleiben. Mitarbeitende machen eine brainLight-Anwendung, können dabei tief entspannen und sind danach wieder fit". Diese Geschichte und viele, viele weitere zeugen von der Kraft unserer Vorstellung, von der Kraft unserer Gedanken, von der Kraft unserer positiven Ausrichtung. 2018 starteten wir die Studie „Selbstheilungskräfte erforschen" mit der Hochschule Bonn-Rhein-Sieg (H-BRS). Dazu erhalten Probanden*innen ein audio-visuelles Entspannungssystem von uns, in dem die Heilmeditationen für die inneren Organe enthalten sind. Das Ziel ist es, herauszufinden, ob und wie die Selbstheilungskräfte

des Körpers durch regelmäßige Anwendungen mit diesen Programmen gestärkt werden können. Die tief berührende Dankbarkeit, welche die Probanden*innen in ihren Resümees zum Ausdruck bringen, hat uns alle auch durch die Corona-Pandemie getragen.

Wirtschaftlichkeit und Corona – eine göttlich geführte Lösung sicherte unser Fortkommen
Als im Frühling 2020 die Bundesregierung den kompletten coronabedingten Lockdown beschloss und umsetzte, fehlte uns die Vertriebsmöglichkeit des Messegeschäfts. Das war eine sehr große Herausforderung für unser Unternehmen – wie für viele andere auch. Ich sage es ganz offen: Wir haben gebetet. Um Führung und Leitung in dieser Situation. Jochen und ich sind gläubige Menschen – nicht im religiösen, sondern im christlichen Sinne und haben beide das Gefühl, dass brainLight von Anfang an von göttlicher Kraft beschützt und geführt wurde. Die Antwort kam und wir haben die „Helden der Nation-Aktion" gestartet. Ursprünglich dachte man ja in Deutschland, dass der Lockdown im Juli 2020 wieder vorbei sein wird und wir gingen davon aus, dass wir dann wieder auf Messen präsentieren können. Diese drei Monate konnten wir mit unseren Reserven überbrücken. Bedenkt man, dass unsere Company jährlich auf über 130 Messen und Events in der DACH-Region Tiefenentspannungssysteme präsentiert, so wird die Dimension dessen deutlich, was fehlte. Die Veranstaltungen fielen zum größten Teil coronabedingt aus. Wir kreierten folgende Lösung: Bevor unsere nicht genutzten Entspannungssysteme im Lager standen, stellten wir sie kostenlos Pflegeheimen und Krankenhäusern leihweise für 4 Wochen, oder je nach Bedarf auch länger, zur Verfügung. So konnten sie dort dem sehr stark mehrfach belasteten Pflegepersonal und Ärzten*innen für eine effektive Entspannung zur Verfügung stehen. Das wurde sehr begeistert und dankbar angenommen. Als sich die Einschränkungen durch Corona weiter hinzogen, haben wir auch diese Aktion weitergeführt – bis heute. Wir haben dafür schon drei Awards gewonnen und auch Kunden*innen gewinnen können. Dafür sind wir sehr dankbar.

Unternehmerin zu sein ist wunderbar
Es ist jeden Tag auf's Neue schön, morgens in unser Unternehmen zu kommen und unsere motivierten und engagierten Mitarbeiter*innen zu erleben. Gesunde Führung ist wohl ein Teil, der diese Grundhaltung bei den Mitarbeitenden auslöst. Ein anderer ist vielleicht die Entspannung, die

unsere Mitarbeitenden in den Pausenzeiten auf unseren Systemen erleben können. Die Anwendungen können eine kreative und motivierte Grundhaltung auslösen. Zum Abschluss meiner autobiografischen Ausführungen ist es mir wichtig, die wichtigsten Skills für eine Unternehmensgründung aus meiner Sicht in 7 Punkten zusammenzufassen:

- Eine eigene Vision haben, ihr vertrauen und sie leben
- Dem eigenen Herzen folgen
- Die eigene Visionskraft immer wieder stärken und ihr treu bleiben
- Begeisterung, Dankbarkeit und Freude für das eigene Projekt immer wieder generieren
- Die Disziplin in Arbeitsprozessen Routinen zu entwickeln
- Immer ehrlich zu sich selbst und anderen sein
- Weder sich selbst noch seine Vision je verraten oder nur dem Mammon dienen…

15.2 Statement zum Thema nachhaltig Unternehmen führen und/oder nachhaltig leben

Als Jochen und ich 1988 die brainLight GmbH gründeten, war uns bewusst, dass der Mensch in Gänze gefordert ist, mit den großen Entwicklungen unserer Zeit umzugehen, wie sie der Club of Rome bereits 1972 in seinem Report „Die Grenzen des Wachstums" prognostizierte. In Deutschlands Betrieben machte sich zusätzlich allmählich der demografische Wandel bemerkbar. Es ist mir wichtig, dass wir einen achtsamen Umgang mit diesen Entwicklungen finden. Agiert der Mensch bewusst, nachhaltig und friedlich, dann ist meiner Meinung nach der Fortbestand unseres Planeten gesichert. So ist es auch mit den Mitarbeitenden. Sie sind aus unserer Sicht der größte Nachhaltigkeitsfaktor im Unternehmen. Sind die Mitarbeitenden eines Unternehmens zufrieden, motiviert, in ihrer Mitte und agieren gesundheitsbewusst, so schlägt sich das auch positiv auf die Bilanzen nieder. Folglich geht es sowohl den Mitarbeitenden als auch der Company gut. Das ist ein sehr gewichtiger Nachhaltigkeitsfaktor auch für das gesellschaftliche Wohl und Miteinander in den jeweiligen Staaten.

15.3 Statement zu ausgewählten SDGs

15.3.1 SDG 3 – Gesundheit und Wohlergehen

Ich glaube, Menschen suchen heute mehr denn je Zugehörigkeit – auch zu sich selbst. Denn gerade Zeiten, die von Schnelllebigkeit und Krisen geprägt sind, provozieren eine Besinnung auf innere Werte. Der Gesundheitsboom der letzten Jahre führt in diese Richtung. Menschen merken auch, dass ein „immer mehr" nicht unbedingt zufrieden stellt. Die Menschen finden durch Entspannung zu sich selbst. Gesundheit und Wohlergehen der Menschen auf diesem Planeten sind deshalb auch mir ein zentrales Anliegen. Die Produkte unseres Unternehmens, die brainLight-Systeme, entspannen ihre Anwender*innen in eine achtsame Haltung hinein. Die Ziele, die mit der Anwendung von Entspannungssystemen verknüpft werden, sind die Erlangung von geistigem Fokus bei gleichzeitiger körperlicher Regeneration. Außerdem kann ein positiver Einfluss auf die psychische und physische Gesundheit sowie eine Steigerung der Leistungsfähigkeit erreicht werden. Schließlich geht es auch um eine Stärkung der Resilienz gegenüber Stress verursachenden Belastungsfaktoren. Ein so entspannter Mensch hievt sich auf ein höheres Bewusstseinslevel. Er agiert kommunikativer, freundlicher, sozialer und ist glücklicher. Das heißt, er wird sich mittelfristig auch von dem „immer mehr" in Konsum und Besitz verabschieden und feststellen, dass er nicht so viel zum Leben braucht. Das ist mir wichtig und hilft unserer Zeit sowie unserem Planeten immens.

15.3.2 SDG 5 – Geschlechtergleichheit

Als Unternehmerin weiß ich, wie wichtig beispielsweise eine gleichgestellte Bezahlung von Männern und Frauen im Berufsalltag ist. Hier ist noch viel Handlungsspielraum für Unternehmen und Regierungen. Ungleichheit in diesem Bereich, unter der vor allem Frauen leiden, wird der gesellschaftlichen Rolle von Frauen weltweit nicht gerecht. In Deutschland haben wir ja vor allem ausbaufähige Kapazitäten von Frauen in Führungspositionen. Es ist mir in unserem Unternehmen wichtig, dass Gehälter nach Leistung bezahlt werden und nicht geschlechtsspezifisch ungleich. Auch haben wir bei uns im Unternehmen einen hohen Frauenanteil in der Belegschaft. Schon allein, weil die Weiblichkeit der Ursprung allen Lebens ist, handeln Frauen mit Blick für das Gemeinwohl. Somit agieren sie zumeist für den Fortbestand des Lebens und somit für unseren Planeten. Das kann Frauen zu starken Leadern machen. Es ist mir wichtig, dass sie stärker gesehen und berücksichtigt werden, auf der ganzen Welt.

15.3.3 SDG 8 – Menschenwürdige Arbeit und Wirtschaftswachstum

Es ist mir außerdem ein großes Anliegen, einzuwerfen, dass menschenwürdige Arbeit und damit die soziale Komponente mit der Wirtschaftlichkeit einhergeht. Es liegt auf der Hand, dass ein Unternehmen so gesund und nachhaltig ist, wie seine Mitarbeiter*innen, denn wenn die Leistungsfähigkeit der Belegschaft z. B. durch psychische oder Rückenleiden infrage gestellt ist, leidet das Ergebnis. Wir haben ein Projekt gestartet, welches ein Betriebliches Gesundheitsmanagement (BGM) noch zielgerichteter und effizienter machen kann. Maßnahmen im BGM zielen auf die Förderung der Gesundheit im Betrieb ab, gerade vor dem Hintergrund des demografischen Wandels. Unser Unternehmen hat dazu gemeinsam mit der Hochschule Bonn-Rhein-Sieg (H-BRS) das award-prämierte Projekt „Mehr Gesundheitskompetenz durch nachhaltige Sensibilisierung" ins Leben gerufen. Es untersucht, wie Maßnahmen im BGM bei Mitarbeiter*innen niedrigschwellig und nachhaltig wirken können. Unternehmen gewinnen damit Kennzahlen, die den primären Erfolg ihres BGMs auch kurzfristig messbar machen und abbilden. Die Evaluierung des Projektes führt die H-BRS durch. Dabei implementieren wir in den teilnehmenden Unternehmen brainLight-Komplettsysteme. Deren kursartig aufgebaute Programme aus Themenblöcken, wie z. B. „Anleitungen zur Achtsamkeit", „Selbstfürsorge mit Autogenem Training" und „Rauchfrei mit brainLight" lassen sich per Knopfdruck abrufen, nachdem Anwender*innen auf dem Shiatsu-Massagesessel Platz genommen haben. Mitarbeitende sind eingeladen, hierauf Stress abzubauen sowie neue Motivation und Energie zu tanken. Darüber hinaus werden sie in ihrem Gesundheitsverhalten positiv beeinflusst. Das stimuliert die Arbeitsfähigkeit. So gefiel knapp 91 % der Teilnehmer*innen die jeweils 12 Wochen dauernde Maßnahme gut bis sehr gut.[1] (Stand Januar 2022, Evaluation durch die H-BRS).

---

[1] *BGM-Projekt Mehr Gesundheitskompetenz* (o. D.) *brainlight.de*. Verfügbar unter: https://www.brainlight.de/bgm-infopoint/brainlight-studie/.

Positives Fazit einer Maßnahme zur Sensibilisierung für gesundheitsaffines Verhalten

Darüber hinaus spricht ein positives Fazit nach knapp sechs Jahren Projektdauer für das Projekt: Rund 88 % wurden positiv in ihrer Einstellung zur Gesundheit und ihrem Gesundheitsverhalten beeinflusst. Mehr als 84 % bestätigen eine Verbesserung der psychischen Arbeitsfähigkeit. Mehr als 89 % verspüren einen Nutzen der Maßnahme für die Bewältigung der Herausforderungen im beruflichen Alltag. Teilgenommen haben bisher 163 Unternehmen mit 3.916 Mitarbeiter*innen. Die nachhaltige Chance für unseren Planeten sehe ich in dem Projekt auch insofern, als gesunde Mitarbeiter*innen sich wohler fühlen und kreative Ideen entwickeln können, die zum Fortbestand der Erde beitragen können.

15.3.4 SDG 16 – Frieden, Gerechtigkeit und starke Institutionen

Ich glaube, die Bestrebungen, einen tiefen Frieden auf der Welt zu schaffen, werden in den nächsten Jahren noch an Bedeutung gewinnen. Frieden beginnt immer in uns selbst. Nehmen wir im Alltag und im Miteinander eine friedvolle Haltung ein, dann potenziert sich diese über unser soziales Umfeld in die Welt hinein. Dieser Punkt ist mir auch sehr wichtig, denn er ist Triebfeder und Antrieb meines täglichen Tuns. Unsere Mission, ein „Wohlfühlen für Alle" zu ermöglichen, kommt dem Friedensziel auf die Spur. Ein Mensch, der in sich ruht und entspannt ist, steckt seinen Nächsten damit an.

Danke, dass ich meinen Gedanken hier Raum geben durfte.

Ursula Sauer

16

Wie ein Schüler die Klimakrise von der Wurzel an bekämpft

Felix Finkbeiner

16.1 Biografie

Als Neunjähriger entwarf ich während eines Schulreferats zum Thema „Klimakrise" die Vision: Lasst uns in jedem Land der Erde eine Million Bäume pflanzen. Inspiriert hat mich die Friedensnobelpreisträgerin Wangari Maathai († 2011), die zusammen mit vielen anderen Frauen über 30 Mio. Bäume in 30 Jahren in Afrika gepflanzt hat. Ich rief alle Kinder der Welt auf, mit zu pflanzen: Das war der Beginn der Kinder- und Jugendinitiative Plant-for-the-Planet. Bis heute nahmen 92.837 Kinder im Alter von 8–14 Jahren aus 75 Ländern an Eintages-Workshops teil, die Plant-for-the-Planet organisierte. Diese Kinder engagieren sich als Botschafter*innen für Klimagerechtigkeit.

Im Jahr 2011 erlebte ich jedoch auch einen Tiefpunkt in meinem Engagement. Damals sprach ich bei einer Veranstaltung vor 350 Schokoladenproduzenten aus aller Welt. Ich bat die Lieblingsbranche der Kinder, 0,01 % ihres Umsatzes als „Future Fee" an Plant-for-the-Planet zu spenden. Also einen Euro je Tonne des Luxusproduktes Schokolade. Kein einziger meldete sich. Mit den Worten „this is shocking" verließ ich unter Tränen die Bühne.

F. Finkbeiner (✉)
Uffing am Staffelsee, Deutschland
E-Mail: felix.finkbeiner@plant-for-the-planet.org

Aus Wut wurde Mut – und so brachten die Kinder von Plant-for-the-Planet 2012 ihre eigene Schokolade auf den Markt. Die Markteinführung dieser Guten Schokolade war der erfolgreichste Produktlaunch einer Fairtrade-Schokolade Deutschlands. Und im Dezember 2018 bewertete die Stiftung Warentest die Gute Schokolade als beste von 25 getesteten Milchschokoladen. Die Gute Schokolade ist so gemacht, wie die Kinder sich jedes Produkt vorstellen – fairtrade-zertifiziert und klimaneutral und mit fünf gekauften Tafeln (bei der Guten Bioschokolade schon bei 3 Tafeln) wird ein Baum in Mexiko gepflanzt. So wird Bäume pflanzen noch attraktiver und noch leichter möglich.

Mit nur 13 Jahren im Februar 2011 bekam ich die Chance, eine Rede im Hauptquartier der Vereinten Nationen in New York zu halten. Darin rief ich dazu auf, gemeinsam 1000 Mrd. Bäume (1 trillion trees) wieder aufzuforsten, die einen großen Teil der menschengemachten CO_2-Emissionen binden würden. Die UNEP (Umweltprogramm der Vereinten Nationen, englisch: United Nations Environment Programme) übergab den Kindern 2011 die Verantwortung für die Billion Tree Campaign und den Weltbaumzähler, aus dem die Kinder die Trillion Tree Campaign machten.

Gregor Hintler, einer der ersten Botschafter von Plant-for-the-Planet, der schon bei der Pflanzung des ersten Baums an der Schule in Starnberg dabei war, führte daraufhin im Jahr 2012 eine Vorstudie durch, die zeigte, das Ziel der „Trillion Trees" (= 1 Billion in deutsch = 1000 Mrd. Bäume) war eine realistische Schätzung. Gregor überzeugte seinen Freund Dr. Tom Crowther, mit dem er sich an der Universität Yale das Zimmer teilte, eine wissenschaftliche Studie durchzuführen. Im September 2015 erbrachte er den Beweis: Mit einer mehrjährigen aufwendigen Waldstudie bestätigte er: 3 Billionen Bäume wachsen auf unserer Erde.[1]

In der Folge unterstützte Plant-for-the-Planet zusammen mit dem Entwicklungsministerium Deutschlands Dr. Tom Crowther bei seinen weiteren Forschungen mit einem Millionenbetrag. Tom Crowther leitet heute das Crowther-Lab an der ETH. 2019 wurde das Potenzial einer Renaturierung in diesem Umfang von Toms Crowther Kollegen Jean-Francois Bastin weiter präzisiert: Wir könnten eine Fläche von der Größe der USA wieder bewalden, das entspricht gut eine Billion (1200 Mrd.) weiterer Bäume.[2]

---

[1] Mapping tree density at a global scale Crowther, T. W. et al. (2015) https://www.nature.com/articles/nature14967, Nature(2015).

[2] The global tree restoration potential Jean-F. Bastin et al. (2019), Science https://science.sciencemag.org/content/365/6448/76.full.

Bei gleichzeitigem Schutz der bestehenden Wälder könnten sie, so Bastin bei der Vorstellung seiner Studie[3] auf einer Bundespressekonferenz in Berlin am 3. Juli 2019, eine Verzögerung des Klimawandels um 15 bis 18 Jahren bedeuten. Das klingt zuerst einmal nicht viel, aber angesichts der unaufhaltsam auf uns zukommenden Klimakatastrophe stellen die Bäume vermutlich das wertvollste Geschenk für uns Menschen dar. Bäume pflanzen verbindet die Völker und die Generationen miteinander, es ist kinderleicht, d. h. Jede*r kann mitmachen, und die Bäume sind sehr effektive und effiziente "Maschinen" zur CO_2–Entnahme aus der Atmosphäre, mit vielen positiven Nebenwirkungen.

Nur in der Kombination von Reduzierung der Treibhausgas-Emissionen und dem gleichzeitigen Pflanzen von 1000 Mrd. Bäumen wird es noch möglich sein, die 2-Grad-Grenze des Pariser Klimaabkommens zu halten.

Unsere Vision der Trillion Trees aus dem Jahr 2011 ist inzwischen durch wissenschaftliche Studien gestützt und erfährt heute von Umweltbewegungen wie WWF bis hin zum Weltwirtschaftsforum in Davos im Januar 2020 tatkräftige Unterstützung. Spender*innen können auf der von Plant-for-the-Planet entwickelten Plattform pp.eco heute zwischen 200 Renaturierungsorganisationen wählen und 100 % der Spende fließt direkt an die ausgewählte Organisation. Zusammen mit Freunden entwickeln wir weitere Apps, um die Transparenz in der weltweiten Aufforstungs- und Renaturierungsbewegung zu erhöhen. Spender*innen können mit www.treemapper.app verfolgen, wo und wann die gespendeten Bäume gepflanzt und wie sich der Wald über die Jahre regeneriert (Abb. 16.1).

Damit machen wir Kindern wie Erwachsenen Mut, die Zukunft selbst in die Hand zu nehmen und niemals aufzugeben: Je größer der Gegenwind ist, desto größer die Wirkung, die man erzielt hatte. 2020 wurde der Beitrag der Kinder-und Jugendinitiative im Rahmen der Bewegungen für die Klimaziele in der Welt mit dem Westfälischen Friedenspreis ausgezeichnet.

Ich wurde offizieller SDG-Botschafter der Bundesregierung für SDG #15 Leben auf dem Land.[4] Mit 10 Jahren war ich Mitglied im Junior-Board des Umweltprogramms der Vereinten Nationen. Nach meinem Abitur zog es mich zum Studium der Internationale Beziehungen nach London. Derzeit promoviere ich an der ETH Zürich im Fach Ökologie.

---

[3] Schätzung von Jean-F. Bastin bei der Vorstellung der Studie im Rahmen der Bundespressekonferenz zur Senkung der Erderwärmung durch Waldaufbau am 03.07.19. https://www.youtube.com/watch?v=T1PTUjPHd8A.

[4] https://www.bundesregierung.de/breg-de/suche/rede-von-bundeskanzlerin-merkel-zur-auftaktveranstaltung-der-sdg-kampagne-des-bundesministeriums-fuer-wirtschaftliche-zusammenarbeit-und-entwicklung-am-14-november-2019-in-berlin-1691878

Abb. 16.1 Felix Finkbeiner 2022; Yucatán, Campeche 2022 https://www.flickr.com/photos/plant-for-the-planet/51946366585/in/album-72157629397983129/ Access 12.03.2022)

16.2 Statement zum Thema nachhaltig Unternehmen führen und/oder nachhaltig leben

Die Klimakrise ist wohl das drängendste Problem unserer Zeit mit massiven Auswirkungen auf praktisch alle SDG. Deswegen ist es so wichtig, dass wir die Klimakrise gemeinsam angehen und generationenverbindende Lösungen für ein besseres Klima finden. Bäume lösen nicht das Klimaproblem, aber sie sind ein smarter Zeitjoker, damit die Energiewende gelingen kann. Bäume verschaffen uns 15–18 Jahre mehr Zeit für die Transformation in eine saubere Weltwirtschaft. Die gute Nachricht: Wir Menschen haben alles Wissen, jede Technik und das Geld, um die 2 + C-Grenze zu halten. Was wir gemeinsam erreichen müssen: den politischen Willen.

Bei allem, was wir tun, müssen wir uns vor Augen führen, dass 100 Unternehmen für 71 % der Treibhausgase verantwortlich sind. Eines dieser Unternehmen, BP, hat im Jahr 2006 eine genauso erfolgreiche wie teuflische Kampagne gestartet, die von der Verantwortung dieser 100 Unternehmen ablenkt und mit dem Konzept des individuellen CO_2-Fußabdrucks uns 8 Mrd. Menschen verantwortlich macht. Seitdem ziehen wir Bürger uns den Schuh an und versuchen unsere individuellen CO_2-Emissionen zu reduzieren. Wir müssen uns zusammenschließen und für die Energiewende auf die weltweite Energiewende kämpfen.

16.3 Statement zu ausgewählten SDGs

Wir haben Halbzeit bei den Zielen.

16.3.1 SDG 1 – Keine Armut

Tausende Menschen sterben täglich bedingt durch ihre Armut, da das wenige Geld, das sie haben, nicht zum Überleben reicht. Vor allem sind davon Kinder betroffen, das hat mich schon vor einigen Jahren nachdenklich gestimmt.

Kinder sind unsere Zukunft und sollten nicht täglich darum bangen müssen, ob das Essen für den kommenden Tag noch reicht, geschweige denn, ob sie die Kosten für einen Arztbesuch oder eine Schulausbildung aufbringen können.

Deswegen ist die Nutzung von pp.eco und aller Apps kostenlos. Jede Renaturierungsorganisation kann Spenden generieren, Baumschulen aufbauen, Setzlinge ziehen und Bäume pflanzen und lokale Arbeitsplätze schaffen.

16.3.2 SDG 2 – Kein Hunger

Dass niemand auf dieser Erde hungern muss, ist mir sehr wichtig, Menschen, die hungern müssen, haben keine Kraft, sich für die Erhaltung unserer Lebensgrundlage einzusetzen oder sich weiterzubilden.

Einige der ehemals gerodeten Flächen, die wir heute wieder aufforsten, wurden beispielsweise für die Viehzucht entwaldet. Kurzfristig konnten so Tiere gehalten werden, die dann weiterverkauft wurden und als Nahrung oder Nutztiere dienten.

Dabei ist die Wiederherstellung und Bewahrung von Ökosystemen deutlich wichtiger und nachhaltiger. Deswegen wollen wir mit unseren Pflanzungen die Biodiversität wiederherstellen und so zirkuläre Ökosysteme fördern, in denen es genug Nahrung für alle gibt.

16.3.3 SDG 3 – Gesundheit und Wohlergehen

Die Klimakrise und unsere Umwelt sind seit Jahren omnipräsent in meinem Leben und dem vieler Menschen um mich herum. Natürlich ist es unheimlich wichtig, am Ball zu bleiben und sich stark zu machen für unsere Umwelt, dennoch kann es ermüdend sein.

Die Klimakrise ist zwar im öffentlichen Bewusstsein angekommen, doch es fehlt der politische Wille, weil wir gegen übermächtige Gegner kämpfen. Das führt manchmal zu Resignation oder aber auch Klimaangst. Es ist wichtig, dabei den Blick für das Wesentliche nicht zu verlieren und in seinem Engagement auch auf sich selbst zu achten.

Bäume sind da glücklicherweise sehr gute Begleiter: sie verbessern die Luftqualität oder fungieren als Ruheorte und natürliche Klimaanlagen und tragen damit aktiv zur Verbesserung der Gesundheit bei. Bäume geben einem auch die Ruhe und die Kraft, jeden Morgen weiterzukämpfen.

16.3.4 SDG 4 – Hochwertige Bildung

Die Geschichte von Plant-for-the-Planet und damit zusammenhängend auch meinem Kampf für Klimagerechtigkeit findet ihren Anfang in meiner damaligen Schule. Damals musste ich einen Vortrag über die Klimakrise halten, für mich war von da an klar: Ich muss selbst aktiv werden.

Hochwertige Bildung ist mir deshalb so wichtig, denn jedes Kind dieser Erde sollte lernen dürfen. Deswegen bilden wir auf unseren Akademien Kinder zu Botschafter*innen für Klimagerechtigkeit aus. Dort können sie spielerisch und in der Gruppe lernen, was die Klimakrise ist, wie man aktiv wird und wie man sein Wissen auch weitergeben kann. Denn eine gute Bildung ist die Grundlage für eine aktive, aufgeweckte und kritische zukünftige Generation.

16.3.5 SDG 5 – Geschlechtergleichheit

Frauen sind noch immer in Teilen der Welt und in vielen Belangen des Alltags benachteiligt. Auch bei der Klimakrise sind es oftmals besonders Frauen, die häufiger von den Folgen unserer Umweltzerstörung betroffen und gefährdet sind.

Umso glücklicher macht es mich, dass starke Frauen wie Wangari Maathai, Greta Thunberg, Luisa Neubauer, Carla Reemtsma uvm. sich für unsere Umwelt stark gemacht haben oder das noch immer tun und damit große Vorbilder für mich sind. Es gibt viele dieser großartigen Frauen, doch nicht immer werden sie gehört. Mit unseren Pflanzprojekten geben wir vielen Frauen Perspektiven, die sie sonst vielleicht nicht hätten. Denn nur gemeinsam können wir die Klimakrise bekämpfen.

16.3.6 SDG 6 – Sauberes Wasser und Sanitäreinrichtungen

Ich selbst habe viele Jahre in Uffing am Staffelsee meine Kindheit verbracht und noch heute kehre ich gerne in meine Heimat zurück, um meine Familie und auch das Plant-for-the-Planet Büro vor Ort zu besuchen. Der See ist ein Zuhause für mich, aber natürlich auch für Millionen von tierischen und pflanzlichen Seebewohnern.

Der Zugang zu sauberem Wasser ist überlebenswichtig – für die Hygiene, die Eindämmung von Krankheiten, Trinken und natürlich auch für das Wachstum unserer Bäume.

Da wir oft in Regionen pflanzen, in denen es Trocken- und Regenzeiten gibt, ist die angemessene Versorgung vor Ort mit Wasser hin und wieder eine Herausforderung. Dadurch, dass wir die Regenzeit zum Pflanzen nutzen, sparen wir uns künstliche Bewässerungen und pflanzen im Gleichschritt mit der Natur – davon profitiert auch die Lokalbevölkerung.

16.3.7 SDG 7 – Bezahlbare und saubere Energie

Energie ist für mich und meine Arbeit bei Plant-for-the-Planet unverzichtbar. Wir brauchen Laptops für unsere Arbeit und den Kontakt miteinander, viele Mitarbeiter*innen kommen beispielsweise mit der Bahn ins Büro und zum Mittag schmeckt ein kaltes Eis eben immer noch leckerer als ein geschmolzenes. Energie ist essentiell für unser Leben, mal ist das sehr offensichtlich, manchmal vergessen wir aber nur zu gerne, wo eigentlich überall Energie drinsteckt.

Umso wichtiger ist es, dass wir saubere Energie verwenden und diese allen Menschen zugänglich machen. Eine Möglichkeit dafür ist beispielsweise die Desertec Initiative, die die Idee hatte, Ökostrom an energiereichen Orten der Welt zu erzeugen, beispielsweise Solarenergie in Wüsten, und diese Energie weltweit zu exportieren.

Es braucht globale Lösungen damit auch wirklich jede und jeder schließlich zu bezahlbarer und sauberer Energie Zugang hat.

16.3.8 SDG 8 – Menschenwürdige Arbeit und Wirtschaftswachstum

Ich finde jeder Mensch sollte in Wohlstand leben können. So, dass es nicht schädlich für unsere Umwelt ist. Dazu zählt beispielsweise Wirtschaftswachstum vom Ressourcenverbrauch zu entkoppeln, aber auch menschenwürdige Arbeitsverhältnisse zu schaffen.

Durch die Fairtrade-Zertifizierung unserer Guten Schokolade stellen wir sicher, dass diese Arbeitsverhältnisse geschaffen sind und auch keine Kinderarbeit stattfindet.

Als einer der größten Arbeitgeber in der Region geben wir außerdem mehr als 120 Menschen auf unserer Pflanzfläche in Yucatán einen sicheren Arbeitsplatz (Abb. 16.2 und 16.3).

16.3.9 SDG 9 – Industrie, Innovation und Infrastruktur

Viele der Pflanzflächen, die wir renaturieren, wurden aus ökonomischen Gründen gerodet. Unzählige Hektar mussten der Viehwirtschaft oder der Forstnutzung weichen. Das Geschäft damit ist recht lukrativ und nicht sonderlich nachhaltig, aber ein Zeichen für fehlende Infrastruktur und finanzielle Stabilität vor Ort.

Abb. 16.2 Gruppe von Waldarbeitern in der Wiederaufforstung, Yucatan 2021 (https://www.flickr.com/photos/plant-for-the-planet/51973938127/in/album-72157718777131122/ 13.10.2021)

Abb. 16.3 Die Strasse zur Pflanzung (https://www.flickr.com/photos/plant-for-the-planet/49529542247/in/album-72157718777131122/ 15.07.2019)

Forstwirtschaft kann durchaus nachhaltig sein, aber dafür muss man wissen, wie.

Durch unsere Pflanzungen bieten wir unseren Mitarbeiter*innen eine Infrastruktur vor Ort, einen sicheren Arbeitsplatz und ökologisches Wissen. Wir planen allerdings nicht, das Holz wirtschaftlich zu nutzen.

16.3.10 SDG 10 – Weniger Ungleichheiten

Am meisten unter der Klimakrise leiden die Menschen, die am wenigsten dazu beigetragen haben. Das fand ich schon immer unfair und entspricht auch heute nicht meinem Gerechtigkeitssinn. Wir haben eigentlich genügend Ressourcen für alle auf unserer Erde, doch die Nutzung dieser ist extrem ungleich verteilt – das muss sich ändern.

Der reiche Westen stößt am meisten CO_2 aus, der globale Süden wird allerdings zuerst und am vehementesten von den Folgen der Klimakrise getroffen. Es liegt also an uns, diese Ungleichheiten zu bekämpfen. Wer CO_2 emittiert, sollte alle nicht vermeidbaren Emissionen kompensieren müssen, beispielsweise durch CO_2-Zertifikate, die den Ausbau erneuerbarer Energien in den Ländern des globalen Südens fördern.

16.3.11 SDG 11 – Nachhaltige Städte und Gemeinden

Wenn wir an die Klimakrise denken, denken wir vielleicht direkt an den globalen Süden als Betroffene der Folgen oder China, als großen CO_2-Emittenten. Doch auch in Europa, beispielsweise in Deutschland, stoßen die Menschen ganz viel CO_2 aus und sind so für viele Millionen Tonnen des Treibhausgases verantwortlich.

Es lohnt sich also, auch in den eigenen Städten und Gemeinden das Thema Nachhaltigkeit anzugehen. Unsere Botschafter*innen für Klimagerechtigkeit lernen, bei unseren Akademien und weiteren Bildungsangeboten genau, wie das geht. Egal, ob durch Baumpflanzaktionen an Schulen, Gesprächen mit Politiker*innen oder Vorträgen vor Vertreter*innen auf Wirtschaftsmessen: ich bin sehr beeindruckt, wie aktiv unsere Botschafter*innen sind und die Klimakrise ins Bewusstsein der Menschen bringen.

Das ist enorm wichtig und deshalb unterstützen wir die jungen Aktivist*innen dabei auch so gut es geht und lernen gleichzeitig auch enorm viel von ihnen.

16.3.12 SDG 12 – Nachhaltige/r Konsum und Produktion

Ich studiere in Zürich, bin aber immer wieder auch auf unsere Pflanzfläche in Mexiko vor Ort. Dort ohne Flugzeug hinzukommen ist schwierig bis unmöglich – Nachhaltigkeit zu 100 % zu leben ist also gar nicht so leicht, wie man sich das vielleicht wünschen würde. Durch bewussten Konsum können die, die es sich leisten können, vor allem zur Aufklärung beitragen. Der Hebel, um wirklich Dinge zu verändern, liegt letztendlich nicht in unserer Hand, auch wenn Ölkonzerne uns das mit der Erfindung des Konzept des CO_2-Fußabdrucks glauben machen wollen.[5] Stattdessen bedarf es kollektiven Handelns, um z. B. die Energiewende zu schaffen. Unsere Gute Schokolade ist auch ein Mittel zur Aufklärung. Durch sie verbreiten wir Botschafter*innen für Klimagerechtigkeit unsere Botschaft und unsere Kund*innen tun mit ihrem Konsum Gutes und setzen ein Zeichen. Denn bei dieser Schokolade wird bei dem Kauf von 5 Tafeln ein Baum gepflanzt und natürlich ist die Schokolade selbst fair gehandelt und klimaneutral hergestellt.

---

[5] https://www.theguardian.com/commentisfree/2021/aug/23/big-oil-coined-carbon-footprints-to-blame-us-for-their-greed-keep-them-on-the-hook

16.3.13 SDG 13 – Maßnahmen zum Klimaschutz

Für mich war schon früher ganz klar: Wir müssen aktiv werden in Sachen Klimaschutz. Wangari Maathai war dabei ein großes Vorbild für mich, denn sie hat gezeigt, dass wir eigentlich schon immer Klimahelden um uns haben – die Bäume.

Die Bäume sind dabei nicht die einzige Lösung zur Bekämpfung der Klimakrise, aber sie sind ein Zeitjoker, der es uns noch weitere Jahre ermöglicht, Lösungen zu finden, um gegen die Klimakrise anzugehen. Denn Bäume speichern CO_2, kühlen die Atmosphäre, reinigen die Luft, bewahren Böden vor Erosion und fördern die Biodiversität.

Es gibt viele großartige Menschen, die weltweit etwas bewegen und Lösungen gegen die Klimakrise finden. Ich habe mich auf die Renaturierung spezialisiert, bin aber sehr froh über die vielen verschiedenen Maßnahmen zum Klimaschutz, die schon jetzt in der ganzen Welt umgesetzt werden. Denn niemand kann alles können, aber wenn wir uns zusammentun, können wir die Welt verändern.

16.3.14 SDG 14 – Leben unter Wasser

Seit meiner Kindheit beschäftige ich mit Bäumen als Zeitjoker in der Klimakrise. Die wachsen natürlich an Land und sind direkt sichtbar. Doch auch unter Wasser gibt es einiges an Leben, das vielleicht nicht auf den ersten Blick ersichtlich ist.

Algen sind in einer Funktion beispielsweise sehr ähnlich zu Bäumen: sie speichern CO_2. Das ist immens wichtig und ein weiterer Lösungsansatz im Kampf gegen die Klimakrise. Doch es braucht Menschen, die sich wirklich auskennen und auch unter Wasser die Biodiversität wiederherstellen und gleichzeitig die Klimakrise bekämpfen.

16.3.15 SDG 15 – Leben an Land

Das Leben an Land ist vielfältig und beeindruckend. Es ist mir wichtig, dass wir diese Diversität nicht verlieren, sondern sie schützen und in Teilen auch wiederherstellen, so gut wir das können.

Abb. 16.4 Felix Finkbeiner, Gründer von Plant-for-the-Planet (https://www.flickr.com/photos/plant-for-the-planet/47942111013/in/album-72157640283629503/ 01.08.2018)

Für mich ist das Bäume pflanzen schon immer ein wichtiger Beitrag dazu gewesen. Denn jeder einzelne Baum stellt ein einzelnes Ökosystem für unzählige andere Arten dar. Wird ein Baum gerodet ist das so, als würde für eine ganze Stadt zerstört werden.

Auf unseren Pflanzflächen entdecken wir immer wieder spannende Bewohner*innen des Waldes: von Pilzen über Schlangen bis hin zu Ozelots. Die gilt es zu schützen (Abb. 16.4).

16.3.16 SDG 16 – Frieden, Gerechtigkeit und starke Institutionen

Die Friedensnobelpreisträgerin Wangari Maathai, die ich schon mehrfach erwähnt habe, die unglaubliches geleistet hat und damit ein ganz besonderes Vorbild ist, hat einmal gesagt, der nachhaltige Umgang mit unseren natürlichen Ressourcen bringe Frieden. Das sehe ich auch so.

Wir müssen für Klimagerechtigkeit einstehen und uns als Teil der Natur und des natürlichen Kreislaufs begreifen. Durch Zugang zu Bildung für alle, durch gemeinsame Entscheidungsfindungen und durch Inklusion aller Menschen, nicht nur weniger privilegierter.

16.3.17 SDG 17 – Partnerschaften zur Erreichung der Ziele

Ohne Menschen, die gemeinsam an eine Idee glauben, kommt man nicht weit. Ich hatte das Glück, dass ich immer Menschen um mich herum hatte, die mich unterstützt haben. Solche Verbindungen sind essentiell und auch heute noch wichtig für die Arbeit von Plant-for-the-Planet. So ist es beispielsweise ein wichtiger Schritt, dass wir Teil der UN Dekade zur Wiederherstellung von Ökosystemen sein dürfen oder Partnerschaften mit vielen verschiedenen Unternehmen und starken Personen pflegen. Das zeigt nicht nur, dass wir bereits viele Menschen mit unserer Idee erreichen, sondern gibt auch Hoffnung für die Zukunft, die man nie verlieren darf. Die Hoffnung, dass wir die Klimakrise erfolgreich gemeinsam angehen.

Ganz konkret leben wir diese Partnerschaft mit unserer Open-Source-Plattform plant-for-the-planet.org. Darüberhinaus ermöglichen wir es Pflanz- und Renaturierungsprojekten aus der ganzen Welt, ihre Arbeit vorzustellen und weltweit Spenden für neue Bäume zu sammeln. Im Jahr 2021 wurden 45.947.548 Bäume über die Plattform gespendet. Das entspricht einem Anstieg von nahezu 600 % im Vergleich zu 2020. Für die Projekte und Spender*innen ist dieser Service kostenlos (Abb. 16.5).

Abb. 16.5 Felix und die Plant-for-the-Planet App (https://www.flickr.com/photos/plant-for-the-planet/49499943078/in/album-72157640283629503/ 24.09.2019)

17

Hack the world a better place!

Julia Freudenberg

17.1 Biografie

Mein Name ist Julia Freudenberg und ich leite die Hacker School. Ich selbst bin keine ITlerin, ich sage immer gern, ich hätte meine IT-Kompetenz geheiratet. Meine berufliche Heimat ist der Vertrieb, ich habe lange in der Wirtschaft gearbeitet und dort sehr viele Erfahrungen im Verkauf sammeln können. Insbesondere im Bereich des Guerilla Marketing konnte ich durch meine spannende Zeit bei der Einführung einer sehr kultigen Eiskremmarke in Deutschland viel lernen.

Früh übt sich…
Ich hab noch nie so richtig in nur eine Schublade gepasst und mich schon immer gern um Menschen gekümmert, so sagt zumindest meine Mutter. Die Idee, Menschen zu helfen oder noch eher, sie dabei zu unterstützen, sich selbst zu helfen, war immer eine große Triebkraft.

Ich war als Kind auf der Waldorfschule und habe neben dem normalen Schulstoff dort auch mehr oder weniger sinnvolle Fähigkeiten wie Bettzeug nähen, Sticken, Stricken und Töpfern mit großer Begeisterung erlernen dürfen. Dort haben wir auch erste Programmiererfahrungen gesammelt, damals mit Turbo Pascal – „writeln writeln writeln" wird mir unvergessen

---

J. Freudenberg (✉)
Hacker School gGmbH c/o Impact Hub, Hamburg, Deutschland
E-Mail: julia.freudenberg@hacker-school.de

bleiben. Und weil das noch nicht exotisch genug war, bin ich noch immer mal wieder im Zirkus aufgetreten mit Pferdedressur, Seiltanzen und meinem Diablo. Zusätzlich konnte ich Erfahrungen darin sammeln, wie man ein Zirkuszelt auf- und wieder abbaut – zwar wenig alltagsrelevant, aber umso aufregender.

Ich habe in früher Kindheit viele Sachen erproben dürfen, meine Eltern haben mich dabei immer unterstützt – am liebsten auch dabei, nicht alles aus einer Laune heraus aufzugeben. Ich wuchs in der Überzeugung auf, dass man Musik lieber machen sollte, als sie nur zu hören – ein gedankliches Erbe meines Vaters. In der Umsetzung dieses Gedankens habe ich durch einen genialen Ansatz meines Vaters fast 30 Jahre Geige gespielt. Ich hatte mich schon früh in das Instrument verliebt und auch aufgrund der (etwas unfreiwilligen) Unterstützung meiner damaligen Musiklehrerin sehr früh Unterricht erhalten. Nach einigen Jahren wurde es aber schon echt mühsam und ich wollte hinschmeißen – auch wenn meine Eltern mir ein wunderschönes Instrument ermöglicht hatten und davon wenig begeistert waren. Ich hatte dann mit meinem Vater den mir sehr sinnvoll erscheinenden Vertrag ausgehandelt, ich dürfe sofort mit dem Geige spielen aufhören, sobald es mir wieder richtig Spaß machen würde, um also nicht nur aus einer Laune heraus das Handtuch zu werfen. Fand ich clever von mir – ich hatte es ja selbst in der Hand. Aber da ich sehr nachhaltig zu Ehrlichkeit und Authentizität erzogen worden war, wollte ich dann nicht mehr aufhören… ein großes Glück für mich, schon in jungen Jahren diesen Mechanismus erfahren zu dürfen, er begleitet mich seitdem. Herausforderungen gern anzunehmen, solange, bis man ein gutes Verhältnis zu ihnen gefunden hat, braucht manchmal Zeit und Energie, eröffnet aber auch wundervolle Lernmöglichkeiten.

Eine weitere Erfahrung hat mich ebenfalls in früher Kindheit geprägt – meine Liebe zum Ballett. Wer mich kennt weiß, dass ich sicherlich nicht die klassische Ballettfigur habe – trotzdem wollte ich unbedingt zum Bolschoi-Ballett – wenn schon, denn schon. Ich erinnere wie heute, dass mein Vater seinen Kopf schräg legte, mich ansah und sagte: „Mädchen, wenn Du das willst, wirst Du das schaffen." Nun, mein Wille hat sich glücklicherweise geändert – aber das Wissen, dass mein Vater so an mich geglaubt hat oder eher noch, mir die Sicherheit gegeben hat, dass ich alles erreichen könnte, was mir wirklich wichtig ist, daraus schöpfe ich heute noch.

Ein anderes frühes Hobby von mir war Leichtathletik. Dort wollte ich insbesondere deshalb mitmachen, weil es ebenfalls das Hobby meines großen Bruders war und ich – wie die meisten jüngeren Kinder – unbedingt das Gleiche machen wollte wie er. Nur, er war deutlich sportlicher als ich und ich war damals noch sehr jung. In mancher Hinsicht war das sehr cool. Da wir in meiner Altersklasse damals nur zu zweit waren, bekam ich diverse Silbermedaillen, obwohl ich deutlich langsamer war als das andere Mädchen. Bei einem Wettkampf jedoch ergab sich die Situation, dass wir mit den älteren Jahrgängen zusammenlaufen mussten – und mich bei diesem Lauf ALLE überholten. Ich lief also die letzte Runde ganz allein um die Halle, tränenblind, aber doch mit dem Willen, den Lauf zu Ende zu bringen. Meine Mutter sagte, dass gegen Ende der Runde die ganze Halle stehend applaudierte. Damals erschien es mir als Hohn und ich wollte lange nicht mehr laufen. Heute sehe ich das kleine Mädchen von damals mit anderen Augen – ich glaub, ich wäre auch aufgestanden.

Aus meiner frühen Schulzeit in der Waldorfschule, wo ich die ersten zehneinhalb Jahre verbringen durfte, habe ich wahrscheinlich auch eine gewisse Tendenz oder Begeisterung dafür mitgenommen, gerne auf Bühnen zu stehen. In den dortigen Monatsfeiern lernten wir, eine mehr oder weniger freiwillige Performance vor der ganzen Schule abzuliefern und frei vor anderen Menschen zu sprechen. Auch wenn es mir als Kind unglaublich unnötig erschien, ist das retrospektiv eine sehr wertvolle Fähigkeit für die Hacker School – und für mich.

Den Hang zum Strukturieren und Organisieren hatte ich wohl schon sehr früh. Die Geschichte sagt, ich hätte schon als sehr kleiner Steppke beim Handarbeitskreis meiner Mutter mit großer Begeisterung Ordnungssysteme für Garnrollen entwickelt und diese immer wieder ordentlich aufgerollt. Sich für Dinge zu begeistern, die viele Menschen als nervig erleben, hat mir zumindest in der Zeit viele Herzen zufliegen lassen – und mir gleichzeitig die Vormittage verkürzt, in denen mein großer Bruder schon in die Schule durfte – und ich noch nicht.

In gewisser Hinsicht könnte man auch sagen, dass ich den wortwörtlichen Umgang mit großen (oder hohen) Tieren schon früh in meiner Jugend erproben durfte. Ich hatte das große Glück, mit drei Neufundländern aufzuwachsen – und wenn man als ein kleiner Steppke neben so großen Neufundländern steht, ist allein das Verhältnis in Kilogramm sehr unausgewogen. Man lernt sehr schnell, dass Größe nicht alles ist, dass man auch ein sehr geliebtes Leberwurstbrot Happs für Happs teilen kann und dass ein positiver und wertschätzender Umgang auch mit großen Tieren viele Türen öffnet. Es war wohl ein sehr schönes Bild, wie der großer Hund mit einem Kind spazieren ging – oder umgekehrt.

Neugier, Begeisterung, Erreichen von Zielen, Durchhalten und ein bisschen Mut – alle diese wichtigen Eigenschaften durfte ich in meiner Kindheit selbst erleben, sie haben mich sehr geprägt.

Ausbildung/Studium

Ich werde oft gefragt, wie denn mein Verhältnis zu Medien in meiner Jugend war. Nun – sehr restriktiv. In dem Haus meiner Kindheit gab es sehr wenige Medien. Für mich war es damals weitgehend normal, dass wir weder einen Fernseher hatten, noch eine Tageszeitung. Das war zumeist völlig unproblematisch, auch wenn ich dadurch in einigen Bereichen meiner Zeit deutlich hinterher war. Beispielsweise hatte ich zur Zeit meines ersten Bewerbungsgesprächs gerade die Weimarer Republik in der Schule durchgenommen... und mir war entgangen, dass sich die politische Parteienlandschaft doch deutlich verändert hatte. Ich habe den Ausbildungsplatz dann auch nicht direkt bekommen, aber umgehend festgestellt, dass ein Hauch politische Bildung doch entscheidend weiterhilft.

Allgemein war der Weg meiner Berufswahl etwas ungewöhnlich. Ich hatte ursprünglich den Wunsch, Geige zu studieren mit dem Ziel, endlich das Violinkonzert von Tschaikowsky spielen zu können – nachdem ich lange Zeit meinem Balletttraum entgegen getanzt war. Ich kam gerade vom Vorspielen für eine Förderung als Jungstudentin aus Lübeck zurück, als ich zu Hause vom Hirntumor meines Vaters erfuhr und von der Notwendigkeit, doch besser etwas Sinnvolles zu studieren oder zu lernen, um im Fall der Fälle zum Erhalt des Hauses und zum Zusammenhalt der Familie beizutragen. Neben einem ungefähr zeitgleichen Autounfall mit nachhaltiger Schädigung der rechten Hand, folgte ich den Notwendigkeiten und fand auf der Suche nach einer kurzfristigen Alternative das Hamburger Modell – ein duales Studium an der Wirtschaftsakademie, der Vorgängerin der HSBA. Es sollte richtig anstrengend sein, das erschien mir gerade recht. Ich wollte zu der Zeit unbedingt etwas machen, was mich richtig forderte, um nicht dauerhaft daran zu denken, was ich eigentlich hatte studieren wollen. Als ich dann die Unternehmen durchging, die noch Plätze anboten, sah ich gemeinsam mit meiner Mutter, dass Langnese dabei war – und da Eiskrem immer schon eine Art Grundnahrungsmittel in meiner Familie war (und noch ist) war klar, dass ich mich dort bewerben würde. Glücklicherweise war dies nicht das erste, oben skizzierte Gespräch – ich hatte zwischenzeitlich meine grundlegende politische Bildung zusammen mit einer schnellen, aber guten Vorbereitung auf Einstellungstests aufbessern können und bekam sehr schnell die Zusagen. Die Mustertruhen, damals in nahezu jedem Büro, haben meine Begeisterung für die Entscheidung täglich unterstützt – auch wenn sie mir einige Kilos eingebracht haben.

Aus meinem Studium an der Berufsakademie habe ich insbesondere mitgenommen, dass ich am besten gemeinsam mit anderen lernen konnte, am besten mit drei Leuten jeweils im 1-to-1: Ich habe mir einen Kommilitonen gesucht, dem ich alles erklären musste, eine Person „auf Augenhöhe" und dann noch jemanden, zu dem ich mit Fragen gehen konnte. Ansonsten habe ich mich auf ergänzende Aktivitäten gestürzt, wie die Organisation der Klausurenordner, sodass sich jede:r gut auf die Prüfungen vorbereiten konnte. Ich glaube nicht, dass das wirklich jemand zu schätzen wusste, aber ich fand es gut, dass die Ausgangslage damit eigentlich für alle gleich war. Das war mir damals schon wichtig und ist es auch heute noch.

Nach dem dualen Studium war meine Neugierde, was es alles so (neben der Arbeit) in der Welt zu entdecken gibt, gerade erst so richtig gestartet. Da meine Noten es erlaubten, ging ich noch für ein Semester nach Lüneburg, um den letzten Schein für das Vordiplom zu machen – für die jüngeren Leser:innen: Das war damals sowas wie der Bachelor heute. Danach ging es direkt weiter an die FernUni Hagen, an welcher ich mit vorliegendem Vordiplom direkt ins Hauptstudium einsteigen konnte. Funfact: Da die Matrikelnummern damals aufsteigend vergeben wurden, war ich im Hauptstudium immer das Küken und saß ganz vorne, hurra. Und da ich das Studium immer irgendwie als Hobby verbucht hatte, habe ich mir den Spaß gemacht, nahezu jede Klausur einfach zweimal zu schreiben – da klar war, dass dann die bessere Note zählen würde, fand ich das fair und den Aufwand überschaubar. Lustig ist ebenfalls, dass ich die meisten Inhalte der AVWL noch heute abrufen kann – Gehirne sind spannende Konstrukte.

Beruf
Auf den vielen Stationen im Großkonzern habe ich mit wenigen Ausnahmen sehr viel Erfahrungen im Verkauf und in allgemeiner Zusammenarbeit gemacht. Es war spannend, strukturiert zu erlernen, was ein Produkt ausmacht und wie man seinen Nutzen kommunizieren kann – angepasst an die Bedürfnisse der Zielgruppen. Auch das frühe Arbeiten aus dem Home Office konnte ich über lange Zeit umsetzen, lange bevor es jetzt in den letzten zwei Jahren umfassend ermöglicht wurde.

Für meinen heutigen Beruf habe ich sicherlich in der Zeit, wo ich Ben&Jerrys in Deutschland einführen durfte, am meisten profitiert. Damals ging es (wie heute) darum, die Idee einer Eiskrem, die angetreten war, um die Welt zu verbessern und die Geschichte ihrer Gründer, Ben Cohen und Jerry Greenfield, groß zu machen. Dass ich die beiden Jungs damals in San Diego kennenlernen durfte, betrachte ich immer noch als Privileg. Die Begeisterung der beiden für ihre Mission rund um ihre (damals bereits an Unilever verkaufte) Eiskremmarke und die Überzeugung, dass unbequem zu sein völlig in Ordnung ist, hat mich nachhaltig beeindruckt. Und ich kann auch klar sagen, dass meine Leidenschaft für Guerilla Marketing, also ohne Budgets die Welt retten zu wollen und geilen Scheiß zu machen, zu dieser Zeit entzündet wurde. Auch die Gabe, sich im Team zu feiern und wirklich verrückte Sachen zu machen, habe ich erstmalig in der Zeit bei Ben & Jerrys erlebt. Als eine Horde verkleideter Kühe in irre heißen Kuhkostümen mit dicken Köpfen mit 60.000 anderen Menschen sowas in Frankfurt umzusetzen, das war schon irre. Ich hatte das angezettelt, war aber zu der Zeit mit Abstand die unerfahrenste Läuferin im Team – nun ja, Taktgeberin kann man auf unterschiedliche Weisen sein. Spaß gemacht hat's trotzdem.

Diese Tradition habe ich auch gleich mit ins nächste Team genommen – als ich den Key Account Bereich gewechselt bin, war der Kuhlauf dann auch gesetzt, nur eben mit anderen Kolleg:innen. Während dieses Jobs wurde ich dann zum ersten Mal Mutter und konnte erfahren, was es ausmacht, einen oder eigentlich gleich zwei wirklich coole Chefs zu haben – mein Sohn hat direkt einen gewissen Führungsanspruch deutlich gemacht. Klaus war ein Urgestein im Verkauf, immer darauf bedacht, mich zu pushen und auch gern mal an meine Grenzen zu bringen. Strategischer Aufbau von Gesprächen, die Kalkulation von Fallbackplänen und auch die Herausforderung zu verstehen, mal die Bühne zu teilen – ich habe in der Zeit sehr viel lernen können. Durch die besondere Situation, dass sich eine langjährige Freundschaft aus einem Arbeitsverhältnis entwickelte, wurde mir die vertrauensvolle Vereinbarkeit von Familie und Beruf zur Herzensangelegenheit. Selbst erfahren zu dürfen, dass Vertrauen in der Zusammenarbeit gelebt wird und Einstellung oft über Perfektion geht, hat mich bis heute geprägt.

Ein weiterer großer Schritt stand an, als mich der Verkaufsdirektor unseres Bereichs trotz meiner offensichtlichen Schwangerschaft ins Management nach Hamburg holte. Auch wenn ich rückblickend sagen kann, dass meine Zeit im Außendienst im Out-of-Home-Bereich mir intuitiv mehr lag, als eine Managementfunktion in der Zentrale eines großen Konzerns, war es eine sehr spannende Erfahrung. Ich habe wunderbare Kolleg:innen aus vielen Bereichen kennengelernt, zu welchen ich mitunter noch heute Kontakt habe. Zudem kann ich aus eigener Erfahrung sagen, dass es definitiv möglich ist, klar zu kommunizieren, dass Meetings nach 17h nicht gehen, da man dann Mutter ist. Nach weiteren Umstrukturierungen und meinem Ausflug in den Knorr-Bereich (ich wurde vom N'Ice Cowgirl von Ben&Jerry's zur Tüten-Uschi bei den Trockensuppen) zeichnete sich ab, dass ich die zweite Elternzeit zur Promotion nutzen wollte – und für ein umfassendes ehrenamtliches Engagement im Bereich der Unterstützung Geflüchteter.

Mein Weg zur Hacker School

Der Weg zur Hacker School war eine der ungeplanten Fügungen in meinem Leben. Ich war in der zweiten Elternzeit bei meiner Tochter für drei Jahre aus dem Konzern gegangen mit der Entscheidung, in dieser Zeit zu promovieren. Das war 2014, also in der Zeit, als viele Menschen aus Syrien und Afghanistan zu uns gekommen sind. Ich wollte mich für diese Menschen engagieren, auch mit dem Hintergedanken, meinen Sohn an aktives Ehrenamt heranzuführen und ihm zu zeigen, wie wichtig es ist, sich wirklich einzubringen und nicht nur darüber zu reden. Das Engagement im Bereich der Geflüchtetenhilfe hat uns mehrere Jahre begleitet. Ich konnte aus meinem beruflichen Hintergrund sehen, wie viel Herz, aber auch wie wenig Struktur insbesondere hinsichtlich beruflicher Integration vorherrschte – das wollte ich ändern. Gemeinsam mit Freund:innen haben wir ein größeres Projekt aufgebaut, mit dem wir in die Unterkünfte gegangen sind, um dort vor Ort Lebensläufe zu schreiben und Bewerbungsbilder zu machen – ein erster Schritt der Übersetzung vorhandener Fähigkeiten auf die hiesigen Anforderungen. Einen tieferen Einblick in die wahrgenommenen Herausforderungen konnten wir durch die beiden Syrer Mo und Anwar sammeln, die gut drei Jahre bei uns wohnten. Das Verstehen, dass die eigenen Fähigkeiten, das vormals hohe Ansehen eines Juraprofessors aus Damaskus und das Ankommen im hiesigen Schulsystem die Welt auf den Kopf stellt und eine unglaubliche Kraft kostet, konnten wir zu Hause miterleben. Die große Freundlichkeit und Güte unserer Gäste werden unvergessen bleiben: Meine Kinder haben Mo nach wenigen Wochen „Opa" genannt, wir haben zwar keinen regelmäßigen, aber immer wieder sehr herzlichen Kontakt.

In dieser Zeit habe ich über ein flüchtlingsfreundliches Netzwerk, das Impact Dock, einen der Gründer der Hacker School, Andreas Ollmann, kennenlernt und parallel dazu mein Promotionsthema (Berufliche Integration Geflüchteter durch Social und Refugee Entrepreneurship) gefunden. Da die Hacker School gerade im Begriff war, Gelder aus dem Integrationsfonds der Stadt Hamburg zu beantragen, um über die Hacker School geflüchtete Menschen in den IT-Arbeitsmarkt zu vermitteln, konnte ich einige meiner Erfahrungen teilen – und bekam kurz darauf das Angebot, das Projekt tatsächlich umzusetzen. Ich überlegte nicht lange und sagte zu. Es erschien mir als eine großartige Aufgabe, das, was ich gut konnte, in einem ganz neuen Bereich einzubringen und damit die Begeisterung für digitale Bildung mit dem Engagement für Geflüchtete zu verbinden. Auch wenn dieses Projekt als solches heute nicht mehr Teil des Portfolios der Hacker School ist, kann ich doch sagen, dass wir in dem damaligen Projekt viel erreicht und noch mehr aus dieser Zeit gelernt haben. Der Fokus, dass wirklich jedes Kind einmal programmiert haben sollte, bevor es sich für einen Beruf entscheidet, ist nach wie vor der große Treiber der Hacker School und bestimmt unser Handeln – auch wenn wir für manche junge Menschen wie Mädchen oder auch sozioökonomisch benachteiligte Kinder oft die Extrameile gehen müssen und wollen. Mit den Ansätzen der Hacker School @home, der GIRLS Hacker School und dem Format der Hacker School @yourschool setzen wir diese Vision in die Tat um und haben für alle Formate einen PLUS-Bereich ergänzt, um möglichst auch immer die jungen Menschen mitzudenken, deren Start ins Leben herausfordernder war.

Eigene Kinder und Partnerschaft
Selbst Kinder zu haben und parallel ein Unternehmen aufzubauen und es zu leiten, sind meiner Einschätzung nach die größten Wachstumsmöglichkeiten eines Menschen, die zumindest ich erfahren durfte. Für mich ist es immer wichtig, das zu leben, was ich auch selbst umgesetzt haben möchte – authentisch zu sein und insbesondere auch für meine eigenen Kinder tatsächlich als Vorbild zu fungieren. Insbesondere hinsichtlich Neugierde und Lernbegeisterung ist mir da unheimlich wichtig – und auch, wenn es mir nicht immer gelingt, mich sofort über jede Herausforderung zu freuen (manchmal wäre es ja auch schön, wenn Sachen einfach funktionieren), kann ich für mich in Anspruch nehmen, offen auf eben diese Herausforderungen zuzugehen und mich für sehr vieles im Leben begeistern zu können. Selbst, wenn ich sehr vieles nicht selber kann, finde ich kurzfristig heraus, wen ich fragen kann – und wie wir gemeinsam eine gute Lösung finden. Ganz offen mit den Kindern zu kommunizieren, dass man selber nicht alles weiß und sie aktiv in Ideen zur Lösungsfindung einzubeziehen ist für mich ein wichtiger Beitrag, unsere Jugend zu mündigen Menschen zu erziehen.

Wenn meine Kinder in die Schule gehen, versuche ich immer, sie zu unterstützen, dass sie den Prozess und nicht nur das Ergebnis im Blick behalten. Wenn sie sich also bemühen, etwas gut zu machen, dann ist das etwas viel Wertvolleres als das Ergebnis selbst. Wenn sie für sich lernen, daß es clever ist, in der Schule aufzupassen, weil man dann hinterher viel weniger Arbeit zu Hause hat (Tipp von meinem Sohn), ist das ein ganz tolles Ergebnis.

Ich konnte in der Corona-Zeit bei meinem Sohn beobachten, dass er nach kürzester Zeit den Ehrgeiz hatte, die Wochenaufgaben bereits am Mittwoch fertig zu haben, um für sich das Wochenende zu verlängern. Nach dieser Optimierungsstrategie war er wenig begeistert von seiner (ansonsten großartigen) Englischlehrerin, die freitags immer noch eine gesonderte Aufgabe eingeplant hatte. Nun ja. So oder so, selbst organisiertes Arbeiten war ab der Zeit an der Tagesordnung, ich bringe mich zumeist nur noch bei konkreter Anfrage aktiv ein.

Was wir neben der eigenen Verantwortungsübernahme auch versuchen bei und mit den Kindern zu erarbeiten, ist eine Begeisterung dafür, Neues auszuprobieren und aufgeschlossen auf Unbekanntes zuzugehen. Wir haben beispielsweise beim Essen die Regel, wer vor dem Probieren eines noch unbekannten Essens motzt, bei dem entscheide ICH, wie viel er oder sie probiert. Funktioniert in weiten Teilen hervorragend – überwiegend probieren beide Kinder sehr begeistert neue Sachen, es sei denn, es gibt Pilze.

Die Freude, junge Menschen in ihrer Entwicklung begleiten zu dürfen, ist insbesondere bei den eigenen Kindern ein großes Geschenk. Mit vielen jungen Menschen arbeiten zu dürfen und zu sehen, wie Kinderaugen anfangen zu leuchten, wie sie beginnen zu verstehen, weil sie für sich neue Welten entdecken und dadurch erahnen, welche Möglichkeiten sich eröffnen, ist eine unglaublich bereichernde Erfahrung. Ich bin davon überzeugt, dass diese Erfahrung der Selbstwirksamkeit für jeden, der oder die nachhaltig gestalten möchte, unglaublich wichtig ist. Zu sehen, welche wirklich wichtigen Ziele und Notwendigkeiten es im Leben gibt und wie man das eigene Handeln darauf ausrichten kann, verändert die eigene Perspektive. Wenn wir es schaffen, insbesondere jungen Menschen Begeisterung für eigenverantwortliches und nachhaltiges Handeln zu vermitteln oder zu ermöglichen, sind wir glaube ich auf einem guten Weg. Ich bin sehr dankbar, das bei meinen eigenen Kindern erleben zu dürfen.

Ohne meinen Mann Andy wäre dies alles nicht möglich gewesen. Mit einem Menschen schon fast die Hälfte des Lebens zu teilen – wir sind in diesem Jahr, 2022, tatsächlich 20 Jahre zusammen – ist ein großes Geschenk. Ich sage gern in Vorträgen und KeyNotes, dass ich mit ihm meine IT-Kompetenz geheiratet habe und begeistert bin, dass er über all die Jahre nicht wirklich erwachsen geworden ist. Die Inspiration, die ich aus seiner Begeisterung zur Entdeckung von Neuem erleben kann, ist sensationell. Die ehrliche Freude, wenn mir etwas gut gelingt, das gemeinsame Tragen von Lasten und die große Dankbarkeit, dass ich die meisten Elternabende übernehme, bereichern mein Leben. Auch die gemeinsamen Diskussionen mit unseren Kindern über Mediennutzungsverträge und die Bedeutung von Vertrauen zeugen von wahrer Partnerschaft. Ich bin davon überzeugt, dass es zur wahren Gleichberechtigung viel mehr Menschen braucht wie Andy. Eine meiner Lieblingsgeschichten mit meinem Mann ereignete sich vor dem Schloss Bellevue, als wir wegen des oben genannten ehrenamtlichen Engagements zum Bürgerfest des Bundespräsidenten eingeladen waren. Eine älterer Bayer in klassischer Tracht vor uns in der Schlage dreht sich zu uns um und fragte meinen Mann: „Und Sie, junger Mann, warum sind Sie hier?" Mein Mann lächelte freundlich und sprach die für mich legendären Worte: „Ich begleite meine Frau." So, wie ich ihn auch zu seinen Terminen gern und stolz begleite. Läuft bei uns.

Nachhaltigkeit als Nordstern
Einen großen Fokus auf Nachhaltigkeit zu leben ist in unserer Familie unheimlich wichtig. Wir probieren, alle Möglichkeiten (auch technischer Natur) auszureizen, wie man wirklich mit Energie sparsam umgehen kann. Sei es mit Energie und Warmwasser vom Dach, einem wasserführenden Kamin oder automatisierte Schließvorrichtungen an Fenstern, es gibt viele Ansätze. Ebenso wie das Nutzen eines Leitungswassersprudlers spart Verpackungen, Transportkosten und nebenbei auch persönlichen Aufwand.

Genauso entscheidend ist aber auch der Verhaltensaspekt, den wir bei uns, aber auch bei unseren Kindern sehen. Selbst darauf zu achten, wie lange man wirklich duschen sollte und mag, aber auch ganz klar darauf den die Aufmerksamkeit zu legen, insgesamt achtsam mit Ressourcen umzugehen, erscheint mir in der Erziehung junger Menschen unglaublich wichtig.

Bei der Hacker School finde ich es immer wieder großartig, wenn wir auch beim Programmieren mit den Kids immer wieder einen konkreten Umweltbezug herstellen können. In den Schulkursen arbeiten wir häufig in einem kleinen Projekt mit Python, wo es darum geht, den eigenen CO_2-Footprint klar zu benennen oder zumindest ein Gefühl dafür zu kriegen, welche Zusammenhänge es gibt. Wenn Papa den Wäschetrockner benutzt, muss ich eben mit dem Rad in die Schule fahren, dann ist auch der Bus nicht mehr drin. Ein Gefühl dafür zu entwickeln, wie groß mein eigener Fußabdruck ist, hilft sehr, diesen auch mündig zu beeinflussen.

Zur Erreichung globaler Nachhaltigkeitsziele ist eine umfassende Betrachtung der eigenen Aktivitäten absolut notwendig. Es reicht nicht zu sagen, andere müssen oder sollten. Wir müssen insbesondere als Unternehmer:innen vorangehen und damit auch jungen Menschen zeigen, was die eigenen Aktivitäten sein können und wie wir durch unser Handeln die Welt verändern können, um sie ökonomisch, ökologisch und sozial zu einem besseren Ort zu machen. Wenn wir uns global für den Abbau von Ungerechtigkeiten und für eine nachhaltige Entwicklung einsetzen wollen, müssen wir unseren Kindern vorleben, dass jeder im Kleinen damit anfangen muss und sollte – und dass insbesondere der Einsatz für Gerechtigkeit nicht nur einen Mehrwert für andere bringt, sondern auch für sich selbst.

17.2 Statement zum Thema nachhaltig Unternehmen führen und/oder nachhaltig leben

Ich bin davon überzeugt, dass wir als Unternehmer:innen eine wichtige Vorbildfunktion in der Gesellschaft, aber auch insbesondere bei unseren (eigenen) Kindern und Jugendlichen einnehmen. Nachhaltiges Wirtschaften schließt für mich zumeist auch nachhaltige Zusammenarbeit und Kooperation ein – was nur auf Grundlage von Vertrauen und Respekt möglich ist. Wenn wir aktiv vorleben, dass Respekt vor Umwelt und Menschen der Kern eines jeden Prozesses sein kann und sein sollte, kann unsere nachwachsende Generation anhand von RoleModels sehen, dass man als Unternehmer:in die Welt positiv verändern kann und muss, um so ein langfristiges Miteinander zu ermöglichen. Für mich ist ein wichtiger Erfolgsfaktor für nachhaltiges Leben Bildung, auch mit dem konkreten Wunsch nach digitaler Bildung. Ein weiterer Erfolgsfaktor ist Verantwortungsübernahme, auch und insbesondere von Unternehmen für gesellschaftliche Herausforderungen. Gemeinsam durch z. B. Corporate Volunteering die Welt jeden Tag ein bisschen zu verbessern, kann Bildung für Nachhaltigkeit und nachhaltiges Handeln sehr positiv beeinflussen.

17.3 Statement zu ausgewählten SDGs

Die Grundidee der Hacker School ist es, digitale Bildung so integrativ zu gestalten, dass jedes Kind einmal programmieren kann, bevor es sich für einen Beruf entscheidet. Die Triebkraft hinter dieser Idee ist es, Ungleichheiten zu überwinden, um spannende und begeisternde Bildung, unabhängig von Geschlecht und Herkunft, jedem Menschen zugänglich zu machen. Auch wenn wir bei der Hacker School und auch ich persönlich alle Nachhaltigkeitsziele der Vereinten Nationen wichtig und spannend finden, arbeiten wir jedoch mit klarem Fokus auf drei Zielen:

- Nr. 4: Bildung für alle – inklusive, gerechte und hochwertige Bildung gewährleisten und Möglichkeiten des lebenslangen Lernens für alle fördern.
- Nr. 5: Gleichstellung der Geschlechter – Geschlechtergleichstellung erreichen und alle Frauen und Mädchen zur Selbstbestimmung befähigen
- Nr. 8: Nachhaltiges Wirtschaftswachstum und menschenwürdige Arbeit für alle – dauerhaftes, breitenwirksames und nachhaltiges Wirtschaftswachstum, produktive Vollbeschäftigung und menschenwürdige Arbeit für alle fördern.

17.3.1 SDG 4 – Hochwertige Bildung

Ich bin davon überzeugt, dass inklusive Bildung der einzige nachhaltige Weg ist, wirklich Ungleichheiten abzubauen und auch langfristig Zugang zu grundsätzlichem Wohlstand und Zusammenleben in Frieden zu ermöglichen. Ohne Bildung und einer geschulten Fähigkeit zum Denken werden die unterschiedlichen Bildungsschichten immer weiter auseinanderdriften und sich immer weniger verstehen können – Entfremdung und Missgunst können langfristig zumindest in Teilen mit Bildung überwunden werden. Ich erlebe täglich, wie wichtig das Verständnis ist, dass der einfachste Weg nicht oder nur sehr selten auch der Beste ist und dass es Zeit braucht, Fähigkeiten und Mindset zu erarbeiten. Ich möchte hier explizit unterstreichen, dass ich unter Bildung nicht Schule verstehe. Wir befinden uns insbesondere durch die Verkürzung der Innovationszyklen in einer Zeit des lebenslangen Lernens und benötigen dazu mehr als je zuvor die passend benannten „21st Century Skills", die Fähigkeiten des 21. Jahrhunderts – Kreativität, Kommunikation, Kollaboration und Kritisches Denken. Wenn wir, wie Gerald Hütter es in seinem Buch „Education for Future" beschreibt, es schaffen, unsere Kinder und Jugendlichen auf ein gelingendes Leben in Abgrenzung eines erfolgreichen Lebens vorzubereiten, ihnen ermöglichen, früh vieles zu erproben, um sich selbst kennenzulernen und immer wieder abzugleichen, wie sie Zugang zu intrinsischer Motivation finden. Ich bin davon überzeugt, dass es zudem großer Anstrengungen bedarf, eine positive Fehlerkultur bereits früh zu verankern. Wenn ich Fehler als willkommene Falsifikation vorheriger Annahmen sehen kann, verschwende ich keine Energie mehr mit Versagensängsten oder Vorspiegelung vermeintlicher Souveränität und Perfektion. Bildung, Lernen, Prototyping, Begeisterung und Neugierde helfen nahezu überall, das eigene und das Leben anderer zu verbessern.

Ich bin davon überzeugt, dass inklusive Bildung der einzige nachhaltige Weg ist, wirklich Ungleichheiten abzubauen und auch langfristig Zugang zu grundsätzlichem Wohlstand und Zusammenleben in Frieden zu ermöglichen.

Wir müssen und wollen die Begeisterung für lebenslanges Lernen und Bildung in der intrinsischen Motivation (neu und) nachhaltig verankern. Sowohl bei den jungen Menschen, mit denen wir bei der Hacker School arbeiten, als auch bei uns im Team selbst, suchen wir dafür Wege, die uns selbst begeistern. Ich kann aus meinem privaten Leben bezeugen, dass insbesondere mein Mann, seines Zeichen ITler im Bankenumfeld, niemals erwachsen werden wird. Und wenn man sieht, wie diese wunderbaren (offiziell erwachsenen) Menschen mit jungen Menschen gemeinsam Zukunft entdecken und die Begeisterung für das Entdecken neuer Welten erlebbar machen, geht einem das Herz auf. Wir müssen versuchen, unser Bildungssystem an den neuen Herausforderungen auszurichten und durch die konsequente und fächerübergreifende Vermittlung der 21st Century Skills und einer positiven Fehlerkultur den jungen Menschen Mut und Neugier auf Zukunft und Zukunftsberufe zu machen.

17.3.2 SDG 5 – Geschlechtergleichheit

Wir haben hier in Deutschland die wunderbare Situation, in Freiheit leben zu können. Wir können weitgehend frei entscheiden, wie wir arbeiten und leben wollen und sind in meiner Generation daran gewöhnt, dass Frauen nahezu die gleichen Rechte haben wie Männer. Ja, es gibt das Gender Pay Gap, es gibt gläserne Decken und allein durch die biologische Aufteilung, wer die Kinder bekommt, verteilen sich manche Herausforderungen durchaus unterschiedlich. Wir sind das Land, welches die „German Angst" kultiviert hat und insbesondere im menschlichen Miteinander unglaublich viele Vorurteile und Stereotypen etabliert hat und leidenschaftlich pflegt. Natürlich nicht offiziell, oh nein. Wir sind so fortschrittlich, dass theoretisch jede:r werden kann, was er oder sie möchte. Trotzdem hatte auch ich in meinem früheren Freundeskreis eine Freundin, die offen sagte, sie würde nur bis 30 arbeiten, dann würde sie heiraten, Kinder kriegen und zu Hause bleiben. Wir haben in Deutschland nahezu alle Freiheiten, die man sich nur wünschen kann – was für ein privilegierter Status. Ich bin fest davon überzeugt, dass wir Frauen auch alles können können, was wir wirklich erreichen wollen. Nur habe ich immer wieder den Eindruck, dass wir oder zumindest eine signifikante Anzahl von uns das überhaupt nicht zu schätzen weiß. Wir sind so frei, dass wir uns teilweise auch rücksichtslos die Freiheit nehmen, unfrei zu werden. Wenn ich mich abhängig von einem Partner oder einer Partnerin mache, dann muss ich mich nicht wundern, wenn manches vielleicht anders läuft, als ich mir erträumt habe. Gleiche Rechte bedeutet auch gleiche Pflichten. Ja, es dauert noch, bis wir ein aufgestautes Gap abgearbeitet haben, aber umso wichtiger ist es, dass wir insbesondere in der Frage von IT-Berufen und hier wiederum insbesondere in den Jobs in der künstlichen Intelligenz extra hart arbeiten, um die bisherige Lücke früher als später zu schließen. Wir werden davon alle profitieren.

Ich bin davon überzeugt, dass Frauen und Mädchen alles erreichen können, was sie wirklich wollen. Mir ist es wichtig, dass wir als Frauen diese Eigenverantwortung anerkennen und ernst nehmen. Wir Mütter sind die ersten weiblichen Vorbilder unserer Töchter, lasst uns diese wunderbare Möglichkeit nutzen, ihnen Wege in die Selbstverantwortung aufzuzeigen.

Wir wollen über die GIRLS Hacker School Frauen und Mädchen für das Programmieren und Zukunftsberufe begeistern. Gemeinsam mit Unternehmen und Corporate Volunteers wollen und müssen wir hier Berührungsängste abbauen, damit wir die zunehmende Digitalisierung der Welt mit und für Frauen gleichberechtigt nutzen. Mit einem Start im segregierten Safe Space, aber dann mit einem direkten Sprung in das integrative Erleben von Erfolgen auch in gemischten Klassen mit Jungs sehen wir das Leuchten in den Augen der Mädels – die Welt steht ihnen offen.

17.3.3 SDG 8 – Menschenwürdige Arbeit und Wirtschaftswachstum

Einen Job zu haben, für welchen man begeistert morgens aufsteht, abends und an den Wochenenden auch mal freiwillig Buchkapitel schreibt und seinen Kindern ein Vorbild sein kann, wie viel Begeisterung und Bestätigung man aus dem eigenen Beruf ziehen kann – wer wünscht sich das nicht. Nun, es ist für mich Wirklichkeit. Ok, ich mag auch nicht immer alles. Anträge schreiben oder Verwendungsnachweise ausfüllen – geringe Begeisterung. Aber das Wissen, warum ich mit der Hacker School mache, was wir tun, treibt mich an, immer das Beste zu geben und nahezu täglich über mich hinaus zu wachsen. Ich bin mir bewusst, dass ich als geschäftsführende

Gesellschafterin in einer besonderen Situation bin und nicht für jeden das von mir praktizierte Work-Life-Blending funktioniert; aber ich kann auf jeden Fall dahingehend verallgemeinern, dass der Zusammenhang zwischen Beruf und Berufung aus mehr als fünf gleichen Buchstaben bestehen kann.

Ich bin davon überzeugt, dass wir Unternehmer:innen eine sehr große Verantwortung haben, vorzuleben, was wir fordern. Zu ermöglichen, was wir umgesetzt haben wollen. Zu zeigen, dass gesellschaftliche Verantwortung mehr ist als ein Buzzword, welches wir als Greenwashing einsetzen. Wir setzen uns seit Jahren für die Verwirklichung unseres Leitbildes ein: #hacktheworldabetterplace. Wir wollen mit dem, was wir tun, das Leben der Menschen um uns herum verbessern, und zwar auf beiden Seiten unserer Kurse. Den jungen Teilnehmenden zeigen wir Zukunftsberufe und Zukunftsfähigkeiten. Den Inspirern, die die Kurse bei uns geben, ermöglichen wir Kommunikationserfahrungen zwischen ITler:innen und NICHT-ITler:innen, Lernen durch Lehren, Zugang zu junger Kreativität. Wenn wir uns also auf der einen Seite aktiv für die Fachkräftesicherung einsetzen und auf der anderen Seite durch positives Buy-In, Employer Branding und skill-based Corporate Volunteering eine lange und vertrauensvolle Zusammenarbeit ermöglichen, schaffen wir damit nachhaltige Grundlagen für langfristiges Wirtschaftswachstum.

Ich bin davon überzeugt, dass wir Unternehmer:innen selbst die Vorbilder und Vorreiter:innen sein müssen, die wir sehen wollen. Das eigene Engagement kann so viel verändern, weil wir zeigen können, dass es geht.

Mein größter Wunsch ist es, dass es für Unternehmen uncool sein muss, nicht mitzumachen. Ich wünsche mir, dass Corporate Social Responsibility noch viel mehr durch Corporate Volunteering umgesetzt wird und die Unternehmen sich selbst aktiv bei der digitalen Bildung einbringen. Wenn wir in 2025 mindestens 100.000 junge Menschen pro Jahr durch Programmieren für Zukunftsberufe erreichen wollen, brauchen wir ein hohes Engagement seitens der Unternehmen – und dafür brauchen wir notwendigerweise das Verständnis der Selbstverantwortung, eben auch bei den Unternehmen. Wenn jedes Unternehmen den eigenen Mitarbeitenden einen Tag pro Jahr ermöglichen würde, sich ehrenamtlich für (digitale) Bildung einzusetzen, wären wir bei der Herausforderung nach Fachkräftesicherung einen sehr großen Schritt weiter!

Dr. Julia Freudenberg

18

Paradigmenwechsel für mehr Nachhaltigkeit

Michael Beier

18.1 Biografie

Alles begann mit dem Erleben der Vorarlberger Holzbaukunst, der Architektur beim Bauen mit Holz. Es war die Einheit von hochwertiger Architektur, verbunden mit einer bewussten Regionalität von Bauherren, Architekten und Holzbauindustrie sowie Handwerk beim umweltschonenden Bauen mit Holz, die mich überzeugte und mir das Thema Nachhaltigkeit eröffnete. Mehr als 25 Jahre liegt dieses Erleben der Vorarlberger Holzbauarchitektur zurück. Zu dem Zeitpunkt war ich als Geschäftsführer der Architektenkammer in Thüringen tätig und natürlich tagtäglich umgeben vom „Bauhaus-Erbgut" aus Weimar. Schlüsselerlebnisse gab es auf einer Vielzahl von Reisen zu zeitgemäßer Architektur in Europa und weltweit. Nichts prägte mich aber so sehr in meiner Haltung zu einer nachhaltigen Architektur und zeitgemäßen Formensprache wie die Ästhetik der Holzbauarchitektur im Vorarlberg. Mit diesem Wissen und der Gewissheit, dass dieser Weg unumkehrbar ist, habe ich Ausstellungen, Publikationen, Preise und Wettbewerbe geplant, gestaltet und umgesetzt, um ein Klima für Nachhaltigkeit und zeitgemäßer Architektur in Thüringen zu fördern. Alles Wirken mündete in der Gründung der Stiftung Baukultur, die erstmals Architekten und Ingenieure thüringenweit unter einem Dach

M. Beier (✉)
Heinz Sielmann Stiftung, Berlin, Deutschland
E-Mail: michael.beier@sielmann-stiftung.de

zusammenführte, um gemeinsam die Baukultur sowie die Fortbildung der beiden Berufsstände zu fördern. Als Gründungsvorstand war ich besonders stolz auf das gemeinsame Wirken entlang der Ziele der Berufsstandvertretungen von Architekten, Stadtplanern, Landschaftsarchitekten und Ingenieuren unter dem Dach der Baukultur. Das war damals in der Bundesrepublik noch ein Novum.

2012 beriefen mich die Stifterin Inge Sielmann und ihr Stiftungsrat zum Geschäftsführenden Vorstand der Heinz Sielmann Stiftung. Ihre Stiftung zukunftssicher aufzustellen, versprach ich der Stifterin beim Antritt.

Lange Zeit reichte es der Heinz Sielmann Stiftung aus, mit dem Namen ihres Stifters, des berühmten Tierfilmers Heinz Sielmann, zu werben. Da der Bekanntheitsgrad des 2006 verstorbenen Filmers und Autor aber allmählich schwand, war ein Strategiewechsel dringend geboten, der nicht nur das Fundraising, sondern auch die Projektarbeit und die Vermögensanlage betraf.

Die Heinz Sielmann Stiftung nutzte den Mythos ihres Namensgebers. Viele Spender sind mit der wöchentlich ausgestrahlten Fernsehserie „Expeditionen ins Tierreich" groß geworden. Sie verbinden mit dem Namen Heinz Sielmann (1917–2006) schöne Kindheitsmomente, den Übergang vom Schwarz-weiß Fernseher zum Farbfernseher, verbanden Sielmanns-Kinofilme mit dem Traum von fremden Arten und großartiger Natur.

Die Stiftung lebt überwiegend von Spenden, vom Vertrauen der Spenderinnen und Spender in ihre Arbeit. Im Wettbewerb um Spenden besaß die Heinz Sielmann Stiftung einen Vorteil: Sie wirkte als private Stiftung vor allem in der Heimat, der Bundesrepublik Deutschland.

Bereits 2013, 1 Jahr nach meinem Amtsantritt, wurde die Vermögensverwaltung mit dem Spezialfonds „Sielmann Sustainability Stiftungsfonds" neu geregelt: eine klare Ausrichtung auf nachhaltige Aktien und Unternehmensanleihen mit einem bis 75 %igen Anteil von Aktien im Portfolio. Benchmark war der Dow Jones Sustainability Index. Das Rückgrat bildeten eine innovative Anlagerichtlinie, ein Anlagebeirat und die Transparenzrichtlinie der Stiftung. So stieg die Heinz Sielmann Stiftung mit ihrem Kapital von 21 Mio. Euro bereits 2013 in die Kategorie „Green Finance" ein und hielt bis heute durch. Jetzt ist die Stiftung mit ihrem gewachsenen Kapital in Höhe von 60 Mio. Euro Teil des börsennotierten Publikumsfonds „Stiftungsfonds ESG Global", den sie 2020 mit aus der Taufe hob und der heute zu den erfolgreichsten privaten Stiftungsfonds zählt.

2014 verabschiedete die Stiftung eine eigene Charta mit den Grundsätzen guter Fundraisingpraxis und guter Stiftungsarbeit, wie es die Branchenverbände empfohlen hatten. Auch berief die Stiftung schon 2014 einen externen Compliance-Beauftragten, der als Notar dem Spender effizient bei einer außergerichtlichen Streitbeilegung mit der Stiftung helfen sollte, wenn dieser vermutete, dass seine Spende missbräuchlich genutzt wurde, klärte auf und schlichtete, heilte die Vertrauensbasis. Damit betrat die Stiftung Neuland im Stiftungswesen. Heute hat sie ein eigenes Compliance-Management installiert.

Das Lob der Stiftung Warentest zur Transparenz, die Stiftung sei mit dem WWF und Greenpeace auf Augenhöhe, und ihre damalige Kritik zur Wirtschaftlichkeit waren Ansporn im Stiftungsmanagement zu weiterer Professionalisierung. Bisherige Eigenleistungen wie Forst und Jagd sind an den Bundesforst als Dienstleistenden vergeben worden, Teile der Biolandwirtschaft verpachtet, das Fundraising mit neuen Agenturen professionalisiert, Social Media aktiv in der Online-Kommunikation genutzt, alle Spendenprozesse digital optimiert und die Website zeitgemäß relauncht. Die Heinz Sielmann Stiftung hat sich dem Wettbewerb gestellt, um das Spendensiegel des Deutschen Zentralinstituts für soziale Fragen (DZI) Berlin zu erlangen. 2017 war es endlich soweit, und seitdem trägt die Stiftung dieses Gütesiegel für eine Stiftung, die nachgewiesen hat, dass sie vor allem ihre Verwaltungskosten gering halten kann, dass das Geld aus Spenden überwiegend in Projekte fließt. Im Jahresabschluss 2020 lag der Verwaltungskostenanteil in der Heinz Sielmann Stiftung bei nur 15 %, die 30% Marke des maximalen Verwaltungskostenanteils lt. DZI wurde seit 2017 nicht mehr gerissen. Damit wurde auch das gute Ergebnis der Zeitschrift Capital bestätigt. Die Heinz Sielmann Stiftung wurde von dem Wirtschaftsmagazin als beste Naturschutzorganisation im Bereich Transparenz getestet. Auch im Bereich Organisation und Kontrolle erhält die Stiftung nunmehr sehr gute Bewertungen. Die Stiftung unterzieht sich freiwillig einer alljährlichen Kontrolle durch unabhängige Wirtschaftsprüfer des Deutschen Spendenrats. Dieses Ringen um Siegel, Zertifikate und Testate spiegelt das Wirken um die Themen Nachhaltigkeit und Transparenz wider, beides gehört für mich untrennbar zusammen. Darüber hinaus begann die Stiftung 2015 einen Nachhaltigkeitsbericht auf der Basis der Global Reporting Initiative (GRI Standard) zu erarbeiten und den Deutschen Nachhaltigkeitskodex (DNK-Kodex) des Rates für Nachhaltigkeit zu erfüllen. Beides wurde 2016 online auf der Website https://nachhaltigkeit.sielmann-stiftung.de veröffentlicht. Den nächsten GRI-Bericht erstellte die Stiftung 2019 und aufgrund der COVID-19 Pandemie soll erst 2023 wieder ein Nachhaltigkeitsbericht veröffentlicht werden. Die Stiftung beteiligte sich inhaltlich und finanziell an einer Initiative von Stiftungen zur Erarbeitung eines Leitfadens für Stiftungen zum DNK-Kodex, der zum

Stiftungskongress des Bundesverbandes im September 2022 vorgestellt wurde. Meilenstein auf dem Weg zu mehr Nachhaltigkeit und Biodiversität war die UN-Biodiversitätskonferenz im Dezember 2022 in Montreal, sie hat einen wegweisenden Beschluss gefasst. Bis 2030 sollen zugunsten der von menschlichem Handeln bedrohten Arten im Wasser, auf der Erde und in der Luft 30 Prozent der Land- und Meeresfläche weltweit unter Schutz gestellt werden und die Anwendung von Pestiziden um 50 Prozent reduziert werden. Als Stiftung des großen Naturfilmpioniers und Naturschützers Heinz Sielmann arbeiten wir mit voller Kraft daran, dieses Ziel zu unterstützen und dem Massensterben der Arten etwas entgegenzusetzen. In den vergangenen fünf Jahren haben wir in unseren brandenburgischen Naturlandschaften knapp 19 Mio. Euro in die biologische Vielfalt investiert. Auf rund 13000 Hektar wurden Offen- und Halboffenland wiederhergestellt, Feuchtgebiete und Moore renaturiert und ein ökologisches Monitoring aufgebaut. Über Brandenburg hinaus finanzierte die Stiftung bundesweit seit 2017 und noch bis 2025 mit weiteren 14 Mio. Euro die Herstellung und den Erhalt von Biotopverbünden, die Renaturierung von Flussauen sowie den Kauf und die Entwicklung von Flächen zu Artenschutzräumen. Etwa 85 Prozent der erforderlichen Finanzmittel konnten aus Fördermitteln gestemmt werden, in Brandenburg sogar mehr als 90 Prozent. Wir sind stolz darauf, unseren Verpflichtungen als Eigentümer von Flächen im Natura 2000-Netzwerk in so sorgfältiger und verantwortungsvoller Weise nachzukommen. Hand in Hand mit der öffentlichen Hand und privaten Spenderinnen und Spendern leisten wir mit unseren Investitionen einen wirkungsvollen Beitrag gegen Artensterben und Klimawandel.

Die Weltklimakonferenz von Paris im Jahr 2015 und die folgenden 17 SDGs mit ihren 169 Unterzielen waren auch Anlass für die Heinz Sielmann Stiftung ihr tägliches Tun, ihre Wirkung für den Natur- und Artenschutz, ihr Handeln zur Förderung der Biodiversität, auf den Prüfstand der 17 SDGs zu stellen. Das Ergebnis war, dass die Stiftung für 11 der 17 SDGs eigene Handlungsfelder und eigene Dienstleistungen herausgefiltert hat und diese mit ihrem täglichen Wirken bundesweit, nunmehr auch in Afrika, erfüllt.

Die Stiftung wurde in den letzten zehn Jahren ein attraktiver Partner für Bund, Länder und Kommunen, für Unternehmen und gemeinnützige Institutionen, Stiftungen und Bildungsträger, insbesondere bei der Bildung für nachhaltige Entwicklung. Besonders hervorzuheben sei aber auch und darauf bin ich sehr stolz, dass die Stiftung durch ihr konsequent öffentliches Ringen um Nachhaltigkeit und Transparenz für viele junge MitarbeiterInnen bundesweit ein sehr attraktiver Arbeitgeber geworden ist.

18.2 Statement zum Thema nachhaltig Unternehmen führen und/oder nachhaltig leben

Die Schlüsselrolle für die Transformation, für den Grünen Deal in der Europäischen Union, nehmen die Bürgerinnen und Bürger ein. Sie sind es, die den Übergang zu einem nachhaltigen und attraktiven Leben in ihren Regionen, Städten und Gemeinden gestalten, verantworten und leben werden. Mit dem Neuen Europäischen Bauhaus als EU-Programm schließt sich für mich der Kreis meines Wirkens für eine zeitgemäße Holzbauarchitektur, für das Bauhauserbe in Thüringen, beim eigenem Engagement für mehr biologische Vielfalt in Fauna und Flora, für eine gesunde Umwelt und für die Wiederherstellung von geschädigten Ökosystemen, für eine Renaturierung. Die Strategie „Vom Hof auf den Tisch" war schon immer eines meiner Lieblings-Leitbilder, denn ich betrachte den Naturschutz auch gern einmal vom Teller aus: Eine gesunde Nahrung benötigt eine vielfältige und artenreiche Natur und eine intakte Umwelt. Ich erwarte, dass die 1,8 Billionen Euro für das NextGenerationEU-Programm auch innovativ und zukunftsfähig in den Grünen Deal fließen und den Bürgerinnen und Bürgern in Europa eine nachhaltige Perspektive für die eigene Zukunft bieten werden.

18.3 Statement zu ausgewählten SDGs

18.3.1 SDG 2 – Kein Hunger

SDG 2 – Kein Hunger „Zero Hunger" bedeutet für die Stiftung funktionierende Ökosysteme mit fruchtbaren Böden und sauberem Wasser in der eigenen Biolandwirtschaft zu sichern. Erhalten werden im Betrieb seltene Nutztierrassen und geschützte Tierarten wie Wisente und Przewalski-Pferde. Darüber hinaus förderte die Stiftung mehrjährig die Gründung und den Aufbau der Slow Food Youth Akademie, begleitete damit erfolgreich den Wandel in der Nahrungsmittelbranche bei jungen Köchinnen und Köche der Slow Food Küche (Abb. 18.1).

Abb. 18.1 Die Heinz Sielmann Stiftung engagiert sich für eine ökologische Bewirtschaftung im eigenen Biolandbetrieb, erhält seltene Nutztierrassen und schützt Weidetiere wie das Rote Harzer Höhenvieh. (Bildautor: Dietrich Kühne)

18.3.2 SDG 4 – Hochwertige Bildung

SDG 4 – Hochwertige Bildung „Quality Education" bezieht sich in der Stiftung auf das Angebot von Bildung für nachhaltige Entwicklung (BNE) in den Naturerlebniszentren der Stiftung in Elstal, Duderstadt und Wanninchen. Fast 12 Mio. wird die Stiftung bis Ende 2023 in den drei Zentren investiert haben, um ein vielfältiges Angebot an Umweltbildung und Naturerleben zu bieten. Gestärkt werden soll das Naturbewusstsein, die Stärkung des Engagements zur Förderung der Artenvielfalt und vor allem die Änderung der Lebensweisen hin zu einer ökologisch vertretbaren Lebensweise in Landwirtschaft, Ernährung und Wirtschaft. Die Naturerlebniszentren sind gleichzeitig Umweltbildungszentren in den Bundesländern Niedersachsen und Brandenburg sowie ein innovativer außerschulischer Lernort, mit einem vielfältigen Angebot an digitalen Medien, einer App, Videos und Filmen, Podcasts, Webinaren, 360 Grad-Projektionen. Auch die Förderung der Stiftung im Bundesprojekt www.GoNature.de zählt zu den Angeboten für ein zivilgesellschaftliches Engagement im Naturschutz, im Artenschutz (Abb. 18.2 und 18.3).

Abb. 18.2 In allen Umweltbildungsmaßnahmen stärkt die Stiftung das Bewusstsein für die Bedeutung der Artenvielfalt und der ökologisch verträglichen Lebensweise in Landwirtschaft, Ernährung und Wirtschaft. (Bildautor: Ralf Donat)

Abb. 18.3 Die Stiftung leistet in eigenen und geförderten Projekten bundesweit einen maßgeblichen Beitrag zum Schutz wassergebundener Ökosysteme. (Bildautor: Ralf Donat)

18.3.3 SDG 6 – Sauberes Wasser und Sanitäreinrichtungen

SDG 6 – Sauberes Wasser und Sanitärversorgung „Clean Water and Sanitation", hier sind vor allem die Beiträge der Stiftung zum Schutz der wassergebundenen Ökosysteme wie Rekultivierung von Mooren in der Döberitzer Heide oder in der Bergbaufolgelandschaft Wanninchen, der Schutz des NSG Groß Schauener Seenkette, die Fließgewässer Nette, Schwarzach, Elbe zu nennen. Aber auch die Stillgewässer in den Biotopverbünden am Bodensee, in Bayern, in Niedersachsen oder auf Rügen bieten Lebensräume für gefährdete Tier- und Pflanzenarten. Besonders hervorzuheben war im Jahr 2022 das Engagement der Sartorius AG und ihres CEO Dr. Joachim Kreuzburg in Göttingen, der in Zusammenarbeit mit der Stiftung 16 ha zusammenhängende landwirtschaftlich genutzte, öffentliche Flächen in der Stadt renaturierte und die Biodiversität damit förderte. Die Sartorius AG hat somit die Flächengröße an die BürgerInnen Göttingens als Biodiversitätsjuwel zurückgegeben, die sie selbst für ihren Betrieb in der Stadt an Fläche verbraucht hat.

18.3.4 SDG 8 – Menschenwürdige Arbeit und Wirtschaftswachstum

SDG 8 – Menschenwürdige Arbeit und Wirtschaftswachstum „Decent Work and Economic Growth", heißt, dass die stiftungseigene Dienstleistung „Naturnahe Firmengelände" als Beratungsleistung und die Integration der Biodiversität in das Lieferkettenmanagement einen ökologischen Benefit für Unternehmen, Kunden und Mitarbeitenden generiert. Beispielhaft genannt seien die naturnahe Gestaltung der 35 Logistikzentren von LIDL Deutschland, die naturnahe Gestaltung des Wohngebietes Steimker Gärten in Wolfsburg der Volkswagen Immobilien GmbH als Projektträger oder das preisgekrönte Projekt „Tausende Gärten – Tausende Arten" der Firma Spir Star AG im hessischen Rimbach, Odenwald (Abb. 18.4).

18.3.5 SDG 10 – Weniger Ungleichheiten

SDG 10 – Weniger Ungleichheiten „Reduced Inequalities": Weniger Ungleichheiten mit nachhaltigen Geldanlagen bilden den Schwerpunkt in der ethischen Geldanlage der Stiftung im börsennotierten Publikums-

Abb. 18.4 Mit ihrem Know-how berät die Heinz Sielmann Stiftung Unternehmen zur naturnahen Gestaltung ihrer Firmengelände und zur Integration von Biodiversität als Handlungsfeld in das betriebliche Management. (Bildautor: Silas Stein, BILDKRAFTWERK/Heinz Sielmann Stiftung)

fonds „Stiftungsfonds ESG Global". Zulässig sind dort nur Assets u. a. aus dem STOXX Global ESG Leaders, dem MSCI SRI oder dem STOXX Sustainability Europe ex AGTAFA-Index. Auch bei Unternehmensanleihen wird der Leitfaden der Evangelischen Kirche in Deutschland für Geldanlagen als Richtschnur angewandt (Abb. 18.5).

18.3.6 SDG 11 – Nachhaltige Städte und Gemeinden

SDG 11 – Nachhaltige Städte und Gemeinden „Sustainable Cities and Communities": Lokale Bündnisse mit öffentlichen, privaten und gemeinnützigen Partnern sind für die Stiftung des Tierfilmers Heinz Sielmann die bundesweiten Biotopverbünde mit Bund, Ländern, Landkreisen und Kommunen. Lokale Kuratorienzur Förderung der Biotopmaßnahmen und Biotopverbünde sind die wesentlichen Garanten für die Akzeptanz der europäischen und deutschen Biodiversitätsstrategien. Die Partizipation des Bürgers ist dabei immer Bestandteil der Arbeit. Die Potenziale im ländlichen und städtischen Raum können nur im Einklang von Natur und Mensch gehoben werden (Abb. 18.6).

Abb. 18.5 Die Heinz Sielmann Stiftung förderte von 2017–2022 internationale Projekte zur Wiederbewaldung in Uganda, Malawi und Äthiopien. Dabei arbeitete die Stiftung mit regionalen Partnern auf Augenhöhe zusammen und stärkte NGO-Strukturen vor Ort. (Bildautor: Paul Zaake, RECO)

18.3.7 SDG 12 – Nachhaltige/r Konsum und Produktion

SDG 12 – Nachhaltige/r Konsum und Produktion „Responsible Consumption und Production": Die Nachhaltigkeit als Messlatte für den Umgang mit Ressourcen, bedeutet für die Stiftung die Einführung eines betrieblichen Umweltmanagements, bei allen Fragen zur Mobilität, zu Finanzen und Beschaffung sowie Vergabe den Dreiklang aus Öko-

Abb. 18.6 Vor Ort vernetzt sich die Stiftung mit den jeweiligen Kommunen und Landkreisen, kooperiert mit regionalen Tourismusverbänden und Bildungseinrichtungen und bindet Erzeugergemeinschaften regionaler und nachhaltiger Produkte in ihre Maßnahmen ein. (Bildautor: Iris Blank)

nomie, Ökologie und Sozialem zu wahren. Das Ressourcenmanagement der Stiftung geht Hand in Hand mit dem Wirken gegen den Klimawandel und für den Erhalt der Biodiversität (Abb. 18.7).

18.3.8 SDG 13 – Maßnahmen zum Klimaschutz

SDG 13 – Maßnahmen zum Klimaschutz „Climate Action", heißt für uns, globale und lokale Maßnahmen gegen die Folgen des Klimawandels zu messen und zu evaluieren. Wir fördern bei all unseren Projekten in der Bundesrepublik und in Afrika das ökologische Monitoring, welches durch Spezialisten für Arten, Artengruppen und mit Unterstützung von Universitäten auf der Basis internationaler Standards bei uns durchgeführt werden. Unterstützt wurden in Afrika auch eigene Wiederaufforstungsprojekte in Ländern wie Äthiopien, Uganda und Malawi. Dazu zählen

Abb. 18.7 Die Stiftung arbeitet nach den Normen der ISO 14001 des betrieblichen Umweltmanagements. Der gesamte Betriebsablauf der Stiftung wird fortlaufend im Sinne der Sustainable Development Goals überprüft und das Handeln an der ökologischen und ökonomischen Nachhaltigkeit ausgerichtet, dazu zählt auch das Angebot zur Elektromobilität bei Dienstfahrrädern. (Bildautor: Christina Seifert)

auch Maßnahmen des Moorschutzes in Brandenburg und des Hochwasserschutzes in Sachsen-Anhalt und Niedersachsen (Abb. 18.8).

18.3.9 SDG 15 – Leben an Land

SDG 15 – Leben an Land „Life on Land" dominiert die Stiftung aufgrund ihrer Stiftungszwecke, die den Erhalt und den Schutz unzerschnittener ehemaliger Truppenübungsplätze und Bergbaufolgelandschaften, insbesondere im Land Brandenburg, für den Naturschutz von europäischem Rang festgeschrieben haben. Darüber hinaus sind es die Biotopverbünde in Baden-Württemberg, Bayern, Niedersachsen, Sachsen, Mecklenburg-Vorpommern oder die Naturschutzgroßprojekte Mittelelbe in Sachsen-Anhalt, Kuppenrhön in Thüringen oder das Grüne Band in Niedersachsen, die die Kriterien für ein dauerhaft nachhaltiges Wirken im Naturschutz zur Förderung der Artenvielfalt, der Biodiversität, bestimmen. Neben dem Großen sind es auch eine Vielzahl von kleinen Artenschutzprojekten bundesweit, die auf das SDG 15 „Lebensräume für die biologische Vielfalt" einzahlen (Abb. 18.9).

18 Paradigmenwechsel für mehr Nachhaltigkeit   333

Abb. 18.8 Die Stiftung unterstützt in internationalen Projekten Maßnahmen gegen die Folgen des Klimawandels. (Bildautor: Dr. Hannes Petrischak)

Abb. 18.9 Die Heinz Sielmann Stiftung setzt sich national und international für den Erhalt unzerschnittener Landschaften, die Renaturierung von Militär- und Industriebrachen und die Entwicklung von Biotopverbünden ein. (Bildautor: Volker Gehrmann, www.karacho.berlin)

Abb. 18.10 Die Stärkung internationaler Partnerschaften ist der Schlüssel zu einer weltweit nachhaltigen Entwicklung. Die Heinz Sielmann Stiftung war die erste deutsche Nichtregierungsorganisation als technischer Partner der African Forest Landscape Restoration Initiative (AFR100) zur Wiederbewaldung von 100 Mio. Hektar Land in Afrika. (Bildautor: Marco Bühl, BILDKRAFTWERK/Heinz Sielmann Stiftung)

18.3.10 SDG 17 – Partnerschaften zur Erreichung der Ziele

SDG 17 – Partnerschaften zur Erreichung der Ziele „Partnerships for the Goals", d. h. globale Partnerschaften mit Leben füllen, sind der Schlüssel zu einer weltweit nachhaltigen Entwicklung. Als Nichtregierungsorganisation sind wir technischer Koordinator und Partner bei der African Forest Landscape Restoration Initiative (AFR100) zur Wiederbewaldung, insbesondere der Sahel-Zone, gewesen. Wir gehörten auch zu den Gründern der Foundation Plattform F20 als Brücke zwischen Zivilgesellschaft und Politik weltweit.

Diese Partnerschaft zur Nachhaltigkeit spiegelt sich aktuell auch wieder im jährlichen „Eisvogel"-Preis für nachhaltige Produktionen im TV und Kino, der gemeinsam mit dem Bundesministerium für Umwelt, Naturschutz, nukleare Sicherheit und Verbraucherschutz, unterstützt von der Bundesbeauftragten für Kultur und Medien, in 2022 erstmalig vergeben wurde.

„Vielfalt ist unsere Natur" heißt der Claim der Stiftung. Vielfältig sind die Lebensräume für Flora und Fauna, die wir als Stiftung verantworten, vielfältig ist mit all den Themen, Förderprojekten, der Bildung für nachhaltige Entwicklung (BNE) und der Vermögensverwaltung aber auch die tägliche Stiftungsarbeit der nunmehr fast 100 bundesweit tätigen Mitarbeitenden in der Heinz Sielmann Stiftung.

Nach 11 Jahren operative Verantwortung als Vorstand der Heinz Sielmann Stiftung kann ich mit Stolz sagen, dass mein Versprechen an die 2019 verstorbene Stifterin Inge Sielmann erfüllt und die Stiftung zukunftsfähig, innovativ und nachhaltig aufgestellt wurde. Das gelang, weil die Organe wie Stiftungsrat, der zweiköpfige Vorstand und die 5 BereichsleiterInnen sowie die Mitarbeitenden sich alle gemeinsam auf diesen, mitunter beschwerlichen, ja dornenreichen, Weg begeben haben und nunmehr der Erfolg gemeinsam auch geteilt werden darf (Abb. 18.10).

19

Schule und Wirtschaft neu denken – und dann #einfachmachen

Anna Kaiser

19.1 Biografie

Wenn du es denken kannst, kannst du es auch machen. Als Gründerin und ehemalige CEO eines vielfach preisgekrönten Tech Start-ups habe ich in den vergangenen neun Jahren immer wieder um die Ecke gedacht und smarte digitale Lösungen in einem extrem schnellen, aber auch extrem menschlichen Arbeitsumfeld mitentwickelt. Das Label „Vordenkerin", welches mir in dieser Zeit verliehen wurde, nehme ich gern an.

Ich ermutige Individuen und Organisationen, es nicht beim theoretischen Denken zu belassen, sondern guten Ideen mutige Taten folgen zu lassen, die unsere Arbeitswelt nachhaltig verändern. Nicht die Maschinen sind die Treiber der Digitalen Revolution, sondern die unzähligen wunderbaren Menschen in den Unternehmen mit ihren Erfahrungen und Begabungen, ihrer Neugier und der Fähigkeit zu lernen. Als Sparringspartnerin treibe ich Utopien mit denen auf die Spitze, die genauso gern den Status Quo infrage stellen wie ich. Groß denken und smarter arbeiten (statt noch härter) – so ebnen wir den Weg in die Neue Arbeitswelt.

Als Autorin, Speakerin und Host lade ich Sie ein, Arbeit mit mir neu zu denken und den Bogen zu einem guten Leben zu schlagen. Digitalisierung, Female Leadership, Tech und New Work sind einige der Themen, für

A. Kaiser (✉)
Berlin, Deutschland
E-Mail: anna.kaiser@tandemploy.com

dich ich brenne und zu denen ich Akteur*innen in Politik und Wirtschaft berate, etwa als Mitglied des Beirat „Junge Digitale Wirtschaft" des Bundesministerium für Wirtschaft und Energie, Mitglied im Rat der Arbeitswelt des Bundesministeriums für Arbeit und Soziales (BMAS), Gründungsmitglied des Ethikbeirat HR-Tech oder Vorsitzende des Ressorts „Zukunft der Arbeit" be im Bundesverband Digitale Wirtschaft e. V. Mit der Gründung des Tech-Unternehmens Tandemploy 2013, des All-Female Investorinnen-Netzwerks encourageventures 2021 und dem Merger von Tandemploy mit der globalen Tech-Company Phenom 2022 haben meine Mitstreiter*innen und ich mehr als einmal gezeigt, was alles möglich ist, wenn wir uns trauen, unsere Vorstellung von einer besseren (Arbeits-)Welt nicht in der Theorie zu belassen, sondern mit Herz und Kopf anzupacken.

19.2 Statement zum Thema nachhaltig Unternehmen führen und/oder nachhaltig leben

Nachhaltig Unternehmen führen: People matter
Ein Unternehmen nachhaltig zu führen, beginnt mit dem Blick auf die Menschen, mit dem Hinsehen, mit dem Fragen, mit dem Zuhören. Ein Beispiel ist die aktuelle Debatte um die Rückkehr ins Firmenbüro und die in dem Zusammenhang oft gestellte Frage: Wie viele Tage Home Office sind „gut"? Und welche Wochentage sollten es sein? So, als ließe sich Arbeit in Zeiten der Digitalisierung noch so standardisieren wie vor 70 Jahren. So als sei jede Arbeit und jedes Leben der Mitarbeitenden gleich getaktet. So, als würde man durch räumliche Nähe mehr Kontrolle schaffen und gleichzeitig mehr Motivation und Leistung erzeugen. So, als könnte man Menschen und ihr Leben passend machen, wenn sie so, wie sie sind, nicht in die Unternehmensstrukturen passen. Ich bin überzeugt, das Gegenteil ist der Fall: Unternehmensstrukturen müssen sich dem Leben der Menschen anpassen. Und Führungskräfte müssen Wege finden, wie sich das, was jemand in seiner aktuellen Lebenssituation leisten kann, in das Konstrukt des Unternehmens einfügt. Nur so werden Menschen in die Lage versetzt, ihre Leistung auch abrufen zu können, statt unproduktiv im Firmen-Office zu sitzen. Dazu gehört auch, dass Menschen sich ihren Arbeitsort so wählen können, wie er jetzt und hier zu ihren Aufgaben und ihrer Rolle im Team passt. Heute im Firmen-Office, morgen zu Hause und übermorgen im Coworking Space. In der kommenden Woche kann die Abfolge wiederum

ganz anders aussehen als in der Woche davor oder danach. Wir dürfen erwachsenen Menschen zutrauen, dass sie selbst am besten wissen, was sie brauchen, um ihre Arbeit gut machen zu können! Wie viel Lebenszeit, wie viele gefahrene Auto-Kilometer, wie viele stressbedingte Ausfälle ließen sich vermeiden, wenn Unternehmen endlich anfangen würden, sich wirklich mit den Menschen und ihren Bedürfnissen zu beschäftigen!

Bereits in der Pandemie zeichnete sich die „Great Resignation" ab, eine riesige Kündigungswelle, die zunächst die USA erfasste und die mit dem Ausbruch des Krieges in der Ukraine auch Deutschland erreicht hat. Die Resignation ist auch ein Zeichen dafür, dass sich die Prioritäten der Menschen verschieben, hin zu dem, was wirklich zählt – Mensch sein, Freunde und Familie, anderen helfen usw. Angestellte, die während der Arbeitszeit unermüdlich Spendenkisten packen oder bis heute Behördengänge mit Geflüchteten erledigen, sind ein Zeichen für diese Entwicklung. Es wird höchste Zeit, dass Unternehmen Strukturen schaffen, in denen es „ganz offiziell" und selbstverständlich möglich ist, sich neben der Erwerbsarbeit für andere Projekte und Menschen zu engagieren, oder einfach Zeit mit Menschen und Aktivitäten zu verbringen, die einem am Herzen liegen.

Unternehmen sind in der Verantwortung, einen Beitrag für eine bessere Welt zu leisten, zum einen mit nachhaltigen Produkten und Dienstleistungen, zum anderen indem sie ein Umfeld schaffen, das Menschen Sicherheit und Wertschätzung gibt. Sie müssen sich endlich öffnen und längst überfällige Veränderungen im Inneren der Organisation anstoßen, weg von starren Strukturen hin zu mehr Offenheit, Menschlichkeit, Neugier und Lernbereitschaft. „Business as UNusual" ist gefragt!

Wodurch zeichnet sich dieses aus? Welche Aufgabe kommt Führungskräften dabei zu?

Fragen und zuhören:
Fragt eure Mitarbeitenden und Kolleg*innen, wie es ihnen geht und was sie brauchen. Jetzt und immer wieder.

Verantwortung übernehmen:
Welchen Beitrag kann das Unternehmen zur Lösung aktueller Krisen leisten? Welchen Impact hat das eigene Produkt – von der Herstellung über Lieferketten bis zur Nutzung? Mit wem arbeitet das Unternehmen zusammen? Welche Werte liegen diesen Kooperationen zugrunde? Sind alle Kooperationen noch vertretbar?

Skills suchen:
Was können Mitarbeitende? Welche (versteckten) Fähigkeiten haben sie? Wie können diese in der aktuellen Situation helfen – ob im Unternehmen oder außerhalb bei der Krisenbewältigung? Wer engagiert sich in seiner Freizeit bereits für bestimmte Themen? Dieses Wissen ist sowohl für die Beziehung der Mitarbeitenden untereinander als auch für die Zusammenarbeit im Unternehmen und für die Produktentwicklung unglaublich wertvoll.

Emotionen zulassen:
Organisationen sind keine Maschinen. Sie bestehen aus fühlenden Menschen, denen Klimawandel, Krieg und Pandemie emotional einiges abverlangen. Es ist Zeit, das anzuerkennen und Raum für das ganze Spektrum an Emotionen zu schaffen. Mitarbeitende, die sich permanent verstellen müssen, können nicht sonderlich produktiv sein. Allein aus diesem Grund ist ein guter Umgang mit Gefühlen auch im Arbeitskontext wichtig.

Mentale Gesundheit fördern:
Gut auf sich aufzupassen fällt nicht jedem Menschen leicht. Unternehmen können und sollten hier aktiv unterstützen und Angebote machen, um die psychische Gesundheit und die Resilienz ihrer Mitarbeitenden zu fördern.

Werte stärken:
Warum und wofür tun wir, was wir tun? Wofür stehen wir als Unternehmen? – Diese Fragen sollten die Leitplanke für alles sein, was im Unternehmen passiert. Führungskräfte und Mitarbeitende sollten sie gemeinsam beantworten.

Miteinander und Diversität fördern
– und zwar nicht nur auf dem Papier, sondern durch konkretes Handeln. Selbst auferlegte Quoten und deren konsequente Einhaltung sind ein guter Start.

Neue Arbeitsmodelle probieren:
Ob Jobsharing, 4-Tage-Woche, Full-Remote oder Hybrid: die Digitalisierung eröffnet wunderbare Möglichkeiten, Arbeitszeiten und -orte flexibel zu gestalten. Und damit Freiräume für Engagement und erfüllende Aktivitäten neben der Erwerbsarbeit. Alles, was bei Mitarbeitenden abseits ihres Jobs Freude und Leidenschaft entfacht, zahlt indirekt auch auf die

Produktivität des Unternehmens ein. Glückliche Mitarbeitende sind kreativer und leistungsstärker.

Vernetzung starten:
Nicht morgen, sondern jetzt. Wie handlungsstark Menschen sind, wenn sie vernetzt agieren, zeigte sich bereits mit dem Aufkommen der „Fridays-for-Future"-Bewegung und einmal mehr, als Hunderttausende Menschen aus der Ukraine nach Deutschland kamen. Die Technologie ist da. Wir müssen sie nur sinnvoll nutzen.

#einfach machen.

19.3 Statement zu ausgewählten SDGs

19.3.1 SDG 4 – Hochwertige Bildung

„Dinge können sich ändern, manchmal überraschend schnell." Diesen Satz habe ich vor sieben Jahren auf der *DClassConference* gesagt. Vor Schüler*innen und Lehrer*innen sprach ich über Neues Unternehmer*innentum, über Utopien und eine Welt, in der wir mit weniger Arbeit mehr erreichen. Sieben Jahre wirken sehr lange her. Was hat sich seitdem verändert? Vor allem: Wie hat sich Schule seitdem verändert? Sind unsere Kinder und Jugendlichen die Problemlöser*innen von morgen?

Zunächst eine ernüchternde Erkenntnis, die Studien bestätigt haben: Menschen in den westlichen Gesellschaften können sich keine bessere Welt als die heutige vorstellen. Die Wohlstandsgesellschaft ist offensichtlich das Ende der Utopie.

Ich sage: Zeit das zu ändern! Und wo, wenn nicht in der Schule, kann die Vorstellungskraft von Kindern geweckt werden? Die Schule ist der perfekte Ort, um Utopien zu spinnen, indem Kinder und Lehrende sich fragen: In welcher Welt wollen wir leben? Und dann: Wie kommen wir dorthin? Was können wir tun, was können wir unternehmen, um der Welt, die wir uns ausmalen, ein Stück näher zu kommen?

Studien haben auch gezeigt, dass die Generation Z durchaus sinngetrieben ist. Junge Menschen wollen etwas verändern. Gleichzeitig glauben sie nicht, dass sie das Zeug dazu haben. Fragt man Jugendliche nach ihren Vorstellungen von einem guten Arbeitsleben, sind sichere Angestelltenjobs wieder hoch im Kurs. Das ist fatal! Und gleichzeitig wenig überraschend angesichts eines Bildungssystems, das sich seit 100 Jahren kaum verändert hat. Jetzt ist die Zeit, um Schulen von Grund auf zu transformieren, um Lernfabriken zu Utopiefabriken zu machen, in denen Raum ist für Vorstellungskraft, für Ideen, für Gemeinsamkeit statt Konkurrenz, fürs Ausprobieren, fürs Hinfallen und wieder Aufstehen, kurz, fürs Machen und Unternehmen!

Wenn wir wollen, dass Kinder sich eine bessere Welt vorstellen können und den Wunsch und die Fähigkeiten entwickeln, sie aktiv nach ihren Vorstellungen mitzugestalten, müssen wir Schule ganz neu denken. Wir müssen uns erlauben, Schule utopisch zu denken. Denn genau wie für unsere Kinder gilt auch für uns Erwachsene: Nur wenn wir uns eine bessere Schule vorstellen können, können wir sie auch verändern. Lasst uns heute damit anfangen! Mit Mut und Herz und ohne unnötige steuernde Instanzen, die seit Jahrzehnten einen schlechten Status Quo verwalten. Wir fangen einfach an. Zum Beispiel so:

Fünf Wege in die Schule der Zukunft

1. Schule an sich braucht einen neuen **Purpose,** ein übergeordnetes Ziel, auf das alle gemeinsam hinarbeiten. Eine Note ist kein übergeordnetes Ziel. Besser zu sein als mein Nebenmann ebenso wenig. Selbst ein Abschluss ist für sich genommen kein Purpose. Ein übergeordnetes Ziel wäre es, allen Kindern einen chancengleichen Zugang zur Welt zu ermöglichen, einer Welt, die sich ständig verändert, die komplex ist und unendliche Möglichkeiten bereithält, die eigenen Talente und Fähigkeiten sinnstiftend einzubringen. Und zwar nicht in Konkurrenz zueinander, wie es das Notensystem suggeriert, sondern gemeinsam, als Team, kollaborativ. Purposegetriebene Schulen würden keine Einzelkämpfer*innen mehr hervorbringen, sondern junge Menschen, die es von Anfang an gelernt haben, miteinander auf Augenhöhe zu arbeiten und sich gegenseitig zu unterstützen.
2. Eine Stunde Mathe, eine Stunde Bio, 2 Stunden Deutsch und am Ende noch ein bisschen Sachkunde im Raum am anderen Ende des Flures – einen solchen Stundenplan wollen wir im Jahr 2023 einfach nicht mehr sehen! Stattdessen brauchen wir **Projektarbeit** unter Einbezug ganz unterschiedlicher Fachrichtungen und Kompetenzen, Teamarbeit, virtuell und analog, Frei-Days, Coworking, Mentoring, Workshops zu Themen wie „Haltung", „Utopie" oder „Vernetzung", dazwischen Bewegung, Yoga, Meditation, Achtsamkeit und immer wieder die Besinnung auf die

Fragen: Wer bin ich? Was kann ich? Und was ist meine Rolle auf unserer gemeinsamen Lernreise? Statt stoisch Aufgaben abzuarbeiten, brauchen Lehrer*innen wie Schüler*innen neue Freiräume und Zeit, sich wieder Dinge vorzustellen, eine Vision von einer besseren Welt zu entwickeln und Wege zu erkunden, wie sie diese durch eigenes Handeln erreichen können.

3. **Raus aus den Silos** – das gilt für Unternehmen wie für Schulen gleichermaßen. Lehrer*innen sind keine Maschinen, die jeden Tag von 7 bis 15 Uhr abliefern. Auch an Schulen muss es möglich sein, dass Mitarbeitende entsprechend ihrer Bedürfnisse arbeiten. Fächerübergreifende und Jahrgangsteams, die selbstbestimmt und gemeinsam mit den Schüler*innen Konzepte für den Kompetenzerwerb erstellen und umsetzen sind ein erster Schritt in diese Richtung.

4. Wir brauchen endlich eine **Fehlerkultur** an Schulen! Und zwar für Schüler*innen und Lehrer*innen gleichermaßen. Denn wir alle haben keine Patentrezepte, wie das Lernen und Leben in einer digitalen Welt am besten funktioniert. Der einzig sinnvolle Weg angesichts ständiger Veränderung ist das Ausprobieren und Sich-gemeinsam-Herantasten. Um das zu ermöglichen, brauchen alle Beteiligten ein Umfeld, das von Neugier und Offenheit geprägt ist, statt von Angst und Notendruck. Wenn Kinder nicht die schlechte Note und Lehrer*innen nicht um ihr Ansehen oder gar ihren Job fürchten müssen, nur weil etwas nicht gleich reibungslos funktioniert, entsteht Raum für ganz neue Bildungserfahrungen. Wer etwas macht, wer etwas unternimmt, macht auch Fehler. Und das ist gut so! Nur so lernen wir dazu, spüren unsere Selbstwirksamkeit und entdecken all die Möglichkeiten, die die Welt für uns bereithält. Stück für Stück entsteht so Vertrauen in die eigene Kompetenz, die so wichtig ist für unternehmerisches Handeln.

5. Lasst uns endlich eine neue, **offene Haltung zu Technologie** entwickeln! Statt Smartphones aus den Klassenzimmern zu verbannen, müssen Lehrer*innen und Schüler*innen die Chance haben, sich gemeinsam mit neuen Technologien auseinanderzusetzen und sie als Werkzeug nutzen zu lernen. Wir müssen wegkommen von einer grundsätzlichen Ablehnung alles Digitalen, die sich vor allem aus einer konsumierenden Haltung von digitalen Inhalten speist, hin zu einer Haltung der Neugier, aus der heraus wir digitale Geräte und Tools als Tor zu einer Welt verstehen, in der ganz wunderbare und schier endlose Möglichkeiten bereitstehen, unser Leben zu gestalten und positiv auf das Leben anderer Menschen einzuwirken.

Mit all diesen Schritten (und vielen weiteren) legen wir den Grundstein, um unsere Kinder zu Unternehmer*innen der Zukunft zu machen. Eine

Zukunft, in der sie eine Welt formen, die wir uns heute vielleicht noch nicht vorstellen können.

Dinge können sich ändern. Manchmal überraschend schnell. In guter wie in schlechter Weise. Die schlechte hat Corona uns gelehrt. Jetzt liegt es an uns, den Lauf der Welt zum Guten zu verändern. Schule und Bildung sind der entscheidende Hebel dabei. Lasst uns endlich anfangen, ihn zu bedienen!

19.3.2 SDG 8 – Menschenwürdige Arbeit und Wirtschaftswachstum

Wo fängt menschenunwürdige Arbeit an? – Bei diesem Schlagwort denke ich zuallererst an Bilder aus Textilfabriken z. B. in Bangladesch, aber auch an den fragwürdigen Arbeitsethos, wie er in den USA oder Japan zelebriert wird, wo die Menschen im wahrsten Sinne des Wortes bis zum Umfallen arbeiten.

Mit der fortschreitenden Digitalisierung ist eine andere Perspektive dazugekommen und die Frage, ob nicht jegliche Arbeit unwürdig ist, die sich automatisieren lässt, weil sie aus den immer gleichen Abläufen besteht. Diese Frage wirft weitere auf: Was bedeutet „menschenwürdig" eigentlich? Ist es die Aufgabe selbst, die einer bestimmten intellektuellen oder handwerklichen Fallhöhe bedarf, um eines Menschen Lebenszeit und Aufmerksamkeit würdig zu sein? Oder kann nicht auch eine Tätigkeit, die sich ganz einfach auf eine Maschine übertragen lässt, es dennoch wert sein, dass ein Mensch sie erledigt? Und zwar nicht aus ökonomischen Gründen, sondern weil sie diesem Menschen ein Leben ermöglicht, das dieser als würdevoll empfindet. Etwa, indem die Ausübung dieser Tätigkeit dem eigenen Leben Sinn und Struktur gibt. Oder weil sie es ihm ermöglicht, in ein soziales Gefüge eingebunden zu sein und im Kontakt mit anderen Menschen zu stehen. Mit der fortschreitenden Technologisierung müssen wir diese Fragen lauter diskutieren – und zwar auf Augenhöhe mit den Menschen, die sie betreffen. Wenn wir dann zu der Erkenntnis gelangen, dass immer mehr Routinetätigkeiten es nicht mehr wert sind, von Menschen erledigt zu werden, brauchen wir Alternativen, die es jedem und jeder ermöglichen, ein Leben in Würde und ökonomischer Sicherheit zu leben. So gesehen ist dieses Ziel eng verbunden mit dem SDG „Keine Armut". Die Debatte um das Bedingungslose Grundeinkommen ist im Gange, die um KI und Automatisierung auch. Beide bringen uns zu der grundsätzlichen Frage, welche Bedeutung wir der Arbeit, oder vielmehr: der Lohnarbeit, beimessen.

In einigen Gesellschaften existiert das Konzept der Arbeit als Abgrenzung vom restlichen Leben bis heute nicht. Zu arbeiten bedeutet für die Menschen in diesen Gesellschaften im Wesentlichen nichts anderes, als das zu tun, was getan werden muss, damit das Über- und Zusammenleben funktioniert. Und jede*r trägt seinen oder ihren Teil dazu bei. Keine Tätigkeit ist wichtiger als eine andere, sich um die Kinder zu kümmern ebenso wertvoll wie das „Managen" einer Herde oder einer Gruppe von Jägern. Privilegien, die sich aus dem Tagewerk einiger weniger ergeben, sind undenkbar. Dort gibt es folglich auch nicht das Konzept der „Lohnarbeit", wie wir es kennen. Das ist insofern interessant, als dass wir in westlichen Gesellschaften unseren Wert als Mensch zu einem großen Teil aus unserer Erwerbstätigkeit ableiten. „Und was machst du so?" ist oft die erste Frage, wenn wir jemanden kennenlernen. Und beiden Seiten ist klar, dass sie darauf abzielt, ob und womit der andere sein Geld verdient. Wäre es nicht viel spannender zu fragen, was unser Gegenüber gerne tut, egal, ob im Kontext einer Lohnarbeit oder außerhalb davon? Wäre es nicht toll zu erfahren, für welche Werte er oder sie steht, was ihn bewegt, verletzt, sanft macht, aber auch, wofür er seine Stimme erhebt und sich stark macht? Sagt das nicht viel mehr über ihn oder sie aus als „Human Resources Manager" oder „Wirtschaftsingenieurin" oder „Fliesenleger" oder „Verwaltungsfachangestellte"?

Und als wäre der Fokus auf die Lohnarbeit an sich nicht schon fragwürdig genug, haben wir als Gesellschaft eine Bewertungsskala übernommen, anhand derer wir beurteilen, wie angesehen eine Arbeit ist und damit auch der Mensch, der diese Arbeit ausführt. Diese Bewertung ist eine wesentliche Ursache für die Schere, die sich immer weiter öffnet zwischen denen, die tun, was getan werden muss, und denen, die für sich beanspruchen, den Job besser zu verstehen, als die, die ihn machen, und sich daher herausnehmen, ihn von oben zu steuern. Ein Management, das maximal weit entfernt ist von den Menschen, produziert menschenunwürdige Umfelder, wie wir sie zum Beispiel in der Pflege sehen, mit negativen Folgen bis tief in die Gesellschaft hinein.

Auch das Thema **„Wachstum"** bedarf angesichts der globalen Herausforderungen einer neuen Betrachtung. Einer, die der „Wissensgesellschaft", als die wir uns bezeichnen, würdig ist. Wir wissen, dass die Ressourcen unseres Planeten endlich sind. Jedes Jahr kommen wir früher an den Punkt, an dem wir das, was unsere Erde innerhalb eines Jahres nachproduzieren kann, aufgebraucht haben. In 2022 war dieser „Earth Overshoot Day" am 4. Mai, so früh, wie nie zuvor. Wir sind also eine "Wissensgesellschaft", die um die begrenzten Ressourcen unseres Planeten weiß und trotzdem ein Wirtschaftsmodell aufrechterhält, das auf unbegrenztes Wachstum setzt.

Finde den Fehler.
Wir haben Technologien, die es uns ermöglichen, Informationen binnen Sekunden zu teilen und zeit- und ortsunabhängig mit anderen produktiv zusammenzuarbeiten – und arbeiten so lange und so viel wie nie zuvor.
Finde den Fehler.
Wir haben digitale Tools, die Basisdemokratie und Augenhöhe auch im Arbeitskontext möglich machen und die es theoretisch jedem erlauben, mitzureden und mitzugestalten. Und doch schaffen es noch immer viele Unternehmenslenker nicht raus aus ihren Elfenbeintürmen und Silos.
Again: Finde den Fehler.
Noch immer messen wir uns viel zu stark am Außen, an den anderen am Markt – höher, schneller, weiter, business as usual und so weiter. Doch was für eine Wissensgesellschaft soll das bitte sein, die das vorhandene Wissen nicht nutzt, um daraus Handlungen für ein gutes Leben abzuleiten? Der es wichtiger ist, Marktführer in irgendwas zu sein und den eigenen Vorteil zu stärken, statt an Konzepten zu arbeiten, die zum Wohle aller sind – der Menschen unserer und nachfolgender Generationen und der planetaren Ressourcen? Wäre das nicht wahrer Fortschritt? Wahre Innovation?

Wenn sich um uns herum alle überschlagen, halte ich es für eine bahnbrechende Idee zu sagen: Guckt nicht ständig, was die anderen machen. Schaut neugierig und kritisch auf euch selbst. Und: Nehmt euch Zeit! Um zuzuhören, genau hinzuschauen und eure Handlungen bewusst zu reflektieren. So beginnt Veränderung.

Für Unternehmen gilt das in beide Richtungen:

1. Führungskräfte brauchen Zeit, sich Dinge vorzustellen und sich eine andere Arbeitswelt auszumalen, denn nur dann können sie darauf hinarbeiten und vorhandene Strukturen bewusst aufbrechen. Sie brauchen Zeit, auszuprobieren und neue Erfahrungen im Arbeitskontext zu machen, die alte Denkmuster mit neuen überschreiben. Stell dir vor, wir könnten mit weniger Arbeit mehr erreichen!
2. Gleichzeitig müssen Unternehmen endlich anfangen, die Digitalisierung zu nutzen, um Freiräume für ihre Mitarbeitenden und alternative Arbeitsmodelle, die im Einklang mit den Menschen und den planetaren Ressourcen stehen, zu schaffen. Nachhaltig wirtschaftende Unternehmen geben ihren Mitarbeitenden *mehr* Zeit! Und zwar nicht, um sie an anderer Stelle direkt wieder zu stehlen, sondern um den Menschen ein ganzheitlich gutes Leben und Arbeiten zu ermöglichen. Umweltschutz, Care-Arbeit, Bildung, soziales Engagement – diese Dinge kommen schon jetzt viel zu kurz oder lasten einseitig auf den Schultern vor allem von Frauen.

Wir alle brauchen wieder mehr Zeit, um uns umeinander zu kümmern und um unser Leben bewusst und nachhaltig gestalten zu können. Wir brauchen Zeit für unsere Kinder, auch, um sie in dieser komplexen Welt zu begleiten. Wir brauchen Zeit, um regional einzukaufen, zu kochen, zu reparieren usw. Ich bin überzeugt, am Ende wirkt sich genau dieser ganzheitliche Blick auch positiv auf die Produktivität im Arbeitskontext aus.

Aber auch Produktivität hat Grenzen, muss Grenzen haben! Nächstes Jahr werden wir die natürlichen Ressourcen eines Jahres vermutlich schon im ersten Quartal aufgebraucht haben. Wohin soll das führen? – Wir alle wissen es. Höchste Zeit, angemessen darauf zu reagieren! Eine Wirtschaft, die auf stetiges Wachstum nach außen gepolt ist, erschöpft nicht nur unsere ressourcenbasierte Lebensgrundlage, sondern auch die Menschen selbst und sägt damit an dem Ast, der sie trägt. Unternehmen, die *wirklich wirklich* nachhaltig handeln wollen, setzen auf inneres Wachstum.

Dieses beginnt bei den eigenen Mitarbeitenden und dem, was sie können und wollen. Indem Unternehmen das nutzen, was da ist – die Menschen im Unternehmen mit all ihren wunderbaren (und oft noch versteckten) Skills – und daraus Mehrwert für alle generieren, folgen sie einem zutiefst nachhaltigen Prinzip. Miteinander vernetzte Kolleg*innen arbeiten besser, schneller und produktiver zusammen. Sie lernen von- und miteinander, entwickeln sich weiter, übernehmen Verantwortung und spüren Selbstwirksamkeit. Das kommt nicht nur den Produkten zugute, die dabei entstehen, sondern auch jedem und jeder Einzelnen. Stell dir vor, wir könnten mit weniger Arbeit mehr erreichen, könnten glücklich sein und trotzdem Konzerne leiten! Es geht, die Technologie ist längst da. Unternehmen müssen nur wollen!

Anna Kaiser

20

Mit Freiraum Schule transformieren

Tobias Feitkenhauer

20.1 Biografie

Welche Werte sind mir wichtig? Wofür stehe ich als Mensch? Wie möchte ich einen Beitrag in dieser Welt leisten? Wer bin ich? Rückblickend sind diese Fragen für mich der Auslöser für viele richtungsweisende Entscheidungen, die ich in den letzten 10 Jahren getroffen habe. Bewusst habe ich mich mit diesen Fragen aber erst sehr spät auseinandergesetzt. Allerdings nicht im Rahmen der Schulzeit oder des Studiums, sondern eher durch Zufall.

Aufgewachsen bin ich in einem kleinen Dorf in der Mitte von Schleswig–Holstein. Nach der Grundschulzeit folgte der Besuch des Gymnasiums in der nächstgrößeren Stadt und das Abitur. In der Schulzeit zählte ich immer zu den Personen, die gut mit der tradierten Art und Weise des Lernens zurechtkamen. Auch wenn ich gerne gelernt habe, begeistert haben mich nur wenige Themen. Meine Begeisterung habe ich in außerunterrichtlichen Projekten entdeckt. Meine Klassenlehrerin schlug mir vor, Redakteur in der Schülerzeitung zu werden, später übernahm ich die Chefredaktion. In unserem lokalen Angelverein wurde ich Jugendleiter und organisierte Angelausflüge für die Jugendgruppe des Vereins. Meinen ersten Job hatte ich

---

T. Feitkenhauer (✉)
Initiative Schule im Aufbruch gGmbH, Berlin, Deutschland
E-Mail: tobias.feitkenhauer@schule-im-aufbruch.de

mit 15 Jahren in einem Hochseilgarten, den ich zuerst mitbauen durfte und in den Jahren drauf dann als Sicherheitstrainer Gäste und Schulklassen betreute. Ich übernahm in meinem direkten Umfeld sehr gerne Verantwortung, politische Themen waren trotzdem weit weg. Zwar wuchs ich nicht in Bullerbü auf, aber große geopolitischen Veränderungen (9/11, Finanzkrise 2008) wurden nur in der Familie diskutiert. Sie beeinflussten mein Leben nicht merklich.

Ein starker Drang, die Welt zu erkunden, manifestierte sich dennoch in den letzten Jahren meiner Schulzeit. Mein Heimatdorf wurde mir zu klein und ich wollte raus. Mein erster Schritt war der Umzug für mein Freiwilliges Soziales Jahr (FSJ) nach Neumünster bei Schüler Helfen Leben e. V. Gemeinsam mit fünf weiteren FSJler*innen hatten wir eine große Mission: Den Sozialen Tag 2011 organisieren, an dem Schüler*innen bundesweit einen Tag arbeiten gehen und ihren Lohn für Projekte in Südosteuropa spenden. Als Team leiteten wir für ein Jahr das Büro, fuhren an Schulen, um über den Sozialen Tag zu informieren und organisierten Workshops für Schüler*innen. Zu Beginn unseres FSJs fuhren wir mit dem Zug von Neumünster über München nach Sarajevo auf Projektreise. In zwei Wochen besuchten wir einige der Projekte, die die Organisation in Bosnien, Serbien, Kosovo und Mazedonien unterstützte. Auf dieser Reise wurde ich das erste Mal mit extremer Armut konfrontiert. Besonders unsere letzte Station ist mir nachhaltig im Gedächtnis geblieben. Am Rande von Skopje besuchten wir ein Bildungsprojekt einer Partnerorganisation. Auf einer Führung durch den Slum begegneten uns Kinder und Erwachsene, die auf den Müllkippen vor der Stadt nach verwertbaren Materialien suchten. Am Rande der improvisierten Wege zwischen den Müllbergen lagen verwesende Tierkadaver, in den Wellblechhütten gab es kein fließendes Wasser, die Notdurft wurde in einem kleinen Loch neben der Hütte verrichtet. Diese und viele weitere Begegnungen auf der Projektreise machten mir mein eigenes Privileg deutlich und motivierten meine Kolleg*innen und mich, unser Bestes für den Sozialen Tag 2011 zu geben. Gleichzeitig machte mich diese Erfahrung neugierig, mich intensiver mit anderen Kulturen zu beschäftigen.

Daher traf ich am Ende des FSJs die Entscheidung, Arabisch und BWL zu studieren. Mein Studium begann ich nach einer Weltreise ein Jahr später zum Wintersemester 2012/13 in Marburg. Noch in der ersten Woche erzählte mir ein Kommilitone von der Studierendenorganisation AIESEC. Ich wurde neugierig und recherchierte, besuchte eine Infoveranstaltung und war überzeugt. In dieser Organisation wollte ich mich gerne einbringen. Insbesondere die Kombination der internationalen Ausrichtung und der Persönlichkeitsentwicklung gefiel mir gut. Über die Studienzeit ermöglichte mir die Organisation, Erfahrungen in der Leitung von Teams zu sammeln, an Workshops und Konferenzen teilzunehmen sowie eine Ausbildung als Trainer zu machen. Gleichzeitig sendeten mich diese Erfahrungen auf eine Reise zu mir selbst.

Immer wieder standen Fragen aus der Persönlichkeitsentwicklung im Raum. „Wer bin ich als Führungskraft?", „Welche Werte sind mir in einem Team wichtig?" oder „Welchen Beitrag möchtest du zu unserer Vision leisten?". In jedem formalen Bildungssetting, das ich bis dahin besucht hatte, spielte Selbstreflexion maximal am Rande eine Rolle. Diese Fragen erforderten ein bisher unbekanntes Maß an Selbst-Bewusstsein, das mich gerade zu Beginn dieser Reise überforderte. In meiner späteren Rolle als Trainer merkte ich, dass ich damit nicht alleine war. Rund um mich herum waren junge Menschen, die sich wie ich auch zum ersten Mal und mit genügend Zeit diesen Fragen widmen konnten.

Ich kam aus einer privilegierten Familie, konnte studieren gehen und trotzdem war das Thema der Selbstreflexion ein neues Gebiet für mich. Wie viele junge Menschen durchlaufen unser Bildungssystem, ohne den zentralen Fragen zu ihrer eigenen Identität zu begegnen? Diese Frage lies mich nicht mehr los und ich wollte die Ursachen dafür verstehen. Im vorletzten Semester meines Studiums erhielt ich die Nachricht, dass AIESEC Teach First Deutschland als Partner gewonnen hatte. In meiner Recherche begegnete mir eine Organisation, die ein klare Vision verfolgte „Jedes Kind in Deutschland verlässt die Schule mit einem Abschluss und den festen Glauben an den eigenen Erfolg," Diese Organisation wollte ich näher kennenlernen.

Mit Ende meines Studiums und nach einer dreimonatigen Vorbereitungszeit begann im September 2018 mein Einsatz an der Geschwister-Scholl-Schule in Heidelberg. Für zwei Schuljahre arbeitete ich mit Schüler*innen in den Abschlussklassen, bereitete sie auf ihre Abschlussprüfungen vor und bot ihnen verschiedene AG-Angebote an.

Das Besondere: Schulen, an denen Teach First aktiv ist, sind Schulen, in denen ein Großteil der Kinder und Jugendlichen aus sozio-ökonomisch benachteiligten Familien kommen. Diese Kinder haben oft zu Hause keine Personen, die sie in schulischen Belangen gut unterstützen können, sei es aufgrund von Sprachbarrieren oder fehlender Zeit. Damit haben sie mit Eintritt in die Schule einen strukturellen Nachteil, der sie die ganze Schulzeit über begleitet. Gleichzeitig sind diese Schüler*innen meiner Erfahrung nach auch die ehrlichsten Schüler*innen. Wenn sie Interesse an einem Fach hatten, haben sie sich aktiv eingebracht. Wenn es sie nicht interessiert hat, dann reichte oft auch der Schulabschluss nicht als Motivation aus, sich mit dem Fach auseinanderzusetzen. Wenn die Unterstützung beim Wissenserwerb im Unterricht nicht ausgereicht hat, zeigte sich dies in den folgenden Schulstunden. Vor allem aber wurde deutlich, dass die Beziehungsebene zentral für das Gelingen des Lernens ist.

Für diese Beziehungsebene fehlte in meiner Schulzeit den Lehrer*innen durch die Menge der zu vermittelnden Fachinhalte schlicht die Zeit. An der Gemeinschaftsschule stand uns dafür durchaus Zeit zur Verfügung und trotzdem reichte sie nicht aus, um allen Schüler*innen die Unterstützung zu bieten, die sie benötigt hätten. Dass die strukturellen Rahmenbedingungen dafür hätten durchaus geschaffen werden können, ist mir erst später deutlich geworden. Gescheitert ist es in der Schule aber vor allem daran, dass es zu wenig Zeit gab, um sich auf einer strategischen Ebene darüber zu unterhalten, wie wir Schule gestalten müssen, damit Lernen gelingen kann. Stattdessen haben die engagierten Lehrer*innen und auch ich versucht, trotz der strukturellen Missstände auf operativer Ebene mit verschiedenen Angeboten (z. B. Prüfungsvorbereitungskurse oder Nachhilfeangebote) die Schüler*innen bestmöglich zu unterstützen.

Während dieser Zeit in Heidelberg kam ich über einen Design Thinking Workshop mit der Start-up-Community in Kontakt. Ich lernte verschiedene Organisationen kennen, die Gründer*innen unterstützten und kam auch in Kontakt mit Start-up-Gründer*innen aus Heidelberg und Mannheim. Auch wenn ich immer mit dem Thema (Solo-)Selbstständigkeit geliebäugelt habe, war ich nie auf den Gedanken gekommen, dass ich auch ein Unternehmen gründen könnte. Doch über die ersten Monate des Jahres 2018 und den Besuch verschiedener Konferenzen und Workshops reifte in mir langsam der Gedanke, dass die Gründung eines eigenen Sozialunternehmens auch für mich eine Möglichkeit wäre, eine Veränderung in der Gesellschaft und speziell im Bildungsbereich mitzugestalten. So entschied ich mich, nach Ende des Schuljahres nach Berlin zu ziehen. Denn wo, wenn nicht in Berlin, gründet man Sozialunternehmen?

Mit einer vagen Idee in meinem Kopf erreichte ich im frühen Herbst 2018 Berlin. Einen richtigen Plan zu meinem Vorgehen hatte ich nicht. Zwar hatte ich einige Kontakte über mein Teach First Netzwerk, die ich aktivieren konnte, aber so richtig vernetzt war ich in der Start-up-Szene noch nicht. Um Menschen kennenzulernen, besuchte ich verschiedene Meetups zum Thema Gründung und fühlte mich von der Vielfalt der Angebote erschlagen. Im Verlauf des ersten Jahres in Berlin lernte ich viele verschiedene Personen kennen, aber so richtig auf einer Wellenlänge fühlte ich mich mit niemandem. Dennoch hatte ich Glück, denn bereits auf dem allerersten Meetup begegnete mir Adela, die gerade von Bukarest nach

Berlin gezogen war. Wir hatten beide eine Begeisterung für Bildung und verstanden uns auf Anhieb richtig gut. Wir trafen uns am Folgetag zum Mittagessen und zum Ende des Gesprächs sagte ich zu ihr: „If I had money, I would hire you". Sie antwortete darauf „We could also start an organisation together." Damit begann unsere gemeinsame Reise.

Auf dieser Reise haben wir viel gelernt. Wir haben eine gemeinsame Vision gestaltet und mussten feststellen, dass sie ohne das richtige Produkt nicht zum Leben erweckt werden kann. Wir haben Produkte entwickelt, von denen wir so überzeugt waren, die aber keine realen Bedürfnisse erfüllten. Wir haben unsere eigenen Bedürfnisse als Grundlage genommen, ohne dahinterliegende Annahmen ausreichend in Gesprächen mit Expert*innen und potenziellen Kund*innen zu validieren. Wir haben so lange eine Richtung verfolgt, dass es fast unmöglich war, sich einzugestehen, dass wir uns verrannt haben. Wir haben eine GbR gegründet, angemeldet, sie wieder aufgelöst und abgewickelt. Personen haben das Team verlassen, neue sind dazugekommen. Von zwei Personen, die sich in Vollzeit der Organisation widmen können, sind wir auf zehn Personen angewachsen, die alle ehrenamtlich arbeiten. Aktuell wird eines unserer Produkte, Elternschatz, von mehreren Schulen getestet. Je nachdem, wie sich die Resonanz auf unsere Arbeit entwickelt, werden sich neue Möglichkeiten ergeben.

Sind wir erfolgreich? Für mich war es von Anfang an ein Anliegen, eine Organisation zu schaffen, in der Menschen zusammenkommen, um für einen gemeinsamen Purpose zu arbeiten, sich selbst zu verwirklichen und auf diesem Weg trotzdem einen Raum für die Gemeinschaft und die individuellen Bedürfnisse zu halten. In edcosystems hat es immer einen guten Beziehungsraum gegeben, in dem wir uns als Menschen mit unseren Bedürfnissen wahrnehmen, Konflikte und Spannungen auf Augenhöhe lösen können und Freude in der Zusammenarbeit haben. Gleichzeitig bietet edcosystems einen großartigen Raum, um unsere eigenen Fähigkeiten weiterzuentwickeln. Auf dieser Ebene sehe ich uns als erfolgreich an. Die Wirkung der Organisation und ihrer Angebote in die Gesellschaft hinein ist aktuell noch sehr klein – aber das Potenzial ist definitiv da.

Bildungslandschaften, also die Öffnung der Schule hin zur Welt, ist das, wofür wir uns bei edcosystems einsetzen. Die Beschäftigung mit diesem Thema hat mir eine Tür geöffnet, die mir jetzt ermöglicht, in einer anderen Organisation das zu tun, wofür ich damals nach Berlin gekommen bin.

Ende 2019 nahm ich mit meiner Kollegin am Social Entrepreneurship Summit an der Freien Universität Berlin teil. Durch Zufall sah ich im Audimax einen langjährigen Unterstützer von Schüler Helfen Leben e. V. und Reformpädagoge, Otto Herz. Neben ihm saß Margret Rasfeld,

Mitgründerin der Initiative Schule im Aufbruch. Margret hatte ich während meiner Zeit als Teach First Fellow in Karlsruhe schon einmal auf einer Fortbildung gesehen. Ich erinnere mich noch, dass ich sehr aufgeregt war, denn immerhin war Margret eine Koryphäe im Bereich der Schultransformation und ich nur, nun ja, ich. Ich nahm trotzdem meinen ganzen Mut zusammen und begrüßte beide. Margret erzählte mir, dass sie auf dem Summit einen Workshop zum Lernformat FREI DAY anbieten würde und lud mich ein. Jede Woche, vier Stunden Zeit, eigene Projekte zu Zukunftsfragen umzusetzen, ohne Noten und Zeitdruck – in der Schulzeit und fest im Stundenplan verankert. Ich war begeistert. Das war genau die Art von struktureller Veränderung, die Schule braucht. Im Anschluss an den Workshop blieb ich länger und berichtete Margret von meiner Arbeit zum Thema Bildungslandschaften.

Danach ging alles schnell. Wir trafen uns in einer kleinen, fünfköpfigen Planungsgruppe bei ihr im Wohnzimmer. Ich erhielt die Aufgabe, die Projektplanung für einen Pilotversuch des FREI DAYs an zwölf Schulen zu machen. Als meine Arbeit im Ehrenamt nicht mehr möglich war, fragte ich nach einem Job und erhielt erst einen Honorarvertrag und wurde dann fester Mitarbeiter bei Schule im Aufbruch. Corona kam, der Pilotversuch kam nicht zustande, aber mit einer digitalen Veranstaltung zum FREI DAY und über 500 Anmeldungen war das Interesse in Deutschland erwacht.

Als im ersten Jahr die Frage im Raum stand, welches Ziel wir erreichen wollen, stellten wir eine einfache Rechnung an. Deutschland hat rund 41.000 allgemeinbildende Schulen. Damit wir bis 2030 die Sustainable Development Goals, insbesondere Ziel 4.7 erreichen können, sollten wir bis Ende des Schuljahres 25/26 rund ein Drittel aller Schulen in Deutschland auf den Weg bringen, den FREI DAY einzuführen. Seitdem ist der Meilenstein für Juli 2026 klar: 13.500 Schulen befinden sich auf dem Weg, einen FREI DAY einzuführen oder haben ihn verankert. Unser Team wächst und im März 2023 sind bereits 500 Schulen auf dem Weg und wir genau auf dem ambitionierten Wachstumspfad, den wir uns gesetzt haben, um das Bildungssystem zu transformieren. Ob wir unser Ziel erreichen, werden wir in vier Jahren sehen.

Ich bin genau dort angekommen, wo ich aktuell sein möchte. So darf ich in meiner täglichen Arbeit im Bildungsbereich wirken, der mir besonders am Herz liegt. Ich kann meine Stärken in wundervollen Teams einbringen, in denen wir uns als Menschen begegnen. Vor allem kann ich tagtäglich die Werte leben, für die ich als Mensch stehe.

Auch das ist ein großes Privileg. Denn ich hatte in den letzten zehn Jahren ein Umfeld, in dem ich mich ausprobieren durfte, mich selbst besser kennenlernen konnte und Menschen hatte, die Potenzial in mir gesehen haben. So ein Umfeld soll jede Schule bieten. Dafür setze ich mich ein. Nicht als Entrepreneur oder Programmleiter, sondern in erster Linie als Mensch. Wofür willst du dich einsetzen?

20.2 Statement zum Thema nachhaltig Unternehmen führen und/oder nachhaltig leben

Nachhaltige Führung ist ein kontinuierlicher Veränderungsprozess. Dieser Prozess braucht regelmäßig einen Blick nach innen und nach außen. Nach außen, um zu verstehen, wie sich der Kontext, in dem wir unsere Wirkung entfalten, verändert. Nach innen, um zu erkennen, welche Bedürfnisse aktuell im Team gesehen werden wollen, um in unsere Kraft zu kommen. Wenn wir dafür regelmäßige Zeiträume schaffen, kommen wir einer nachhaltigen Führungskultur einen Schritt näher.

20.3 Statement zu ausgewählten SDGs

20.3.1 SDG 4 – Hochwertige Bildung

Hochwertige Bildung bedeutet für mich heute, dass wir insbesondere Schulen, aber auch Universitäten und Unternehmen Freiräume für die individuellen Interessen von Menschen schaffen. Große Unternehmen haben gezeigt, dass es geht. In Schulen etablieren wir mit dem Lernformat FREI DAY einen Freiraum, in dem Schüler*innen Projekte zu den Themen umsetzen können, für die sie sich interessieren und nebenbei relevante Kompetenzen erwerben, die sie für die aktive Teilhabe als demokratische Gestalter*innen unserer Gesellschaft benötigen.

Im Kontext von Organisationen brauchen Mitarbeiter*innen einerseits ein Thema, das sie interessiert und eine Rolle, die ihren eigenen Stärken und Neigungen entspricht. Es ist klar, dass nicht jede Rolle und alle Aufgaben zu 100 % den eigenen Stärken und Interessen entsprechen können. Manchmal muss eben auch eine Fahrtkostenabrechnung gemacht werden.

Dennoch können wir als Organisationen viel dafür tun, den Schatz an Talenten und Fähigkeiten im Team noch mehr Raum zu geben. Dafür haben wir in diesem Jahr einen monatlichen Freiraum für Peer-2-Peer-Fortbildungen geschaffen, in denen wir uns gegenseitig neue Methoden und Tools vorstellen und voneinander lernen. Einerseits können wir so voneinander lernen, gleichzeitig stärkt es auch Beziehungen und ist eine Wertschätzung für die Kolleg*innen und ihre Fähigkeiten. Unser nächster Schritt: ein eigener FREI DAY für alle Personen im Team.

20.3.2 SDG 12 – Nachhaltige/r Konsum und Produktion

Nachhaltiger Konsum spielt für mich besonders im Einkauf von Lebensmitteln und Kleidung eine große Rolle. Ich achte darauf, mich möglichst regional und saisonal zu ernähren und damit die lokale Landwirtschaft zu unterstützen.

Bei uns hat in der Nähe im vergangenen Jahr ein kooperativer (genossenschaftlicher) Supermarkt geöffnet. Man kann dort als Privatperson Mitglied werden und arbeitet dann pro Monat drei Stunden mit. Im Gegenzug haben wir Mitglieder einen Einfluss auf das Sortiment und profitieren von günstigeren Preisen im Vergleich zu anderen Bio-Supermärkten. Zusätzlich wirkt die Atmosphäre beim Einkaufen auf mich familiär und entspannt, denn alle Personen, die ich dort treffe, sind Teil der Genossenschaft.

Mit bewussten Kaufentscheidungen versuche ich so die Teile der Wirtschaft zu unterstützen, die meinen eigenen Werten entsprechen. Ich kaufe lieber weniger und dafür qualitativ hochwertige Waren. Das klappt leider auch nicht in allen Lebensbereichen, aber es geht für mich auch nicht um den perfekten nachhaltigen Konsum – vielmehr geht es darum, bewusste Kaufentscheidungen dort zu treffen, wo es möglich ist.

Herausfordernd ist für mich nachhaltiger Konsum im technischen Bereich: Die Software, die Serverstandorte für die eigene digitale Infrastruktur. Gerade bei der Auswahl von Software befinde ich mich öfter in einem Dilemma. Trotz vieler großartiger Entwicklungen in den letzten Jahren stehen sich Open Source und Usability/Acceptance noch gegenüber statt auf der gleichen Seite. Der wichtigste Aspekt von Software ist für mich, dass mein Team sie gerne nutzt und ein Onboarding schnell und intuitiv ist. Als kleine Organisation ohne eigenes IT-Team entscheiden wir uns deswegen noch öfter für kommerzielle Produkte bekannter Anbieter, anstatt Open-Source-Projekte zu nutzen.

20.3.3 SDG 13 – Maßnahmen zum Klimaschutz

Eine konkrete Maßnahme, die ich als Individuum für den Klimaschutz treffen kann, ist die Auswahl meiner Fortbewegungsmittel. Vor Ort nutze ich den öffentlichen Nahverkehr und für weitere Strecken innerhalb Deutschlands und angrenzenden Ländern die Bahn. Auf ein Auto kann ich innerhalb Berlins problemlos verzichten, falls es einmal Möbel zu transportieren gilt, gibt es vielfältige Carsharing-Angebote. Selbst für private Reisen zu meinen Eltern aufs Land benötige ich kein Auto, denn das Dorf hat einen eigenen Bahnhof.

Ein Dilemma, mit dem ich regelmäßig konfrontiert werde, ist die Frage, ob ich fliege oder nicht. Während wir in meiner Kindheit nie mit dem Flugzeug gereist sind, bin ich nach meinem Abitur und meiner Studienzeit viel geflogen und habe einige Städte und Länder besucht. Mit dem Aufkommen der Fridays-For-Future Bewegung wurde mein Bewusstsein für die Klimakrise geschärft. In der Reflexion meiner eigenen möglichen Verhaltensänderungen habe ich mich entschieden, auf das Flugzeug zu verzichten.

Im beruflichen Kontext ließ sich dies bisher gut vermeiden, denn selbst innerhalb Europa konnte ich bisher auf den Zug zurückgreifen. Urlaubsreisen oder Städtetrips mit dem Flugzeug sind für mich keine Option mehr, selbst in Richtung Atlantik ist die Reise mit dem Zug möglich. Schwieriger ist allerdings die familiäre Situation. Denn die Familie in anderen Teilen der Welt können wir nicht per Bahn besuchen.

Bis CO_2-neutrale Flugreisen möglich sind, kompensiere ich meine Flüge und nehme mein schlechtes Gewissen im Handgepäck mit.

20.3.4 SDG 17 – Partnerschaften zur Erreichung der Ziele

Die Herausforderungen unserer Zeit lassen sich nur im Team lösen. Teil dieses Teams sind die Zivilgesellschaft, die Regierungen, sowie wirtschaftliche und gemeinnützige Organisationen. Partnerschaften sind auch für den Erfolg unserer Projekte extrem wichtig, stellen uns als gemeinnützige Organisation auch gleichzeitig wieder vor Herausforderungen. Damit eine Partnerschaft funktioniert, braucht es auch in der Organisation eine Person, die diese Partnerschaften pflegt.

Als recht kleine Organisation bedeutet für uns die Pflege von strategischen Partnerschaften mit anderen Bildungsorganisationen einen zusätzlichen Aufwand, da sie nicht Teil unseres Kerngeschäfts ist. Gerade für Organisationen wäre es hilfreich, wenn Stiftungen zusätzlich zu den beantragten Projektkosten immer ein Budget für Vernetzungsarbeit zur Verfügung stellen. Dies schafft zusätzliche Ressourcen, die für eine Vernetzung im eigenen Handlungsfeld genutzt werden können.

Auch Schulen würden davon profitieren, wenn sie finanzielle Ressourcen für die Suche und Koordination ihrer Partnerorganisationen erhalten. Dies würde an vielen Stellen den Aufbau der lokalen Bildungslandschaft unterstützen.

Tobias Feitkenhauer

21

Gründung des Start-ups Expatino während des Studiums

Fabian Schmid-Lossberg

21.1 Biografie

Wie kam es dazu, dass ich Expatino während meines Studiums gegründet habe? Ich möchte in diesem Beitrag kurz, aber so transparent wie möglich, die Geschichte hinter Expatino vorstellen und diese mit einigen der 17 Nachhaltigkeitsziele der UN verbinden.

Chronologisch stelle ich meine Stationen vor mit einem besonderen Fokus auf Expatino, meinem jetzigen Start-up. Expatino ist ein soziales Netzwerk für internationale Studierende, welches ich parallel zu meinem Masterstudium im Studienprogramm „Entrepreneurship" an der Berlin School of Management (SRH) und während der Corona Lockdown-Phase aufgebaut habe. Es hat einige Iterationen durchlaufen, aber heute sind erste zentrale Ergebnisse klar erkennbar.

Die Online-Community Expatino verknüpft internationale Studierende in Deutschland mit gleichgesinnten Menschen, Universitäten und Unternehmen. Internationale Studierende nutzen Expatino, um sofortigen Zugriff auf Studienprogramme, Jobs, Veranstaltungen und die wichtigsten Informationen in und über Deutschland zu erhalten. Da ich zahlreiche internationale Freundinnen und Freunde habe und unsere Hochschule einen

---

F. Schmid-Lossberg (✉)
SRH Berlin university of applied sciences, Berlin, Deutschland
E-Mail: fabian.schmid-lossberg@gmx.de

großen Zuwachs an internationalen Studierenden erfahren hat, wurden mir die Probleme relativ schnell ersichtlich. Internationale Studierende sind mit vielen individuellen Herausforderungen konfrontiert. Diese reichen von Sprachbarrieren, Bürokratie mit erforderlichen Behördengängen, herausfordernder Wohnungssuche über Jobsuche bis hin zu persönlichen Problemen, wie etwa mangelnder Eingebundenheit. Insbesondere die Jobsuche ist für internationale Studierende von herausgehobener Bedeutung, da bezahlte Praktika oder Jobs einen wichtigen Beitrag zum Lebensunterhalt während des Studiums bilden.

Für Universitäten bedeutet die Nutzung von Expatino, dass sämtliche Prozesse der Kommunikation und Informationsbereitstellung für internationale Studierende digitalisiert werden. Fragen von Studierenden an administratives Universitätspersonal finden gegenwärtig zumeist so statt, dass Studierende E-Mails schreiben, anrufen oder einfach an die Tür von Universitäts-Mitarbeiterinnen und Mitarbeitern klopfen. Die Auskunftserteilung selbst ist im Kern ein sehr repetitiver Prozess. Auf Expatino haben Studierende Zugriff auf alle wichtigen Dokumente und Information ihrer Universität und können mit dem Universitätspersonal chatten.

Für Unternehmen sind wir ein community-gestützter Recruiting Anbieter. Expatino ist der einfachste Weg, um sehr früh in Kontakt mit internationalen Talenten zu kommen. Der War for Talents spitzt sich weiter zu, insbesondere im MINT-Bereich. Jedes Jahr benötigt der deutsche Arbeitsmarkt bis zu 400.000 neue Arbeitnehmerinnen und Arbeitnehmer. Auf der anderen Seite kommen pro Jahr bis zu 80.000 internationale Studierende nach Deutschland. Der Markt ist also sehr dynamisch und es gibt einen konstanten Zuwanderungsfluss an qualifizierten Menschen. Allerdings wurden internationale Studierende bisher nicht gezielt durch potenzielle Arbeitgeber angesprochen. Da wir in Universitäten eingebettet sind und Studierende Profile über sich erstellen, ist es für uns möglich, internationale Talente mit passenden Unternehmen in Kontakt zu bringen. Neben einem Jobmarkt bieten wir weitere innovative Recruiting-Lösungen an – beispielsweise Reverse-Recruiting. Studierende können eine komprimierte Zusammenfassung ihres Lebenslaufs auf ihrem Profil hochladen. Recruiter werden in die Lage versetzt, wie bei einem Jobportal, nach Lebensläufen und dem Standort der Talente zu filtern. Wenn Interesse besteht, werden Recruiter passende Studierende sofort kontaktieren.

Meine Aufgabe als Gründer war es zunächst, mit zahlreichen internationalen Studierenden über ihre wichtigsten Probleme zu sprechen. Genau das Gleiche habe ich mit Universitäts-Mitarbeiterinnen und Mitarbeitern gemacht. Danach begann ich, den ersten Prototypen aufzusetzen. Zunächst handelte es sich um eine einfache Website mit Gruppen und Profilen. Mittlerweile sind viele weitere Features hinzugekommen.

Wichtige Personen während dieser Phase waren: Sigrid Peuker, Head of Startup Lab an unserer Hochschule. Sie hatte stets ein offenes Ohr und immer gute Hinweise parat. Auch möchte ich Muhammad Halindra Prakosso danken. Während mein Freund Halindra an einer Management-Software für Schulen gearbeitet hat, saß ich an der Plattform-Entwicklung von Expatino. Der gegenseitige Austausch und die wechselseitige Motivation waren enorm hilfreich. In diesem Zusammenhang möchte ich auch meinen Vater, Dr. Alexander Schmid-Lossberg, erwähnen. Das Vertrauen und Rückhalt meines Vaters haben mich befähigt, einfach mal Sachen auszuprobieren und zu schauen, was daraus wird.

Natürlich ist ein Start-up erst einmal nur eine Hypothese und die meisten werden in der Praxis scheitern. Trotzdem bin ich voller Zuversicht, Expatino weiterentwickeln und zum Erfolg führen zu können.

Momentan verfasse ich meine Masterarbeit. Diese hat den folgenden Titel: „Brain Circulation between Germany and India – An examination of knowledge transfer, career, and entrepreneurial aspirations of Indian students in Germany". Wenn gut ausgebildete Studierende und Fachkräfte ihr Heimatland verlassen – so die Hypothese in der Vergangenheit – komme es zu einem „Brain Drain", also einem Abfluss an Wissen aus dem Land mit ausschließlich negativen Folgen. Das Gastland, in diesem Fall Deutschland, würde einen „Brain Gain" erlangen, also einen Zuwachs an Wissen. Seit den 2000er vertreten allerdings viele Forscher die Ansicht, dass es viel mehr zu einem „Brain Circulation", einem „Talentkreislauf" oder „Kreislauf an Wissen" kommt. Forscher wiesen nach, dass zahlreiche Fachkräfte aus dem asiatischen Raum für den Aufschwung des Silicon Valley mit verantwortlich waren. Eine große Anzahl dieser IT-Fachkräfte kehrte nach einiger Zeit in ihre Heimatländer zurück, zum Beispiel nach Indien und sorgten dort maßgebend für den Boom der indischen IT-Branche. Sie waren nämlich prädestiniert dafür, Marktlücken und Chancen in ihren Heimatländern zu entdecken. Im Kern geht es bei meiner Masterarbeit darum, herauszufinden, ob es bereits zu einem Wissenstransfer kommt, wenn indische Studierende noch in Deutschland sind. Ein weiteres Ziel ist es, die Gründungs- und Karriereabsichten indischer Studierender zu analysieren. Sollen zukünftig Gründungen in Deutschland oder Indien erfolgen?

Vor und parallel zu Expatino habe ich als Freelancer verschiedene Webseiten aufgesetzt und mich an anderen Start-up-Ideen ausgetobt. Beispielsweise arbeitete ich an der Entwicklung von „Hoodcater", einem B2B-Catering Marktplatz. Das Ziel war es, lokale Restaurants in den

B2B-Catering-Markt zu integrieren. Bisher wird der Markt fast ausschließlich von Caterern besetzt. Unternehmen sollten für ihre Events und Meetings gezielt Essen in großen Mengen von unterschiedlichen lokalen Restaurants bestellen können. Die Corona-Pandemie war ein Hemmschuh für eine zügige Umsetzung dieses Konzepts.

Als Freelancer habe ich auch an der Neuausrichtung eines Medienverbandes mitgewirkt. Dieser war durch Austritte von Mitgliedsunternehmen und die fortschreitende Digitalisierung, welche traditionelle Geschäftsmodelle infrage stellte, mächtig unter Druck geraten.

Zuvor arbeitete ich bei expertlead/Rocket Internet SE im Business Development. Expertlead ist ein schnell wachsendes Tech-Recruiting Start-up. Mit Hilfe von spannenden Software-Lösungen ermöglicht Expertlead Unternehmen, die besten Tech-Experten zu finden, zu testen und zu rekrutieren. Meine Aufgaben waren unter anderem die Generierung und Kontaktierung von Leads über verschiedene Kanäle. Ferner gehörte dazu, die wichtigsten KPIs bezüglich Outbound-Aktivitäten zu messen, z. B. die Performance des Sales-Teams oder funktionierende Kanäle der Lead-Generierung. Bei expertlead habe ich unglaublich viel über Startups und Sales lernen können.

Während meines Bachelorstudiums in Wirtschaftspsychologie absolvierte ich Praktika in verschiedensten Richtungen und Unternehmen, so unter anderem in der Personalentwicklung einer großen Versicherung in Hamburg. Hier sollten Workshops, welche normalerweise in Hotels stattfinden, digitalisiert werden. Hauptaufgabe war das Erstellen, Testen und Modifizieren digitaler Lernformate für webbasierte Trainings (vor Corona).

Andere Praktika absolvierte ich als Research & Ident Analyst in einer mittelständischen Personalberatung und im Qualitätsmanagement sowie im Eventmanagement meiner Hochschule.

21.2 Statement zum Thema nachhaltig Unternehmen führen und/oder nachhaltig leben

Nachhaltigkeit sollte meiner Meinung nach nicht nur aus ökologischer, sondern auch aus ökonomischer Perspektive gedacht werden. Ökologie scheint in einer Art Symbiose mit der Ökonomie zu stehen. Die Nachfrage der Mehrheitsgesellschaft nach „fairen" Produkten und Dienstleistungen nimmt stark zu und ist ein Aufruf an Unternehmen, nachhaltiger zu agieren.

Unternehmen, die klar nachhaltig wirtschaften, generieren zumindest mittelfristig einen eindeutigen Wettbewerbsvorteil. Neben der Kreislaufwirtschaft, welche in aller Munde ist, gibt es auch auf makroökonomischer Ebene ein neues Phänomen, zu welchem Wissenschaftler forschen – der sogenannte „Talentkreislauf" oder „Transfer an Wissen zwischen Heimat- und Gastland" (brain circulation). Internationale Studierende bringen nicht nur mittelfristig dem deutschen Arbeitsmarkt Vorteile. Wenn diese Leute qualifiziert in ihre Heimatländer zurückkehren, können sie dort wertvolle Beiträge leisten, sei es bei institutionellen Reformen oder Unternehmensgründungen zur Verwirklichung neuer Geschäftsmodelle.

21.3 Zu jedem der 17 SDGs

21.3.1 SDG 1 – Keine Armut

Das Nachhaltigkeitsziel „keine Armut" werde ich mit der Perspektive von internationalen Studierenden in Deutschland verbinden. Auf drei Pain-Points, welche zur Armut von internationalen Studierenden führen könnte, möchte ich die Aufmerksamkeit lenken:

1. Wohnungssuche

Gerade die zugespitzte Lage bei der Wohnungssuche könnte viele internationale Studierende in Armut und Verschuldung treiben. So wurde mir von einigen internationalen Studierenden berichtet, dass sie monatelang vergeblich eine Wohnung in Berlin suchten oder viel zu hohe Mietpreise zahlen. Dies ist begründet durch die enorme Nachfrage an Unterkünften, Inflation und oftmals auch Unwissen über den deutschen Wohnungsmarkt. Manche Studierende, die ich gut kenne, mussten sogar in ihre Heimatländer zurückkehren. Nun ist die Frage, wie man die Wohnungsnot unter internationalen Studierenden lösen kann. Auf Expatino werden die wichtigsten Webseiten bezüglich Wohnungssuche sowie Studentenwohnheime gelistet. Es ist vorgesehen, auch über den Wohnungsmarkt und Hindernisse bei der Wohnungssuche aufzuklären. In den Foren der Website soll zukünftig ungefiltert über diese Themen diskutiert werden. Dies kann nur ein kleinerer Beitrag sein, aber wenn es auch nur einigen internationalen Studierenden hilft, ist es schon einmal ein Schritt in die richtige Richtung.

2. Sprachbarrieren

Eine weitere Ursache zur Ausgrenzung in der Gesellschaft und Armut sind Sprachbarrieren und das nicht Erlernen der deutschen Sprache. Wenn internationale Studierende die deutsche Sprache lernen, haben sie es einfacher in nahezu allen Belangen, sei es bei der Wohnungssuche, bei Behördengängen oder der Jobsuche. Zwar kommt man mit der englischen Sprache in größeren Städten gut zurecht, so besonders bei jungen Start-ups und im Tech-Bereich. Dennoch bin ich davon überzeugt, dass Nachteile beim Nichtlernen der Sprache stark überwiegen. In dem Expatino-Verzeichnis sollen zukünftig die wichtigsten Applikationen in Bezug auf die Sprache und auch Sprachschulen gelistet werden. Außerdem gibt es Kurse auf Expatino, die zu externen Sprachvideos verlinkt sind.

3. Jobsuche

Ein großes Hindernis, um in Deutschland Fuß zu fassen ist, das Finden von bezahlten Werkstudententätigkeiten- oder Praktika. Diese Jobs tragen nicht nur dazu bei, Lebensunterhaltungskosten zu decken, sondern sind ein wichtiger Schritt, um attraktiv für den Arbeitsmarkt zu werden. Bei einigen Lebensläufen war ich außerordentlich positiv überrascht. So sahen viele Lebensläufe optisch nicht attraktiv aus, waren aber inhaltlich ziemlich gut, sodass diese nur ein wenig Feinschliff benötigen. Erstaunt war ich auch darüber, welche Talente sich hinter vielen internationalen Studierenden verbergen. So habe ich unter den ersten Mitgliedern Anu entdeckt, eine wirklich talentierte UI/UX Designerin aus Indien, oder Eraldo, einen Full-Stack Developer aus Albanien und Dami aus Nigeria, welcher sich gerade zu einem Backend-Developer fortbildet. Meiner Meinung nach haben internationale Studierende einen großen Wert für Unternehmen. Sie haben ihr Zuhause verlassen, um ein neues Leben in Deutschland zu beginnen. Viele werden hart arbeiten, um aus der Masse herauszustechen und ihren Traumjob zu finden.

21.3.2 SDG 8 – Menschenwürdige Arbeit und Wirtschaftswachstum

Kann man menschenwürdige Arbeit und Wirtschaftswachstum verbinden? Viele argumentieren dahingehend, dass es zukünftig kein Wirtschaftswachstum mehr geben dürfe. Unser Planet würde das nicht mehr vertragen. Allerdings glaube ich, dass Wirtschaftswachstum nichts Schlechtes sein muss. Gerade in Entwicklungsländern gibt es noch so unglaublich viel aufzuholen. Es geht um Wasser-, Energie-, Internetversorgung, Bildung, Infrastruktur und viele weitere wichtige grundlegende Entwicklungsschritte. Auch bei den enorm hohen und weiter wachsenden Einwohnerzahlen in vielen Ländern wird die Nachfrage in den nächsten Jahrzehnten kaum nachlassen. Aber man kann und sollte Wirtschaftswachstum mit Anreizen in gewünschte Richtungen lenken. Was ist zum Beispiel mit dem Wachstum einer grünen Industrie oder Software, die den Alltag für viele Menschen erleichtert? Auch Modelle der Kreislaufwirtschaft sollten noch stärker in Betracht gezogen werden.

Gerne würde ich Ihren Blick nochmals auf „Brain Circulation" lenken und die Entrepreneure, welche in ihre Heimatländer zurückkehren. Neben dem Anwenden des im Ausland erlernten Wissens ist diese Gruppe wie geschaffen, um zu gründen. So können sie regionale Talente und Kenntnisse mobilisieren und Verbindungen zu internationalen Märkten sowie zu politischen Entscheidungsträgern herstellen. Dami, mein Freund aus Nigeria, hat mir erzählt, dass Studierende vom nigerianischen Staat gefördert werden, u. a. mit Stipendien. Auch gibt es Anreize, nach der Ausbildung im Ausland wieder nach Nigeria zurückzukehren.

21.3.3 SDG 10 – Weniger Ungleichheiten

Als ich in Berlin – Richtung Savignyplatz – auf dem Weg in die Bar Gainsborough mit meinen Freunden Mariano und Ryan unterwegs war, habe ich beide über die neuesten Entwicklungen von Expatino informiert. Von sich aus haben sie im Laufe des Abends berichtet, dass der Gesetzgeber ihnen es nicht erlauben würde, zu gründen, obwohl beide schon mehrere Jahre in Deutschland wohnen. Ryan studiert Maschinenbau und würde liebend gerne ein Restaurant mit malaysischer Küche eröffnen. Das ist so gut wie unmöglich, meinte er. Warum legt der Gesetzgeber gut ausgebildeten internationalen Studierenden hier Steine in den Weg?

Was ich als noch viel ungerechter empfand, waren die Begrenzungen der Tätigkeiten. Ryan und Mariano erklärten, dass sie nur einen Job in dem Umfeld ausüben dürften, in welchem sie ihre Ausbildung absolviert haben. Hätte also Ryan als Maschinenbauer super Softwarekenntnisse und wollte er sein Berufsbild in Richtung Tech oder Gastronomie verändern, so wäre das nicht möglich! Hier muss der Gesetzgeber viel flexibler werden und größere Chancen eröffnen, um das volle Potenzial der in Deutschland lebenden Talente zu nutzen.

21.3.4 SDG 17 – Partnerschaften zur Erreichung der Ziele

Abschließend hat mich das Nachhaltigkeitsziel „Partnerschaften zur Erreichung der Ziele" angesprochen. Dazu möchte ich folgende Gedanken teilen: Partnerschaften sind unglaublich wichtig, um seine Ziele zu erreichen. Nach Partnerschaften zu fragen, kostet nichts. Es ist auch vollkommen gleichgültig, ob man von seinem Gegenüber eine Absage erhält. Führen hundert Unternehmensanfragen nach einer Partnerschaft nur zu fünf Zusagen, so ist das ein großartiges Ergebnis. Jedes Gespräch bringt neue Erkenntnisse und eröffnet neue Türen. Partnerschaften dürfen aber keine Einbahnstraße sein, sondern erfordern ein faires Geben und Nehmen.

Fabian Schmid-Lossberg

22

Eine traditionsreiche Jungunternehmerin setzt Meilensteine in der Mobilitätswende

Christina Diem-Puello

22.1 Biografie

Mein Name ist Christina Diem-Puello. Ich wurde 1988 in Werneck bei Schweinfurt in eine traditionsreiche Unternehmerfamilie geboren. Ihren Anfang nahm meine Familiengeschichte bereits mit meinem Ururgroßvater und Radrennfahrer Engelbert Wiener. Als leidenschaftlicher Radfahrer gründete er 1921 die E. Wiener Einzelhandelsfirma in Schweinfurt – später bekannt als Winora. Dort stellte er Fahrräder in Einzelmontage her und verkaufte sie. Mehr als 30 Jahre danach übernahm Engelbert Wieners Enkel Bernd Seuffert den Familienbetrieb Winora. Seuffert teilte die Leidenschaft seines Großvaters und verwirklichte seine große Vision: Die erste automatisierte Produktionsanlage für Fahrräder in ganz Deutschland. Und auch meine Mutter war vom Fahrrad – und vom Unternehmertum – begeistert. Susanne Puello gründete die Marke Haibike, die 20 Jahre später zum Marktführer für performance-orientiertes E-Biken und das E-Mountainbike wurde. Zusätzlich übernahm die vierfache Mutter außerdem die Geschäftsleitung, sowohl bei Haibike als auch bei Winora. Insgesamt arbeitete Susanne Puello so 36 Jahren bei Winora, 26 Jahre davon als erfolgreiche Geschäftsführerin.

Nachdem mir durch meine lange Familiengeschichte bereits drei Dinge mit in die Wiege gelegt worden waren – die Liebe zum Fahrrad, die Passion

---

C. Diem-Puello (✉)
DD Deutsche Dienstrad GmbH, Schweinfurt, Deutschland
E-Mail: christina.diem-puello@deutsche-dienstrad.de

für Unternehmertum und der starke Wille, unsere Familientradition auf eigene Weise fortzuführen – machte auch ich früh erste Gehversuche als Unternehmerin im Mobility Sektor. Gemeinsam mit meiner Mutter Susanne Puello, meinem Vater Felix Raymundo Puello und Stefan Pierer gründete ich die Firma PEXCO. Das Projekt „PEXCO Dienstrad" startete als erstes eigenes Dienstrad-Leasing Modell mit klarem Fokus auf Digitalisierung, Automatisierung und Nutzerfreundlichkeit. Schon früh konnten erste große Firmenkunden erfolgreich an die Plattform angeschlossen werden.

Meine bisher größte unternehmerische Herausforderung nahm ich dann in einer Zeit, in der mir sicherlich viele eher davon abgeraten hätten. Mitten in der Pandemie gründete ich 2020 zusammen mit meinem Ehemann Maximilian Diem aus der PEXCO heraus die Deutsche Dienstrad. Mit meiner langen Verbundenheit zum Fahrrad, einer starken Familiengeschichte und der Motivation, Mobilität zu verändern und Nachhaltigkeit zu fördern, führte ich Tradition in Moderne. Als Gründerin und Geschäftsführerin des Mobility-Technology-Unternehmens ist es nach wie vor meine Vision, allen Arbeitnehmenden in Deutschland einen einfachen und kostengünstigen Zugang zu (E-)Mobilität zu ermöglichen. Dazu verbindet Deutsche Dienstrad Arbeitgebende, Arbeitnehmende und Fachhändler*innen mit einer einzigartigen volldigitalen Infrastruktur, über die Dienstfahrräder bestellt, geleast und verwaltet werden können. Das Angebot ist für Arbeitgebende kostenneutral und bietet ihnen nicht nur die Möglichkeit, Mitarbeitenden ein Benefit im Arbeitsverhältnis zu bieten, sondern auch die Mobilitätswende gemeinsam weiter voranzutreiben.

Eine der bedeutendsten Wegbegleiter*innen ist mir dabei – neben meinem Ehemann – meine Mutter. Zusammen mit Susanne Puello begann ich meinen Weg ins Unternehmertum. „In großen Fußstapfen eigene Wege gehen", das ist nach wie vor mein Motto, wenn ich über meine Familiengeschichte spreche. Als Jungunternehmerin möchte ich das Familienerbe mit Stolz in die digitale Welt übersetzen und dabei anderen Menschen Mut machen, ihre unternehmerischen Träume zu verwirklichen.

22.2 Statement zum Thema nachhaltig Unternehmen führen und/oder nachhaltig leben

„Lange Familiengeschichten sind zwar wichtig und wertvoll, sie haben den ein oder anderen aber auch schon zielsicher vor Innovation geschützt" – auch wenn es auf den ersten Blick erst einmal einfacher scheinen mag, aus einer bereits bestehenden Unternehmensgeschichte innerhalb der

Familie etwas Neues zu schaffen, ist es das nicht immer. Im Umgang mit Tradition ist Fingerspitzengefühl gefragt. Es gilt, das richtige Verhältnis von Ablösung und Festhalten zu finden. Wer sich zu sehr an das Bestehende hält, der riskiert keinen eigenen Weg einzuschlagen und den Anschluss an die Moderne zu verpassen. Wenn man sich aber zu sehr von der Familiengeschichte entfernt, besteht die Gefahr etwas die Orientierung und auch bereits gesammelte Erfahrung zu verlieren. Ein Unternehmen, das aus einer Familientradition heraus wächst, zu führen, bedeutet immer ein Thema weiter zukunftsfähig zu halten. Daher ist es mein Anspruch mit Deutsche Dienstrad die Themen Fahrrad und Nachhaltigkeit mit Digitalisierung und der Mobilitätswende zu verknüpfen. Arbeitnehmenden wird so ein nachhaltigerer und gesunder Fortbewegungsstil ermöglicht, der zur CO_2-Reduktion beiträgt. Eine Win–win-Situation für alle Beteiligten. Oftmals wird dabei kritisiert, dass E-Bike fahren ja nicht so nachhaltig sei, da der dafür notwendige Akku nicht recycelt werden kann. Dagegen zu halten ist allerdings der Fakt, dass Produkte selten zu 100 % nachhaltig sind und dennoch einen großen Einfluss auf eine nachhaltige Lebensweise haben. Trotz Produktion und Entsorgung – wenn für eine Fahrt ein E-Bike anstelle eines Autos genutzt wird, ist der Weg bereits allemal nachhaltiger zurückgelegt als mit einem Verbrennungsmotor.

22.3 Zu jedem der 17 SDGs

Wir alle nehmen in unserem Leben situativ verschiedene Rollen ein. Ob als Privatperson, als Unternehmerin, Arbeitgeberin oder Radlerin, ich glaube fest, dass es nur gemeinsam möglich ist, etwas zu bewegen, etwas zu verändern und auf die Zukunft Einfluss zu nehmen. Gemeinsam müssen wir aktiv mitwirken, und zwar jetzt. Die 17 SDGs der UN sind Ziele, die weltweite Unterstützung benötigen, um umgesetzt zu werden und für deren Erreichung jeder noch so kleine Beitrag zählt. Als junge, aktive Unternehmerin habe ich das Privileg, in einer einflussreichen Position mit starker Stimme sprechen zu können und fungiere besonders in den Bereichen Nachhaltigkeit, nachhaltiger Unternehmensführung und Female Leadership als Role Model. Ich wünsche mir, dass Nachhaltigkeit für alle Unternehmer*innen auch bedeutet, ihre Vorbildfunktion wahrzunehmen und für nachfolgende Generationen Verbesserungen zu erzielen. Ich nenne das „Unternehmen mit Enkelfähigkeit" und habe diesen Anspruch zu einem unserer Kernwerte gemacht. Wandel treibt meine über 100-jährige Familiengeschichte im Bereich Mobility schon immer an – jetzt bin ich an der Reihe eine positive Veränderung zu hinterlassen. Gemeinsam kann diese Veränderung aber erst richtig wirken.

22.3.1 SDG 3 – Gesundheit und Wohlergehen

Als Unternehmerin und Arbeitgeberin ist es meine Aufgabe, ein wachsames Auge auf mein Team zu haben. Ich möchte, dass es allen im Team gut geht und sie sich wohlfühlen. Die Pandemie, das aktuelle Weltgeschehen und private Umstände machen es dabei hin und wieder schwer für manche, die richtige Balance zu wahren. Meine Mitarbeitenden sehe ich als meine erweiterte Familie und in einem Familienunternehmen sollte es selbstverständlich sein, aufeinander zu achten, sich zuzuhören und füreinander einzustehen. Diese Achtsamkeit und Fürsorge habe ich in meiner Führungskultur verankert. So unterschiedlich unser Team auch sein mag, was uns alle vereint, sind diese gelebten Werte. Für unsere Mitarbeitenden haben wir daher den Fitwoch oder Healthy Lunches ins Leben gerufen. An diesen Events widmen wir uns gemeinsam unserer mentalen und körperlichen Gesundheit, fahren gemeinsam Rad und tauschen uns aus. Aus Unternehmerinnensicht bedeutet Gesundheit und Wohlergehen für mich aber auch, ein Unternehmen „enkelfähig" zu machen. Das bedeutet, es so zu führen, dass es gesund, sauber und stabil in die nächste Generation übergehen kann, dieser Fehler erlaubt sind und der eigene Weg frei steht.

Psychische und physische Erkrankungen mehren sich seit einigen Jahren auch in der Gesellschaft stetig. Neben nicht ergonomischen Arbeitsplätzen und hohem Erwartungsdruck haben Stress und Burnouts häufig einen weiteren Ursprung: akuten Bewegungsmangel und den Verlust von aktiver Zeit in der Natur. Um Stress zu mindern und die Gesundheit zu fördern, lässt sich dabei sogar das Notwendige mit dem Schönen vereinen: Ob den ganzen oder nur einen Teil des Arbeitsweges – legt man ihn draußen in Ruhe, außerhalb voller U-Bahnen, angegrabbelter Car-Sharings und außerhalb des eigenen Autos, mit dem man im Stau steckt, zurück, findet man schnell Ausgleich in der Bewegung an der frischen Luft. Es ist erwiesen, dass Fahrradfahren zur psychosozialen Gesundheit und zum körperlichem Wohlergehen beiträgt und dabei für fast jede*n geeignet ist.

Gesundheit bedeutet immer auch ein Zeit-Invest. Bei bereits gestressten Menschen ist das häufig der Punkt, an dem es ihnen am meisten mangelt. Um sich dennoch im Alltag auch um das eigene Wohlergehen kümmern zu können, gilt es, die notwendigen Aktivitäten so umzustricken, dass sie einen gesundheitlichen Nutzen haben und dennoch nicht bedeutend viel mehr Zeit konsumieren. Mit einem Dienstrad ist das allen Arbeitnehmenden möglich. Durch einen über den Arbeitgeber finanzierten, kostengünstigen, monatlichen Beitrag kann man sich ein hochwertiges und den individuellen Bedürfnissen angepasstes Fahrrad leasen. Ob nur ein Teil oder doch der ganze Weg – neben einem Beitrag zur Klimaneutralität kann die eigene Gesundheit auf dem notwendigen Arbeitsweg gefördert werden, nahezu altersunabhängig. So lassen sich gesellschaftlich weit verbreitete Erkrankungen und Gesundheitsrisiken, die von mangelnder Bewegung herrühren, vorbeugen und den Stressfaktor senken. Ganz ohne extra Zeit zu investieren.

22.3.2 SDG 5 – Geschlechtergleichheit

Nicht nur ich, sondern das gesamte Team in unserem Unternehmen lebt Diversität. Dabei geht es nicht nur um verschiedene kulturelle Hintergründe, die wir in unserem täglichen Workflow vereinen. Es ist mir auch besonders wichtig, junge und alte sowie Menschen unterschiedlichen Geschlechts miteinander zu vereinen. Meine Erfahrung hat mir gezeigt, dass gerade unsere Unterschiede häufig der entscheidende Funken für tolle Ideen, einen spannenden Austausch und konstruktive Lösungen sind. Als junge Unternehmerin ist es mir wichtig, mit meinen Mitarbeitenden auf Augenhöhe zu interagieren, ihre Bedürfnisse zu verstehen und ihnen einen für sie passenden und sicheren Arbeitsplatz bieten zu können. Kurzum: Ich versuche stets empathisch zu führen, um so nicht nur durch Wohlgefühl die Produktivität ganz ohne Druck zu erhöhen, sondern auch, um eine nachhaltige Personaldecke zu gestalten. Als junge GründerIN und junge ArbeitgeberIN versuche ich als Role Model zu fungieren und andere junge Frauen dazu zu ermutigen, ihren eigenen Weg in die Selbstständigkeit zu gehen. Nicht nur meine eigene, sondern auch die langjährige Erfahrung meiner Mutter und meiner restlichen Familie in Sachen Unternehmertum haben mich gelehrt, dass Verantwortung immer auch FAIRantwortung bedeutet. Egal welche Ethnie, welches Geschlecht oder Alter jemand hat – Gleichberechtigung ist kein Trend, dem man folgen sollte, weil er gerade in ist. Gleichberechtigung ist der minimale gemeinsame Nenner, auf den wir uns verständigen müssen, wenn wir die Welt gemeinsam nachhaltig gestalten wollen.

Nach wie vor ist der Mobilitätssektor eine vornehmlich männliche Domäne. Ob in der Werkstatt oder im Vertrieb – in Autohäusern, Fahrradläden und Co. hängen nach wie vor Kalender, die spärlich bekleidete Frauen zeigen, an der Wand. Die Präsenz erfolgreicher und starker Frauen fehlt noch. Doch bedeutet das nicht, dass es sie nicht gibt. Ihnen fehlt lediglich die Bühne und häufig ausreichend Rückhalt, um den Schritt ins mobile Rampenlicht zu wagen. Männernetzwerke scheinen nach wie vor größer und stärker. Dabei darf man nicht vergessen, dass insbesondere das Fahrrad schon lang seinen Dienst zur Geschlechtergleichheit tut, lieferte es im 19. Jahrhundert doch den Befreiungsschlag für die bis dato zur Stubenhockerei verurteilten Hausfrauen. Um die Erfolgsgeschichte des Fahrrads als Mobilitätsgeber nicht abbrechen zu lassen und die Gegenwart und Zukunft weiterhin gerechter zu gestalten, müssen wir uns engagieren und besonders Frauennetzwerke stärken.

Die Herausforderung der Geschlechtergleichheit beginnt nicht erst am Arbeitsplatz. Häufig sind Frauen in ihrem häuslichen Umfeld immer noch stärker eingespannt als ihre männlichen Partner. Auch aufgrund ungleicher Gehälter sind zumeist sie es, die ihren Arbeitsanteil reduzieren und Kinder- sowie Haushaltsbetreuung zusätzlich verantworten. Die Vereinbarkeit von Familie und Beruf ist für Frauen daher oft schwieriger zu realisieren. Umso wichtiger ist es, die richtigen unternehmerischen Voraussetzungen zu schaffen, damit Frauen gleichberechtigt in ihre Karriere starten können. Neben bereits bestehenden verschiedenen Arbeitszeitmodellen und großzügigen Regelungen für notwendige private Termine, planen wir mit zunehmendem Nachwuchs unserer Mitarbeitenden eine unternehmenseigene Tagesmutter und fördern das Nehmen von Elternzeit für Väter. Um Vorbehalte abzubauen, haben wir zudem das Konzept der „Themenzentrierten Interaktion" in unseren Teams etabliert. Dabei entscheiden wir bei jedem Thema neu, welche Teammitglieder sich damit befassen, wie sich die Gruppe formiert und achten stark auf einen gruppenintern wertschätzenden Umgang. So schaffen wir es gemeinsam, uns für Frauen im Mobility-Sektor stark zu machen und ihre Netzwerke zu stärken. Für unser Engagement hat uns die gemeinsame Initiative der Bayerischen Staatsregierung, der IHK Bayern, der vbw und des bayerischen Handwerkstags „Familienpakt Bayern" bereits als familienfreundlicher Arbeitgeber ausgezeichnet. Als Unternehmerin obliegt mir die Verantwortung, Existenzen zu schaffen und einen Mehrwert in der Gesellschaft zu generieren. Realisieren lässt sich dieses Ziel aber nur gemeinsam.

22.3.3 SDG 9 – Industrie, Innovation und Infrastruktur

Mobilität ist für mich grundsätzlich abhängig vom individuellen Lebensraum. Ob eher ländlich oder eher städtisch – Mobilität muss sich anpassen, ineinander greifen und die Menschen genau da unterstützen, wo sie es brauchen. Für lange Strecken und Fahrgemeinschaften sind die Bahn oder auch nach Bedarf das Auto sicherlich noch die richtigen Verkehrsmittel. Doch sind Sie schon einmal von München nach Berlin gefahren und haben sich in Berlin gefragt, wie Sie jetzt am schnellsten die letzten Kilometer zurücklegen können? Besonders die vollen urbanen Lebensräume, aber auch die ländlichen letzten Kilometer zwischen Bahnhaltestelle und zu Hause, sind genau die Orte, an denen das Fahrrad perfekt geeignet ist. Ich bin eher ländlich aufgewachsen – dort gab es keine gute Infrastruktur wie S- oder U-Bahn oder gar Car-Sharing-Modelle. Dort ist das Fahrrad nach wie vor die beste Alternative, um schnell an die nächste Anschlussstelle zu gelangen. In der Stadt dagegen kennen wir alle verstopfte U-Bahnen oder lange Autoschlangen, die im Stau stehen. Das Fahrrad ist hier nicht nur häufig schneller, es bietet auch die Möglichkeit, mangelnde Bewegung auszugleichen und sich nachhaltig fortzubewegen. Um wirklich lückenlos mobil sein zu können, müssen verschiedene Transportmittel ideal aufeinander abgestimmt sein. Nur so ist die Mobilitätswende umsetzbar. Als Unternehmerin im Bereich Mobility-Technology bin ich daher immer an neuen zukunftsträchtigen Mobilitätskonzepten interessiert, beteilige mich gern als strategische Stütze, schleife an Ideen oder fungiere aus einer Beiratsfunktion heraus mit meinem Fachwissen. Aktuell bringe ich mich hier bei einem der großen, namenhaften deutschen Anbieter für öffentliche Verkehrsmittel in Kooperation mit Brompton Bikes ein.

Im Sinne der Nachhaltigkeit und des Klimaschutzes muss moderne Mobilität weg vom Verbrennungsmotor. Da gibt es kaum Anlass zur Diskussion. Ein großes Fragezeichen bleibt aber dennoch: Wie soll das ad hoc funktionieren? Abgesehen vom für die meisten Arbeitnehmenden immer noch horrenden Preis eines E-Autos fehlt es häufig nicht nur am nötigen Budget. Es mangelt vor allem noch an der Infrastruktur, um E-Mobilität im Automobilsektor wirklich komfortabel zu gestalten. Während Städter sich um die nächste Ladesäule mit ihren benachbarten E-Auto-Besitzer*innen nahezu prügeln müssen, wünschten sich Bewohner*innen ländlich gelegenerer Ortschaften überhaupt erst einmal eine Ladesäule im Umkreis von 50 km zu haben. Eine selbstfinanzierte Ladestation ins eigene Carport oder Garage zu integrieren bedeutet eine weitere Investition, die zwar in ländlicheren Regionen in der Theorie noch möglich wäre, städtischen Bewohner*innen in Mietwohnungen aber per se verwehrt bleibt. Mangelnde Infrastruktur und ein enorm hoher Eigenaufwand bremsen so selbst investitionswillige Menschen aus, sich ein E-Auto anzuschaffen.

Als Unternehmerin ist es wichtig, den Puls der Zeit zu erkennen. Ja, Nachhaltigkeit und E-Mobilität sind stark miteinander verbunden und wichtig, um den Klimawandel einzuschränken. Dennoch muss eine für die Masse praktikable Lösung gefunden werden, die unkompliziert und schnell implementiert werden kann, die einen geringen finanziellen Aufwand für den oder die Einzelne*n darstellt und die dennoch einen positiven Effekt hat. Diese Lösung habe ich im Fahrrad gefunden. Durch meine Familiengeschichte bereits in die Branche geprägt, wollte ich Mobilität auf zwei Rädern auf das nächste Level – und somit in die Zukunft – heben. Dass die Zukunft digital daher kommt, ist in anderen Branchen schon lang offensichtlich. Im Mobility-Sektor räumt Mobility Technology auf. Mithilfe unseres digitalen Marktplatzes ist es unser Ziel, zweirädrige (E-)Mobility allen Arbeitnehmenden so schnell, einfach und kostengünstig wie möglich zugänglich zu machen. Als Unternehmerin kann ich so nicht nur eine Branche in die digitale Zukunft führen, ich kann vor allem die Mobilitätswende und den Wechsel hin zu mehr Nachhaltigkeit vorantreiben.

22.3.4 SDG 11 – Nachhaltige Städte und Gemeinden

Gemeinsam mit Städten und Gemeinden ist die Mobilitätswende und ihre digitale Transformation außerhalb von privaten Unternehmen im öffentlichen Dienst möglich. Bereits mit zahlreichen Städten und Kommunen wie Gemeinden bundesweit konnten wir schon neue Mobilitätskonzepte umsetzen. Dank der vielfältigen Kooperationen ist es so gemeinsam möglich, den Mitarbeitenden im öffentlichen Dienst Diensträder und somit einen Zugang zu klimaneutraler Mobilität zur Verfügung zu stellen. Der Vergabeprozess der öffentlichen Arbeitgeber ist dabei sehr transparent und neutral. Die Umsetzung des Dienstrad-Leasings wird daraufhin gemeinsam ausgearbeitet. So entsteht eine faire und besonders nachhaltige Kooperation, die die Mobilitätswende weiter vorantreibt.

Städte und Gemeinden haben eine wichtige Vorbildfunktion, wenn es um die Vermittlung gesellschaftlicher Prioritäten geht. Was sie authentisch vorgeben und vorleben, hat einen großen Einfluss auf die Einstellung der Bevölkerung. Daher ist es besonders wichtig, sich um sie zu bemühen und sie darin zu unterstützen, nachhaltiger zu werden. Aus unternehmerischer Sicht ist es dazu noch besonders spannend, einen Vergabeprozess zu durchlaufen und sich der Herausforderung zu stellen. Da sich die Zusammenarbeit im Gegensatz zu der mit anderen Unternehmen unterscheidet, müssen wir selbst neue Maßstäbe an die eigene Nachhaltigkeit anlegen und wachsen so auch selbst.

Die Mobilitätswende auf Städte- oder Gemeindeebene gemeinsam voranzutreiben, trifft auf besondere Herausforderungen. Zwar ist der Wille, nachhaltige Mobilität intern zu fördern, vorhanden, der großflächige Umstieg aufs Rad fordert allerdings auch eine Umgestaltung der Infrastruktur. Hier liegt dann häufig die Krux, denn bei der Infrastruktur treffen verschiedene Interessen aus unterschiedlichen Lobbys aufeinander, die manchmal nicht leicht zu vereinen scheinen. Die per se schon angespannte Parkplatzsituation in Innenstädten könnte sich noch mehr verschärfen, wenn weitere Parkflächen für Radwege weichen müssen. Als Unternehmerin, die sich für die zweirädrige Lobby stark macht, gilt es hier Kompromisse einzugehen und nicht an Radikalen festzuhalten. Eine Innenstadt nur für Fahrräder ist nicht nur nicht gewollt, sie wäre auch nicht praktikabel. Dennoch, große Metropolen wie Paris machen vor wie die Zukunft der Innenstädte aussieht – autofrei. Damit dieses Konzept aber wirklich Erfolg hat und vor allem in kleineren Innenstädten der Einzelhandel nicht unter abnehmenden Besucherzahlen leiden muss, müssen verschiedene Transportmittel reibungslos aufeinander abgestimmt sein. Wenn sich Auto, Schiene und Fahrrad ergänzen, überrollt die Mobilitätswende unsere Gesellschaft im positiven Sinne.

22.3.5 SDG 13 – Maßnahmen zum Klimaschutz

Abgesehen von meiner über 100-jährigen Familiengeschichte im Bereich Fahrrad – und die daraus resultierende Verpflichtung zum Klimaschutz – haben wir uns bei Deutsche Dienstrad entschieden, auch über das Fahrrad hinaus den Klimaschutz zu fördern. Nachhaltigkeit, Klimaneutralität und CO_2-Reduktion gehören zu unseren Unternehmensgrundsätzen und für diese setzen wir uns aktiv ein. Statt Weihnachtspräsenten, deren Produktion, Verpackung, Verschickung und Aufbewahrung häufig unnachhaltig ist, haben wir entschieden für jeden Monat unseres Firmenbestehens einen Baum zu pflanzen. Die Obstbäume stehen seit dem Frühjahr nun entlang der malerischen Rad- und Wanderwege im Fränkischen Saaletal und bieten mit ihren Früchten Radler*innen sowie Spaziergänger*innen natürliche Erfrischung während ihrer Touren. Mit dem Baumpflanzprojekt möchten wir weiter Bewusstsein für die Bedürfnisse der Natur und die klimatischen Veränderungen schaffen. Nachhaltigkeit ist für uns dabei ein Marathon und kein Sprint. Frei nach dem Philosophen Rabindranath Tagore glauben wir, dass „wer Bäume pflanzt, obwohl er weiß, dass er nie in ihrem Schatten sitzen wird, [...] zumindest angefangen [hat], den Sinn des Lebens zu begreifen". Zusätzlich setzen wir uns aktiv dafür ein, die bundesweit angestrebten Klimaziele bis 2030 zu erreichen. Unsere #wirfahrenmit-Initiative motiviert Kunden, Mitarbeitende und Außenstehende Fahrrad zu fahren. Verschiedenen Radel-Aktionen für den guten Zweck sorgen zudem für mehr Sichtbarkeit und Bewegung. Dazu halten wir uns und unsere Mitarbeitenden dazu an, unseren Arbeitsweg klimaneutral zurückzulegen und unsere Arbeit zu 100 % digital zu verrichten.

Klimaschutz ist unser aller Verantwortung, also Teil unserer Corporate Social Responsibility. Damit in diesem Bereich wirklich etwas passiert, muss diese Verantwortung dauerhaft wahrgenommen werden. Einmal-Aktionen zum Klimaschutz sind zwar nette Gimmicks, die hier und da Awareness schaffen, wahren Impact hat allerdings nur die dauerhafte Etablierung von Maßnahmen. Um das flächendeckend umsetzen zu können, muss die Corporate Social Responsibility auch auf Geschäftsführungsebene gehoben werden. C-Level-Vertreter*innen egal welcher Branche haben hier die Verpflichtung ihren Mitarbeitenden die bestmöglichen Optionen zu einem eigenen Beitrag zum Klimaschutz zu bieten. Und dieser Beitrag beginnt nicht erst am Arbeitsplatz. Besonders der Weg ins Büro kann einen entscheidenden Unterschied in unserer Klimabilanz machen. Allein eine mit dem (E-)Bike zurückgelegte Teilstrecke reduziert den CO_2 Ausstoß. Mit dem Dienstrad-Leasing kann das allen Arbeitnehmenden in Deutschland ermöglicht werden.

Dass unser Klima ein Umdenken nötig hat, um sich nicht schwerwiegend zu verändern, ist gelernt. Dennoch ist E-Mobilität auf vier Rädern, wie BMW, VW, Tesla und Co. sie anbieten, lang nicht für jede*n erschwinglich. Selbst, wenn die Investition in ein E-Auto in der Theorie möglich wäre, fehlt es dazu vielerorts noch an der passenden Infrastruktur, um es auch entsprechend laden und nutzen zu können. Gefühlt steckt E-Mobilität im Automobilsektor für die breite Masse noch in den Kinderschuhen. Dennoch ist es wichtig, CO_2 einzusparen und Klimaneutralität zu erzielen – und zwar für so viele Menschen wie möglich. Mit dem Fahrrad ist das möglich.

22.3.6 SDG 17 – Partnerschaften zur Erreichung der Ziele

Allein schafft man viel, gemeinsam viel mehr. Dieses Credo gilt für mich sowohl gesellschaftlich als auch unternehmerisch. Nicht nur innerhalb unseres Teams sind wir uns verlässliche Partner*innen, die gemeinsam einem

Ziel entgegen arbeiten. Auch mit unseren Kunden gehen wir Partnerschaften ein, um eine nachhaltigere Lebensweise zu fördern. Durch diese Partnerschaften in unterschiedlichen Branchen und Orten in Deutschland können wir die Mobilitätswende breit vorantreiben und erreichen Menschen, denen die Möglichkeit, nachhaltig mobil zu sein, ohne unsere Zusammenarbeit vielleicht verwehrt geblieben wäre. Dank unternehmerischer Partnerschaften unter anderem mit BabyOne, Fressnapf, Schleich, Universitätsklinikum Hamburg-Eppendorf und Tom Tailor können wir in verschiedensten Bereichen einen großen Schritt in Richtung nachhaltiger Lebensweise gehen. Die Vielfalt unserer Partnerschaften ist dabei eine ihrer Stärken.

Die drei größten Herausforderungen unserer Partner sind häufig der akute Fachkräftemangel, das Erreichen der Klimaneutralität und die dafür vorhandenen regionalen Gegebenheiten. All diese Themen begleiten wir direkt und indirekt über das Dienstradmodell. Mit dem staatlich geförderten Benefit Dienstrad machen wir Arbeitgeber für Fachkräfte attraktiver. Um einen besseren Überblick über ihre Erfolge und Fortschritte zu haben, bieten wir dazu einen CO_2-Reduktions-Kalkulator, mit dem die uns verpartnerten Arbeitgeber ihre eigene CO_2-Einsparung pro Jahr durch das Dienstrad errechnen können. Zusätzlich animieren wir Arbeitgeber immer wieder zu Gesundheits- und Mobilitätstagen oder zu „Spendenradel"-Aktionen. So können wir gemeinsam mit allen Mitarbeitenden einen großen Schritt in Richtung Klimaneutralität machen. Ebenso beraten wir gern über das Fahrrad hinaus. Solardächer, Ladestationen für E-Mobility oder die Digitalisierung von HR-Interna sind hier nur einige Lösungsansätze, wie eine gemeinsame nachhaltige Zukunft gelingt. Ich glaube daran, dass Wissen, egal welcher Art, ob unternehmerisch oder ökologisch, geteilt werden muss. So konnten wir schon viele Maßnahmen zusammen mit unseren Partnern anstoßen und teilen unsere Gedanken und die Erfahrung, die wir in den letzten Jahren gemacht haben.

Christina Diem-Puello

23

See the beauty of/in/from waste

Astrid Claudia Haury

23.1 Biografie

Ende der 70er Jahre geboren, wuchs ich in Hessen in der boomenden Konsumgesellschaft auf. Auf der einen Seite noch Milch in Kannen beim Bauern holen, wenn ich bei den Großeltern war, auf der anderen Seite Status durch Besitz und Reisen.

Nach dem Abitur Studium der Germanistik, Sport und Politik. Hier lag auch direkt der Fokus auf der Zielsetzung, im Sportjournalismus Fuß zu fassen. Während des Studiums war ich in der Organisation und Berichterstattung im Hochschulsport aktiv und an der 1990 erschienenen Dokumentation „Der deutsche Sport nach der Wiedervereinigung" beteiligt. Daneben habe ich in der Sportredaktion der Frankfurter Rundschau gearbeitet und diverse redaktionelle Artikel in der FR, der Zeitschrift FIT FOR FUN und im Darmstädter Echo in den Ressorts Sport und Kultur veröffentlicht. Außerdem war ich verantwortlich für die Redaktion und Herausgabe der Mitarbeiterzeitschrift von LSG SKY CHEFS.

Nach dem Studium begann ich in Werbeagenturen im Bereich Text, habe dann aber schnell Agenturkunden geführt und beraten, war für Budgets und Projekte verantwortlich. Insgesamt eine spannende, lehrreiche Zeit, die mich in viele verschiedene Themen eintauchen ließ.

A. C. Haury (✉)
Mühltal, Deutschland
E-Mail: a.haury@gmx.de

Die Entwicklung, Initiierung und Durchführung von Kooperationen und Cross Promotions für Blockbuster war ein Ausflug in die Kinowelt, bevor ich, zurück in der Agenturwelt, als Etat-Direktorin die Verantwortung für Kundenetats im siebenstelligen Millionenbereich übernahm.

2007 dann zwei Lifechanger-Ereignisse: die Geburt meiner Tochter und der Wechsel auf Unternehmensseite.

Bei cosnova Beauty habe ich als erste Mitarbeiterin in der Kommunikation den Erfolg des heutigen Branchenriesen im Bereich dekorativer Kosmetik mitgestalten können. Ideenfindung, Konzeption, Planung und Steuerung aller Maßnahmen im Rahmen der Endverbraucherkommunikation (Kampagnen, Social Media, Webseiten, Veranstaltungen, Aktionen) gehörte genauso zu meinen Aufgaben wie die Mitarbeit an der unternehmerischen Positionierung und die Initiierung und Durchführung von Kooperationen.

Eine zukunftsweisende Aufgabe war der Aufbau des Bereiches Social Communication. Cosnova war eines der ersten Unternehmen in Deutschland mit einer Facebook-Seite und mit einer organischen, sehr guten Zusammenarbeit mit der damals neuen Blogger-Community.

2015 wurde ich in den Corporate Think Tank berufen mit dem Ziel, das Unternehmen auch in Zukunft zu befähigen, erfolgreich zu bleiben: Trendforschung (5 Jahre+). Umsetzung der aus den Megatrends entwickelten Projekte, Beratung der Geschäftsführung und Departments. Befähigung der Mitarbeiter zu innovativem Denken und kreativen Arbeiten, FUTURE OF BEAUTY, u. a. mit einer Studie in Zusammenarbeit mit der Phantastischen Bibliothek Wetzlar, Networking mit anderen Thought Leaders.

Mein Fokus lag da bereits auf Nachhaltigkeit. Aus einem Projekt entstand dann die noPB GmbH, heute ein Start-up im Bereich Social Business und als Spin off der cosnova weiterhin eng mit dem Unternehmen verbunden. Aufgabe der no PB GmbH ist es, Unternehmen und Marken aufzubauen und zu etablieren, die der Welt etwas zurückgeben – im Bereich Nachhaltigkeit, sozialem Engagement oder Innovation. Aktuell ist TRASH2TREASURE im Fokus, ein Social Business zur Vernetzung von Unternehmen und Kreativen zur Transformation von Produktionsüberschüssen und vermeintlichem Müll zu Kunst, Einrichtung oder zirkulären Produkten. Das Ziel ist, Unternehmen zu einer neuen Denkweise in Bezug auf Ressourcen zu befähigen und Strategien und Konzepte zu entwickeln, die authentisch zur DNA des Unternehmens passen. Die noPB GmbH ist seit November 2022 B Corp -zertifiziert und damit als Unternehmen für soziale und ökologische Wirkung ausgezeichnet worden. (Abb. 23.1, 23.2 und 23.3).

Abb. 23.1 Konzeptwand Salone di Mobile 2019 // Upcycling Lab Lambrate Design District

23.2 Statement zum Thema nachhaltig Unternehmen führen und/oder nachhaltig leben

Nachhaltigkeit ist nicht länger ein nice to have, sondern eine Haltung, die jeder persönlich haben und die jedes Unternehmen in seiner DNA verankern muss. Die SDGs geben eine gute Orientierung, sind aber kein Menu, aus dem man auswählt – sie helfen aber dabei, transparent und authentisch zu agieren und Schwerpunkte zu setzen.

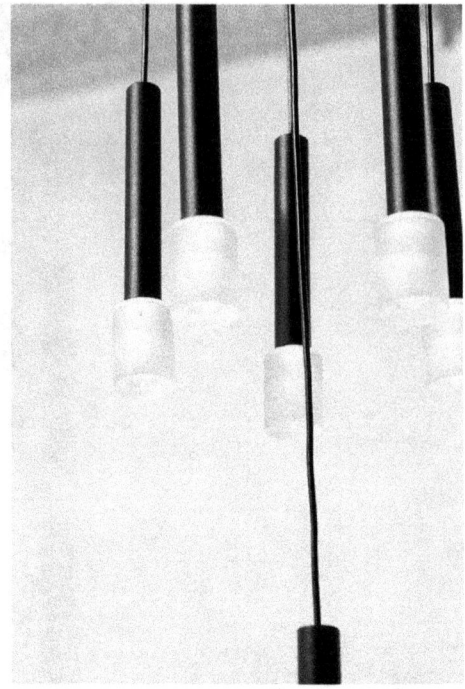

Abb. 23.2 Teint Chandelier Composition // Alcova Milan 2022 // Kooperation mit Ilot Ilov und Catrice Cosmetics // Leuchtobjekt aus Make up Flaschen

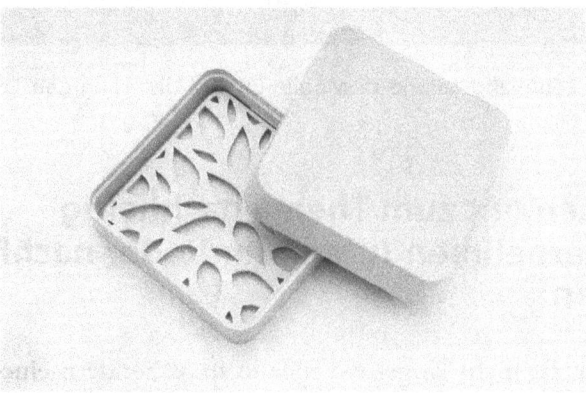

Abb. 23.3 Aufbewahrungsbox für festes Shampoo // Kooperation mit Guhl // Box aus 100 % alten Shampooflaschen

23.3 Statement zu ausgewählten SDGs

23.3.1 SDG 1 – Keine Armut

In unseren „entwickelten Ländern" ist Armut ein Randthema, persönliche Erfahrung daher nur wenige. Aber vor allem Kinder sollten die Chance haben auf ein gutes, selbstbestimmtes Leben. Dafür müssen wir als gesamte Gesellschaft etwas tun. Und das nicht nur in unserem Land, sondern weltweit.

TRASH2TREASUREs Beitrag für mehr Nachhaltigkeit:
lokal und regional produzieren und faire Preise zahlen. Das wird persönlich auditiert.

23.3.2 SDG 2 – Kein Hunger

Ein unglaublich trauriges Thema, dabei dürfte Hunger kein Thema sein. Es müssen Möglichkeiten gefunden werden, ausreichend Nahrung für alle zur Verfügung zu stellen. Dazu müssen Maßnahmen gegen Nahrungsmittelverschwendung getroffen, nachhaltige Landwirtschaft gefördert, aber auch Innovationen entwickelt werden.

TRASH2TREASUREs Beitrag für mehr Nachhaltigkeit:
Projekte initiieren, die alte Lebensmittel neu verwenden, z. B. zur Farbherstellung.

23.3.3 SDG 3 – Gesundheit und Wohlergehen

Ein gesundes Leben für alle Menschen ist in entwickelten Ländern Sache jedes Einzelnen, da absolut möglich. Aufklärung ist hier aus meiner Sicht der erste Schritt, Reglementierung und Besteuerung der nächste. So lange aber jeder Mensch frei entscheiden darf, ob er sich mit Tabak, Alkohol und Drogen selbst zugrunde richtet, wird sich nicht viel ändern. Anders sieht es aus in Regionen, die Mangel leiden. Hier ist es unsere Aufgabe, Möglichkeiten und Infrastrukturen zu schaffen, die die Erreichung dieses Ziels gewährleisten.

TRASH2TREASUREs Beitrag für mehr Nachhaltigkeit:
Work-Life-Balance für Mitarbeiter und Partner aus Herstellung und Produktion.

23.3.4 SDG 4 – Hochwertige Bildung

Bildung ist die Basis für selbstbestimmtes Entscheiden und sollte – unabhängig von Alter, Geschlecht und Herkunft ein undiskutierbares Recht sein. Hier sind wir sogar in entwickelten Ländern oft noch weit entfernt.

TRASH2TREASUREs Beitrag für mehr Nachhaltigkeit:
Unterstützung von Projekten in Afrika und Indien.

23.3.5 SDG 5 – Geschlechtergleichheit

Selbst in unserem Sprachgebrauch noch verankert: die Herren bestimmen. Dass Frauen und Mädchen sich verändern sollen, um die gleichen Rechte haben zu können, ist unglaublich. Ich bin in der glücklichen Situation in einem Umfeld zu arbeiten, in dem das kein Thema ist und auch privat in einer Beziehung, in der Gleichberechtigung von Anfang an natürlich war. Gleichberechtigung ist ein Menschenrecht.

TRASH2TREASUREs Beitrag für mehr Nachhaltigkeit:
Gleichbehandlung ist tief in der DNA von T2T verankert und wird zu keiner Zeit thematisiert.

23.3.6 SDG 6 – Sauberes Wasser und Sanitäreinrichtungen

Wasser als Ressource wird immer knapper, das Ziel daher immer wichtiger. Hier wird es auf Innovationen im Bereich der Wasseraufbereitung ankommen!

TRASH2TREASUREs Beitrag für mehr Nachhaltigkeit:
professioneller Umgang mit Wasser in unserem Büro und bei der Produktion unserer Produkte.

23.3.7 SDG 7 – Bezahlbare und saubere Energie

Die ersten Schritte sind gemacht. Aber so lange wir Energie als Wirtschaftszweig zulassen, wird das schwierig sein.

TRASH2TREASUREs Beitrag für mehr Nachhaltigkeit:
ausschließlich Verwendung von Ökostrom.

23.3.8 SDG 8 – Menschenwürdige Arbeit und Wirtschaftswachstum

Ein dauerhaftes, inklusives und nachhaltiges Wirtschaftswachstum, produktive Vollbeschäftigung und menschenwürdige Arbeit für alle wäre super. Dem stehen aber offensichtlich genau die wirtschaftlichen Interessen gegenüber.

TRASH2TREASUREs Beitrag für mehr Nachhaltigkeit:
Schaffung erstklassiger Jobs und Arbeitsbedingungen bei einem immer relevanter werdenden Thema.

23.3.9 SDG 9 – Industrie, Innovation und Infrastruktur

Für mich sind hier die Innovationen am wichtigsten, direkt gefolgt von Infrastruktur. Neue Ideen und Konzepte haben Auswirkungen auf alle Bereiche und sollten deutlich mehr gefördert werden.

TRASH2TREASUREs Beitrag für mehr Nachhaltigkeit:
ganzheitliche Sicht auf Innovation und aktive Arbeit mit neuen Techniken und Konzepten.

23.3.10 SDG 11 – Nachhaltige Städte und Gemeinden

Gerade auf Gemeindeebene sehe ich hier eine gute Entwicklung. Der Wähler scheint mit seiner Votierung auch einen stärkeren Einfluss auf Nachhaltigkeit zu nehmen. Schwierig dann, wenn beim Wechsel einer Regierung viele Dinge wieder umgeworfen werden. Die Ziele aus den SDGs sollten übergeordnet in der Gemeinde- und Städteordnung verankert sein.

TRASH2TREASUREs Beitrag für mehr Nachhaltigkeit:
klimaschonende Mobilität

23.3.11 SDG 12 – Nachhaltige/r Konsum und Produktion

Der größte Hebel durch den Konsumenten ist ein verändertes Konsumverhalten. Hier hinkt die Industrie deutlich nach.

TRASH2TREASUREs Beitrag für mehr Nachhaltigkeit:
verantwortungsbewusste Produktion und ein hohes Maß an Nachhaltigkeit: Vermeintlicher Müll als neue Ressource genutzt.

23.3.12 SDG 13 – Maßnahmen zum Klimaschutz

Für mich das SDG, das den größten übergeordneten Effekt auf viele andere hat.

TRASH2TREASUREs Beitrag für mehr Nachhaltigkeit:
effizientere Nutzung von Energie, kürzere Wege durch Produktion nahe zum Unternehmensstandort. Vermeidung von unnötiger Verpackung und unnötigen Wegen und Produktionsschritten. Einschränkung der Reisetätigkeit.

23.3.13 SDG 14 – Leben unter Wasser

Ein Herzensthema. Ursprünglich wollte ich Meeresbiologin werden, aber der NC hat nicht mitgespielt. Ist aber ein immer wiederkehrendes Topic auf meiner Agenda.

TRASH2TREASUREs Beitrag für mehr Nachhaltigkeit:
Recycling von Plastik, Nutzung von ocean bound plastic, Unterstützung von Projekten im Meeresschutz (Robert Marc Lehmann). Produktion regional, um Frachterlieferungen zu vermeiden.

23.3.14 SDG 15 – Leben an Land

Ökosysteme schützen, wiederherstellen und ihre nachhaltige Nutzung fördern ist essentiell für unser zukünftiges Überleben. Es ist ein Desaster, wie viele Arten in den letzten Jahren verschwunden sind – sowohl Flora als auch Fauna.

TRASH2TREASUREs Beitrag für mehr Nachhaltigkeit:
Präventivmaßnahmen zum Schutz, zur Regenerierung und zur nachhaltigen Nutzung von Binnengewässern und terrestrischen Ökosystemen.

23.3.15 SDG 16 – Frieden, Gerechtigkeit und starke Institutionen

Ein immer aktuelles Thema – und aus meiner Sicht fast noch am schwierigsten, da entgegen der menschlichen Natur.

TRASH2TREASUREs Beitrag für mehr Nachhaltigkeit:
Wir haben einen hohen Anspruch an Unternehmensführung, Umweltschutz und soziale Verantwortung in unserem Einflussbereich. Wir wollen damit sicherstellen, dass unsere Unternehmensgrundsätze und strengen Normen über unsere ganze Wertschöpfungskette hinweg befolgt und angewendet werden. Das gilt vor allem für Bereiche wie das Personalwesen, die Sicherheit, den Umweltschutz und die Menschenrechte. Wir führen unsere Geschäfte auf **moralisch vertretbare, verantwortungsvolle Weise** und in Übereinstimmung mit den gesetzlichen und behördlichen Anforderungen der Länder, in denen wir tätig sind. Dabei müssen wir dafür sorgen, dass nicht nur wir selbst nachhaltig handeln und produzieren, sondern auch unsere Zulieferer und externen Partner unseren hohen Anforderungen gerecht werden.

23.3.16 SDG 17 – Partnerschaften zur Erreichung der Ziele

Auf jeden Fall stehe ich persönlich als auch mit TRASH2TREASURE jederzeit für den Austausch und die Umsetzung von Partnerschaften und Kooperationen zur Verfügung.

TRASH2TREASUREs Beitrag für mehr Nachhaltigkeit:
Transparenz und Zirkularität sind die wichtigsten Werte und Basis jeder Zusammenarbeit.

Astrid Claudia Haury

24

Aroma Face Mask for Healthcare

Fahimeh Irandoust und Salome Dini

24.1 Biografie

Founder: This is Fahimeh who thinks design could change her life and lets her see the world in a nice and different way. An energetic designer who conceptualizes solutions integrated with innovation, modification, and sustainability. My passion for innovation and problem solving even influenced my study. I got my master's and bachelor's degrees in the field of Product Design. I am really interested in idea generation, creativity particularly human behavior, green and sustainable Issues, and user experience. I realized my goals in studying in this field are in line with my mission, to build the world sustainably. Therefore, most of my university projects were related to substantiality. My dissertation topic was Designing a device for reducing water consumption and correcting the consumer's consumption model in the household. I have also published a patent in the Iranian Office of Industrial Property in this regard. Since my graduation, I have been pursuing my interests which are a combination of

F. Irandoust (✉)
SRH Universität, Berlin, Deutschland
E-Mail: Fahimeh.Irandoust@stud.srh-campus-berlin.de

S. Dini
University of Otago, Dunedin, New Zealand
E-Mail: dinsa022@student.otago.ac.nz

design and sustainability. Moreover, I grew up in Tehran, one of the most polluted cities in the world because of hazardous air pollutants. It is another reason why I would like to pass on my knowledge to have a sustainable world. **Air pollution** has a huge impact on our health, reducing the quality of life and cutting lives short. With the emerging of highly contagious and deadly diseases, mainly coronaviruses, I decided to design a new face mask to protect people while exposed to such pathogenic organisms and air pollution. In this regard, my friend and I could release a related paper entitled "A new perspective of aroma face mask on Covid-19 pandemic". To enhance my knowledge, I decided to further my education in the field of Strategic Design at SRH Berlin School of Design and Communication. My study program is about combining strategic design and sustainability. It would be an excellent opportunity for me to develop my academic background as well as my experience in the field of sustainable design.

Co-Founder: I am Salome Dini, who believes in the healing power of nature. I was born in Iran which has a long history in herbal therapy, and also has world-renowned popularity in the owning of notable philosophers such as Avicenna in the medical field. I have always been keen on nature and the surroundings. As I grew up in a crowded city, traveling has always been a very crucial part of my life as it is the best way to get out of the busy schedule. So, every opportunity that my father had used to take my family for a drive in the countryside. As far as I can remember, the best moments of my childhood were spending time in nature which played a key role in shaping my interest in nature. Fortunately, there was an amazing opportunity to figure out my interest in the plants and everything that goes with it. Since then, gardening has always been a fun and relaxing way to get in touch with nature. Furthermore, I was curious about the methods how locals used medicinal plants in the treatment of different types of diseases. My parents also taught me that plants are not just used for their visual beauty, but also have many therapeutic and nutritional benefits for us. I realized that nature does nothing in vain. It sparked me to realize the properties and benefits of the plants around us, and it made me dream of studying plant science. I was encouraged to put in the effort and work into achieving my goal. I always tried to do my best as my parents believed that creativity, vivid imagination, and talents are not enough, and you need to be hardworking as well. After graduation from high school, I studied hard for the very competitive National University Entrance exam and, fortunately, was accepted into my desired program of Agricultural Engineering. At the time, I was highly interested in doing research. Subsequently, I was admitted as the top master's candidate in the Agricultural Engineering program. Now,

I am a Ph.D. student in Food Science and have got more than 10 years of experience in herbal therapy and natural treatment. I am the author and co-author of several publications in different prestigious international journals. I presented my works at different international conferences. I am currently working on a herbal supplement for COVID-19 patients.

Since the beginning of the COVID-19 pandemic, people in various fields particularly medicinal scientists and designers have been looking for effective ways to control this pandemic and we were no exception. In this case, we decided to design an effective product for controlling this disease by using our expertise as a designer and herbal therapist. As we can remember, there was no proven cure for this disease in the beginning, and unfortunately, many people lost their loved ones or suffered from the complications of this disease for a few months. And the only way to deal with it was to use protective equipment such as a mask. But we, like many of our friends, were dissatisfied with the available face masks on the market. Therefore, we decided to design an innovative face mask to solve their problems such as undesirable breath. Also, many people have used these disposable masks several times which is not correct and healthy, but becomes a source of infection and disease. So, we considered other factors to our mask such as high quality and long durability. Face masks were no longer a daily necessity, while just a few years ago, only doctors and healthcare workers used them. But today, after the emergence of the pandemic, it seems that the mask has become one of the items on our shopping lists. It came to our mind to use the benefits of plants such as aromatherapy to overcome these issues and improve the quality of available face masks.

It occurred to us that we might be able to eliminate these effects with the help of plant extracts with aromatic properties. Studying the literature reviews and using our own background in herbal medicine helped us to select the plants to make the initial design and publish the preliminary results in a reputable journal called Journal of Medical Engineering & Technology (https://doi.org/10.1080/03091902.2022.2026501) which was a good incentive to move forward and improve our design.

24.2 Statement zum Thema nachhaltig Unternehmen führen und/oder nachhaltig leben

There is a more sustainable alternative for almost every product. Through our daily actions, we can all shape the future in a climate-friendly and sustainable way! The ongoing COVID-19 disease significantly affects not only human health, but also affects the wealth of the country's economy and the everyday routine of human life. To control the spread of the virus, wearing a face mask is considered primary personal protective equipment. Thus, the production and usage of face masks significantly increases as the COVID-19 pandemic is still escalating. Furthermore, most of the available face masks are disposable. Therefore, this extensive usage of face masks generates millions of tons of waste in the environment in a short period of time. Moreover, the growing use of face masks significantly increases the production of masks, and it consumes a higher amount of energy. A study shows that mask production consumes about 10–30 Wh energy and releases 59 g CO_2-eq greenhouse gas to the environment.[1] Further, ever-increasing uses of face masks also increase landfill and medical waste.[2] This indicates that the current ongoing pandemic increases environmental pollution[3] and negative impact on human and animal health. Therefore, sustainable solutions need to reduce the environmental impacts, while meeting the mask demand. Thus, our design highlighted the sustainable approach to the reusable mask production with medical benefits with the aim of reducing waste along with removing undesirable impacts of available masks such as undesirable breath.

Based on our survey results, masks were no longer a daily necessity, while just a few years ago, only doctors and healthcare workers used them. But today, after the emergence of the pandemic, it seems that the mask has become one of the items on our shopping lists. Moreover, infectious respiratory diseases are increasing every day, such as monkeypox. Additionally, the use of disposable masks is increasing, and people have to allocate a lot of their budget to buy these masks, for example, 10 euros per month, and also these masks had a large share in the production of waste our soundings. On the other hand, our face mask has a portable humidifier that can be put on a bigger container and used anywhere you like such as the workplace and home. Therefore, to achieve an environmentally friendly and sustainable product, we designed the Aroma face Mask so that people can use it for many years and not see any damage to the environment, and also make changes in energy consumption and environmental assistance.

---

[1] Selvaranjan, K. *u. a.* (2021) „Environmental challenges induced by extensive use of face masks during COVID-19: A review and potential solutions", *Environmental Challenges,* 3(100.039), S. 100.039. https://doi.org/10.1016/j.envc.2021.100039.

[2] Blenkharn, J. I. (2015) „Healthcare Wastes", in *Encyclopedia of Environmental Health*. Elsevier, S. 453–476.

[3] Muralikrishna, I. V. und Manickam, V. (2017) „Introduction", in *Environmental Management*. Elsevier, S. 1–4.

24.3 Statement to the 17 SGDs

Sustainable design seeks to reduce negative impacts on the environment, and the health. The basic objectives of sustainability are to reduce consumption of non-renewable resources, minimize waste, and create healthy, productive environments. Christopher Boone, who is the Dean and Professor of School of Sustainability, Arizona State University told: "Sustainability is improving human well-being and ensuring social equity for present and future generations while safeguarding the planet's life-supporting ecosystems."

24.3.1 SDG 3 – Gesundheit und Wohlergehen

Challenges and solutions

One of our challenges, we were in Iran and have several limitations on making the prototype of our mask because we do not have success with the transparent materials while they were outside our country. At first, we considered the production cost high, but by replacing its material with more affordable materials, we were able to reduce the price. Moreover, we were not supported financially.

Attitude
By producing a sustainable face mask, we want to protect people's health from air pollution and contagious diseases like COVID-19. For example, one of my friends has a serious respiratory problem and we must use a humidifier containing herbal extracts according to the doctor's prescription, so we would like to produce our product to help my friend or people suffering from various respiratory disorders caused by sinusitis, infections, allergens, and coronaviruses. Financial support is needed to produce this product, so we can test it on more people. We also need scientific support to standardize the product.

24.3.2 SDG 13 – Climate Action

Climate protection is important to me because in the end everything will be subordinated to this goal. Otherwise, everything that is not subordinate will soon be at the end of the line. Environmental impacts particularly air, soil and water pollution challenge many countries in the world and is increasingly affecting our ecosystems. Sustainability, climate neutrality and

CO_2 reduction are part of our corporate principles, and we are actively committed to them. The mask wastes are increased across the world as the people are not following the appropriate disposal methods for the used mask. Furthermore, the production of face masks also contributes the emission of CO_2, which will potentially contribute to the global warming. For instance, a surgical mask is embodied with 59 g CO_2-eq per single and the highest share is from the transportation process.

Since air pollution accounts for climate change and air pollution causes the annual death of about 7 million cases annually worldwide based on the WHO report. Air pollution was reportedly the cause of 11.2% of deaths in the world.[4] Therefore, focusing on the air pollution issue should be prioritized, and wearing a face mask is an effective protection tool to reduce the death rates. In this case, the Aroma Face Mask can protect people from the pollutants and thereby decrease the risks of mortality.

Challenges

Many people living in developing countries are dying due to pollution. The main challenge is having no industry and high technologies to make masks in affected countries. Unfortunately, the developed countries do not pay much attention to the issue while it seems helpful that these countries share their modern technologies and cutting-edge knowledge with the developing countries. As a result, they can produce high-quality protective tools such as the Aroma Face Mask.

24.3.3   SDG 17 – Partnerships for the Goals

Alone you can do a lot, together you can do much more. Our cooperation helps us to take a big step toward sustainable living in a wide variety of areas. The diversity of our partnerships is one of our strengths to share similar values and pursuing a common goal. So, we have already been able to initiate many measures together with our partners and share our thoughts and the experience we have gained in recent years. Working together makes everything easier. The more we talk about what we believe in, what our values are, and why we do things or do not do things, the more we can move the needle.

---

[4] Bernardo A, Gonçalves LL, Zagalo C, Brito J. Relationships between air pollutants and mortality in Portugal an environmental health assessment. Ann Med. 2019;51(sup1):69.

24 Aroma Face Mask for Healthcare

GPSR Compliance
The European Union's (EU) General Product Safety Regulation (GPSR) is a set of rules that requires consumer products to be safe and our obligations to ensure this.

If you have any concerns about our products, you can contact us on

ProductSafety@springernature.com

In case Publisher is established outside the EU, the EU authorized representative is:

Springer Nature Customer Service Center GmbH
Europaplatz 3
69115 Heidelberg, Germany

www.ingramcontent.com/pod-product-compliance
Lightning Source LLC
LaVergne TN
LVHW020327260326
834688LV00037B/893